Lb 41 5351

Paris
1898

Cottin, P.

oulon et les Anglais en 1793

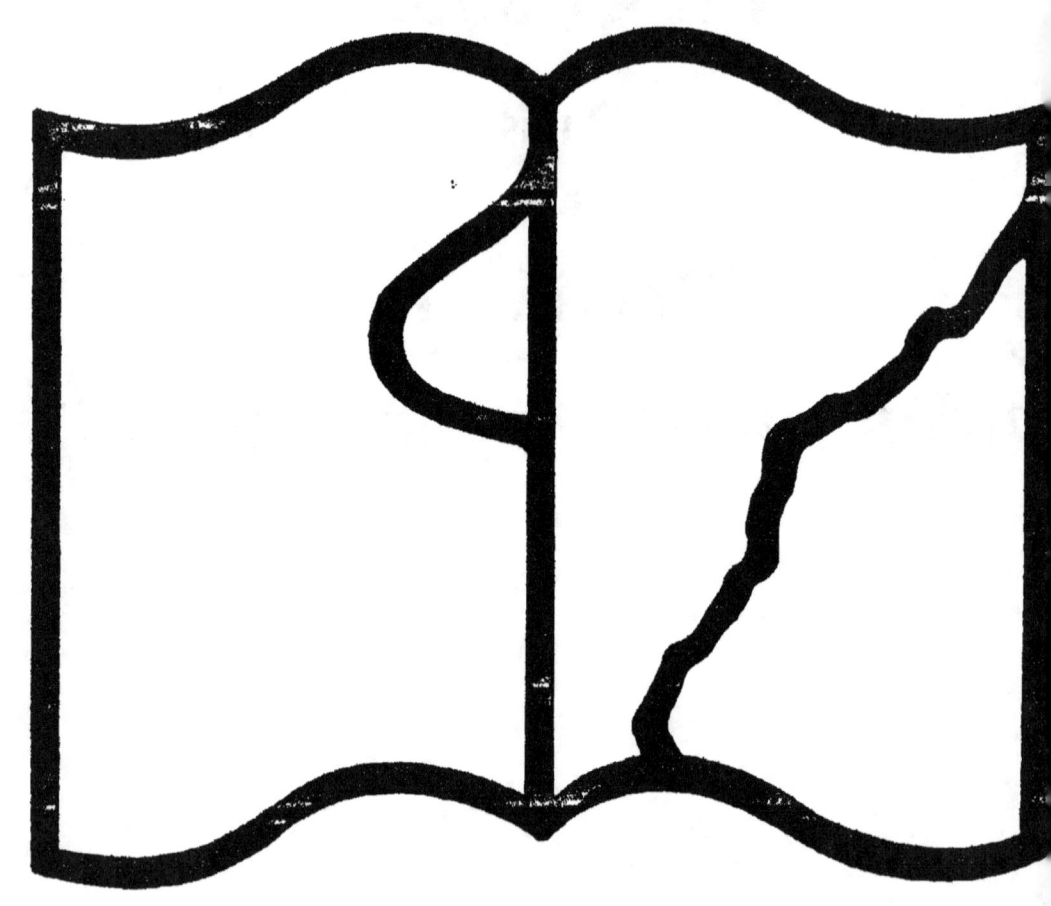

**Symbole applicable
pour tout, ou partie
des documents microfilmés**

Texte détérioré — reliure défectueuse

NF Z 43-120-11

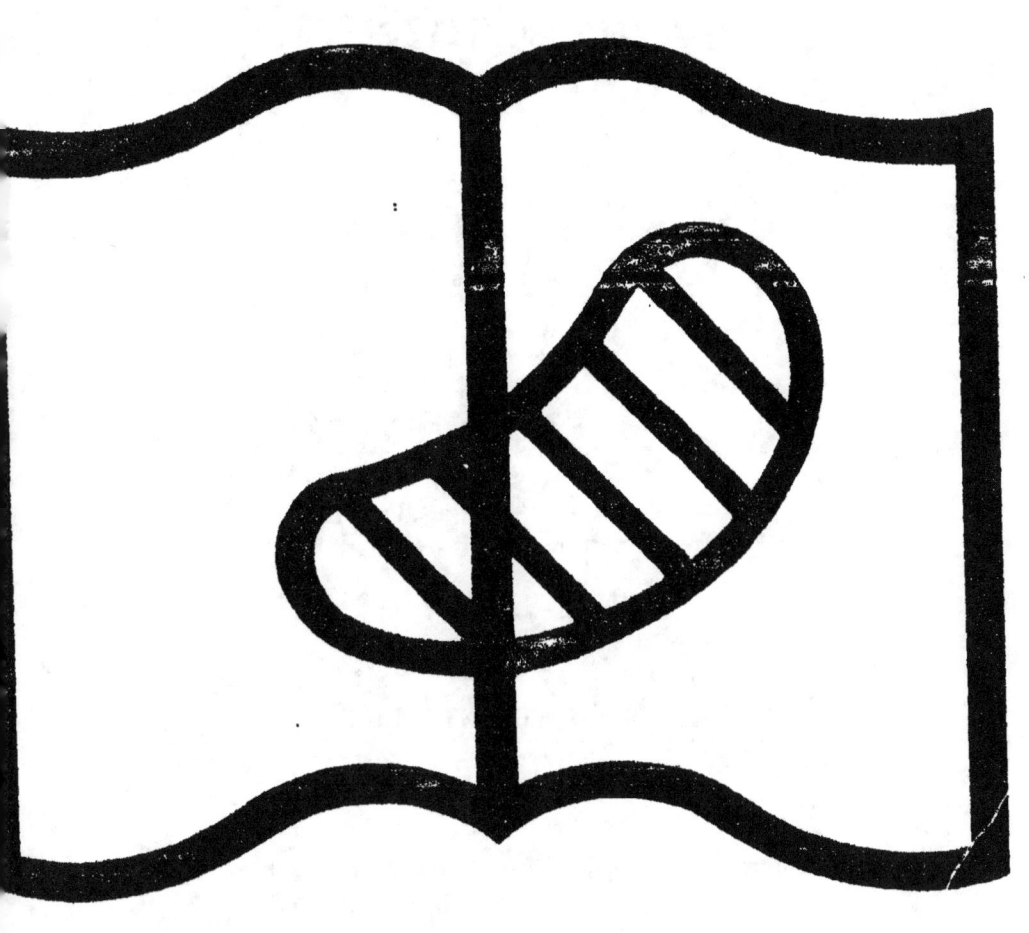

Symbole applicable
pour tout, ou partie
des documents microfilmés

Original illisible

NF Z 43-120-10

PAUL COTTIN

TOULON
ET
LES ANGLAIS
EN 1793
D'APRÈS DES DOCUMENTS INÉDITS

Avec trois plans et quatre dessins inédits de Grenier, attaché, comme dessinateur, à l'armée de siège

PARIS
PAUL OLLENDORFF, ÉDITEUR
28 bis, RUE DE RICHELIEU, 28 bis

1848

Droits de reproduction et de traduction réservés pour tous les pays, y compris la Suède, la Norvège et la Hollande.

TOULON

ET

LES ANGLAIS

PRISE DE TOULON PAR LES SANS-CULOTTES

PAUL COTTIN

TOULON

ET

LES ANGLAIS

EN 1793

D'APRÈS DES DOCUMENTS INÉDITS

Avec trois plans et quatre dessins inédits de GRANET,
attaché, comme dessinateur, à l'armée de siège

PARIS
PAUL OLLENDORFF, ÉDITEUR
28 bis, RUE DE RICHELIEU, 28 bis

1898
Tous droits réservés

AVANT-PROPOS

Le siège de Toulon préoccupa la France au plus haut degré ; on put alors suivre exactement, dans *le Moniteur*, les opérations militaires, mais on ignora longtemps ce qui s'était passé à l'intérieur de la ville. Personne ne pouvait, ou n'osait parler : les uns étaient en fuite ; les autres, terrorisés, ne pensaient guère à publier leurs impressions. Aussi ne parut-il, pendant la Révolution, qu'une brochure dont l'auteur, M. d'Eyguières, s'est caché sous le pseudonyme de Joseph-Étienne Michel, commissaire civil de l'armée départementale (1797).

Sous l'Empire, la sévérité avec laquelle Napoléon jugeait les hommes qui avaient contribué à livrer Toulon n'était pas faite pour encourager leurs annalistes. En 1814, au contraire, l'espoir des pensions et des places poussa ceux qui s'étaient dévoués pour la Monarchie à faire valoir leurs services. Les écrits sur le Siège se multiplièrent à de nom-

---

[1] *La France littéraire* de Quérard signale encore un *Précis historique du siège de Toulon* qui aurait paru en 1794, et dont l'auteur eût été Tinseau d'Amondans ; nous n'avons pu, malgré d'actives recherches, retrouver cette brochure.

Signalons encore le *Séjour de dix mois en France par un émigré qui n'avait pu sortir de Toulon en décembre 1793*, brochure publiée en 1795 et dont les premières pages décrivent l'incendie du 19 décembre.

breuses éditions. Citons le *Précis historique* du baron Lebret d'Imbert, capitaine de vaisseau, qui s'était activement entremis pour l'introduction des Alliés ; une *Notice historique* de J. Abeille, l'un des députés marseillais à bord de l'amiral Hood ; Gauthier de Brécy, ancien directeur des douanes de Toulon, auteur de *la Révolution royaliste*. En 1824, le chevalier de Fonvielle, témoin du siège, fait paraître ses *Mémoires* ; dix ans après, Brécy publiera les siens.

En 1825, un professeur du collège de Toulon, Z. Pons, commence à mettre en œuvre ces documents. Il est aidé, dans sa tâche, par les survivants du siège qui lui communiquent des notes, et c'est ainsi qu'il écrit ses *Mémoires pour servir à l'histoire de la ville de Toulon en 1793*. C'est le meilleur ouvrage sur ce sujet. S'il vante un peu trop la conduite des royalistes, la faute en est à l'époque et au caractère, officiel en quelque sorte, de la publication.

Conçue dans un esprit diamétralement contraire, l'*Histoire de la Révolution française dans le Var*, par Lauvergne (1839), est, sous tous les rapports, inférieure à la précédente. Elle est également loin de valoir la troisième et dernière grande étude sur le siège qui ait paru jusqu'à ce jour, et qui a pour titre : *Histoire de Toulon depuis 1789*, par D.-M.-J. Henry, travail consciencieux et pour lequel l'auteur consulta les Archives municipales de Toulon, trop dédaignées avant lui.

Depuis, c'est-à-dire de 1861 à 1897, d'autres ont été amenés à s'occuper incidemment du siège. Citons MM. V. Brun[1], Guérin[2] et Chevalier[3], dans leurs histoires de la Marine française ; Krebs et Moris[4], le général Iung[5], Joseph du Teil[6],

---

[1] *Guerres maritimes de la France ; port de Toulon* (1861). 2 vol. in-8°.
[2] *Histoire maritime de la France* (1863, 4° éd.), 6 vol. gr. in-8°.
[3] *Histoire de la Marine française sous la première République* (1886), in-8°.
[4] *Campagne dans les Alpes pendant la Révolution* (1792-93), in-8° (1891).
[5] *Bonaparte et son temps* (1769-1799), 3 vol. in-12 (1892).
[6] *Une famille militaire au XVIII° siècle* (1896), in-8°.

George Duruy[1], Arthur Chuquet[2]. Enfin M. Edmond Sambuc lui a consacré un article dans la revue *la Province*[3].

Il est d'autres œuvres qui, sans se rapporter directement à notre sujet ou sans le traiter complètement, nous ont fourni des renseignements utiles. On en trouvera l'indication dans les notes de ce volume. Nous devons cependant une mention spéciale au *Recueil des Actes du Comité de Salut public, avec la correspondance des Représentants en mission*, publié par M. Aulard ; leurs lettres nous étaient connues en partie, mais on en trouve bien d'autres dont la recherche dans les dépôts publics nous eût été difficile, sinon impossible.

Les seuls *Mémoires* publiés à l'étranger avec quelques détails sur l'occupation de Toulon, sont ceux du colonel piémontais Thaon de Revel[4]. On trouve des extraits de la correspondance des généraux alliés dans une brochure rarissime parue à Naples en 1793 et qu'un journal de la même ville a dernièrement réimprimée[5]. L'éditeur de 1793 a, malheureusement, tellement amalgamé une partie de ces lettres, qu'il est malaisé de faire la part de chacune. Ne quittons point l'Italie sans signaler les ouvrages de MM. Pinelli[6] et Luigi Conforti[7].

En Espagne, la *Gazette de Madrid* a donné une suite de rapports envoyés de Toulon par les généraux espagnols. On

---

[1] Préface des *Mémoires* de Barras. Cf. sur les premiers troubles de Toulon, la *Revue des Deux Mondes* du 15 mars 1892.
[2] Articles de la Revue *Cosmopolis* (janvier-février 1897) intitulés : *Napoléon Bonaparte au siège de Toulon*, et extraits du tome III de la *Jeunesse de Napoléon*, en ce moment sous presse.
[3] *La grande trahison des Toulonnais*, étude historique sur les événements de 1793 (1894).
[4] *Mémoires sur la guerre des Alpes et les événements en Piémont pendant la Révolution française* (1871), in-8°.
[5] *Estratto delle lettere di mylord Hood..., del tenente generale F. Gravina...* etc. (in-4°), réimprimé par la *Lega del Bene*.
[6] *Storia militare del Piemonte* (1854), 3 vol. in-16.
[7] *Napoli dal 1789 al 1796* (1887).

les a peu utilisés en France [1]. Deux historiens espagnols s'en sont servis : don Andres Muriel [2] et don José Gomez de Arteche [3]. Ce dernier a pu reproduire des fragments — trop courts à notre gré — de la correspondance inédite du colonel de Maturana avec le marquis de Iranda.

Point de *Mémoires* en Angleterre; mais la correspondance de sir Gilbert Elliot avec lady Elliot [4] présente le même intérêt, ainsi que le factum rédigé, en 1805, par le général Dundas [5].

Les autres sources à consulter sont l'*Annual Register*, les *Naval Chronicles*, l'*European Magazine*, etc. ; enfin les Histoires navales de Brenton et de James.

Persuadé qu'il était impossible de posséder l'histoire intérieure de Toulon sans consulter les Archives de Londres, nous avons été en Angleterre où, grâce à l'obligeance de MM. les Conservateurs et Archivistes, nous avons pu examiner, au Record Office, la *Correspondance* de l'amiral Hood avec l'Amirauté ; son *Livre de bord*; la *Correspondance* du Cabinet anglais avec ses ambassadeurs à Madrid, à Vienne, à Turin, à Gênes, etc. ; avec lord Hood, sir Gilbert Elliot, les généraux O'Hara et Dundas. Nous y

---

[1] Seul M. Henry paraît en avoir reçu quelques fragments en communication.

[2] *Historia de Carlos IV* (1893).

[3] *Reinado de Carlos IV*, 3 vol. in-4° (1890).

Nous citerons, pour mémoire, l'ouvrage curieux de Lasso de la Vega : *La Marina real de Espana*... (1863), mais qui est plutôt un roman qu'une œuvre historique.

La France a aussi son roman sur le *Siège de Toulon* : il a été publié, sous ce titre, en 1834, par E.-M. Masse (2 vol. in-8°); quant aux pièces de théâtre, le sujet a inspiré nombre d'auteurs, pour ne citer que les citoyens Ricard, Gérault-Lapérière, Mittie, Pellet-Desbarreaut, Byet et Faciolle, etc. Un écrivain toulonnais, M. Sénès, bien connu sous le pseudonyme de La Since, a également fait représenter, en collaboration avec M. Amoretti, une pièce portant ce titre, sur le théâtre de Toulon, en 1893.

[4] *Life and letters of sir Gilbert Elliot* (1874).

[5] *Summary account of the proceedings of the british fleet*... (1805), in-4°. Ce factum est de la plus grande rareté.

avons également trouvé des lettres de l'amiral Langara, du duc d'Alcudia et de divers autres personnages de marque.

Au British Museum, nous avons obtenu communication de la précieuse correspondance adressée à lord Auckland par les personnages bien informés de la Grande-Bretagne, à cette époque ; une partie seulement en a été imprimée.

Deux documents français, provenant de collections particulières, nous ont permis de compléter les précédents : le *Journal de Vernes* et le *Mémoire* de M. de Grasset.

Le premier fait partie d'un petit recueil manuscrit où se trouve aussi une courte relation des événements de Marseille en 1793, par J. Abeille, qui nous paraît inédite. Le copiste, qui donne les seules initiales de son nom, déclare avoir reçu le *Journal* d'un sieur Vernes, sans autre détail. On y rend un compte minutieux de ce qui s'est fait à Toulon pendant le siège, puis à l'île d'Elbe et en Corse, où l'auteur s'est ensuite réfugié avec les Toulonnais. Nous devons à l'inépuisable obligeance de M. Alexandre Mouttet cet intéressant document.

On verra ci-dessous que M. de Grasset, l'auteur du *Mémoire* cité plus haut, fut nommé, au début du siège, commandant de la garde nationale, à la tête de laquelle il resta jusqu'à sa suppression par les Anglais, au mois de décembre. L'importance de ses fonctions fait celle de son écrit ; M. le comte de Grasset, son petit-fils, en a mis, avec une bonne grâce parfaite, la copie à notre disposition.

Ces deux documents paraîtront *in extenso*, dans les prochaines livraisons de notre *Nouvelle Revue rétrospective*. Nous y joindrons le *Journal* de M. de Florindorf, voyageur danois, témoin du siège, et divers documents qui n'ont pu trouver place dans nos pièces justificatives.

Les archives historiques du Ministère de la Guerre, à nous libéralement ouvertes, il y a quelques années, par M. le colonel Henderson, sont aujourd'hui sous la direction de M. le colonel Krebs, dont la bienveillance nous laisse profondément reconnaissant. Nous devons aussi de vifs remerciements à MM. Huguenin, Martinien, H.-J. Lesage, Jean Lemoine, Mélix et Davinière.

A la Marine comme à la Guerre, nous avons trouvé des encouragements non moins précieux, dans l'affectueux accueil, dans les judicieux conseils de M. Edouard Durassier, chef du bureau des Archives, secondé par MM. Brissaud et Lemonnier.

L'expression de notre gratitude est également due à MM. Girard de Rialle, Louis Fargès et Maurice Chévrier, du Ministère des Affaires étrangères ; à M. Léon Le Grand, des Archives nationales, qui ont bien voulu autoriser et guider nos recherches.

A Toulon, où l'accès des Archives municipales nous a été permis par leur conservateur, M. Cayet, grande a été notre déception de ne point rencontrer le registre des Délibérations du Comité général des Sections, qui fut, nous a-t-on assuré, brûlé par un des membres de cette Assemblée, la nuit même de l'évacuation. Mais les registres et les papiers de la Municipalité ont fourni d'importants détails sur les préliminaires du siège. Quant aux Archives de la Préfecture maritime, nous avons pu, muni de l'autorisation de M. le capitaine de frégate Vallatte et secondé par M. Magin, y compléter les recherches commencées au Ministère de la Marine et, notamment, les correspondances de l'ordonnateur civil et du commandant d'armes. Enfin, aux Archives du Génie, nous avons trouvé, chez MM. les commandants Buisson et Aubry de la Noë, une égale bienveillance.

Il nous a paru intéressant de reproduire quelques dessins originaux d'une valeur documentaire réelle : François-Marius Granet, le célèbre peintre aixois, raconte, dans ses *Mémoires*, que le jour de son arrivée sous les murs de Toulon, où il accompagnait la Société populaire d'Aix, le général du Teil le fit conduire, par Bonaparte, au parc de l'artillerie : « On me remit de suite, écrit Granet, une permission pour aller dans les batteries, afin de dessiner. Je me rendis, en conséquence, dans les redoutes, pour en faire le dessin pittoresque. Je fus occupé de ce travail jusqu'au moment où la ville fut prise. »

Trois de ces croquis, évidemment destinés à des tableaux plus importants, ont été cherchés, à notre requête, dans l'œuvre de Granet conservé au musée d'Aix, et retrouvés par M. Pontier, son obligeant directeur, qui nous a autorisé à les faire reproduire par la photographie.

Granet raconte encore que, le jour de la fête célébrée à Aix à l'occasion de la reprise de Toulon, ses dessins furent exposés sur la porte du District ; qu'il les vendit ensuite au capitaine du vaisseau le Timoléon[1]. Cet officier, dont nous sommes parvenu à retrouver le nom et la famille, aujourd'hui domiciliée à Rochefort, s'appelait Khrom. Avec un aimable empressement, M. le Dr Ardouin, conservateur des Archives et du Musée de la ville, a sollicité et obtenu de Mme et de Mlle Khrom l'autorisation de faire photographier, par un de ses amis, M. le capitaine de frégate Amam, un fort joli dessin à l'encre de Chine faisant partie de leurs souvenirs de famille, et représentant la *Prise de Toulon par les Sans-Culottes*. Il n'est point signé ; mais son caractère, sa provenance, non moins que le passage des *Mémoires* de Granet, déjà cité, garantissent son attribution à cet artiste[2].

Deux plans à l'aquarelle, précisant les positions, assez mal définies jusqu'à ce jour, de la flotte française avant l'entrée des Alliés, et au moment où cette entrée s'effectua, figurent encore dans notre volume ; leur existence nous a été révélée et leur reproduction facilitée par M. Buteux,

---

[1] *Le Timoléon* était l'ancien *Commerce-de-Bordeaux*, vaisseau de l'amiral Saint-Julien.

[2] M. le Dr Ardouin a encore retrouvé, dans les papiers de famille de Mme Khrom, les *Mémoires* du capitaine Khrom. Mémoires fort curieux et qui paraîtront incessamment dans *la Nouvelle Revue rétrospective*.

archiviste aux Archives hydrographiques de la Marine, où ils sont conservés.

La superbe aquarelle représentant les environs de Toulon, qu'on trouvera dans nos dernières pages, a été exécutée, en l'an VII, par le citoyen Sardou, ingénieur des bâtiments de la Marine à Toulon où il était resté pendant le siège, et d'où il correspondait avec l'armée républicaine. On verra qu'il n'a rien négligé pour la rendre digne du Directoire, auquel il en destinait l'hommage. Elle est curieuse non seulement par ses détails topographiques, mais encore par sa légende contenant un abrégé de l'histoire du siège, par la richesse de son encadrement et par ses cartouches reproduisant le plan et le profil de la fameuse Redoute anglaise dont la prise décida la chute de la ville. L'original fait partie de la collection de Chantilly. Il nous a été signalé par M. Gustave Macon, conservateur-adjoint du musée, qui, sur la recommandation de M. Gruyer, membre de l'Institut, a tout fait pour faciliter une reproduction pleine d'obstacles. Nous sommes heureux de leur adresser nos sincères remerciements.

A cette liste, déjà longue, ajoutons le nom de M. Frédéric Masson, dont l'affectueux concours ne nous a jamais fait défaut; nous lui devons la communication d'un document sur lequel nous aurons à revenir.

M. de Richemond, archiviste de la Charente-Inférieure, nous a aidé à retrouver la famille du capitaine Khrom et nous a adressé diverses pièces, ainsi que M. Charrier-Fillon, maire de Fontenay-le-Comte, M. E. Brisson, juge en la même ville, M. le docteur Corre, archiviste municipal de Brest, M. G. Roberti, professeur de l'Académie militaire de Turin, et M. Paul Arbaud, le grand collectionneur provençal.

MM. Arthur Chuquet et Léonce Pingaud, les éminents professeurs au Collège de France et à la Faculté des Lettres de Besançon; M. le vicomte de Grouchy, notre assidu collaborateur de *la Nouvelle Revue rétrospective*; M. Léonardon, l'aimable bibliothécaire de Versailles ; M. le baron Albert Lumbroso, auteur de la *Bibliographie napoléonienne;* M. Léonce Grasilier, éditeur des *Mémoires* de Landrieux ; M. Benedetto Croce; don Cesareo Fernandez Duro, membre de l'Académie espagnole d'Histoire, les uns par leurs communications, les autres par leurs renseignements bibliographiques, nous ont été d'un réel secours.

MM. les Conservateurs et Bibliothécaires de la Bibliothèque nationale, et notamment M. Paul Marchal, conservateur du département des Imprimés ; M. Blanchet, conservateur-adjoint ; MM. Raffet, Barringer, Bertal et d'Auriac, bibliothécaires, trouveront enfin, ici, l'expression de notre profonde gratitude. Nous associons à leurs noms ceux de MM. Jean Passy, ancien bibliothécaire de Toulon, Niderlinder et Raybaud, actuellement bibliothécaires de la même ville, MM. le Dr Lambert et Sénès, les érudits toulonnais.

Sans l'affirmer, nous croyons avoir montré que la recherche de la vérité a été notre grand et constant souci. Les divergences qu'on pourrait remarquer entre le présent livre et l'étude que nous avons publiée il y a cinq ans (*l'Angleterre devant ses Alliés*, 1793-1814) n'ont pas d'autre cause.

Paul COTTIN.

15 juin 1898.

TOULON ET LES ANGLAIS
EN 1793

I

Le camp de Jalès. — L'insurrection du Midi : révolte d'Arles ; de Lyon ; de Bordeaux. — L'or anglais. — Révolte de Marseille. — Marseille et Toulon. — Campagne de l'armée départementale. — Sa défaite. — Entrée du général Carteaux à Marseille.

En juin 1790, le sang coula dans les rues de Nîmes : défaits par les Protestants après trois jours de lutte, les Catholiques se réfugièrent dans les départements voisins et préparèrent immédiatement la revanche. A leur appel, les gardes nationales de l'Ardèche, de la Lozère et du Gard s'assemblèrent dans la plaine de Jalès sous prétexte de renouveler le serment de la Fédération, mais en réalité pour marcher sur Nîmes et pour tirer vengeance des Protestants.

Cette première réunion, à laquelle prirent part trente ou quarante mille hommes, ne se fit qu'à titre d'essai : tentée de nouveau l'année suivante, elle obtint le même succès, et les fédérés allaient se diriger sur Nîmes, quand la défection du général en chef Chastanier de Burac ruina leurs plans. Cependant la facilité avec laquelle s'était, à deux reprises, réuni un aussi grand nombre d'hommes, inspira à un royaliste ardent, l'abbé

Claude Allier, prieur de Chambonas, l'idée de proposer aux Princes, alors à Coblentz, un troisième rassemblement, à la suite duquel on marcherait sur le Puy, Marvéjols, Lyon et Paris. Allier ne leur demandait que leur adhésion et un général.

Les Princes souscrivirent à son projet et confièrent la direction des opérations militaires au maréchal de camp Thomas de Conway, Irlandais d'origine, mais depuis longtemps au service de la France. Ils lui donnèrent pour lieutenant le comte de Saillant d'Herbigny, ancien gentilhomme de la chambre du Roi, ancien colonel de chasseurs à Perpignan, d'où il avait été obligé de s'enfuir à la suite d'une conspiration militaire tendant à favoriser l'entrée des Espagnols en Roussillon. Saillant devait se rendre à Jalès, Conway attendre les événements à Chambéry.

Une commission analogue venait d'être donnée à La Rouerie, pour les départements de l'Ouest : l'insurrection de la Vendée et celle du Midi allaient suivre une marche parallèle.

Commencée sous des auspices favorables, celle-ci est compromise par l'excès même du zèle de Claude Allier qui, impatient de l'inaction de Conway à Chambéry, pousse le comte de Saillant à lancer une proclamation et à attaquer, le 7 juillet, avec une poignée d'hommes, la garnison républicaine du château de Banne, dont il s'empare.

Mais, à l'approche de 8,000 républicains, commandés par le général Montesquiou, il est obligé de licencier ses troupes, et de s'enfuir sous un déguisement qui ne l'empêche point d'être reconnu, arrêté et massacré.

Cet échec ne décourage point l'abbé Allier : à son instigation, Marc-Antoine Charrier, ancien membre de l'Assemblée constituante, notaire à Nasbinals (Lozère), réunit 300 hommes, bientôt portés à 2.000, et marche avec eux sur Marvéjols, où il entre sans coup férir. De là, il se dirige sur Mende, où il s'établit avec la même facilité.

Le représentant Châteauneuf-Randon s'avançant à sa rencontre avec des forces considérables, Charrier paye d'audace, laisse 300 hommes à Mende, attaque l'avant-garde républicaine, et, après un combat sanglant, s'empare du château de Chanac. Vain héroïsme! Incapable de soutenir le choc des Conventionnels, Charrier est, à son tour, contraint, malgré l'opposition de l'abbé Allier, de licencier ses soldats[1].

Arrêté à Nasbinals, il est exécuté, à Rodez, le 17 juillet 1793. Claude Allier est guillotiné à Mende le 5 septembre suivant.

Tous deux auraient fait, en mourant, des révélations : Charrier aurait parlé d'un projet de débarquement des contre-révolutionnaires entre Marseille et Cette[2]; Allier, de celui de livrer Toulon à l'ennemi[3]. Si l'authenticité de cette seconde déclaration n'est point établie — la lettre des représentants qui en fait mention étant postérieure à l'occupation de Toulon par les coa-

---

[1] *Les Conspirations du Midi*, par M. Ernest Daudet. — *Les Camps de Jalès*, par M. Simon Brugal. — *La Préparation de la guerre de Vendée*, par M. Chassin.

[2] Lettre de Charrier citée dans l'*Extrait du procès-verbal tenu par les représentants du peuple français dans le département de l'Aveyron, relatif à Charrier*.

[3] Les représentants Baudot et Chaudron-Rousseau au Comité de Salut public, 8 octobre 1793.

lisés, — il n'en est point de même de la première : le comte d'Antraigues, agent politique des Princes, nous apprend, en effet, que la prise d'armes de Charrier devait coïncider avec l'envahissement du Midi par les Espagnols et avec celui de l'Est par les Sardes. Assertions confirmées par Froment, l'un des promoteurs des troubles de Nîmes, que les Princes employèrent ensuite dans leurs négociations avec l'Espagne. Dès 1790, cette puissance avait promis des secours à Jalès, mais, l'Angleterre lui ayant signifié que l'entrée d'un seul de ses soldats sur le territoire français serait considérée comme *casus belli*, la cour de Madrid s'était bornée à fournir des secours pécuniaires jusqu'au jour où l'entrée en scène de la Grande-Bretagne lui avait permis de franchir les Pyrénées[1].

L'insuccès du comte de Saillant et celui de Charrier ruinèrent encore d'autres projets, par exemple celui d'obtenir des subsides de la cour de Naples et de lever 10.000 hommes en Suisse.

Quant au plan de débarquement révélé par Charrier, il était réel : deux agents royalistes, Froment et Maleissye, nous apprennent qu'un corps d'émigrés, formé en Catalogne et armé par l'Espagne, devait débarquer sur des galères maltaises, dans l'île de la Camargue, s'emparer d'Aigues-Mortes où il avait des intelli-

---

[1] Le comte d'Antraigues au marquis d'Apchier, 22 août 1793. — « Il fallait, écrit Emmanuel Godoy dans ses *Mémoires*, donner la main à l'expédition méditée contre les ports du Midi, expédition très importante, non seulement pour attirer et diviser les forces de l'ennemi, mais surtout pour tirer parti des agitations de Marseille, de Lyon, de Toulon et des contrées environnantes déjà soulevées contre la tyrannie de la République. » — *Procès de M. Froment* contre S. A. Monsieur, frère du roi (1823). — *Recueil de divers écrits relatifs à la Révolution*, par M. Froment, secrétaire du roi (1815).

gences, donner la main aux royalistes d'Arles et du camp de Jalès et seconder les opérations du général espagnol Ricardos dans le Roussillon. Arles avait été choisie comme centre de l'insurrection, à cause des facilités qu'elle offrait aux approvisionnements et à une marche rapide sur Lyon. Depuis longtemps elle fournissait le camp d'armes et de munitions, mais les contre-révolutionnaires y avaient jeté le masque trop tôt[1].

En septembre 1792, les jacobins ou *Monnaidiers*, dociles à la circulaire lancée le 3 de ce mois par la Commune de Paris pour les engager à imiter les massacreurs de la capitale, s'étaient portés à des excès dont une réaction fut la conséquence. Le maire, Loys de la Chavane, et la municipalité en arrivèrent à professer ouvertement leurs opinions royalistes. On ne se cachait plus pour crier : *Vive le roi!* L'attitude des Arlésiens était l'objet de dénonciations quotidiennes à la Convention. Elle ne sévit pourtant qu'après avoir appris que les *Chiffonistes*[2], ou contre-révolutionnaires, mettaient la ville en état de défense. Mais déjà les gardes nationales marseillaises avaient pris les devants : au nombre de 4.000, officiers municipaux en tête, elles étaient accourues à Arles et avaient démoli les ouvrages élevés par les Chiffonistes qui, ne recevant des Princes ni argent, ni armes, ni munitions, se virent bientôt contraints de renoncer à la lutte[3].

---

[1] *Mémoires* du marquis de Malcissye, publiés par M. G. Roberti.
[2] Ils portaient un *siphon* à la boutonnière comme signe de ralliement ; d'où leur nom. Les Monnaidiers (en provençal, *Mounédié*) portaient une pièce de monnaie trouée (en provençal, *Mounédo*).
[3] *Mémoires* du marquis de Malcissye. — *Moniteur*. — *Mémoires* de Barbaroux. — *Histoire du terrorisme dans la commune d'Arles* (an III).

A Lyon comme à Arles, les démagogues se conforment aux prescriptions de la Commune de Paris en massacrant les prisonniers de Pierre-Encise et de Saint-Joseph. Poussant l'imitation plus loin, ils créent l'armée révolutionnaire et l'impôt forcé. C'est le signal de la résistance : le girondin Chasset obtient, de la Convention, pour ses compatriotes lyonnais, l'autorisation de « repousser la force par la force ». Le 29 mai, les deux partis se rencontrent sur la place des Terreaux : repoussés d'abord, les amis de Chasset finissent par s'emparer de la Maison Commune et profitent de leur victoire pour établir les sections en permanence. Après le 31 mai, ils déclarent, tout en protestant de leur dévouement à la République, ne plus reconnaître la Convention, et s'apprêtent, avec 8.000 hommes, à défendre la ville contre les troupes de Dubois-Crancé.

Les royalistes s'allient aux modérés et appellent à leur tête Perrin de Précy, ancien commandant de la Garde de Louis XVI, réfugié, depuis le 10 août, dans les environs de Lyon. Bientôt les cris de : *Vive Louis XVII !* retentissent. On arbore les cocardes et les drapeaux à fleurs de lis[1]. Précy correspond avec les Piémontais[2], qui avancent, à l'Est, jusqu'au Petit-Saint-Bernard, et les Princes donnent à d'Autichamp l'ordre de se jeter dans Lyon avec vingt-cinq officiers[3]. Mais Dubois-Crancé accourt avec 16.000 républicains et bombarde Lyon, qui subit courageusement cette épreuve et jure « de s'ensevelir sous ses ruines, plutôt que de souffrir

---

[1] *Histoire du siège de Lyon* (1797). — *Moniteur.*
[2] Les représentants à la Convention, La Pape, 27 septembre 1793.
[3] Voir Chassin, *Préparation de la guerre de Vendée.* D'Autichamp partit trop tard, Lyon avait ouvert ses portes.

qu'on l'opprime[1] ». Des renforts arrivent aux assiégeants : le 29 septembre, les faubourgs sont au pouvoir du général Doppet, et, le 8 octobre, les rebelles sont contraints d'ouvrir leurs portes. On sait quelles furent les représailles : seize cent quatre-vingt-deux victimes furent immolées à la vengeance républicaine[2]. Il ne tint point à Fouché et à Collot d'Herbois que la ville entière ne fût détruite par la mine, « pour mieux exprimer la toute-puissance du peuple[3] ».

Après le 31 mai, la plupart des grandes villes de France s'étaient, comme Lyon, déclarées en état de résistance à l'oppression. A Bordeaux, un *Comité de Salut public* avait envoyé des commissaires dans tout le Midi — jusqu'à Toulon[4] — pour hâter le départ des armées départementales, et dirigé 1.500 Bordelais sur Langon, avec ordre d'y attendre les troupes des départements voisins.

Le plan était de marcher soit sur Bourges, où l'on devait assembler une nouvelle Convention, soit sur le Calvados, où Wimpffen, commandant en chef l'armée des côtes de Cherbourg, venait de lever l'étendard de la révolte. On sait comment le double jeu de ce général, qui, d'accord, paraît-il, avec l'Angleterre, négociait à la fois avec les fédéralistes et avec les jacobins[5],

---

[1] Déclaration des Lyonnais (17 août).
[2] *Moniteur*. — Lettre du 15 avril 1794.
[3] Voir leur lettre du 16 novembre 1793.
[4] Lettre des représentants Ysabeau, Baudot, etc., 21 octobre : « Le scélérat Lavau-Gayon (administrateur de la Marine), envoyé par la Commission populaire de la Gironde pour soulever Toulon, et qui n'a que trop réussi dans cet affreux projet, a été arrêté cette nuit. » — Cf. *Moniteur*, 8 août 1793.
[5] Voir les *Mémoires* de Louvet et de Pétion.

aboutit à l'échec de Vernon, où Puisaye avait été envoyé à dessein avec des troupes incapables de combattre.

Cependant, l'armée bordelaise, après avoir vainement attendu à Langon les renforts promis, se dissout d'elle-même le 2 août. La fermentation n'en subsiste pas moins dans le chef-lieu de la Gironde, où les représentants Ysabeau, Baudot et Tallien, appuyés par l'armée du général Brune, parviennent, non sans difficulté, à rétablir l'ordre.

Ils ont attribué à l'influence de l'or répandu par l'Angleterre les troubles dont Bordeaux venait d'être le théâtre[1]. N'y a-t-il point là quelque exagération? C'est ce que nous allons examiner : longtemps la Grande-Bretagne a passé pour avoir, par ses distributions pécuniaires, fomenté les premières émeutes de la Révolution. A Paris, Montmorin, ministre des Affaires étrangères, et Besenval, commandant de l'Ile-de-France, ne doutaient point de sa part aux soulèvements de 1789 ; on lui a imputé les massacres de septembre 1792 et les insurrections de 1793[2].

C'est, croyons-nous, faire beaucoup d'honneur à sa générosité, qui pourrait, avec non moins de vraisemblance, être mise sur le compte de l'Espagne, de l'Autriche, du duc d'Orléans, de tous ceux, en un mot, qui avaient intérêt à un bouleversement.

Quoi qu'il en soit, « l'or de Pitt » était, en 1793,

---

[1] Lettre d'Ysabeau (11 juin), de Garrau (4 juillet). Lettre d'Ysabeau et de Baudot (1er septembre) : « Un Anglais a essayé l'esprit public dans les cafés et à la Bourse ; les négociants déclarent qu'ils préfèrent l'Angleterre à la République. »

[2] Besenval, *Mémoires*. — Montmorin à La Luzerne, 3 août 1789 (citée par M. Albert Sorel dans *l'Europe et la Révolution*).

un article de foi pour la plupart des républicains. Le Comité de Salut public le mit habilement au service de sa politique : Barère nous apprend, en effet, dans ses *Mémoires*, que le but de ses attaques réitérées contre la Grande-Bretagne avait été de « détruire l'anglomanie en France et de donner une plus grande intensité à l'esprit public, une plus grande énergie à l'armée contre les Anglais ». Il était secondé, dans son œuvre, par les représentants en mission ; les *Mémoires* de Carnot reconnaissent que « les rapports à la Convention rédigés par Barère, les missions des représentants et la correspondance départementale, que dirigeaient ses deux collègues, avaient surtout pour objet d'entretenir les émotions politiques ».

Entretenir les émotions politiques, tel est le plan du Comité. Il est, dès lors, facile de comprendre le rôle que jouent, dans les discours de Barère, et « l'or de Pitt » et les prétendues agences anglaises dont l'invention n'avait d'autre but que d'exciter le patriotisme des Français et de les mettre en garde contre les embûches de l'ennemi.

Que, sous la Révolution, l'Angleterre ait eu des émissaires en France, et surtout à Paris, la chose n'est point douteuse : l'un d'eux nous est signalé par une lettre de Francis Drake, ministre anglais à Gênes[1], et le Comité de Salut public en éconduisit plusieurs qui étaient venus lui faire les propositions les plus étranges[2].

[1] Drake à Grenville, Gênes, 9 novembre. Il lui apprend l'arrivée à Paris, le 17 octobre, d'un nommé Baldwyn, qui doit se présenter à Hérault de Séchelles, Hébert et Deforgues comme un « furieux jacobin » prêt à tout entreprendre pour gagner de quoi nourrir sa famille.
[2] *Mémoires* de Barère.

Parmi les papiers de lord Grenville, récemment publiés, se trouvent des rapports d'un secrétaire du Comité de Salut public qui, d'abord à la solde de l'Espagne, passe ensuite à celle de l'Angleterre [1]. Le représentant Laplanche découvre, à Orléans, une Anglaise nommée Brown, chez laquelle il saisit des correspondances aussi compromettantes pour un prêtre de cette ville que pour un député de la Montagne dont il tait le nom [2]. Lord Grenville fait au comte de Stadion un aveu formel : « Nous croyons devoir nous tenir près de tous les partis et leur donner des espérances qui ne nous engagent à rien, pour y entretenir et fomenter des troubles intérieurs qui font une puissante diversion à la guerre [3]. » Enfin les papiers de Barthélemy [4] signalent les allées et venues suspectes de personnages qui voyagent de Londres en Suisse et de Suisse à Paris.

Mais ces mêmes papiers ne nous apprennent-ils point que Barthélemy avait des espions en Angleterre et en Allemagne, et le Comité de Salut public n'envoyait-il point des agents faire de la propagande républicaine jusqu'en Irlande et en Écosse [5]? Enfin ne sait-on point qu'en temps de paix, comme en temps de guerre, la meil-

---

[1] *The manuscripts of J.-B. Fortescue, esq., preserved at Dropmore*, t. II (Londres, 1894).

[2] Laplanche au Comité de Salut public, 9 septembre 1793.

[3] V. Albert Sorel, *l'Europe et la Révolution*, III, 462. On peut rapprocher de ce propos celui de lord Mansfield, proclamant en plein Parlement que « l'argent dépensé pour fomenter une insurrection en France serait bien employé ». (*Moniteur*, n°ˢ 205 et 224, année 1794.)

[4] *Papiers de Barthélemy*, publiés par M. Jean Kaulek.

[5] Citons le nommé Ahern, Irlandais de naissance, envoyé, en janvier 1794, à Edimbourg : « Il faut, portent ses instructions, se mêler parmi le peuple, s'introduire dans les Sociétés populaires, se lier avec les journalistes patriotes, faire la connaissance des principaux personnages du pays, afin de connaître ceux dont on pourrait, dans l'occasion, se servir, et ceux dont il faudrait se méfier. »

leure part des fonds secrets dont les gouvernements disposent a toujours et partout été employée à l'espionnage?

Il se peut donc qu'au cours de leurs missions les représentants aient réellement découvert des symptômes de corruption; mais il est inadmissible que l'or britannique ait joué le rôle prépondérant dont parlent Barère et ses amis ; ait servi, par exemple, dans un temps où la Grande-Bretagne avait à sa solde la moitié des armées européennes, à acheter des villes, comme le prétendait Jeanbon Saint-André : « Pitt, a-t-il écrit, n'avait acheté Marseille que pour avoir Toulon. [1] »

Il est même peu probable qu'avant l'entrée de la flotte anglaise dans ce port l'Angleterre ait fait grande dépense pour attiser l'insurrection du Midi. Les représentants se trompaient quand ils croyaient à son projet d'opérer une descente sur les côtes de la Gironde[2]. Un émigré, M. de Jarry[3], avait bien présenté au Cabinet britannique un mémoire tendant à l'occupation de Bordeaux, mais le ministère l'avait jugé « beaucoup trop vaste ». Il en proposa l'exécution au Gouvernement espagnol, qui, nous le verrons, n'en voulut point[4].

Malgré notre scepticisme à l'égard de « l'immixtion anglaise » dans les troubles du Midi, nous ne saurions fermer les yeux sur l'étrangeté de certains faits qui, dès

---

[1] *Rapport* sur la trahison de Toulon.
[2] Lettre d'Ysabeau et Baudot, 1er septembre.
[3] Lettre de lord Grenville à lord Auckland, 3 avril 1793. Ce M. de Jarry était le même qui poussait lord Grenville à concéder à l'Autriche la « ligne de la Somme ». (Voir ci-dessous, p. 63.)
[4] Grenville à Auckland, 11 novembre. — Grenville à Saint-Helens, 4 octobre. — Le duc d'Alcudia à Saint-Helens, 2 novembre 1793.

1790, provoquèrent, à l'Assemblée nationale, une légitime émotion : à Marseille, le 30 avril, à quatre heures du matin, une bande de gens sans aveu pénétra dans l'enceinte du fort Notre-Dame, qu'elle se mit à démolir. La municipalité laissa faire et le commandant, M. de Beausset, fut égorgé. Des tentatives analogues avaient été, paraît-il, signalées à Montpellier, à Grenoble et même à Toulon. M. de Virieu jeta le cri d'alarme et invita ses collègues de l'Assemblée à empêcher les forts et les arsenaux français de devenir « la proie de l'Angleterre [1] ».

En février 1792, la tranquillité de la ville fut de nouveau rompue par les clubistes, qui demandaient l'éloignement du régiment suisse d'Ernst et qui, peu après, se portèrent, au nombre de quatre mille, canons en tête et mèche allumée, sur Aix où ils obligèrent les soldats à abandonner leurs armes [2].

On avait, deux ans auparavant, remarqué les efforts de la municipalité pour éloigner les troupes [3].

Encouragés par le succès, les clubistes demandèrent bientôt le désarmement des gardes nationales, puis l'arrestation de cinq à six cents suspects, afin de les entasser dans l'église Saint-Homobon et de les septembriser. La municipalité ne leur accorda que le désarmement [4].

Aux excès démagogiques succède toujours la réaction : les modérés, peu soucieux jusqu'alors des

---

[1] *Moniteur*, séance du 12 mai 1790.
[2] *Moniteur*, séance du 6 mars 1792.
[3] Affaire de M. d'Ambers. Voir le rapport de Castellanet dans le *Moniteur*, séance du 27 mars 1790.
[4] Dépositions d'Etienne Seytres, procureur de la commune de Marseille, et d'Esmieu, archiviste de la mairie. (Lautard, *Esquisses historiques*.)

débats des Sections, commencèrent à les fréquenter et s'unirent contre l'ennemi commun.

En avril 1793, les Sections se déclarèrent en permanence, ordonnèrent la fermeture du Club, établirent un tribunal populaire destiné à châtier les Jacobins, créèrent un Comité central et envoyèrent des commissaires dans les départements voisins pour les inviter à faire cause commune avec elles.

Les représentants en mission, Moïse Bayle et Boisset, crurent donner à la majorité une satisfaction suffisante en faisant arrêter le maire Mouraille, le procureur de la Commune et les terroristes les plus dangereux. Mais le parti vainqueur, qui regardait les représentants comme leurs complices, ne fut point dupe de cette condescendance : il saisit leurs papiers et leur donna vingt-quatre heures pour sortir de Marseille. Ils se réfugièrent à Montélimar [1].

A Paris, plusieurs députés des Bouches-du-Rhône protestèrent contre ces violences, en indiquèrent les dangers et déclarèrent là corruption cause de tout le mal : « Dans Marseille, écrivirent-ils au Comité de Salut public, on parle hautement d'indépendance, et, pour entretenir les troubles et les discordes civiles, on distribue les assignats, qu'on donne avec profusion jusque parmi les membres de la société républicaine [2]. » Les Sections répondent en faisant accuser, à la barre de la Convention, Bayle et Boisset d'avoir cherché à semer la discorde et favorisé les agitateurs les plus dangereux. A deux reprises l'Assemblée, où dominaient

---

[1] Lettre des représentants, 4 mai 1793.
[2] Comité de Salut public, séance du 22 avril 1793, déclaration des députés des Bouches-du-Rhône.

encore les Girondins, approuva la conduite des Marseillais[1].

Cependant les contre-révolutionnaires, dirigés par Peloux et Castellanet, anciens constituants, et l'un président, l'autre secrétaire du Comité central des Sections, n'attendaient que le moment de jeter le masque. Arrive le 31 mai : les Sections se déclarent en « insurrection légale », se qualifient *souveraines* et supérieures aux autorités constituées, arrêtent les représentants Bô et Antiboul qui se rendent en Corse, déclarent nuls les décrets de la Convention et, en particulier, celui par lequel elle vient de casser le tribunal populaire et de mander à sa barre Peloux et Castellanet (19 juin); écrivent à Pétion qu'elles vont « jeter un cri d'éveil aux quatre-vingt-trois départements pour former une fédération nationale destinée au secours de Paris et de la frontière »; envoient des volontaires à Barbaroux qui avait appelé « six cents hommes sachant mourir »; enfin s'apprêtent à contribuer à l'établissement de la nouvelle Convention qui doit se réunir à Bourges.

D'autre part, le Conseil général, tout en continuant à protester de son dévouement à la République, arrête : 1° de faire une levée de 6.000 gardes nationaux pour renforcer l'armée du Midi ; 2° de défendre aux caisses publiques de se dessaisir des revenus nationaux; 3° d'inviter les départements voisins à prendre des dispositions analogues.

Alarmés de cet état de choses les Jacobins de Toulon, alors maîtres de la ville, envoient à leurs voisins une adresse, revêtue de 1.300 signatures, et blâmant leur

---

[1] *Moniteur*, séances du 1er et du 25 mai.

conduite. Le Comité central répond en faisant part au Club de « l'heureux changement » qui s'est produit dans la ville et du renouvellement des Corps constitués (12 juin). Il ajoute qu'aux 1.300 clubistes signataires de l'adresse Marseille aura, s'il le faut, 30.000 hommes à opposer.

Un mois plus tard, Toulon deviendra, comme Marseille et par les mêmes causes, contre-révolutionnaire à son tour ; une entente cordiale s'établira entre les deux cités dont la première refusera d'exécuter les mesures édictées contre la seconde par le Comité de Salut public et, désormais, l'étranger n'aura plus qu'à se présenter pour recueillir le fruit des intrigues dont les Jacobins auront, par leurs excès, facilité la trame aux royalistes alliés aux modérés.

Cependant, l'armée départementale, forte de cinq mille hommes, quitte Marseille à la fin de juin, mais commet la faute de s'arrêter à Arles pour en châtier les démagogues, donnant ainsi au général républicain Carteaux le temps de rassembler ses troupes. Elle arrive le 7 juillet à Avignon, où elle attend les bataillons promis par le département du Gard et d'où elle sort le 15, à l'approche de l'avant-garde républicaine, composée d'Allobroges, auxquels le sac de l'Isle a fait une réputation de férocité peu justifiée[1]. Composée d'une cinquantaine d'hommes seulement, cette avant-garde pénètre dans Avignon, mais se retire presque aussitôt. Les Marseillais réoccupent la ville et

---

[1] Les habitants de l'Isle ayant tué le trompette d'un parlementaire républicain, les Allobroges pillèrent la ville. D'où la terreur que répandait leur nom.

repoussent même, le 27, les premiers détachements de l'armée de Carteaux, mais, saisis ensuite d'une terreur panique, se débandent et, au lieu de défendre soit Avignon, soit le passage de la Durance, s'enfuient dans la direction de Marseille. Rousselet, leur chef, donne sa démission. Un officier distingué lui succède, le chevalier de Villeneuve-Tourette, qui, avec l'aide du comte de Maudet, rallie les fuyards à Aix et prend le commandement général des troupes de Marseille et de Toulon.

Toulon a, en effet, dans les derniers jours de juillet, envoyé à l'armée départementale un corps de 800 hommes composé d'une partie de la garnison de ses vaisseaux, d'une compagnie des gardes nationales du Var et du premier bataillon des grenadiers des Bouches-du-Rhône[1].

Le 3 août, l'avant-garde traverse la Durance et s'empare de Cadenet, d'où Carteaux la chasse le 11 : contrainte de repasser la rivière, elle est, de nouveau, mise en déroute, le 19, à Lambesc, enfin à Salon.

Ces échecs successifs répandent la terreur dans Marseille, où l'on voit déjà Carteaux aux portes de la ville et les représentants prêts à la mettre à feu et à sang. Pour comble d'inquiétude, le bruit se répand que le général Brunet a reçu l'ordre de faire avancer, à l'est, un détachement de l'armée d'Italie, de manière à prendre les troupes rebelles entre deux feux.

La situation devenait d'autant plus inquiétante que,

---

[1] Duvigneau, sous-chef d'administration à Toulon, écrit au Ministre, le 12 août, qu'un détachement de 429 hommes est parti se joindre à l'armée de Marseille « *pour repousser des ennemis qui se sont avancés jusqu'aux environs d'Aix* ».

L'expression *des ennemis*, pour désigner les troupes de Carteaux, est curieuse, sous la plume d'un fonctionnaire.

depuis le 15, on voyait une flotte anglaise ou espagnole — on ne savait au juste — croiser à peu de distance du rivage. Entouré de périls, dont la famine n'était pas le moins grave, le Comité général nomma un Comité de Sûreté générale de cinq membres qu'il chargea de prendre les mesures nécessaires. C'étaient les sieurs Peloux et Castellanet, J. Abeille, Raymond fils aîné et Pierre Laugier. En réalité, ce Comité avait pour but de vaincre la résistance de Peloux et de Castellanet, qui refusaient de prendre, seuls, la responsabilité d'une négociation avec le commandant de la flotte ennemie.

Pendant ce temps, Villeneuve était parvenu à rallier, en avant de Marseille, une partie de son armée. Ayant, en outre, reçu quelques renforts, il prit des dispositions pour arrêter les troupes de Carteaux dans les défilés des hauteurs avoisinant la ville, et établit des postes dans les passages de la Gavote, de Fabregoule, de Septèmes et de Roquevaire. Mais la fortune était contraire aux insurgés: le 23, le bataillon des Bouches-du-Rhône passe à l'ennemi. Le lendemain, les canonniers de Villeneuve, pris de panique, précipitent leurs canons dans les ravins et prennent la fuite, suivis bientôt de tout le reste des troupes, qui traversent Marseille à la débandade dans la direction de Toulon, où elles arrivent en désordre, le 25, à six heures du soir [1].

Le même jour, Carteaux fait son entrée dans Mar-

---

[1] Le même jour, 800 Jacobins, voulant opérer une diversion en faveur de Carteaux, s'étaient emparés, à Marseille, de l'église des Prêcheurs. Ils n'en purent être délogés que le lendemain. On compta dix morts de part et d'autre.

seille[1] où, sous prétexte de châtier les coupables[2], il perd huit jours qu'il eût mieux employés à pousser droit sur Toulon, dont il se fût emparé sans coup férir, épargnant ainsi à son armée un siège long et pénible, et à une ville française la honte de se jeter dans les bras de l'étranger. Mais, avant d'aborder l'examen de ces faits, nous devons étudier les circonstances qui les déterminèrent.

[1] *Histoire de l'armée départementale*, par J.-E. Michel. — Plus tard, Fréron reprocha à Albitte de ne lui avoir point envoyé un courrier à Brignoles, où se trouvait une division de l'armée d'Italie avec laquelle il aurait pu cerner les débris de l'armée départementale et les habitants de Marseille qui s'étaient enfuis à leur suite. (Les représentants à Robespierre, Marseille, 20 octobre 1793.)

[2] Carteaux ne s'y livra personnellement à aucun excès; mais, pendant les huit mois qui suivirent son entrée à Marseille, trois cent cinquante et un suspects furent envoyés à la mort par les représentants, en vertu du décret de la Convention du 6 septembre.

II

Les troubles à Toulon, de 1789 à 1793. — Les trois Corps administratifs. — Le procureur de la Commune Leclerc. — Les certificats de civisme. — Le club Saint-Jean. — Arrestation de soixante-treize officiers et notables. — La Marine et les Sociétés patriotiques. — Insubordination des équipages. — La noblesse dans la Marine et dans l'Armée.

A Toulon comme à Paris, en 1789, la disette fut le mobile ou le prétexte des premiers troubles. Secrètement travaillés par des agitateurs, la milice et les ouvriers de l'arsenal se soulevaient pour des motifs souvent futiles. Ils pillèrent la maison du maire Lantier de Villeblanche, qu'ils faillirent assassiner. Si mystérieuse parut l'origine de ces mouvements, qu'une déclaration royale en prescrivit la recherche au Parlement de Provence.

Ils continuèrent l'année suivante : deux maîtres d'équipages s'étant, malgré la défense de leurs chefs, engagés dans la milice, M. d'Albert de Rions, commandant de la Marine, leur donne congé. Son hôtel est aussitôt envahi ; on l'arrête, ainsi que plusieurs officiers, dont l'un, le major Chambon de Saint-Julien, est grièvement blessé. L'écho de ces violences retentit jusqu'à Paris, où Malouet réclame, de l'Assemblée, le châtiment des meneurs qui sont, dit-il, des « ennemis de la Nation », accoutumés à détourner les ouvriers de leurs devoirs et « à leur persuader que tout acte d'autorité est une injustice ». Quelques arrestations sont opérées ; mais les démagogues, à la tête desquels on remarque l'avocat Barthélemy, réclament la liberté des coupables à M. de Glandevès, successeur de M. d'Albert, qui, arrêté lui-même, est obligé de l'accorder (mai 1790).

Le 18 juin, Barthélemy ouvre le club Saint-Jean [1], où la lie de la population donne rendez-vous aux ouvriers de l'arsenal, aux marins et aux soldats, chez lesquels on constate aussitôt un redoublement d'effervescence. Le 23 août, les clubistes attaquent la garde nationale sur la place du Champ-de-Bataille [2] : cinq morts, dont un capitaine, restent sur le terrain.

En improuvant la journée du 20 juin à Paris, en déclarant qu' « également menacé par deux factions il repoussera également leurs efforts » et restera fidèle à la Constitution, le Directoire de département a signé, le 3 juillet, l'arrêt de mort de quatre de ses membres que les clubistes, poussés par un scélérat nommé Silvestre et aidés des forçats dont ils ont rompu les chaînes, pendent à des réverbères, sous prétexte qu'ils ont tenu des propos antipatriotiques et fait passer de l'argent aux émigrés [3]. Le Directoire de district est l'objet

---

[1] Ainsi nommé à cause de l'église Saint-Jean où il tenait ses séances.
[2] Place d'armes de Toulon.
[3] L'un d'eux, Reboul, qui fut plus tard président du Comité général des Sections, aurait annoncé que les temps étaient proches où « les Savoisiens viendraient manger leur soupe à Toulon ». Reboul fut recherché, mais ne put être arrêté.

d'attentats analogues, ainsi que le corps des officiers de Marine : le major général de Rochemore et M. de Flotte, successeur de M. de Glandevès, sont égorgés ; l'ordonnateur de la Marine de Possel-Deydier n'échappe au même sort que grâce au courage d'un soldat.

Le 1ᵉʳ janvier 1793, s'installe une nouvelle municipalité[1], sous le règne de laquelle le sang ne paraît avoir coulé qu'une fois, mais dont le sans-culottisme ne le cède en rien à celui de la précédente. Elle le partage, d'ailleurs, avec les autres Corps constitués. Le 5, les trois Corps envoient à Paris 500 hommes pour « soutenir la Montagne », et, le 10, une adresse à la Convention pour lui reprocher son peu d'énergie à « poursuivre le jugement de Louis le dernier et le traître[2] ». Le 5 juillet, ils invitent l'amiral Trogoff à détacher deux canonnières au secours des *Monnaidiers* d'Arles qui, chassés par les *Chiffonistes*, ont été contraints de se réfugier dans une tour, à l'embouchure du Rhône[3]. Le 7, à la nouvelle de l'ouverture des Sections de Draguignan, ils délibèrent de députer deux de leurs membres, les sieurs Ricard et Giraud, aux représentants près l'armée d'Italie, pour les supplier de « faire respecter la Convention[4] ».

Si les atrocités de l'année précédente ne se renouve-

---

[1] Elle se compose des citoyens Paul, maire ; Letrain, Blache, Pichaud, Coulomb, Arnaud, Bernard Arnaud, Bessière, Rey, Bisconty, Roubin, Coste, Fisquet et Petit ; Leclerc, procureur de la commune ; Escudier, substitut. — *Notables* : Joyet, Beaujeu, David, Merkel, Icard, Laurent Guiol, Marquisan, Félix Brun, Audibert, Aube cadet, Monteil, Bonis, Vidal, Chiousse, Marquesy cadet, Roux, Barry, David, Michel père, Gravier, Amiel, Fauchier, Paul, Fornier, Gaudet et Meissomier.
[2] Délibération du 10 janvier.
[3] Délibération du 5 juillet.
[4] Délibération du 7 juillet.

lèrent point, on le dut, très probablement, aux efforts d'un homme éminent, respecté de tous les partis, le procureur de la Commune Leclerc, ancien chirurgien de la Marine, qui « joignait au zèle le plus ardent des connaissances étendues et, par-dessus tout, une expérience consommée de tout ce qui regardait la ville et le port ». Leclerc, sur le point de partir à Paris, le 14 mai, pour obtenir du Gouvernement « tous les secours dont la ville était susceptible », reçut, à cette occasion, un témoignage de la confiance de ses collègues qui s'engagèrent à ratifier tous ses actes[1]. Attentif à prévenir les troubles qu'aurait pu entraîner l'insuccès de l'expédition de Sardaigne, il était, dans ces circonstances difficiles, parvenu, à force de prudence, à maintenir l'ordre[2].

Le 5 février, parut un décret exigeant des fonctionnaires de l'État, sous peine de destitution, la représentation de certificats de civisme. Cette mesure, excellente en principe, était susceptible de graves inconvénients dans une ville comme Toulon, où la municipalité, composée, en partie, d'ouvriers de l'arsenal, pouvait en refuser aux chefs de la Marine, objets de son antipathie, et aux individus dont elle convoitait les places. Les commissaires de la Convention firent part au Comité de Salut public de leurs craintes à ce sujet[3]. Elles se réalisèrent si bien que le Comité général allait pouvoir, dans une circulaire du 13 août, reprocher aux autorités constituées d'avoir arbitrairement

[1] Délibération du Conseil général, 14 mai 1793.
[2] Élu procureur de la Commune, le 14 décembre 1792, par 465 voix sur 542 votants, Leclerc fut confirmé dans ses fonctions, lors du renouvellement de la municipalité, le 1er janvier 1793.
[3] Les représentants au Comité de Salut public, 1er mars 1793.

refusé des certificats à ceux « dont les emplois étaient enviés ». Rien de plus exact : l'ordonnateur Puissant, pour ne citer que lui, avait dû, sous la pression jacobine, destituer, lors de son arrivée à Toulon, des fonctionnaires de mérite [1]. Hors les cas d'intérêt personnel, la distribution se faisait plutôt d'une manière large, témoin le notaire Lespéron, futur président du Comité général, monarchiste avéré, qu'on avait commencé par éconduire parce qu'il avait dédaigné, en 1790, le poste d'officier municipal, mais qui n'en obtint pas moins son certificat après une légère admonestation. Témoin encore le baron d'Imbert, futur collègue de Lespéron au même Comité, qui, bien que ne remplissant point encore, au point de vue du domicile, les conditions requises, fut tout aussi favorablement traité [2].

La délivrance des certificats donnait, toutefois, lieu à des inconséquences singulières : après en avoir accordé à des contre-révolutionnaires tels que Lespéron et Imbert, on en refusait à des républicains notoires comme Saint-Julien et Cambis, sous prétexte qu'ils étaient nobles, et à des roturiers comme l'amiral Truguet [3].

Mais le Comité général n'exagérait-il point quand il écrivait, dans son adresse du 13 août : « Toutes les autorités constituées étaient dévouées au Club : il en avait choisi les membres ? » Vraie peut-être à l'égard de

---

[1] L'ordonnateur Puissant écrit, en effet, au Ministre, le 2 août, les raisons qui ont motivé, sous le règne du Club, la destitution du chef des classes Cappel : « On voulait, dit-il, sa place, et je me suis vu forcé moi-même d'en appuyer la demande. »

[2] Délibérations de la municipalité, 3 février et 29 mars 1793.

[3] L'amiral Trogoff se plaignait vivement des difficultés créées à la Marine par la question des certificats et par la destitution des officiers. (Trogoff à Ricard, procureur-syndic du Département, 15 avril 1793.)

la municipalité, mais de la municipalité seulement, cette allégation est contredite par le langage plein de bon sens, d'élévation et de patriotisme de l'adresse rédigée, le 1ᵉʳ juillet, par le Conseil général, à l'occasion des événements du 31 mai [1]. Qu'on ne s'y trompe point, cependant, les trois Corps étaient jacobins; aux preuves déjà données nous ajouterons la suivante : le 21 mai, à la nouvelle de la destruction du bataillon toulonnais à Thouars en Vendée, ils ordonnèrent, avec l'assentiment des représentants du peuple [2], l'arrestation de « toutes les personnes ci-devant nobles, ecclésiastiques et autrement suspectes », parmi lesquelles figuraient un grand nombre d'officiers de Marine : soixante-treize furent ainsi enfermées au fort Lamalgue, à la vive indignation, non seulement des habitants de la ville, mais encore des bourgs voisins qui appuyèrent leurs réclamations d'un envoi de gardes nationales armées : la municipalité fit alors élargir, sous caution, une partie des prisonniers [3]. Cette intervention des habitants montre à quel point les violences étaient impopulaires. Elles permirent à la réaction de relever la tête : c'est à partir de cette époque, en effet, que royalistes et modérés se coalisèrent pour secouer le joug et prévenir le retour des crimes de l'année précédente. Il en fut de même un peu partout à cette époque : en mission dans la Dordogne et dans le Lot, Jeanbon Saint-André et

---

[1] Voir Henry, *Histoire de Toulon*.
[2] Baille et Beauvais au Comité de Salut public, Toulon, 21 mai.
[3] *Relation* de M. de Grasset. — *Mémoire* de Puissant. — Lettre du Comité général à d'Albarade, 12 août. — Le 20 juin, il restait encore des officiers détenus. Trogoff écrivant, à cette date, à d'Albarade pour le prier de prononcer à leur égard, certifiait qu'on n'avait relevé contre eux aucune charge : « Si on venait à les perdre, ajoute-t-il, il serait très difficile de les remplacer. »

Lacoste écrivaient, en mars, que, jadis favorables aux patriotes, les modérés n'aspiraient plus qu'à la contre-révolution [1].

Le Club lui-même n'a peut-être point entièrement mérité — du moins pendant l'année qui nous occupe — la réputation que lui ont faite les contre-révolutionnaires. L'un d'eux est contraint d'avouer que « cette Société était composée de beaucoup d'honnêtes gens ». Il ajoute, il est vrai, que « la peur les avait engagés à s'enrôler, crainte de perdre la vie et de voir leur bien dévasté et leur famille réduite à la dernière misère ». Mais il est obligé de reconnaître que les anarchistes se réduisaient à « vingt ou vingt-cinq scélérats avides de bien et de sang, qui s'étaient arrogé tout pouvoir, menaient à leur gré les trois Corps et s'étaient érigés en tribunal populaire [2] ». Comme tribunal populaire, le Club demeure responsable de l'infâme exécution du capitaine Basterot, faussement accusé de trahison par son équipage. C'est le seul crime que nous ayons relevé à sa charge, en 1793. Basterot fut condamné sur le réquisitoire de l'avocat Barthélemy, qui n'eût point manqué cette occasion de complaire aux démagogues de la flotte : « Méfiez-vous de vos chefs ! se serait-il écrié. Lorsqu'ils vous mènent avec douceur et bonté, c'est pour vous séduire et faire de vous autres ce qu'ils voudront [3] ! »

Le Club n'en cherchait pas moins à améliorer la situation de l'escadre, en activant les travaux de l'arse-

---

[1] Lettre du 26 mars 1793.
[2] Lettre anonyme saisie sur le vaisseau *l'Apollon*, datée de Toulon, 5 août.
[3] Henry, *Histoire de Toulon*.

nal. Aussi l'ordonnateur par intérim Huon applaudissait-il à la nomination de Barthélemy au poste de commissaire-auditeur et le déclarait-il « un ardent ami de la liberté et de l'égalité[1] ». Vincent comptait sur l'appui des membres du Club pour exciter le zèle des ouvriers : « Les municipaux et les amis du Club Saint-Jean, écrivait-il au Ministre, se sont portés dans tous les ateliers pour recommander aux ouvriers d'être assidus à remplir leurs devoirs de bons patriotes[2]. » Et Puissant, à son arrivée à Toulon, en mai, eut beaucoup plus à se féliciter de l'accueil de la Société populaire que de celui des autorités constituées[3].

Innoffensives, utiles même au point de vue de l'exaltation du patriotisme[4], exaltation conforme aux plans du Comité de Salut public, les Sociétés patriotiques offraient de réels dangers par les entraves continuelles qu'elles suscitaient aux administrateurs et aux officiers de la Marine. Rien, dans les ports militaires, ne se faisait sans leur aveu. Jamais, par exemple, le Ministre ne se fût permis une promotion sans les consulter : Trogoff et Chaussegros ne passèrent contre-amiraux qu'après approbation de la Société patrio-

---

[1] Huon au Ministre, 13 mars.
[2] Vincent au Ministre, 21 et 24 janvier. — Reproduisons ici, à titre de curiosité, la lettre suivante d'un curé de Toulon aux membres de la municipalité:

« 23 mars 1793. — Citoyens, il est d'usage que les citoyens municipaux assistent à la cérémonie de la bénédiction des Rameaux. Elle commencera demain à neuf heures et quart précises. J'ai l'honneur d'être, Citoyens.

ROUBEST, curé. »

[3] Voir page 104.
[4] On en trouvera la preuve dans les tomes III et VIII de la *Nouvelle Revue rétrospective*, qui contiennent des extraits des délibérations des Sociétés populaires de Donnemarie et d'Aigues-Mortes.

tique de Brest, qui, en cette circonstance, n'eut point la main heureuse[1].

Le Club de Toulon envoie à Monge une liste de marins jugés dignes d'avancement ; le Ministre lui promet, dans sa réponse, « de la consulter attentivement, pour n'admettre, dans la Marine, que des officiers qui sauront faire respecter le pavillon de la République[2] ».

Bien mieux, le Club fait, en quelque sorte, directement ses nominations ; Monge lui écrit, le 10 février, qu'il lui réserve dix places sur soixante-dix[3].

Dans les conflits qui s'élèvent incessamment entre les autorités maritimes et les Sociétés patriotiques, le Ministre soutient toujours ces dernières. Un commandant d'armes se plaint-il d'une mesure qui tend à la confusion des pouvoirs civil et militaire? Monge lui répond : « Il faut approuver cette mesure : c'est le Peuple Français tout entier qui fait la guerre. Il est heureux qu'il y prenne un intérêt si vif. Il faut remarquer que nous nous battons dans notre propre cause et que nous voulons, maintenant, savoir ce que nous faisons[4]. »

Et le commandant d'armes est obligé de se résigner !

Le Comité de Surveillance et la Société populaire de Lorient règlent, sans consulter les officiers, le service du port, libèrent les prisonniers, ouvrent un bureau de dénonciation contre les chefs, arrêtent l'amiral Rosily

---

[1] Le Ministre à la Société des Amis de la Liberté, à Brest. 2 janvier 1792.
[2] Le Ministre à la Société républicaine de Toulon, 23 janvier 1793.
[3] Le même à la même, 10 février 1793.
[4] Cavaret-Secqville au Ministre, Lorient, 13 mars 1793. (Note marginale.)

et son état-major, et cela malgré le commandant d'armes qui fait ressortir l'inutilité de ses fonctions, s'il est permis d'oublier les égards qui lui sont dus[1].

Les ministres eux-mêmes sont victimes de ce sans-gêne : la municipalité de Toulon persifle Monge au sujet de l'ordre qu'il a donné à la Marine de punir les corsaires d'Oneille « en comblant leur port[2] ». Monge ignorait, sans doute, qu'il n'y avait point de port en cet endroit. Elle lui reproche « son indifférence, sa lenteur coupable ». Elle aide la Société populaire à introduire la politique dans l'arsenal. Des « malveillants » poussent les ouvriers à abandonner leur travail et à demander des augmentations de salaires. Un mécanicien de talent, nommé Doinet, signale au Ministre les efforts des « enragés patriotes » pour séduire les ouvriers et faire le jeu de la contre-révolution : « Ils affectent, dit-il, un patriotisme exalté en chanson, pour entretenir les ouvriers à ne rien faire. » Il ne lui cache point « qu'il a fait une sottise » en augmentant leur solde sans exiger un surcroît de travail : « L'intrigue, conclut-il, dirige Toulon et l'arsenal[3]. »

D'Albarade, successeur de Monge, désespérait d'y rétablir l'ordre tant qu'une loi répressive de l'insubordination ne viendrait point le soutenir. En attendant, il recommandait aux chefs d'user de concilia-

---

[1] Lettres datées de Lorient, 14 février, 26 juin, 27 août 1794.

[2] Les trois Corps prennent, le 9 mars, une délibération qui débute ainsi : « Considérant que le Ministre de la Marine ignore absolument la localité d'Oneille... »

[3] Doinet au Ministre, 28 février, 31 mars 1793. On lit en marge : « Doinet est un homme de grand talent, accoutumé à réussir. La proposition de ce citoyen mérite attention. »

Une loi du 25 janvier 1793 avait, en effet, augmenté le salaire des ouvriers.

tion¹, complaisance qui ne servait qu'à redoubler l'exigence des ouvriers : l'ordonnateur Puissant en acquit la preuve quand, après avoir établi des cantines où les vivres étaient à bon compte, il constata que ses efforts n'aboutissaient qu'à un redoublement d'indiscipline². Les ouvriers refusaient, malgré les décrets, leur solde en assignats³. Ils établissaient, dans l'arsenal même, sous le nom de *Comité central*, un club auquel finirent par ressortir toutes les affaires de la Marine et qui existait encore, malgré les ordres du Comité général des Sections, quand les alliés entrèrent dans Toulon⁴. Bientôt, les ouvriers se contentèrent de venir à l'appel, de toucher leur solde et de s'en aller : « Nous sommes 50.000 hommes et, en outre, 6.000 ouvriers, écrivait un marin bayonnais ; avec tout ça, l'ouvrage ne se presse pas, car ça fait frémir de voir tout ce monde dans un port à ne rien faire ! » Les contremaîtres eux-mêmes les encourageaient à la paresse. Dans de pareilles conditions, on ne pouvait compter ni sur la réparation des bâtiments revenus de Sardaigne, ni sur l'exécution des ouvrages nécessaires à la défense des côtes. A la fin de 1792, on constatait que, grâce à la lenteur des travaux, on avait payé 215.766 livres ce qui n'en valait pas plus de 20.000. D'Albarade avertit le Comité de Salut public de cet état de choses dont son prédécesseur Monge était, en partie, responsable⁵.

1 Lettre d'Albarade, 22 avril 1793.
2 Puissant au Ministre, 19 juin, 7 juillet 1793.
3 Puissant au Ministre, 20 juin.
4 *Mémoires* de Thaon de Revel. — Proclamation du Comité général, 20 août.
5 Lettre du citoyen Jean Merci, marin, à son ami Beau, à Bayonne, Toulon, 14 mai 1793. — *Une famille de marins, les Bouvet*, par Eugène Fabre. — Bertin à d'Albarade, 4 mai 1793.

Les équipages de la flotte, qui avaient aussi leurs clubs particuliers, « signalaient leur arrivée, a dit Napoléon, en voulant pendre quelques citoyens, sous prétexte qu'ils étaient nobles ou prêtres ; ils portaient partout la terreur[1] ». En 1790, on voit l'équipage de la frégate *Iphigénie* contraindre son capitaine à désarmer[2]. En 1792, M. de Grasse, capitaine de *la Sibylle*, est hué par des marins, qui l'accusent de trahison[3]. Le 8 avril 1793, le vaisseau *le Thémistocle* est obligé d'appareiller avec un déficit de 60 hommes[4]. Le 26 du même mois, Lalonde, commandant *la Badine*, en route pour la Corse, est contraint par son équipage de rentrer à Toulon, sous prétexte que la frégate a besoin de réparations[5]. Dans le même temps, les marins de *la Melpomène* et de *la Minerve* dénoncent au Club leurs capitaines Basterot et Féraud. Le 20 avril, les mêmes frégates reçoivent un nouvel ordre de mettre à la voile. Refus des équipages. Les trois Corps font une enquête, et l'on découvre que des « malveillants » ont poussé leurs camarades à l'insurrection, « soit en faisant des mannequins, soit en plaçant des cordes à nœuds coulants, ointes de suif, avec lesquelles ils les pendaient ». Les commissaires enquêteurs sont menacés du sort des mannequins, et c'est à grand'peine qu'on obtient de Barthélemy la poursuite des meneurs[6]. Le 19 juillet,

---

[1] *Mémoires de Napoléon.*
[2] M. de Glandevès aux officiers municipaux, 8 août 1790.
[3] Chaillan à de Flotte, 25 juin 1792.
[4] Trogoff à la municipalité, 7 et 8 avril 1793.
[5] Lettre de Lalonde. Toulon, 26 avril 1793.
[6] Les trois Corps au Ministre, 30 avril 1793. — Le mois précédent, les représentants avaient vainement essayé de ramener les équipages en plaçant solennellement le bonnet de la Liberté sur *la Melpomène* et *la Minerve*.

même refus d'obéir chez l'équipage de *la Topaze*, capitaine Gassin, qui, avec *l'Aréthuse*, capitaine Gohet-Duchesne, a reçu l'ordre d'appuyer les opérations de l'armée républicaine en Roussillon. Vainement Gohet-Duchesne harangue-t-il les matelots : « Nous ne partirons pas ! s'écrient-ils. Les frégates sont vendues ! Nous ne voulons pas pourrir dans les prisons ! » Ils finissent par le huer : « Voilà, ajoute le capitaine, les farandoleurs, les promeneurs des bonnets de la Liberté dans les rues de Toulon ! ces grands crieurs : *Vive la nation !* Des scélérats qui n'en sont que les ennemis les plus acharnés ! Voilà les reptiles qui se qualifient sans-culottes et qu'à la mer on peut qualifier, à juste titre, de sans-âme et de lâches[1] ! »

Le funeste résultat de l'expédition de Sardaigne n'avait point été étranger à cette situation : on redoutait, sur les côtes de la Méditerranée, le retour des vaisseaux : à Toulon, l'ordonnateur Vincent avait demandé qu'on les dirigeât sur d'autres ports, et le général Biron s'inquiétait des suites de la campagne pour la Provence tout entière[2]. Truguet, commandant en chef de l'expédition, s'était signalé par sa faiblesse à l'égard des équipages ; il leur avait promis de ne voir en eux « que des amis, des frères, des égaux, de n'exiger d'eux la subordination que pour le bien du service[3] ».

Un de ses marins rapporte « qu'il ne faisait un pas et ne tenait un seul propos qui ne fût pour captiver le

---

[1] Gohet-Duchesne à Trogoff, 16 juillet.
[2] Vincent au Ministre, Toulon, 19 janvier 1793. — Biron à Beurnonville, Toulon, 11 mars 1793.
[3] Procès-verbal d'une fête civique à bord du *Tonnant* (Henry).

suffrage du peuple et des matelots ». Aussi son vaisseau était-il fort mal tenu : « Il a, écrit le même matelot, laissé monter l'indiscipline jusqu'au point qu'il n'est pas possible de faire nettoyer ; que, dans le bord du commandant, on avait de la crotte à mi-jambe ; on faisait impunément ses ordures jusque devant la porte du Conseil [1]. » Détails dont l'exactitude est confirmée par Tilly, chargé d'affaires de France à Gênes : l'équipage de Truguet, dit-il, « tenait un club à bord, et son bord était un cloaque [2] ».

Cette indulgence excessive, conséquence de l'insuccès des mesures de rigueur [3], était générale en France : à Rochefort, on voit l'amiral Rosily accorder à ses matelots un supplément de solde, persuadé qu'appuyés par la Société populaire ils obtiendront par la force ce qu'on ne leur aura point accordé de bon gré [4] : « Il faut avoir égard aux réclamations de ces braves gens, » écrit Tréhouart au capitaine d'un équipage révolté [5]. L'arrogance des marins devint telle que les municipalités finirent par s'en émouvoir. Celle de Lorient écrivit au Ministre qu'il faisait fausse route en croyant la tolérance propre à exalter le patriotisme : « Cette classe d'hommes, disait-elle, se regarde ainsi comme privilégiée. On les a comblés de faveurs et d'éloges ; mais, nous le disons à regret, la plupart n'ont

---

[1] Lettre anonyme du 2 avril 1793.
[2] Tilly au Ministre, 15 avril 1793.
[3] Puissant au Ministre, 7 juillet.
[4] Rosily à Monge, 22 avril. « Les matelots, disait Morard de Galles, ont appris qu'il suffisait de menacer pour obtenir. » Ils menaçaient, en effet, leurs chefs (Vincent au Ministre, 5 avril); dirigeaient contre eux de criminels attentats : Fournier, capitaine du *Chasseur*, fut blessé par l'explosion de tromblons déposés dans sa cabine (28 novembre 1793).
[5] Mai 1793.

vu, dans le surhaussement de leurs salaires, qu'un moyen de plus de se livrer à l'ivrognerie et à la débauche ; dans les payements en espèces, qu'un agiotage ; dans la liberté et l'égalité, que l'indépendance de toute autorité ; et dans les louanges qui leur ont été adressées, que le besoin qu'on avait d'eux [1]. »

Il ne faut point chercher ailleurs la cause des révoltes dont les ports de Brest, de Lorient, de Rochefort furent le théâtre. Celle de Quiberon, en septembre 1793, où huit vaisseaux de la flotte de Morard de Galle s'insurgèrent, à la nouvelle de la trahison de Toulon, sous prétexte que leurs chefs les avaient, eux aussi, vendus à l'ennemi, fut, en réalité, la conséquence d'une longue et inutile croisière après laquelle les matelots, découragés, cherchaient à rentrer à Brest.

L'enquête amena la découverte des meneurs, qui étaient tous de jeunes officiers ou des sous-officiers avides de popularité et d'avancement, que Morard de Galle traita publiquement de « contre-révolutionnaires [2] ». Beaucoup de ces jeunes gens sortaient de la Marine marchande, dont la guerre avait suspendu les occupations, et où la disette d'officiers obligeait l'administration à les prendre. Après un rapide examen, on les nommait enseignes ou lieutenants de vaisseau, au vif mécontentement des autres, qui s'indignaient de voir « une quantité de jeunes muscadins, travestis en sans-culottes, et répandus sur les vaisseaux », exciter le désordre [3].

---

[1] La municipalité de Lorient au Ministre, 30 avril 1793.
[2] Morard de Galle au Ministre, 15 septembre.
[3] Lettres de Cœuret-Secqville, 6 mai, 17 juillet 1793. — Lettre du capitaine de *la Carmagnole* à Cœuret, septembre 1793. — Lettre des représentants, 4 mars 1793. — Buquet, enseigne, au Ministre, le Havre, 14 avril 1793.

On était, naturellement, moins difficile encore dans le choix des matelots : tous semblaient bons, ouvriers sans travail, paysans, adolescents de tous les états [1], étrangers même, car on vit jusqu'à des Anglais prisonniers de guerre accepter de servir sur les vaisseaux de la République [2]. La mauvaise réputation des marins génois n'empêcha point le Ministre d'inviter Tilly, chargé d'affaires à Gênes, à en recruter [3]. Il faut dire que les levées régulières se faisaient avec la plus grande difficulté : celles de la Gironde présentaient, en 1793, un déficit de 3.819, et celles du Var un déficit de 1.500 hommes. L'ordonnateur Puissant était enfin parvenu à réunir son contingent, quand des désertions vinrent tout gâter. Les uns retournaient chez eux ; d'autres se répandaient dans la campagne dont ils pillaient les maisons. Trogoff dut interdire la sortie de Toulon après le coucher du soleil et établir des patrouilles pour rechercher les manquants. La municipalité, dont le concours était fort apprécié des autorités maritimes, prit des mesures à l'égard des déserteurs [4].

Plus délicat était le choix des officiers supérieurs : beaucoup, découragés par les affaires publiques non moins que par l'indiscipline des marins, avaient donné

---

[1] Goodall à Stephens; le consul Magra à Dundas, 8 avril 1793.
[2] Lettre de Perkins Magra, 8 avril 1794. — Lettre des représentants, 3 mars 1793. — Huon à Vieilh, 25 mars 1793. — Ordre d'échanger des prisonniers anglais de Saint-Malo que les Français enrôlent, 30 novembre 1793. — Neuf matelots anglais avaient été enrôlés à Toulon après l'embargo (11 février 1793).
[3] Monge à Vincent, 25 février, 7 avril 1793.
[4] Lettre de Vincent, 9 avril 1793. — Puissant au Ministre, Toulon, 11, 12 juillet 1793. — Délibération des trois Corps, 21 mars 1792, août 1793. — Trogoff à la municipalité de Toulon, avril 1793.

leur démission[1], et les remplacer n'était point facile : les hommes sincères reconnaissaient que, seuls, les nobles possédaient, grâce à leurs études, les lumières nécessaires au commandement des vaisseaux[2]. De même pour l'artillerie : en novembre 1793, le Comité de Salut public autorisa le général de Montalembert à sortir de sa demeure, où il était gardé à vue, pour surveiller la construction d'un affût de son invention[3]. D'Albarade accusé d'avoir peuplé d'aristocrates l'armée navale, put répondre avec justesse qu'ils « avaient été nommés avant son ministère[4] ». En réalité, ni d'Albarade, ni Monge, ni son adjoint Taillevis-Périgny, qui fut pourtant arrêté aussitôt après la défection de Toulon, n'étaient responsables de cet état de choses. Il ne semble point, d'ailleurs, qu'à Brest, Lorient, Cherbourg ou Rochefort, la conduite des officiers de Marine ait manqué de correction : sans fondement sont les attaques de Jeanbon Saint-André contre les capitaines impliqués dans l'affaire de Quiberon. L'amiral Rosily prend courageusement la défense des officiers rochefortais : « Je ne puis, écrit-il au Ministre, vous parler qu'à l'avantage des chefs et officiers de ce département, tant à la mer qu'à terre. Je désirerais que les

---

[1] Lettre de l'Etanduère, successeur de Rosily. Cf. *Mémoires* de Bertrand de Molleville.

[2] Un représentant à l'armée du Nord au Comité de Salut public, Maubeuge, 3 juillet 1793. — Roubaud, sous-chef du contrôle à Toulon, écrit au Conseil d'administration de la Marine : « Ne nous le dissimulons pas, les hommes les plus expérimentés dans l'art de la navigation, les plus exercés dans les détails immenses des arsenaux maritimes ont épousé la cause du royalisme... » Roubaud fut chargé de former un dépôt d'instruments où les citoyens attachés à la Marine pourraient travailler. (Toulon, 16 mars 1794.)

[3] 29 novembre 1793.

[4] 11 septembre 1793.

équipages et ouvriers montrassent la même subordination et le même civisme [1]. »

La situation n'était pas moins difficile dans l'armée de terre, où la disette d'officiers faisait nommer des Rossignol et des Carteaux, et même pire encore. La nouvelle loi militaire n'exigeant point qu'ils sussent lire et écrire [2], on voyait un chef de brigade obligé de se faire lire jusqu'à ses ordres les plus secrets [3]. Tel était le scandale, que les représentants osaient écrire au Comité : « Les connaissances sont plus nécessaires dans le commandement des armées que la sans-culotterie [4] ! »

Même condescendance pour les soldats que pour les marins : Saint-Just et Lebas somment les généraux de l'armée du Rhin de satisfaire aux réclamations de leurs troupes, sous peine d'encourir « des exemples de sévérité que l'armée n'a point encore vus [5] ». Forts d'un tel appui, des « malveillants » répandent le trouble et poussent leurs camarades à la désertion.

Il faut avouer, en effet, que, dans de pareilles con-

---

[1] Rosily à d'Albarade, 15 mai.
[2] Lettre des représentants, 14 mars 1793.
[3] Lettre des représentants (Nice, 8 octobre). — Le passage suivant d'une lettre des représentants en mission à Bayonne donne une idée de la manière dont les généraux étaient choisis : « Le Conseil exécutif, écrivaient-ils, a nommé ici quatre généraux de division et de brigade, les plus mauvais sujets et les plus ineptes de l'armée. Les uns sont dans les hôpitaux pour des maladies honteuses. D'autres ont tellement reconnu leur incapacité, qu'ils ont donné leur démission. » L'un d'eux, nommé Noguès, sur le point d'être arrêté, était passé en Espagne. L'Echelle, successeur de Canclaux, était de la dernière ignorance, et Tribout ne savait ni lire ni écrire, mais maniait parfaitement « le sabre et la bouteille ».
[4] Lettre des représentants (Tours, 9 août). — Cf. Lettre des représentants, au camp de Chantonnay, 18 août.
[5] Saverne, 23 octobre 1793.

ditions, les agents secrets avaient beau jeu pour s'introduire dans l'armée de terre, où, comme dans la Marine, on recevait des étrangers, des Autrichiens, des Hollandais, des Anglais même [1].

Le général Biron signale un Anglais, nommé Cannier, qui, bien que dépourvu de tout mandat, avait réussi à se faire reconnaître chef d'un corps républicain en Vendée : « Il faut, écrit-il à ce propos, qu'il ait la confiance de son détachement, puisque celui-ci lui obéit sans qu'il ait aucun droit de commander [2]. » Réflexion qui montre à quel degré d'anarchie l'armée était descendue.

Ceux que le militaire ne tentait point avaient la ressource de s'introduire dans les assemblées qui, sous le nom de *Sociétés patriotiques*, *Comités de surveillance*, *Comités centraux*, *Commissions départementales*, *Associations centrales*, etc., etc., jouissaient d'une autorité dont il leur était facile de tirer parti, ne fût-ce qu'en prenant « le masque de la sans-culotterie » et en poussant à des abus dont la conséquence devait être, tôt ou tard, la contre-révolution. Les prétendus Comités de surveillance, disaient Rovère et Poultier, ne sont, en réalité, que des *Comités de terreur publique*, dont les principaux membres sont plus que suspects [3]. Robespierre exprimait la même vérité d'une manière pittoresque en affirmant que les « bonnets rouges » étaient plus près des « talons rouges » qu'on ne le croyait.

---

[1] Guimberteau au Comité (Blois, 11 octobre).
[2] Voir Chassin, *la Vendée patriote*.
[3] Lettres de Rovère et Poultier, Avignon, 3, 5 novembre, 12 décembre. — Cf. Lettres des représentants à Cambrai, 2 décembre ; à Auxerre, 16 novembre ; d'Albitte, Valence, 6 novembre. — *Mémoire du maire de Chalonnes*, publié par Taschereau (*Revue rétrospective*).

III

Ouverture des Sections à Toulon. — Formation d'un Comité général. — Sa politique. — Mesures administratives. — Exécutions capitales. — Cérémonies religieuses. — Les représentants Barras et Fréron à Pignans. — Préparatifs de combat. — Le général Brunet. — Menaces du Comité général. — Le Club Saint-Jean et la flotte française. — Le Ministre de la Marine d'Albarade et l'amiral Trogoff. — Etat des subsistances et des finances à Toulon, en août 1793.

Après le 31 mai, plusieurs villes — Lyon et Bordeaux entre autres — avaient envoyé à Toulon des commissaires pour l'inviter à secouer, comme elles venaient de le faire elles-mêmes, le joug des Jacobins.

Le 7 juillet, Draguignan ayant, à son tour, constitué sa commune en Sections permanentes, une vive agitation régna dans Toulon : appuyés par les démagogues chassés d'Arles et de Marseille, les clubistes affichèrent une proclamation pleine de menaces contre ceux qui demanderaient l'ouverture des Sections, et exécutèrent, le sabre à la main, une farandole à travers les rues. Leur attitude n'effraya point un bourrelier nommé Roux, président de la Section des Minimes, qui fit signer à 228 de ses concitoyens une pétition tendant à cette ouverture, pétition qu'il remit, le 12, à la municipalité. Les trois Corps se réunirent, reconnurent la légalité de la demande, et, le lendemain 13, la municipalité y souscrivit, *à l'unanimité*, sur les conclusions du procureur de la Commune Leclerc.

Revirement subit dont les antécédents politiques des trois Corps rendent l'explication difficile. Un auteur [1] en a vu la cause dans le désir, formellement exprimé par les représentants du peuple, de faire des concessions au parti dominant. L'hypothèse n'est point invraisemblable, mais les preuves font défaut. Quoi qu'il en soit, la requête, régulièrement présentée, ne pouvait être repoussée. Le Corps municipal paraît, d'ailleurs, avoir — plus ou moins librement — pris les mesures que la situation exigeait : il fit doubler les postes aux portes des Sections comme à celles de la ville ; distribuer des cartouches à la garde nationale ; expédier des messagers dans les bourgs voisins, afin de les mettre en garde contre les fausses nouvelles ; enfin ordonna à l'amiral Trogoff, commandant en chef de l'escadre, en l'absence de l'amiral Truguet, alors à Paris, d'empêcher les marins de descendre à terre.

La tranquillité des ouvriers de l'arsenal, qui, le 12 au soir, étaient venus offrir aux municipaux « leur zèle pour la défense de la place [2] », ne semble pas moins surprenante. On s'était, paraît-il, assuré leur neutralité en leur promettant leur solde en numéraire ; les états-majors de la flotte avaient été avertis, et les courriers interceptés à Aix et à Marseille.

Toute pacifique fut, grâce à ces précautions, la révolution du 13 juillet.

---

[1] Voir Henry, *Histoire de Toulon*.
[2] Archives de Toulon.

Accourus de Nice à ces nouvelles, les représentants Bayle et Beauvais se rendirent dans les Sections, où ils essayèrent de lire le texte de la nouvelle Constitution qu'ils venaient de recevoir. Leurs voix furent couvertes par des huées. On s'empara d'eux, on les traîna, la corde au cou, jusqu'à la cathédrale, où ils furent contraints d'assister, un cierge en main, à un *Te Deum* en l'honneur du changement qui venait de s'opérer, après quoi on les jeta brutalement en prison.

Le Club fut fermé. Le 14, pour faciliter l'exécution des mesures administratives, les Sections nommèrent un Comité général qui, jusqu'à l'entrée des Anglais, allait devenir l'arbitre des destinées de la ville. A sa tête se trouvaient un certain nombre d'officiers de marine: Burgues de Missiessy, capitaine de vaisseau; Lapoype de Vertrieux, capitaine de vaisseau en retraite; de Coriolis, ancien chef d'escadre; les deux frères de Simony dont l'un allait être tué dans une rencontre avec les républicains; Pasquier, capitaine de pavillon de l'amiral Trogoff; Enouf, sous-ingénieur de la Marine; Dejean, qui succédait à Barthélemy dans la place de commissaire-auditeur. L'amiral Trogoff, le commandant d'armes Chaussegros; le commandant de l'artillerie de terre Barras, parent du conventionnel; le directeur de l'artillerie Molinier, le directeur des vivres Branzon crurent devoir n'accepter que le titre de membres adjoints au Comité, mais n'en assistèrent pas moins à ses séances.

Ces personnages, leurs collègues du Comité, les membres du Tribunal populaire et un certain nombre de mécontents, peuvent être considérés comme les complices de la conspiration qui livra Toulon aux

Anglais ; ils n'étaient guère, dit un témoin, que cent cinquante en tout[1].

Barras et Fréron dénoncèrent à Paris la conduite du Comité général, qui s'empressa de répondre en protestant de son dévouement à la République ; il fallait ménager les républicains modérés : « Nous voulons, écrivit-il, la République, une et indivisible ; on ne voit chez nous aucun signe de rébellion... Les représentants Barras et Fréron mentent honteusement en nous peignant comme des contre-révolutionnaires d'intelligence avec les Anglais et les fanatiques de la Vendée. »

Pour mieux donner le change, il invita les chefs de la Marine à poursuivre le ravitaillement de l'armée d'Italie et leur correspondance avec les Ministres.

Le 10 juillet, un parlementaire anglais, qui s'était présenté avec un drapeau blanc, fut sommé de le remplacer par les trois couleurs qui continuaient à flotter sur les forts et sur les vaisseaux. Le 13 août, la municipalité envoyait encore au Ministre de la Guerre un plan d'agrandissement de la ville. Des royalistes impatients ayant arboré la cocarde blanche, on leur défendit de la porter. On continua à délivrer des certificats de civisme. La particule nobiliaire demeura supprimée et le nom de *République* fut maintenu sur les actes officiels, de même que le terme de *citoyen*. Bref on s'efforça d'apporter, à l'ordre de choses établi, le moins de changements possible.

Le 17, le Comité général renouvela les administrateurs de la Commune[2]. Le 18, il décida que les membres

---

[1] *Mémoires justificatifs* de Puissant, ancien ordonnateur de la Marine à Toulon.

[2] On nommait, chaque semaine, un nouveau président du Comité général. Le premier fut le notaire Lespéron.

de l'ancienne municipalité ne pourraient être réélus. On les arrêta même, afin de les dérober à la vengeance des clubistes dont ils avaient consommé la ruine. La liberté leur fut d'ailleurs rendue quelques jours après. Seul le procureur de la Commune Leclerc fut prié de conserver son poste en récompense de ses services et « des efforts qu'il avait faits pour comprimer l'anarchie dans un temps où il était si périlleux de lutter contre elle [1] ». Leclerc refusa ; il regardait, sans doute, son rôle comme terminé. Un incident moins facile à expliquer est son arrestation, par ordre de Pèbre, président du Tribunal populaire, le surlendemain de l'entrée des alliés : l'ancien procureur de la Commune s'était vraisemblablement opposé, avec son énergie ordinaire, à l'admission de la flotte coalisée.

Un des premiers soins du Comité général, après la révolution du 13 juillet, fut de livrer à ce Tribunal tous les hommes qui, les années précédentes, s'étaient signalés par leurs crimes. La municipalité fit réparer la guillotine, et les exécutions commencèrent : le 20 août, au moment où l'on conduisait au supplice deux chefs terroristes, Lambert et Barry, une bande de forcenés se rua sur eux dans l'espoir de les délivrer, mais fut contenue par la garde nationale. C'était le dernier effort des clubistes, qui avaient également échoué, peu de jours auparavant, dans leurs tentatives pour soulever les soldats marseillais réfugiés à Toulon : on

---

[1] Cette déclaration se trouve consignée dans une lettre du Comité général à la municipalité, en date du 17 juillet. Il lui fait part, en même temps, du vœu exprimé par les Sections de renouveler ses membres. Nous n'en voyons pas moins figurer, dans la nouvelle municipalité, deux membres de l'ancienne, les sieurs Letrain et Coulomb.

les désarma, on traduisit les meneurs devant un conseil de guerre, après quoi les autres furent répartis dans les forts et soldés comme le reste des troupes[1].

Les représailles continuèrent les jours suivants. On organisa, le 20, en expiation des forfaits qui avaient souillé la ville, une procession qui se termina par un *Te Deum* à la cathédrale, au sommet de laquelle l'apparition du drapeau tricolore fut saluée, par les forts, de vingt-trois coups de canon. Un avocat, M. Panisse, prononça un discours sur « le besoin de se réunir sous l'étendard de la patrie et de la religion », et, le soir, la ville illumina. Toutes les cérémonies du culte furent rétablies.

Les postes de confiance furent donnés aux royalistes les plus éprouvés : le chevalier de Grasset, ancien garde du corps de Louis XVI, fut placé à la tête de la garde nationale, et M. de Maudet, ancien commandant en second de l'armée départementale, reçut le gouvernement de la ville, en remplacement de M. Doumet, démissionnaire. Mais le drapeau blanc ne fut officiellement arboré que le 1er octobre, lorsque les troupes se trouvèrent prêtes à marcher contre l'ennemi. La cocarde blanche, la croix de Saint-Louis furent alors reprises et les actes officiels datés de l'an Ier du règne de Louis XVII.

Pour préparer les royalistes de fraîche date et les républicains modérés à la proclamation du jeune prince, on avait répandu le bruit que l'Espagne n'attendait que ce signal pour envoyer d'importants secours[2].

---

[1] *Mémoire* de M. de Grasset.
[2] Archives de Toulon. — *Relations* inédites de M. de Grasset et de Vernes. — Pons, Henry. — Correspondance des représentants en mission.

Cependant, les représentants Barras et Fréron, alors à Nice, avaient pris, comme venaient de le faire Bayle et Beauvais, le chemin de Toulon. Le général Lapoype, de l'armée d'Italie, les accompagnait. Ils reçurent, à Pignans, la nouvelle de l'arrestation de leurs deux collègues : ils s'apprêtaient à retourner sur leurs pas, quand apparut une délégation de la municipalité, revêtue de ses écharpes, qui les déclara prisonniers. Obligés de se frayer un passage le sabre à la main, ils abandonnèrent leurs équipages et leur suite composée de deux secrétaires, de la femme et de la fille du général Lapoype, qui furent conduits à Toulon, où les municipaux de Pignans se réfugièrent eux-mêmes pour échapper à la vengeance de la Convention[1].

Barras et ses compagnons faillirent de nouveau être arrêtés à Saint-Tropez ; ils purent cependant s'embarquer et regagner Nice où, instruits à leurs dépens des dispositions hostiles des habitants, ils prirent les dispositions que la situation exigeait : ordonnèrent aux comptables de deniers publics de verser au trésorier de l'armée d'Italie les fonds destinés pour Toulon ; mirent l'embargo sur les bâtiments de guerre en station à Villefranche ; défendirent aux vaisseaux mouillés dans les autres ports de la Méditerranée d'obéir aux ordres de l'amiral Trogoff ; transportèrent à Grasse le siège de l'administration du Département et annulèrent les arrêtés de celle de Toulon ; requirent la gendarmerie et les gardes nationales ; formèrent une légion des proscrits de Toulon et de Marseille ; ordonnèrent la levée de

---

[1] *Mémoires de Barras*. — Les Représentants à la Convention (Nice, 16 septembre).

tous les habitants du Var de seize à soixante ans [1];
enfin invitèrent leurs collègues de l'armée des Alpes
à diriger 3,000 hommes sur la ville rebelle, et Brunet,
général en chef de l'armée d'Italie, à en envoyer autant
à La Valette.

Les représentants près l'armée des Alpes satisfirent
au vœu de leurs collègues en détachant une colonne
dont ils donnèrent le commandement à un général
improvisé, le peintre Carteaux, auquel son sans-culottisme, non ses talents, avait valu ce grade. Quant au
général Brunet, il refusa d'obéir, alléguant que, pour
être valables, les ordres qu'il recevait devaient émaner
de deux représentants accrédités auprès de son armée,
tandis que Fréron ne l'était point [2] : dénoncé aussitôt
par Barras, comme complice des Toulonnais, Brunet
est suspendu de ses fonctions et transféré à Paris où il
est exécuté le 6 novembre.

Coupable ou non, ce général avait commis l'imprudence de mal parler des représentants dans ses adresses
à l'armée, de correspondre avec les Sections de Marseille
au plus fort de sa révolte et d'entretenir avec celles de
Toulon des relations suspectes [3]. Aussi Barras n'eut-il
point de peine à le perdre, dans un temps où tous les

---

[1] **Barras et Fréron à la Convention** (Nice, 26 juillet 1793). — Plus
tard, quand l'armée de Carteaux s'avança sur Marseille, les paysans,
terrorisés par l'approche des Allobroges, se réfugièrent en foule à Toulon. Barras et Fréron imaginèrent d'arrêter leurs femmes pour les
obliger à venir les rejoindre. (Lettre des représentants datée de Coti-
gnac, 29 août.)

[2] Fréron était, en effet, en mission à l'armée des Alpes et non à celle
d'Italie. Le second représentant près cette armée était Despinassy, alors
absent : Barras le dénonça comme complice de Brunet.

[3] *Mémoires du duc de Bellune.* — Puissant au Ministre, 3 août.

généraux, heureux ou malheureux, étaient également soupçonnés de trahison[1].

Au moment où Marseille avait été décrétée rebelle, d'Albarade, ministre de la Marine, avait prescrit à l'amiral Trogoff de faire conduire à Toulon tous les navires marchands à destination du chef-lieu des Bouches-du-Rhône. Le Comité général répondit qu'ayant promis à Marseille « secours et fraternité », on n'aurait garde d'obéir. Il protesta que Toulon n'en demeurait pas moins fidèle à la République et prêt à accepter une Constitution fondée sur le respect des bonnes mœurs et de la religion, et non une Constitution « fabriquée en trois jours ». Il dénonça Fréron, Barras et Albitte qui, en arrêtant les vivres et les fonds de l'armée d'Italie, se faisaient, disait-il, les complices des Anglais dont les vaisseaux croisaient sur la côte. Leur but était apparemment « d'obtenir de la détresse de Toulon ce que la trahison devait leur livrer ». Il terminait par cette phrase, véritable menace d'appel à l'étranger : « Veulent-ils nous réduire à la dure nécessité d'implorer le secours de ces fiers ennemis, moins barbares qu'eux, peut-être ? Dans notre soumission forcée, nous trouverions, du moins, en eux, des hommes compatissants ? ! » Le Gouvernement pouvait se tenir pour averti.

---

[1] Lebrun à Cambon, 5 juillet 1793. — Cf. Lettre des représentants, Angers, 13 juillet. « L'exemple de Montesquiou, écrivait le Comité de Salut public, doit nous prouver que les succès ne servent qu'à cacher plus adroitement une trahison. » La défaite équivalant, d'autre part, à un arrêt de mort, les généraux se trouvaient dans une situation difficile.

[2] *Rapport* de Jeanbon Saint-André, pièces justificatives. Voici l'extrait d'une autre lettre écrite de Toulon, 7 août : « Nous tenons dans notre main la clef de la France méridionale ; si la Convention se tourne contre nous, nous savons comment la contenir. Il y a des escadres qui

Bloqué, en effet, à l'ouest par l'armée des Alpes, à l'est par l'armée d'Italie, au sud par les flottes ennemies, Toulon se trouvait dans l'impossibilité de se ravitailler. Mais ses ressources étaient-elles complètement épuisées le jour où il recourut à la bienveillance intéressée des Anglais ? C'est ce que nous allons rechercher.

Dès la fin de mai, l'ordonnateur civil Puissant exposait au Ministre de la Marine l'urgence de remplir de blé ses magasins, urgence d'autant plus grande que l'usage était, disait-il, de fournir au Département les grains dont il manquait. Le chiffre de la population augmentant de jour en jour, Puissant s'entendit avec l'amiral Trogoff pour envoyer, à Gênes et à Livourne, quatre bâtiments de guerre destinés à escorter un convoi de blés dont il avait fait la commande dans ces ports.

Malgré la croisière espagnole, un de ces navires, *le Thémistocle*, capitaine Duhamel, parvint à convoyer de Livourne à Toulon, dans les premiers jours de juin, seize bâtiments chargés de 50.000 sacs de blé, ce qui portait à 780.000 le total des sacs fournis. Son exemple ne fut point suivi ; la frégate *la Modeste*, les tartanes *la Fortunée* et *l'Union* restèrent mouillées à Gênes avec leurs transports, et la frégate *l'Impérieuse* à Livourne avec les siens[1]. Un troisième convoi, évalué à 15 millions de francs, confié à l'escorte du capitaine Vence, et attendu de Tunis, n'osa point braver les vaisseaux de l'amiral espagnol don Borja de Gamachos, dont la

---

croisent dans ces mers et qui semblent nous convier à leur donner le signal de la paix. » (*Gazette de Madrid.*)

[1] Lettre de Puissant, 29 mai. — Trogoff à d'Albarade, 21 juillet. *Moniteur*, séance du 17 juin 1793. — Lord Hervey à lord Grenville, Florence, 31 mai 1793.

flotte était cependant — Tilly, chargé d'affaires à Gênes, et Lachèze, consul dans la même ville, l'affirmaient du moins — « dans un misérable état de délabrement[1] ».

Une sortie heureuse de l'escadre de Toulon pouvait rétablir la liberté de la mer que demandaient à grands cris Biron, alors général en chef de l'armée d'Italie, Saint-Martin, général commandant en Corse, les administrateurs de la Marine à Marseille et dans tous les ports de la Provence[2], enfin les démagogues de Toulon ; l'entrée dans la Méditerranée de la flotte anglaise qu'on croyait destinée à faire jonction avec les Espagnols, loin de les décourager, fit redoubler leurs clameurs: Barthélemy et Sevestre se rendirent à bord des vaisseaux et poussèrent les équipages à réclamer le combat. Une réunion de matelots organisée dans l'église des Minimes, par les soins du Club, venait, animée par un discours du procureur-syndic du département Ricard, de voter à l'unanimité la sortie des vaisseaux, quand parut, tout à coup, l'amiral Trogoff entouré de son état-major. Il blâma énergiquement la conduite des marins, dont l'unique but était, disait-il, de livrer l'escadre à l'ennemi. Des officiers, prenant la parole après lui, firent observer que, sous le rapport du nombre des bâtiments et des équipages, comme sous celui des approvisionnements, elle était très inférieure à l'escadre espagnole ; que, celle-ci croisant sur la côte provençale et la flotte anglaise ayant été signalée à Gibraltar, les vaisseaux français pourraient se trouver

[1] Délibération des trois Corps administratifs de Toulon. — Tilly au Ministre, 18 juin. — Les équipages de cette flotte étaient ravagés par une épidémie ; elle aurait eu 2.000 malades à bord.
[2] Lettres de Biron (3 avril); Saint-Martin (8 juillet); Pourcel (19 juin); Cottrau (8 juillet).

pris entre deux feux ; que, d'ailleurs, l'ordre d'appareiller devait émaner du pouvoir exécutif, et qu'en conséquence ils ne quitteraient point Toulon sans un avis officiel.

Ces déclarations occasionnèrent un tumulte dont la fermeté des officiers triompha ; l'assemblée se sépara en se contentant de voter l'accélération des travaux du port.

Plus tard, après la fermeture du Club par ordre du Comité général des Sections, l'examen de ses archives aurait, dit-on, amené la découverte d'un plan tendant à livrer la flotte française à l'ennemi. A ce plan eût été annexée une liste de 2.000 personnes dont le massacre devait se faire le 15 août[1]. Rien, à notre connaissance, ne confirme ces faits qui paraissent n'avoir existé que dans l'imagination de royalistes désireux de se disculper aux dépens de leurs adversaires politiques[2].

Cependant, le Ministre de la Marine, impressionné par les lettres qu'il ne cessait de recevoir au sujet de la sortie des vaisseaux, envoya à l'amiral Trogoff non point, comme on l'a dit, des ordres, mais les pouvoirs nécessaires pour appareiller avec les bâtiments en état de le faire[3]. Trogoff se déclara prêt à se mesurer avec les Espagnols « dans toutes les circonstances où il pourrait les attaquer sans désavantage », surtout,

---

[1] Lettre anonyme saisie sur le vaisseau *l'Apollon*. — Les chefs de ce complot auraient été : Barthélemy, Ricard, Beausoleil, Sevestre, administrateurs, Pavin, directeur de la Poste, Blache, officier municipal. — Cf. Acte d'accusation de Victor Hughes, relatif aux marins renvoyés à Rochefort.

[2] *Ibid.* Cf. *Mémoire justificatif* de Puissant.

[3] Trogoff à d'Albarade, 17 juin.

ajoutait-il, « s'ils venaient à intercepter l'approvisionnement de l'armée d'Italie et à mouiller aux îles d'Hyères ». Il cherchait à gagner du temps. En réalité, si mauvais que fût l'état des vaisseaux espagnols, celui de la flotte française n'était guère meilleur. Inférieure en nombre à celle de don Borja, elle l'était plus encore par ses avaries, son armement et l'indiscipline de ses équipages [1].

Non seulement d'Albarade n'insista point, mais il écrivit, le 29 juin, à Trogoff, que le Conseil exécutif et le Comité du Salut public « avaient arrêté que l'escadre française ne mettrait à la mer qu'autant que l'on serait sûr d'être égal en forces à l'ennemi [2] ». En même temps, il pria son collègue des Affaires étrangères de réprimer les « réflexions indiscrètes » du consul Lachèze et de Tilly, donnant ainsi raison à l'amiral [3].

Le 15 juillet, paraît la flotte britannique. Trogoff et Puissant triomphent : « Si la flotte française fût sortie, écrit ce dernier, les Anglais, au moyen des intelligences des malintentionnés, eussent profité de son absence pour entrer dans la rade. C'est une vérité que toute l'armée reconnaît aujourd'hui [4]. » Et Trogoff ajoute, le 21, que les équipages « murmurent tous hautement contre ceux qui ont voulu les faire sortir [5] ».

---

[1] La flotte française de Toulon se composait de 17 vaisseaux, 3 frégates, 3 corvettes et de navires plus petits. La flotte espagnole comprenait 20 vaisseaux et 10 frégates.

[2] D'Albarade à Trogoff, 29 juin.

[3] Le Ministre de la Marine au Ministre des Affaires étrangères, 21 juillet 1793.

[4] Puissant au Ministre, 20 juillet. — Cf. Trogoff au même, 18 juillet.

[5] Trogoff à d'Albarade, 21 juillet.

L'arrivée des Anglais avec seize vaisseaux tranchait, en effet, la question : « Les Anglais sont si maîtres de la mer, écrit-il encore le 25 juillet, qu'à peine osons-nous faire aller, le long de la côte, quelque bâtiment pour la protection des vivres à envoyer à l'armée d'Italie [1]. » A partir de ce moment, toute sortie générale devenait impraticable, mais ne l'eût-elle point été que Trogoff n'eût point appareillé, les instructions des Princes ou de leurs lieutenants l'invitant non seulement à ne pas contrarier, mais encore à seconder les alliés dans toutes leurs opérations [2].

C'est ainsi que les chefs du complot s'acheminaient vers leur but. La question des subsistances leur vint en aide : s'adresser à l'ennemi pour obtenir la libre entrée des convois de grains de Gênes et de Livourne, ou se résigner à mourir de faim, telle est l'alternative à laquelle le Comité général déclara la ville réduite, quand une députation de marins vint, à quelque temps de là, protester contre tout projet d'appel aux alliés. La députation répondit que les équipages étaient prêts à partager leurs provisions avec les habitants. Nous appelons l'attention du lecteur sur ces paroles.

Les magasins de la Marine renfermaient de quoi alimenter l'armée navale jusqu'à la fin de septembre. Une lettre de l'ordonnateur civil Puissant au Ministre ne laisse aucun doute à cet égard [3]. Le 10 août, les Corps constitués continuent à approvisionner l'armée

---

[1] Trogoff au Ministre, 25 juillet.
[2] Voir ci-dessous, page 99.
[3] Puissant au Ministre, 8 août.
Le 12 juillet, une expertise avait constaté, dans les magasins du Département, la présence de 15.947 charges de blé.

d'Italie[1]. Le 3 septembre, intervient une délibération du Conseil général qui, en considération du nombre des personnes réfugiées dans la ville, de la présence des troupes étrangères et « de la perspective d'un siège à subir », autorise la municipalité à puiser dans les greniers de la République, sous condition qu'une décision ultérieure des trois Corps décidera si cette opération se fera à titre d'emprunt ou à charge de payer les sacs enlevés au fur et à mesure de leur vente [2].

Les magasins de l'État ne manquaient donc point de grains, dans les premiers jours d'août. Par contre, ceux du Département étaient à peu près vides, ainsi que nous allons le démontrer : le jour même de la révolution sectionnaire (13 juillet), le Département, alarmé de la difficulté croissante des approvisionnements, envoie, dans toutes les communes du Var, une circulaire interdisant l'exportation des blés, afin, dit-il, de prévenir « les complots liberticides de l'aristocratie [3] ».

Le 17, le corps municipal, après enquête sur l'état des subsistances, invite les citoyens à prendre l'initiative d'une souscription destinée à assurer leur alimentation. En même temps il demande au Département de lui céder deux mille charges de blé[4]. Trois jours après, les administrateurs lui répondent « avec douleur » que leurs greniers n'en renferment que neuf cents ; mais ils lui permettent de prendre les deux mille charges

---

[1] Lettres de la municipalité de Toulon à celle de Solliès, sur le transport des grains à Nice, 8 et 10 août. — Cf. lettre de Chaussegros au Ministre, 3 août.
[2] Délibération du Conseil général, 3 août.
[3] 13 juillet. Circulaire imprimée.
[4] Adresse de la municipalité au département, 17 juillet.

dans les magasins de l'État, quoique, ajoutent-ils, une semblable opération exige, pour être régulière, l'autorisation du Ministre. Nous savons que la municipalité ne profita point de la permission avant le 3 septembre.

Le 27 août, elle envoie deux de ses membres, Garnier et Bisconty, acheter pour 600.000 livres de grains à Arles. Mais les républicains veillent; ils arrêtent, par ordre des représentants, tout ce qui monte ou descend le fleuve, et l'opération échoue [1].

Le résultat fut que le pain atteignit un prix double du prix ordinaire: le 15, la municipalité le taxe à 5 sols 3 deniers la livre, disposition qui, le 20, est révoquée comme ruineuse pour les marchands.

Il est permis de se demander pourquoi, dans une situation pareille, la municipalité s'abstint de profiter de l'autorisation, donnée le 20 août, de puiser dans les magasins de l'État. Bien mieux, le 28 du même mois, pendant les négociations avec l'amiral Hood, le Comité général déclare à une députation de la flotte française qu'il ne reste plus que pour *cinq jours de vivres* [2], et, en effet, les magasins de l'État ne sont mis à contribution que le 3 septembre, cinq jours après l'entrée des alliés! Qu'en conclure, sinon que le Comité général voyant, dans la détresse de Toulon, un moyen de seconder ses projets, négligeait volontairement les moyens d'y remédier?

---

[1] Puissant au Ministre, 25 juillet. — Trogoff au Ministre, 30 juillet.
[2] On ne mangeait plus guère, à Toulon, dans les premiers jours d'août, que de la viande salée et des haricots. Le 7 août, la viande valait 20 sols la livre, et le pot de vin 30 sols. (Archives de la municipalité.) — Lettre anonyme saisie sur le vaisseau *l'Apollon*. — Rapport de l'enseigne de vaisseau Romeiron. — Le 25 novembre, le pain fut taxé 2 sols 6 deniers.

L'argent était peut-être plus abondant encore, malgré la dépréciation des assignats [1]. A son entrée en fonctions, un des premiers soins du Comité général avait été d'interdire aux receveurs des districts, à peine de « traîtrise », de délivrer des fonds sans son autorisation. Il avait, en outre, envoyé deux de ses membres, les sieurs Enouf et Féry, dans les districts, pour lui en amener les caisses [2], et s'était emparé de celle de Toulon [3]. Enfin il avait retenu cinq millions sur les huit arrivés de Paris pour l'armée d'Italie [4].

Soucieux de ne point exposer l'escadre au manque de fonds, le Comité de Salut public avait continué à en servir à la Marine [5]. Ne pouvant plus, toutefois, se fier aux administrateurs, il décida qu'une somme de 6.627.000 livres serait dirigée, par Clermont-Ferrand, sur Montpellier, d'où les représentants la feraient passer dans le Var, s'ils le jugeaient convenable. Mais ceux-ci ayant appris, par des lettres interceptées, que le Comité général se proposait de faire main basse sur la somme, ordonnèrent, le 16 août, au payeur de Clermont, de l'expédier à Nice par Grenoble. Soit négligence, soit complicité avec les rebelles, ce fonctionnaire n'obéit

---

[1] Les assignats étaient descendus à 80 0,0 au-dessous du pair (Lettre anonyme écrite de Toulon.)
[2] *Mémoire* de M. de Grasset. — Rapport de Jeanbon Saint-André.
[3] Lettre des représentants, 26 août. Rovère et Poultier se disaient prêts à partir pour Toulon, afin de mettre ordre à ces irrégularités.
[4] La remise des trois autres millions à l'armée d'Italie avait été annoncée par Puissant, dans une lettre du 3 août. Cf. *Rapport* de Jeanbon Saint-André.
[5] Lettre des représentants, 1ᵉʳ août. Cf. lettre de d'Albarade, avertissant l'ordonnateur de l'intention du Conseil exécutif, « malgré les changements arrivés à Toulon, d'y faire passer des fonds ». — Lettre du Comité général, 12 août.

point, et les six millions arrivèrent à Montpellier[1].

Le Comité général charge alors deux de ses membres, les sieurs Ricard, commissaire de la Marine, et Jouve, ancien consul d'Angleterre et de Hollande, de réclamer ces fonds au payeur de Montpellier, qui les leur délivre. Déjà les sacs d'écus ont été transportés à bord du navire qui doit les conduire à Toulon, quand arrive un courrier d'Albitte annonçant l'entrée des alliés et ordonnant l'arrestation des sieurs Jouve et Ricard. Les fonds, aussitôt repris, sont réintégrés dans la caisse du payeur[2].

Une autre somme de deux millions aurait été interceptée à Antibes par le général Dumerbion et envoyée à Marseille[3].

Le 3 août, l'ordonnateur Puissant avait averti d'Albarade que, pour les besoins de la Marine, il allait être obligé d'envoyer chercher, dans les bureaux des Messageries des départements voisins, tout l'argent qu'on y pourrait trouver. Il put ainsi se faire verser 400.000 livres par le payeur d'Avignon, qui fut emprisonné pour ce fait, par ordre d'Albitte[4].

Si à cette somme on ajoute celle de 800.000 livres antérieurement reçue par Puissant, et les cinq millions destinés à l'armée d'Italie[5], on voit que l'actif des rebelles, au moment de l'appel à l'étranger, montait à 6.200.000 livres, outre le contenu des caisses des districts et celui de la caisse de Toulon. Ce contenu, nous

---

[1] Lettre des représentants, 16 août. — Lettre de Rovère et de Poullier, Nimes, 14 septembre 1793.
[2] Voir *Autour des Bonaparte*, par M. de Ricard. Jouve et Ricard, d'abord emprisonnés à Arles, réussirent à s'échapper et à regagner Toulon. — Cf. lettre de Duclos, Marseille, 7 septembre.
[3] Lettre du représentant Pomme, Marseille, 5 septembre.
[4] Puissant au Ministre, 3 août.
[5] Le même au même, 8 août.

l'ignorons ; mais il nous suffit de savoir que, jusqu'à la fin du siège, de l'aveu même de sir Gilbert Elliot, commissaire civil du roi d'Angleterre, la ville ne cessa, « non seulement de pourvoir aux besoins de ses propres administrations, mais encore de fournir les armées combinées de presque tous leurs articles d'approvisionnement¹ ».

Il s'ensuit que, suffisamment pourvu de fonds au moment de l'entrée des alliés, Toulon n'était point tout à fait dénué de vivres ; qu'à la vérité ces vivres allaient manquer dans un avenir prochain, mais que le Comité général pouvait recourir aux magasins de l'État ; que, s'il ne le fit point, ce fut pour agiter plus aisément le spectre de la famine aux yeux des habitants et pour justifier son appel aux Anglais².

---

¹ Lettre de sir Gilbert Elliot, Toulon, 23 novembre.
² C'était l'avis de l'ingénieur des bâtiments civils de la Marine Sardou, témoin de ces événements : « Une disette se faisait croindre, écrit-il, mais elle n'était que factice. » (Note annexée au plan reproduit à la fin du volume.) — Cf. la lettre suivante écrite, au commencement d'août, de Beaucaire à la *Gazette* de Madrid : « On peut espérer, y lit-on, que les départements maritimes, qui sont incapables de subsister *trois mois* sans la liberté de la navigation, ne tarderont pas à demander le secours des escadres. On croit que Toulon et Marseille se livreront bientôt aux Anglais et aux Espagnols. » Faisons observer que ces trois mois auraient conduit les Toulonnais à la fin d'octobre.

IV

La déclaration de guerre du 1er février 1793. — Ses effets en Angleterre. — Visites de bâtiments anglais dans les ports français de la Méditerranée. — La « ligne de la Somme » et l'expédition de Dunkerque. — Un mot du comte de Mercy.

Lorsque Toulon capitula, le 29 août 1793, les hostilités étaient ouvertes depuis sept mois avec l'Angleterre, à laquelle la France avait déclaré la guerre le 1er février ; toutefois la correspondance échangée entre lord Grenville, ministre des Affaires étrangères, et M. de Chauvelin, ministre de la République française à Londres, prouve que le véritable agresseur fut le gouvernement britannique : la hauteur et l'intransigeance de lord Grenville, non moins que l'expulsion de Chauvelin après l'exécution de Louis XVI, — exécution que l'Angleterre n'avait rien fait pour empêcher, — équivalaient à une rupture.

Lord Grenville en a cependant rejeté sur sa rivale toute la responsabilité : il a déclaré, à maintes reprises, « que l'agression était venue du côté de la France et qu'elle avait été aussi brusque que dénuée de motifs suffisants[1] ». Son but était d'inspirer à ses concitoyens

[1] Lord Grenville à Lebrun, 18 mai 1793. — Déclaration du 19 octobre. — Discours du Roi d'Angleterre, le 4 janvier 1794. Cf. les divers traités conclus, en 1793, par l'Angleterre avec les puissances européennes.

un enthousiasme qui leur faisait défaut, et de se concilier la sympathie des Puissances. Aussi prêchait-il la « guerre sainte », une guerre destinée, selon ses amis, à sauvegarder « les objets les plus chers aux Anglais, c'est-à-dire la conservation de leurs lois, de leur liberté, de leur religion [1] ».

L'opposition ne fut point dupe de la manœuvre ; les lords Lauderdale, Derby, Stanhope se joignirent à Fox pour déclarer que, si regrettable que fût l'exécution de Louis XVI, elle ne regardait point l'Angleterre : « On manque de prétextes, écrivit Fox, pour faire cette guerre, qui ne sera jamais populaire [2]. » Et il ajoutait : « On n'a point permis à la France de réparer ses torts envers la nation britannique, c'est là une véritable incorrection. »

Les torts de la Convention étaient indéniables, en effet : le plus grave était l'encouragement officiel donné à la propagande révolutionnaire par le décret du 19 novembre 1792, décret promettant « fraternité et secours à tous les peuples qui voudraient recouvrer leur liberté ». Mais la preuve que le pouvoir exécutif était disposé à réparer cette faute ressort de la déclaration spontanément faite par Lebrun, ministre des Relations extérieures, que ce décret ne s'appliquait point aux peuples neutres et, par conséquent, à l'Angleterre. Elle résulte encore de la révocation du même décret, le 19 avril, sur la proposition de Danton [3].

---

[1] Voir l'adresse votée par le Parlement à la suite du discours de Pitt, 12 février 1793.

[2] *L'Intérêt de la Grande-Bretagne dans la Guerre avec la France*, par William Fox, Londres, 1793.

[3] A cette époque, en effet, on conservait encore, à Paris, l'espoir de la paix. Des négociateurs officieux furent même envoyés à Londres

La première conséquence de la rupture fut, pour l'Angleterre, une ruine générale : les ouvriers restèrent sans ouvrage ; les familles riches émigrèrent. Les pétitions en faveur de la paix affluèrent à la Chambre des Communes. On trouva, un matin, sur le palais du Roi, un placard avec ces mots : « Maison à louer pour le 1ᵉʳ janvier prochain[1]. » Pitt dut faire voter un subside de 5 millions sterling, afin de pourvoir aux besoins des négociants, en attendant que le blocus des côtes françaises fît passer à l'Angleterre le commerce extérieur de la République.

En prévision de la campagne, le gouvernement anglais avait envoyé, en 1792, des bâtiments de guerre visiter nos ports de la Méditerranée. La cordialité des relations entre les sociétés patriotiques françaises et anglaises leur garantissait un bon accueil[2]. Ce fut, en effet, au milieu d'un débordement de joie que l'un d'eux jeta l'ancre, en décembre, dans le port de Marseille. L'équipage fut conduit en grande pompe à la Maison commune, où le corps municipal lui fit les honneurs de la salle de ses séances dans laquelle les drapeaux des deux nations avaient été réunis ; des discours chaleureux, des accolades fraternelles s'échangèrent[3].

---

par Lebrun ; mais lord Grenville se contenta de répondre, un mois après, que, si le gouvernement français avait des propositions à faire, il eût à s'adresser aux généraux commandant sur la frontière.

[1] *Morning Post.* — Rapports d'agents secrets, 23 mai, 2 août, 13 octobre 1793 ; 11 juillet 1794.

[2] Le 18 décembre 1791, dans une réunion organisée pour fêter l'arrivée d'une adresse républicaine de Londres, le maire avait proclamé que « le monument de l'alliance de deux nations, trop longtemps rivales, durerait autant que les siècles. » (Voir la brochure intitulée *Relation de la fête de l'alliance des pavillons nationaux anglais et français par les Marseillais patriotes, amis de la Constitution.*)

[3] Lettre de Marseille, décembre 1792.

Un mois après, le 14 janvier 1793, deux vaisseaux anglais entrèrent dans le port de Toulon, où leurs officiers furent l'objet de manifestations analogues. Le Club les admit à sa séance, une promenade civique et une représentation théâtrale furent organisées pour eux. Et cependant leurs intentions n'étaient que trop évidentes : ils venaient dans un but d'espionnage[1]. On s'en aperçut, mais trop tard, le 14 février 1793, c'est-à-dire quelques jours après la déclaration de guerre, quand la polacre anglaise *la Fortune*, naviguant sous pavillon génois, jeta audacieusement l'ancre dans le port d'Agay (Var), où elle était venue, quelques mois auparavant, sous les couleurs britanniques[2].

En *voulant* la guerre, Pitt ne faisait que se conformer à la politique séculaire de la Grande-Bretagne, dont l'objet principal est l'abaissement des puissances maritimes. Informé de l'état précaire des vaisseaux de la République, il mit à profit l'occasion de leur porter le coup de grâce et d'obtenir certaine indemnité, dont la mention revient sans cesse, comme un refrain, sous la plume des hommes d'État anglais, à cette époque : « Indemnité pour le passé, sûretés pour l'avenir. » En quoi elle consistait, nous le verrons bientôt.

Mais il faut le reconnaître, l'avidité des puissances continentales ne le cédait en rien à celle de l'Angleterre. Elles n'ont point encore tiré un coup de canon

---

[1] Archives de Toulon.
[2] Ce navire, qui venait de Gibraltar, était pourvu de canons, et son passeport, présenté par le capitaine, était génois. Le capitaine, de nationalité anglaise et nommé Laurent Celle, était déjà venu à Agay au mois de septembre précédent. On lui tira des coups de canon, mais trop tard. (*Rapport* signé Maunier, Giraud, lieutenants de port, etc. Fréjus, 14 février 1793.)

qu'elles se livrent déjà à des combinaisons dont l'objet est invariablement le partage du territoire français. L'Autriche s'attribue « la ligne de la Somme », c'est-à-dire tout le territoire français situé derrière une ligne passant par Abbeville, Amiens et Péronne ; l'Angleterre, outre les colonies des Antilles, où le général Grey s'apprête à planter le drapeau national, se réserve Dunkerque « et peut-être Calais[1] », projet qui éveille la jalousie de l'Autriche.

Aussi Dundas, ministre de la Guerre, s'efforce-t-il de démontrer au prince de Cobourg l'opportunité du siège de Dunkerque : « L'expédition, lui écrit-il, conduite avec succès par un prince du sang, donnera beaucoup d'éclat au début de la guerre et favorisera l'occupation de Lille[2]. » Cobourg, que l'urgence de l'opération ne frappe point, laisse agir le duc d'York et se tourne d'un autre côté.

Cependant la confiance des Anglais dans la chute de Dunkerque est telle qu'ils lui désignent d'avance pour gouverneur sir Gilbert Elliot. Le lendemain de sa nomination, arrive la nouvelle de la défaite d'Hondschoote et de la retraite du duc d'York. Les ministres sont atterrés : « Dundas, écrit Elliot, semble terrifié ; Pitt essaye de supporter le coup[3]. » Ni l'un ni l'autre n'avaient envisagé la possibilité d'un échec !

C'est ainsi qu'au lieu de pousser directement sur Paris, où il leur eût été facile de parvenir en quelques

---

[1] Lord Grenville à lord Auckland, 3 avril 1793. — Dundas à sir James Murray, 16 avril 1793. — Lord Auckland à lord Grenville, 14 juillet. — Le capitaine Bentinck à lord Auckland, 10 avril.

[2] Dundas à Murray, 16 avril. — Lord Grenville à lord Auckland, 3 avril 1793.

[3] Elliot à lady Elliot, 10 et 11 septembre.

marches¹, les alliés perdaient leur temps à se partager leurs futures conquêtes. Vainement des hommes d'État clairvoyants, tels qu'Edmond Burke et Gilbert Elliot, vainement les émigrés les suppliaient-ils de fournir des secours aux Vendéens, « d'aller droit au foyer de l'incendie² », ils ne voulaient rien entendre, ce qui faisait dire à Elliot que « personne n'avait à cœur le véritable objet de la guerre³ ». De son côté, Mercy répondait à Malouet qui lui reprochait de viser au démembrement de la France : « Vous croyez donc que nous faisons la guerre pour vos beaux yeux? Vous en verrez bien d'autres⁴ ! » Lord Auckland avait tenu le même langage aux conférences d'Anvers, et les obstacles suscités par l'Angleterre aux comtes de Provence et d'Artois achèveront de montrer à quel point elle se souciait peu des intérêts de la Monarchie française. Acquérir des territoires et les garder, telle était son unique préoccupation.

La France profita du désaccord des Puissances, car ce fut ce désaccord qui la sauva. Mais, ce qu'on doit surtout retenir, c'est que le Cabinet de Saint-James voulait la guerre, parce qu'il voulait la ruine de la France : les événements qui s'y déroulaient étaient de nature à seconder ses vœux.

---

[1] *Mémoires* de Dumouriez.
[2] Burke à Elliot, 22 septembre 1793. — *Correspondance* de Mallet du Pan. — Lettre d'Elliot, 9 décembre. — *Correspondance* de Vaudreuil.
[3] Lettre d'Elliot, 9 décembre.
[4] *La Belgique depuis 1789 jusqu'en 1814*, par M. de Pradt.

V

Départ de la flotte anglaise de Spithead. — De Gibraltar à Toulon. — Rencontre de la flotte espagnole. — Arrivée de l'amiral Hood devant Toulon. — Missions du capitaine Inglefield à Gênes et du lieutenant Édouard Cook à Toulon. — Échange de prisonniers. — Une lettre de John Trevor, ambassadeur d'Angleterre à Turin. — Affaire du vaisseau *l'Aigle*, à Gênes. — La frégate *Némésis* à Marseille. — Situation de cette ville. — Envoi de commissaires marseillais à Toulon et au commandant de la croisière ennemie. — Vigilance de Tilly, chargé d'affaires français à Gênes. — Proclamations de l'amiral Hood à Marseille et à Toulon. — Acceptation de ses offres. — Surprise causée aux Anglais par cette acceptation. — Appel de l'amiral Hood à don Juan de Langara, commandant de la flotte espagnole. — Dernière proclamation aux Toulonnais.

Vers le milieu de mars, l'amiral Goodall, gouverneur de Gibraltar, donna l'ordre de saisir dix-sept bâtiments de commerce marseillais, en réponse à l'embargo mis, le 5 février, par la République française sur les navires des puissances avec lesquelles elle avait rompu[1]. Mais c'est seulement dans les premiers jours d'avril que la première division de la flotte anglaise partit de Spithead, sous les ordres de l'amiral Gell.

[1] Goodall à Stephens, Gibraltar, 27 mars. — Le commerce marseillais se plaignit vivement au Ministre de ce que ces navires n'avaient point été avertis de la guerre.

La seconde division, commandée par l'amiral Philippe Cosby, appareilla le 15 du même mois. La troisième, avec l'amiral Hotham, dans les premiers jours de mai.

L'amiral Hood[1], commandant en chef, mit à la voile le 23, avec 19 bâtiments de guerre, après avoir hissé son pavillon sur le vaisseau *Victory*, de 100 canons. Il convoyait une cinquantaine de navires marchands à destination du Portugal, de l'Espagne et des Indes Orientales. En les voyant passer devant le cap Finistère, les autorités de Pont-Croix, persuadées qu'ils portaient des secours aux Vendéens, se hâtèrent d'écrire au Ministre de la Marine, que cette nouvelle n'émut point : il était averti que les Anglais méditaient une tentative sur Marseille et sur Toulon[2].

Le 16 juin, la flotte britannique passe devant Cadix ; le 20, elle entre en rade de Gibraltar, où elle est saluée par les vaisseaux des amiraux Cosby, Gell et Goodall[3].

Le 26, l'amiral Hood lance une proclamation déclarant bloqués les ports de Marseille et de Toulon et ordonnant aux capitaines anglais de courir sus à tous navires, *même neutres*, chargés d'approvisionnements pour la France. C'était une violation flagrante des lois internationales ; mais lord Hood n'était que l'exécuteur de l'Instruction du 8 juin, par laquelle l'amirauté,

---

[1] Samuel, vicomte, lord Hood (1724-1816), contre-amiral en 1780, vice-amiral en 1787, avait été élu membre de la Chambre des Lords en 1784, deux ans après la bataille des Saintes, où il avait défait et pris le comte de Grasse. Il était lord-commissaire de l'amirauté depuis 1788.

[2] Nouvelles d'Angleterre, 16 avril 1793. — Poiret, vice-consul à Cadix, au Ministre, 19 mars, 26 avril. — *The Star*, 9 mai. — Lettre des administrateurs de Pont-Croix. — *Livre de bord* de l'amiral Hood.

[3] L'amiral Goodall avait reçu de l'amirauté l'ordre de reconnaître l'amiral Hood comme commandant en chef dans la Méditerranée. (Goodall à Stephens, 23 juin.)

s'appuyant sur le prétendu caractère exceptionnel de la guerre, ordonnait aux capitaines de la Marine britannique de saisir tous les bâtiments à destination de la République, quelle que fût leur nationalité [1].

Le lendemain, lord Hood envoie trois frégates à Tunis, sous prétexte d'avertir le Bey de son arrivée, mais en réalité pour le pousser à rompre avec la France. Nous aurons à revenir sur cette expédition. Il lève l'ancre, le même jour, accompagnant un convoi à destination de Livourne, dont il se sépare à la hauteur de Carthagène, afin d'arriver plus tôt devant Toulon [2].

Le 6 juillet, il rencontre, près d'Iviça, une des divisions de l'amiral espagnol don Borja de Gamachos [3]. Partie de Carthagène vers le milieu de mai, forte de 23 bâtiments, sa flotte avait reçu la mission d'exécuter un traité conclu, en 1752, avec le roi de Sardaigne, obligeant les deux souverains à se porter secours en cas d'invasion. Elle avait, en conséquence, repris aux Français les îles Saint-Pierre et Saint-Antoine et les avait rendues au roi sarde. Elle avait, ensuite, établi sa croisière entre Oneille et la Spezzia, afin d'appuyer les opérations de l'armée piémontaise [4]. Ses vaisseaux avaient paru devant Toulon le 19 juin ; mais,

---

[1] L'amiral ordonnait de conduire les navires saisis à Livourne, ou à Civita-Vecchia.

[2] Hood à Stephens, 26 juin, 15 juillet.

[3] Lord Hood lui avait envoyé, le 24 juin, une copie de ses instructions, que nous n'avons malheureusement point retrouvées.
La mission de l'escadre anglaise avait été gardée secrète : les uns la croyaient destinée pour la Corse, d'autres pour Villefranche, Nice, Marseille et Toulon. (Lettre de Durocher, consul au Maroc, 27 juin.)

[4] Lettre de Ricard, procureur-syndic du département du Var, 19 juin.

décimés par la peste, ils rentraient en Espagne au moment où lord Hood les rencontra [1].

Celui-ci fit porter à don Borja une lettre de compliments, à laquelle l'amiral répondit en se déclarant prêt à le seconder en cas de besoin. Il terminait en lui souhaitant plus de bonheur qu'il n'en avait eu lui-même, n'étant point parvenu à faire sortir la flotte française de Toulon : « Mais, ajoute-t-il, cela me semble difficile, à moins que Votre Seigneurie n'ait la chance de la surprendre. » Enfin il lui apprend que les Français ont, en rade, 17 vaisseaux, plus 4 ou 5 en armement [2].

La flotte britannique, dont la marche avait été retardée par les calmes, n'arriva en vue du cap Sicié que le 15 juillet, c'est-à-dire dix-neuf jours plus tard que ne l'avait prévu l'amiral Hood. A cette date, il ne savait encore, sur l'état des vaisseaux français, que ce que don Borja lui en avait appris [3]. Il n'en détacha pas moins *l'Aigle*, capitaine Inglefield, à Gênes, auprès de l'ambassadeur d'Angleterre à Turin, John Trevor, pour s'entendre avec lui et avec le chevalier de Revel, fils du général piémontais de Saint-André, au sujet de la possibilité de combiner ses mouvements avec ceux de l'armée piémontaise [4]. Il envoie, en outre, deux

---

[1] Lettre de Cagliari, 31 mai. — Lord Saint-Helens à lord Auckland, 7 août.

[2] Don Borja à lord Hood, Iviça, 6 juillet. — Hood à Stephens, Victory, cap Sicié, 15 juillet.
Dans ses lettres à l'amirauté, lord Hood insiste sur la courtoisie de don Borja, courtoisie que des querelles pendantes entre les cours de Londres et de Madrid ne lui permettaient point d'espérer.

[3] Hood à Stephens, 15 juillet.

[4] Le chevalier de Revel, qui fut, un peu plus tard, envoyé à Toulon comme chef d'état-major du brigadier de Buller, commandant en chef l'armée sarde, était l'ami intime de lord North, aide de camp de lord Mulgrave.

frégates porter des dépêches au consul anglais à Livourne et au roi des Deux-Siciles. Enfin il fait convoyer, au-delà de Toulon, les bâtiments de commerce du Levant, qui n'osaient point, avant son arrivée, s'aventurer sur les côtes de France. Lui-même se met à croiser, avec le reste de sa flotte, à une distance de six à huit lieues du cap Sicié[1], dans l'espoir que les événements politiques susciteront quelque demande de secours.

Le 19, il charge le lieutenant Cook[2], son neveu, de remettre au commandant de la place de Toulon la lettre suivante :

> A bord du vaisseau de Sa Majesté britannique
> *la Victoire*, au cap Sicié, le 19 juillet 1793.
>
> Monsieur,
>
> Le hasard de la guerre ayant mis entre mes mains à peu près trois cents prisonniers de nation française, la plus grande partie provenant de l'équipage de la corvette *l'Éclair*, et désirant soulager, autant qu'il est en mon pouvoir, les malheurs des individus, j'ai l'honneur de vous proposer un échange des susdits pour un nombre égal de prisonniers anglais. Si vous n'avés pas autant des Anglais, soit au port de Toulon ou Marseille, je suis prêt à prendre des Espagnols ou des Hollandois en place, en me conformant en substance à la manière des échanges, comptant un capitaine pour tant d'hommes. Votre Excellence étant animée par le même motif, en délivrant des individus que la guerre a rendu prisonniers, quelque nombre qu'il vous plaise m'envoyer plus fort que ceux qui sont à ma possession, je m'engage de vous les envoyer par la première capture qui sera faite par quelqu'uns des vaisseaux de la flotte que je commande.
>
> *Signé* : Hood.

On espérait qu'à ce titre il pourrait exercer une influence utile sur les Anglais.

[1] Hood à Stephens, 11 août.
[2] *Livre de bord* de l'amiral Hood. Le lieutenant Cook était le fils aîné du célèbre navigateur Édouard Cook ; il périt accidentellement au début de l'année suivante.

Le lieutenant Édouard Cook, qui est chargé de ma dépêche, a ordre d'attendre vingt-quatre heures pour la réponse de Votre Excellence et, à l'expiration de ce temps, vous demander la permission de quitter votre port.

Cette proposition d'échange n'était qu'un prétexte pour s'assurer de l'état de la flotte française ; lord Hood en convient lui-même : « Étant extrêmement désireux, écrit-il aux lords de l'amirauté, de me procurer un état exact de la force de l'ennemi à Toulon, j'envoyai le lieutenant Cook, de *la Victory*, avec un pavillon parlementaire, *sous le prétexte d'un échange de prisonniers*, ce qui, je l'espère, sera approuvé par Leurs Seigneuries. » Il ne tenait pas moins à se défaire de prisonniers dont la présence l'encombrait[1].

Cook s'embarque sur une frégate battant pavillon *blanc*, afin de tâter l'opinion des équipages. Le moyen réussit : à sa vue, les matelots, déjà surexcités par des bruits de trahison qui couraient depuis longtemps, mais surtout depuis plusieurs jours, se jettent dans des canots, et, accompagnés d'officiers, accostent la frégate qu'ils somment d'arborer le pavillon tricolore, « les équipages, écrit hypocritement Trogoff, étant absolument dans le sens de la volonté du peuple et n'entendant pas de plaisanterie sur l'article du pavillon[2] ».

Ce n'était pas le moment de discuter : les Anglais s'excusèrent sur ce qu'ils croyaient le drapeau blanc repris par les Toulonnais, et le lieutenant Cook put, sans autre incident, s'acquitter de sa mission[3].

---

[1] Hood à Stephens, 27 juillet.
[2] Trogoff à d'Albarade, Toulon, 21 juillet.
[3] « Ce parlementaire, écrit l'ordonnateur Puissant, s'est présenté avec un pavillon blanc ; c'est un indice frappant que le général comptait trouver plus de facilité, et qu'il ignorait le changement opéré dans Tou-

On a prétendu[1] que les prisonniers de l'amiral Hood n'étaient qu'un leurre : il est, au contraire, certain que la corvette *l'Éclair*, venant de Tunis, avait été capturée près des îles d'Hyères, après un combat de deux heures, par les Anglais, qui débarquèrent un peu plus tard son équipage à Marseille. La réponse suivante fut adressée, avec l'assentiment du Comité général[2], par le commandant de la place Doumet à lord Hood :

> Toulon, le 20 juillet 1793, l'an second
> de la République française, une et indivisible.
>
> Monsieur,
>
> J'ai l'honneur de répondre à Votre Excellence que les prisonniers de guerre anglais, espagnols et hollandois, que nous avons, sont à trois journées d'ici. Nous en avons assés pour faire échange pour échange. Nous allons les faire venir, et, lorsqu'ils seront arrivés, j'en ferai avertir Votre Excellence par un bâtiment parlementaire de la République. Nous pourrons alors prendre des mesures pour effectuer cet échange. Notre parlementaire partira de Marseille.
>
> Doumet.

Doumet disait vrai : il y avait eu, autrefois, des prisonniers anglais à Marseille ; mais, pour les éloigner de la mer, on les avait transportés à Tarascon, d'où il fallait les faire venir.

En accueillant cette demande d'échange, le commandant de la place ne faisait que se conformer aux vœux

---

lon, dans la nuit du 12 au 13. » Puissant entend par là que l'amiral Hood, n'étant point informé de l'ouverture des Sections, croyait trouver encore les jacobins au pouvoir (Puissant à d'Albarade, 20 juillet). L'amiral pouvait, en effet, ignorer les événements du 13 juillet ; par contre, il était sûrement informé de ceux du 31 mai et du mouvement insurrectionnel du Midi.

[1] V. Henry, *Histoire de Toulon*, t. II, p. 45.
[2] Chaussegros à d'Albarade, 20 juillet.

du Ministre, qui, à court de matelots, avait déjà négocié, en juin, par l'intermédiaire du consul du Maroc, une opération analogue avec l'amiral anglais Goodall, à Gibraltar[1].

D'Albarade marqua, d'ailleurs, une extrême satisfaction, en apprenant l'offre de lord Hood : « Une ressource bien essentielle, qu'il convient de ne pas perdre de vue, écrivit-il à l'ordonnateur Puissant, c'est celle qui doit résulter de l'échange proposé par l'amiral Hood, et qui, s'il s'effectue, ainsi qu'il y a lieu de l'espérer, pourra fournir 300 marins[2]. » Plus près des événements et plus à même de les juger, Puissant lui avait pourtant représenté « que cette demande d'échange, qui pouvait se faire dans un port de commerce, n'était qu'un voile imaginé pour couvrir la trame[3] ». Il était bon prophète, car, à son retour sur *la Victory*, le lieutenant Cook remit à l'amiral Hood une liste complète des vaisseaux français mouillés en grande rade, avec autant de détails qu'il avait pu s'en procurer[4].

On revit ce parlementaire à Toulon le 1ᵉʳ août : au moment où son embarcation approchait de terre, la chaloupe de bivac, accompagnée de plusieurs autres, fut à sa rencontre pour lui signifier de mouiller au

---

[1] D'Albarade à Chaussegros, 11 août. — Evénements de Marseille, 24 août. — Tilly au Ministre, Gênes, 10 septembre. — Ces prisonniers avaient été envoyés de Marseille à Tarascon au mois de mars: on avait voulu les éloigner de la mer (Vincent au Ministre, 23 mars). — Le nommé Laugier, interprète, avait été affecté à leur service (Puissant au Ministre, 15 juillet). — Puissant à d'Albarade, 19 juillet. — D'Albarade à Puissant, 27 juin. — Arrêté du Conseil exécutif, 14 mai 1793.

[2] D'Albarade à Puissant, 30 juillet.

[3] Puissant à d'Albarade, 20 juillet.

[4] Nous avons retrouvé cette liste au Record Office, sous le titre de: *Intelligence in the outer road of Toulon, by lieutenant Cook*.

Lazaret. Il y déposa des dépêches, puis regagna l'escadre anglaise, escorté des mêmes canots, parmi lesquels se trouvait celui de l'amiral Trogoff, où avait pris place son capitaine de pavillon Pasquier, et l'aide-major de la flotte. Ces officiers avaient été envoyés, si l'on en croit le commandant d'armes Chaussegros, « conformément aux vues du Comité général des Sections permanentes, qui avaient le plus grand désir de sauver, à la République une et indivisible, un dépôt aussi précieux que celui du port de Toulon, dont la ruine serait une perte irréparable [1] ».

Était-ce bien ce motif qui avait poussé le Comité général à désigner un de ses membres pour cette mission? On verra Pasquier jouer un rôle important lors de l'ouverture du port aux Anglais. Royaliste ardent, ses professions de foi, aux séances des Sections, l'avaient fait remarquer de l'amiral Trogoff, qui, après avoir essayé, en juillet [2], plusieurs capitaines de pavillon, l'avait définitivement choisi, le 24 du même mois, et fait aussitôt nommer membre du Comité. Il est probable qu'en reconduisant l'officier anglais, Pasquier [3] nourrissait l'espoir de s'entretenir secrètement avec lui.

Cette double visite souleva, dans la ville, une émotion des plus vives : les ouvriers de l'arsenal rédigèrent une adresse destinée à mettre la garnison du fort

---

[1] Chaussegros à d'Albarade, 1ᵉʳ août.
[2] C'est au début de ce mois que *le Commerce-de-Marseille* était sorti des chantiers de la Marine.
[3] Fils d'un commissaire de la Marine, Jean-Baptiste-Charles Pasquier, né à Toulon en 1755, n'était capitaine que depuis le 8 février 1793. Il fut nommé, en 1814, brigadier des gardes du Corps de Louis XVIII et mourut contre-amiral honoraire en 1830. Il avait épousé, en Angleterre, Mᵐᵉ de Terras, nièce du vicomte de Caux.

Lamalgue en défiance contre des traîtres, qui, disaient-ils, méditaient d'accueillir la flotte anglaise et de remettre un roi sur le trône[1].

Sur ces entrefaites, l'amiral Hood recevait des nouvelles de John Trevor, ambassadeur britannique à Turin, qui lui annonçait la conclusion d'un traité entre l'Angleterre et le royaume des Deux-Siciles, le 12 juillet; la prochaine arrivée d'un ami de Paoli, le capitaine Masseria, chargé de négocier la remise de la Corse entre les mains de l'Angleterre ; enfin la présence, dans plusieurs ports de la Méditerranée, d'une douzaine de frégates françaises sorties de Toulon aussitôt après la retraite des Espagnols : deux étaient à Livourne, deux à Gênes, cinq dans le Levant, quatre à Smyrne, une à Salonique, quatre à Tunis, ainsi qu'un vaisseau de 74 et trois corvettes, enfin deux en Corse[2].

Lord Hood devait bientôt mettre ces renseignements à profit.

John Trevor lui rendait, en outre, compte de l'effet produit par l'arrivée de la flotte britannique dans la Méditerranée : « Il est, lui écrivait-il, très flatteur pour un Anglais de constater l'impression que votre arrivée produit dans toute l'Italie, et, quoique je craigne que Votre Seigneurie ne rencontre beaucoup de difficultés à exécuter le principal objet de ses instructions[3], je ne doute point qu'elle ne parvienne à augmenter encore l'idée de la puissance et de la force de la Grande-Bretagne, dont l'Italie est déjà si justement pénétrée. »

---

[1] Henry.
[2] Trevor à Hood, Turin, 22 juillet.
[3] On va voir, ci-dessous, que cet objet était de « chercher et de combattre la flotte française ».

Son arrivée avait encore eu pour résultat de réconforter l'armée sarde, découragée par les lenteurs du général de Vins, et la cour de Turin elle-même, qui s'empressa de rappeler à Trevor le traité par lequel la Grande-Bretagne avait promis de l'aider à reprendre le comté de Nice.

Mais Trevor, loin de goûter ce plan, en dissuada l'amiral Hood, en lui représentant la faiblesse de l'armée sarde, faiblesse qui, disait-il, lui interdisait de combiner ses opérations avec celles de la flotte anglaise. Il engageait l'amiral à attendre des renforts et à tourner, dans l'intervalle, ses regards vers la Provence : « Je ne suis point, ajoutait-il, sans espérer que l'apparition de Votre Seigneurie devant Toulon, dans un moment critique où tout est querelle et confusion entre cette place et Marseille, puisse être suivie de conséquences salutaires et provoquer peut-être un appel aussi spontané qu'avantageux à notre protection. Il faut, néanmoins, que ces villes s'expliquent clairement et sans équivoque pour mériter la confiance de Votre Seigneurie!... »

Une telle perspective ne laissait pas de sourire à l'amiral Hood, qui remit au capitaine Inglefield, avant son départ pour Gênes, des instructions en conséquence, mais qui était loin de se douter de la promptitude avec laquelle la prophétie de Trevor devait se réaliser.

Arrivé à Gênes, Inglefield envoie, le 27 juillet, au chevalier de Revel[2], une « note verbale » dans laquelle il déclare l'amiral Hood prêt à aider l'armée sarde

---

[1] Trevor à Hood, Turin, 21 juillet.
[2] Thaon de Revel est l'auteur de *Mémoires* précieux pour l'histoire du siège de Toulon, et auxquels nous aurons plus d'un emprunt à faire.

« aussi efficacement que le lui permettait le but principal qu'il avait à atteindre[1], lequel était de chercher et de combattre la flotte française ». Nullement dupe de la défaite, Revel insiste, le lendemain, sur la nécessité d'exécuter immédiatement les clauses du traité, c'est-à-dire de bloquer Nice et les côtes de Provence et de fixer la date à laquelle l'armée sarde pourrait prendre l'offensive, de concert avec la flotte britannique. Il ajoute que rien n'empêchera l'amiral de surveiller, en même temps, le port de Toulon.

Les négociations tournèrent court, car nous voyons le capitaine de *l'Aigle* s'apprêter à mettre à la voile le lendemain 28. Avant son départ, il reçoit, de Revel, une demande de protection pour la frégate sarde *le Saint-Victor*, désarmée depuis le mois de septembre 1792, dans le port de Gênes, par ordre de la Sérénissime République. Revel craignant, pour ce navire, la poursuite de la frégate française *la Modeste*, mouillée dans le même port, demandait que le gouvernement s'engageât à la retenir pendant les vingt-quatre heures d'usage, afin de permettre au *Saint-Victor* de s'éloigner[2].

Or si, comme le prétendait Trevor, l'Italie tout entière avait tressailli d'aise à l'arrivée de la flotte britannique, une note discordante ne s'en était pas moins fait entendre à Gênes que, depuis de longs mois, Trevor s'efforçait, mais en vain, d'entraîner dans la coalition. Il s'en plaignit à lord Hood, auquel l'occasion d'appuyer ses réclamations par la force des armes se

---

[1] *Leading object.*
[2] *Le Saint-Victor* quitta Gênes le 14 août avec un convoi anglais. Il servit au transport des troupes sardes à Toulon, où il fut brûlé le 18 décembre.

présenta bientôt. Voici, d'après le rapport du capitaine Inglefield, comment les choses se seraient passées : au moment où *l'Aigle* appareillait, les deux frégates françaises *la Modeste* et *la Badine* auraient hissé leurs vergues et manœuvré de manière à produire un abordage, tandis que leurs équipages, pris de vin, poussaient des clameurs menaçantes. Inglefield ne doutait point qu'informés de l'objet de sa mission à Gênes les deux navires ne fussent résolus à empêcher sa sortie.

Trevor n'a point assez d'éloges pour la modération du capitaine anglais, qui, désireux de ne point compromettre le sort des dépêches dont il était porteur, avait eu la sagesse de différer son départ. Il adjure, en même temps, l'amiral Hood de mettre à la raison une ville où il regrette de voir le parti français aussi puissant [1].

Aussitôt lord Hood invite le consul Brame à se plaindre de la manière la plus énergique au gouvernement génois : « Il prendra sans doute, dit-il, note particulière d'une violation si flagrante des règles universellement observées dans tous les ports neutres, par les vaisseaux des différentes nations. » Il ajoute qu'il attend, sur la côte de Savoie, le résultat de ses représentations [2], et prescrit à l'amiral Cosby de croiser devant Gênes pour empêcher cette ville de ravitailler l'armée d'Italie.

Le gouvernement se contenta de répondre que les alarmes du capitaine Inglefield étaient sans objet, les capitaines de *la Modeste* et de *la Badine* ayant donné leur parole d'honneur de ne point poursuivre *l'Aigle*

---

[1] Trevor et Inglefield à Hood, Gênes, 29 juillet.
[2] Hood à Brame, côte de Savoie, 4 août.

avant les vingt-quatre heures réglementaires[1], et l'incident fut clos ; mais ce n'était que le prologue du drame qui, deux mois plus tard, allait ensanglanter le port de Gênes. En attendant, lord Hood continua à croiser entre le cap Sicié, la Corse et Villefranche, pour guetter l'arrivée du convoi français attendu de Tunis, montrer ses couleurs aux partisans de Paoli et empêcher la sortie de deux frégates en station à Villefranche. Puis, voyant les escadres toujours immobiles dans Toulon, il laisse une division en croisière devant la côte et pousse, avec le reste, jusqu'à la hauteur de Gênes[2], où l'on attend sir Francis Drake, envoyé extraordinaire de la Cour de Londres, qui vient faire un dernier effort pour arracher Gênes et la Toscane à leur neutralité[3].

A la date du 19 août, le *Livre de bord* de l'amiral anglais porte la mention suivante : « *La Némésis* hisse un pavillon parlementaire et perd sa conserve. » Le 22 au matin, en effet, *la Némésis*, capitaine Woodley, ayant à bord une partie des prisonniers dont l'échange avait été proposé le 19, jeta l'ancre dans la rade de Marseille[4].

Nous avons laissé cette ville au moment où elle venait d'installer un Comité de Sûreté générale de cinq membres, bientôt portés à sept, dont la création avait

---

[1] *Note verbale* du marquis de Spinola, ministre de Gênes à Londres, 9 novembre 1793.
[2] Hood à Stephens, devant Vintimille, 11 août.
[3] Tilly au Ministre, Gênes, 7 août.
[4] *Notice historique des efforts faits à Marseille et à Toulon pour la restauration de la Monarchie, en 1793*. Paris, 1814. — Cf. Lettre des Représentants, Aix, 23 août. — Les prisonniers étaient au nombre de 53.

surtout eu pour but de vaincre l'indécision du président du Comité général Peloux et du secrétaire Castellanet, qui, pressés d'envoyer un parlementaire au commandant de la flotte ennemie, refusaient d'en prendre la responsabilité. Tergiversations auxquelles les contre-révolutionnaires attribuèrent tous leurs malheurs ; il est constant, en effet, qu'une décision plus prompte eût permis aux Anglais de débarquer des troupes qui, jointes à celles de l'armée départementale, les eussent mises en état de résister à Carteaux. Ils ne pardonnaient point davantage à Castellanet et à Peloux d'avoir refusé une entrevue proposée par le général Brunet. Aussi ces deux personnages furent-ils mal accueillis à Toulon, quelque temps après : on les arrêta, et on les envoya prisonniers en Espagne [1].

Le 17 août, le Comité de Sûreté générale de Marseille adressa au Comité général de Toulon deux députés, MM. de Naillac et Bonnieu, pour l'inviter à faire des démarches collectives auprès du commandant de la croisière ennemie. Prévoyant la résistance des équipages français, le Comité demande le temps de la réflexion. Mais l'heure presse. Carteaux approche, et Marseille ne peut retarder davantage sa décision. Deux commissaires, les sieurs Césan et Labat, s'embarquent, le 21 août, sur la tartane *Notre-Dame-de-Garde*, afin de demander à l'amiral anglais ou espagnol, selon le hasard de la rencontre, le libre passage des huit bâtiments chargés de grains, bloqués dans Gênes et dans Livourne [2]. Marseille promet, en échange, sa coopération au rétablissement de la monarchie.

---

[1] Abeille, *Notes et Pièces officielles*. — *Journal de Vernes*.
[2] *Notes et pièces officielles*, etc., par J. Abeille. — Lettre de Césan et

Les députés rencontrent lord Hood, le 22 à minuit, à la hauteur du cap Sicié, et obtiennent sans difficulté, pour le capitaine de leur tartane, un sauf-conduit pour Gênes. L'amiral compatit au sort des Marseillais et promet de faire escorter le convoi de blé par une de ses frégates. Dès lors les négociations vont se poursuivre rapidement ; mais, avant d'en rendre compte, nous accompagnerons *la Notre-Dame-de-Garde* à Gênes.

Tranquillement mouillée dans ce port, le 31 août, cette tartane est, tout à coup, « investie » par des barques de la frégate *la Modeste*, dont les matelots sautent à bord et font main basse sur les papiers, qu'ils portent au chargé d'affaires de France, Tilly, inspirateur probable de leur équipée.

Il faut savoir que, depuis longtemps déjà, Tilly dénonçait, au Ministre des Affaires étrangères Deforgues, la conduite suspecte des membres de la Commission des approvisionnements de Toulon, Branzon père, directeur, Inez inspecteur, et Branzon fils, qui, d'accord avec les sieurs Césan, Abeille et Samatan, négociants en grains à Marseille, ne cessaient, disait-il, d'intriguer par l'intermédiaire de Regny, Favrega et Ravina, négociants à Gênes, auprès du consul anglais Brame. Deforgues n'attacha qu'une importance médiocre à cette déclaration et se contenta d'avertir son collègue Garat, ministre de l'Intérieur, auquel ressortissait le service des approvisionnements. En récompense de son zèle, Tilly reçut l'invitation de se renfermer dans ses attributions et de

---

Labat, 23 août (*Mémoires de Fréron*). Les commissaires marseillais étaient si peu fixés sur la nationalité de la flotte en croisière, qu'ils avaient emmené un interprète espagnol.

s'abstenir de porter des jugements téméraires sur les employés de la République[1].

Les papiers de la tartane *Notre-Dame-de-Garde* lui fournirent l'occasion de prendre sa revanche. En les compulsant, il découvrit plusieurs pièces d'un haut intérêt : le sauf-conduit de l'amiral Hood et des lettres fournissant la preuve complète des intrigues contre-révolutionnaires de MM. Césan, Abeille et Samatan[2]. Il se hâta de les envoyer au Ministre, qui regretta, mais un peu tard, sa trop grande confiance en ses agents.

Pendant que la tartane *Notre-Dame-de-Garde* cherchait la flotte anglo-espagnole, *la Némésis* débarquait à Marseille les 53 prisonniers de *l'Éclair*. A bord montait le sieur Abeille, député par le Comité de Sûreté générale, pour s'enquérir des dispositions de l'amiral Hood. Il fut bientôt en mesure d'annoncer à ses concitoyens que non seulement les Anglais consentiraient à l'introduction des vivres, mais qu'ils mettraient encore, s'il était nécessaire, des bâtiments à la disposition des personnes compromises, pour les soustraire à la vengeance des conventionnels.

A cette nouvelle, des manifestations bruyantes s'organisent dans les rues ; on crie : « Vivent les Anglais ! » on affiche sur les murs, on lit dans les Sections des proclamations en leur faveur. Cependant la Section n° 11, qui avait proclamé, le 21, son désir d'accepter la Constitution, et ses sympathies pour Carteaux, déclare qu'elle repousse toute idée d'appel à l'ennemi : elle est imitée, le 23, par les Sections 9, 12, 13 et 14, qui

---

[1] Deforgues à Tilly, 30 juillet. — Garat à Deforgues, 11 août.
[2] Tilly au Ministre, 31 août et 10 septembre.

se réunissent sur la place des Prêcheurs, s'emparent de l'église et y subissent le siège dont il a été parlé ci-dessus, siège qui se termine, le 25, par leur complète déroute[1].

Pendant ce temps, *la Némésis* a conduit le sieur Abeille à bord de *la Victory*, où il retrouve ses collègues César et Labat, au moment où un conseil de guerre, réuni par lord Hood, vient d'arrêter qu'avant toute décision on s'informera des dispositions de Toulon. En conséquence, César et Labat ont écrit au Comité général pour lui exprimer leur étonnement de n'avoir point rencontré, à bord de *la Victory*, les commissaires dont il avait, le 17, fait espérer l'envoi[2]. Ils lui vantent la « générosité » de l'amiral anglais et joignent à leur lettre deux proclamations que celui-ci vient de rédiger pour les habitants de Marseille et de Toulon. Nous appelons l'attention du lecteur sur ces deux pièces, dont le style était destiné, d'après les propres expressions de lord Hood, à « faire impression sur les esprits de la *populace* qui servait de gouvernement à la France[3] ».

Signalons surtout les phrases où il offre le secours de ses forces navales pour « rétablir plus promptement en France un gouvernement régulier et maintenir ainsi la paix et la tranquillité dans l'Europe » ; où il fait appel à la confiance « en la générosité d'une nation franche et loyale » ; où il s'engage, si on lui

---

[1] Événements de Marseille, 23 et 24 août. — Mémoires du duc de Pellune. — Lettre de Ricord et de Robespierre jeune, 22 août. — *Précis historique* de J. Abeille. — Lettre de Bouchot, secrétaire des représentants, *Moniteur*.

[2] César et Labat au Comité général de Toulon, 23 août. — Livre de bord de l'amiral Hood. — *Précis historique*, de J. Abeille.

[3] Hood à Stephens, devant les Iles d'Hyères, 25 août.

remet les forts et si l'on désarme les vaisseaux, à
« faire respecter les propriétés et les individus et à restituer, après la paix, tout ce qui aura été livré ».

DÉCLARATION PRÉLIMINAIRE

Si l'on se déclare franchement et nettement, à Toulon et à Marseille, et que l'étendard royal soit arboré, les vaisseaux qui sont en rade désarmés, et le port et les forts provisoirement mis à ma disposition pour assurer l'entrée et la sortie de la rade, le peuple de Provence peut compter sur tous les secours et toute l'assistance que la flotte de S. M. Britannique, qui est sous mes ordres, pourra leur procurer, et qu'il ne sera touché à aucune portion de propriété, ni à aucun individu ; mais tout sera protégé, n'ayant d'autre vue que de rendre la paix à une grande nation sous les conditions les plus justes, les plus honorables et les plus honnêtes : ce qui doit être la base du traité.

Dès que la paix sera faite (car je la crois très prochaine), le port, ainsi que tous les vaisseaux de la rade et les forts de Toulon seront rendus à la France, avec les munitions de toute espèce, conformément à l'inventaire qui en sera fait.

Donné à bord du vaisseau de Sa Majesté Britannique
La Victoire, à Toulon, le 23 août 1793.

(*Signé à l'original*) HOOD.

A cette *Déclaration* était annexée la proclamation suivante :

PROCLAMATION

Par le très honorable Samuel Hood, vice-amiral, et commandant en chef de l'escadre de Sa Majesté Britannique dans la Méditerranée, etc.

Aux habitants des villes et provinces du Sud de la France.

Pendant quatre ans vous avez été enveloppés dans une révolution qui vous a plongés dans l'anarchie et vous a rendus la proie de quelques chefs factieux. Après avoir détruit votre gouvernement, foulé aux pieds les lois, assassiné les hommes vertueux et autorisé les crimes, ils se sont efforcés de propager, dans toute l'Europe, leur système destructif de tout ordre social;

ils vous ont constamment présenté l'idée de la liberté, tandis qu'ils vous l'ont enlevée; partout ils ont prêché le respect des personnes et des propriétés, et partout ils les ont violées. Ils vous ont amusés par l'idée de la souveraineté du peuple, qu'ils n'ont cessé d'usurper. Ils ont déclamé contre les abus de la royauté, afin d'établir leur tyrannie sur les débris d'un trône teint de sang de votre légitime souverain.

Français! Vous gémissez sous le poids des maux et des besoins de toute espèce; votre commerce et votre industrie sont anéantis, votre agriculture languit et le manque de subsistances vous menace d'une horrible famine.

Voilà le tableau fidèle de votre malheureuse condition.

Une situation si effrayante a sensiblement affligé les puissances coalisées; elles ne voient d'autres remèdes à tous vos maux que le rétablissement de la monarchie française; et ce sont ces raisons et les actes d'hostilité commis par le pouvoir exécutif de France qui nous ont armés et unis avec les autres puissances. Après une mûre réflexion sur les objets principaux, je viens vous offrir les forces qui m'ont été confiées par mon souverain, afin d'épargner une plus grande effusion de sang, d'écraser plus promptement les factieux, de rétablir en France un gouvernement régulier et de maintenir la paix et la tranquillité dans l'Europe.

Décidez-vous donc définitivement et avec précision; ayez confiance en la générosité d'une nation franche et loyale. C'est en son nom que je viens d'en donner un témoignage non équivoque, aux habitants de Marseille bien disposés, en accordant aux commissaires envoyés à bord de la flotte qui est sous mon commandement, un passeport pour leur procurer la quantité de grains dont cette grande ville a le plus urgent besoin.

Expliquez-vous, et je vole à votre secours pour briser les chaînes qui vous accablent et pour être l'instrument d'un bonheur durable, qui succédera aux quatre années de misère et d'anarchie dont votre infortuné pays a été la victime.

Donné à bord du vaisseau de Sa Majesté Britannique *la Victoire*, près Toulon, le 23 août 1793.

(*Signé à l'original*) Hood.

Deux frégates furent chargées de porter ces pièces à Marseille et à Toulon.

A Marseille, lord Hood avait compté sans l'entrée des Républicains, qui avait eu lieu le 25. Arrivé le 26, le commandant anglais remit au capitaine de la frégate française *la Junon*, alors en rade, les paquets dont il était porteur, et c'est ainsi que le général Carteaux apprit le danger dont Marseille avait été menacée : vingt-quatre heures plus tard, sans doute, cette ville eût traité avec les Anglais.

Le capitaine de *la Junon* reçut, de Carteaux, l'ordre de poursuivre le bâtiment porteur des dépêches, mais il était déjà hors d'atteinte [1].

A Toulon avait été envoyée la frégate *Conflagration*, qui, à une portée de canon, mit en panne et arbora le drapeau parlementaire [2]. Aucun mouvement ne s'étant manifesté dans le port, le lieutenant Cook attend la nuit pour descendre, accompagné d'un *midshipman*, dans un canot, avec lequel il gagne, sans être aperçu, l'entrée de la grande rade, passe entre les vaisseaux, arrive à la chaîne et annonce à son gardien qu'il apporte des lettres pour le Comité général. Aussitôt avisé, le commandant de la Marine et plusieurs membres du Comité se rendent au quai, reçoivent les dépêches, mais invitent le parlementaire à ne point débarquer avant le jour.

A l'aube, les marins français constatent avec stupeur la présence d'un canot anglais dans le port. A ce moment, un signal du *Commerce-de-Marseille*, vaisseau amiral, leur interdit toute communication avec la terre [3].

---

[1] Hood à Stephens, 25 août. — Carteaux au capitaine Le Ducy, 9 novembre 1793. — Elliot à lady Elliot, 14 septembre, à propos de l'événement de Toulon : « La même chose aurait eu lieu à Marseille si les républicains ne s'étaient emparés de la ville par surprise, le jour même où le traité devait être conclu. »

[2] *Livre de bord* de l'amiral Hood.

[3] Extrait du registre des Délibérations du Comité général, 15 septembre. — James. — Relation de Romeiron.

Cependant le Comité général a pris connaissance des dépêches, convoqué les membres des trois Corps administratifs, les présidents et deux membres de chaque section, les chefs civils et militaires, et le tocsin a sonné toute la nuit, appelant les Toulonnais dans leurs Sections respectives.

Là s'engage une discussion entre les orateurs royalistes, qui s'efforcent de peindre la situation sous les couleurs les plus sombres, représentant d'une part la famine dont la ville est menacée, de l'autre la vengeance qu'exerceront les conventionnels, si l'on n'accepte les « propositions généreuses » de l'ennemi[1], — et les hommes d'ordre qui, ne s'étant ralliés au Comité général qu'en haine de l'anarchie, reculent devant l'abîme où l'on veut les entraîner. On leur impose silence, on traîne en prison les plus obstinés, car il faut le dire à la décharge des Toulonnais, beaucoup, trompés sur les intentions du Comité général, s'efforcèrent de paralyser ses projets. Mais ils durent céder à la force : « Il y eut, dit Jeanbon Saint-André, défense de troubler l'acte souverain du peuple, sous peine d'être puni dans les vingt-quatre heures, militairement[2]. » Assertion confirmée par l'ordonnateur Puissant[3]. Les représentants en mission ont eux-mêmes constaté la tyrannie du Comité général, auquel tous les moyens étaient bons pour grossir le chiffre de ses partisans[4].

---

[1] Puissant déclare que la proclamation de l'amiral Hood fut tronquée par le Comité général, avant sa lecture aux Sections. Rien ne confirme cette allégation.
[2] *Rapport* sur la trahison de Toulon.
[3] *Mémoires justificatifs.*
[4] Lettre des représentants, 6 août.

Les royalistes ont avoué l'inquiétude que leur avait causée, dans ce moment solennel, le parti de l'opposition [1], et c'est pourquoi Segond, président du Comité de surveillance, demandait, après l'entrée des alliés, au gouverneur anglais, de débarrasser la ville de tous ces « factieux [2] ». A ces preuves, on peut ajouter la longue hésitation du Comité général à arborer le drapeau blanc, l'arrestation du procureur de la Commune Leclerc, la démission du commandant de la place Doumet [3], enfin la terreur qui hanta les Anglais pendant tout le cours du siège, à l'égard des dissidents.

Quelques fragments de lettres particulières achèveront de montrer que l'appel à l'étranger avait été loin de réunir tous les suffrages : un Toulonnais écrivant à un de ses amis, le 24 août, lui peint sa surprise en voyant tout à coup le drapeau blanc flotter sur les remparts, en entendant les cris de : *Vive le roi!* et l'invitation qui lui est faite d'arborer la cocarde blanche [4]. Celui-là n'avait assurément point assisté à la délibération des Sections. L'heure où elle avait eu lieu était d'ailleurs peu faite pour attirer un grand concours de monde, et les royalistes avaient dû avoir le champ à peu près libre.

Un autre, écrivant au moment où la flotte coa-

---

[1] M. de Grasset au duc d'Harcourt, 6 décembre 1796.

[2] « Les Sections tumultueuses, lui écrit-il, renferment encore bien des factieux dans leur sein.. »

[3] Doumet donna sa démission quelques jours avant l'entrée des alliés. Il fut remplacé par le comte de Maudet, ancien commandant en second de la garde nationale. (Certificat délivré par Devant, ancien membre du département du Var, au comte de Maudet. Pise, 24 mai 1794.)

[4] Lettre écrite de Toulon à Marseille, à la veuve Glary. Toulon, 24 août.

lisée manœuvre pour entrer dans la rade, s'écrie:
« Ah! les traîtres[1]! » Cet homme n'est, pas plus que
le premier, suspect de connivence avec le Comité
général.

Gardons-nous d'exagérer, cependant : il est difficile
de douter, en présence de l'enthousiasme avec lequel
furent accueillis le capitaine Cook, les amiraux alliés,
les troupes anglaises, espagnoles et napolitaines[2], que
les partisans du recours à l'étranger ne fussent nombreux. Au théâtre, des couplets sont chantés en l'honneur des nouveaux venus; la joie se manifeste de cent
manières et, souvent, par des actes honteux[3]. Elle
s'explique, chez les uns, par l'espoir qu'ils nourrissent
d'un prochain rétablissement de la monarchie; chez
d'autres, par la satisfaction de n'avoir plus à craindre la
vengeance des conventionnels; mais plus d'un se sentit
pénétré de douleur en songeant à la honte du pacte
conclu avec les pires ennemis de la France.

Les Sections délibéraient encore lorsque leurs salles
furent, tout à coup, envahies par des fuyards de l'armée
de Villeneuve, qui, campés jusque-là hors de la ville,
par décision de la municipalité, s'en étaient vu ouvrir
les portes au moment psychologique : leur irruption
subite, le tumulte qui suivit, servirent à souhait les

---

[1] Lettre adressée au citoyen Maligène, à Avignon.
[2] *Ibid.* — *Journal* de Vernes. — Délibération du Comité général,
15 septembre. — Thaon de Revel. — Interrogatoire d'un marchand génois,
10 octobre.
[3] « Ils ont abattu le bonnet de la Liberté, écrit un marin breton
à sa mère ; même ils ont poussé leur audace jusqu'à faire leurs
besoins dedans. Ils portent la cocarde blanche, ils ont pillé à leurs
pieds la cocarde nationale. Ils n'ont fait que crier partout : « *Vive
Louis XVII!* » A la Comédie, partout, on ne crie que : « *Vive le roi!* »

royalistes, qui, restés seuls, ou à peu près, acceptèrent à l'unanimité les offres de l'amiral anglais. La Section n° 8 manifesta bien quelque répugnance[1], mais on passa outre, et l'admission de la flotte britannique fut votée aux conditions suivantes :

La Constitution actuelle serait rejetée et remplacée par « le gouvernement monarchique tel qu'il avait été organisé par l'Assemblée constituante de 1789 » ; le drapeau blanc serait repris, des renforts débarqués. Les fonctionnaires et les militaires conserveraient leurs postes. Les approvisionnements seraient assurés. Enfin un inventaire des vaisseaux et du matériel naval et militaire mis à la disposition des Anglais serait dressé[2].

Le lieutenant Cook, en rapportant ces conditions à bord de *la Victory*, était accompagné de cinq membres du Comité général, dont les sieurs Jean-Louis Barrallier, ingénieur de la Marine, et Gaston Aubany, négociant. A sa sortie du Comité, il faillit être arrêté par quelques vrais patriotes, et un commencement d'insurrection se manifesta parmi les ouvriers de l'arsenal. Il parvint cependant à monter à bord du brick *le Tarleton*, qui mit à la voile. Mais l'amiral Saint-Julien, commandant la seconde division de l'escadre française, ayant été averti de ce qui se passait à terre et ayant conçu des soupçons sur la destination de ce navire, le fit arrêter par les chaloupes de son vaisseau *le Commerce-de-Bordeaux*. Malheureusement elles arrivèrent trop tard : Cook et ses compagnons, se voyant découverts,

---

[1] Une lettre d'Adet, agent secret du Ministre des Affaires étrangères, attribue ce rôle à la Section n° 4, et dit que, même depuis l'entrée des alliés, elle paraissait disposée à « imiter l'exemple de la Section n° 11 de Marseille ».

[2] Déclaration de la ville de Toulon, 24 août.

réussirent à gagner le village de Saint-Nazaire, situé à l'ouest de Toulon, et, à la nuit, la flotte anglaise.

Le lendemain, jour de la Saint-Louis, les cris de: *Vive Louis XVII!* redoublent. Le drapeau blanc est arboré, mais la cocarde blanche ayant occasionné des rixes graves, et jusqu'à des coups de fusil, le Comité général en interdit le port jusqu'à nouvel ordre et défendit également de déployer le pavillon royal. Les deux emblèmes ne seront définitivement repris que le 1er octobre, quand la réunion des forces alliées aura dissipé les craintes du Comité général à l'égard d'un mouvement populaire[1].

Pendant ce temps, le Comité, inquiet, depuis l'arrestation du *Tarleton*, du sort de ses commissaires, et craignant qu'ils n'aient pu joindre la flotte anglaise, en envoie deux autres, le capitaine de vaisseau Lebret d'Imbert, commandant *l'Apollon*, et le médecin Geay, qui s'adjoignent, en passant, le maire de la ville d'Hyères et s'embarquent dans l'anse de Gien, afin d'échapper à la surveillance de Saint-Julien. Le lendemain 26, les premiers députés reviennent, accompagnés du lieutenant Cook, chargé, par l'amiral Hood, de nouvelles conditions entièrement conformes aux vœux exprimés, le 24 août, par les Sections, et contenant, en outre, la promesse de payer aux équipages tout ce qui leur est dû et d'abandonner aux Toulonnais le choix de leur drapeau; demandant, en échange, que les vaisseaux français se retirent dans la petite rade et que tous les forts soient livrés.

[1] Relation de Romeiron. — Lettre d'un marin breton à sa mère. — Extrait du registre des Délibérations du Comité général, 15 août. — Acte d'accusation des marins français renvoyés à Rochefort, dressé par Victor Hughes.

Au milieu des vivats d'une foule en délire, Cook se rend à la municipalité, dont les membres l'accompagnent, ceints de leurs écharpes, dans sa visite au Comité général et aux Corps administratifs. Il retourne ensuite à bord de *la Victory*, suivi de deux membres du Comité, chargés de solliciter un prompt débarquement de troupes[1], désir auquel l'amiral refusa d'accéder avant d'avoir pris les dispositions nécessaires. La situation était d'autant plus délicate qu'il n'avait point, — si surprenant que cela puisse paraître, — reçu de son gouvernement d'instructions spéciales en vue de l'occupation de Toulon. Elle est qualifiée de « circonstance imprévue » dans les lettres du Ministre de la Guerre Dundas, qui écrit ailleurs : « Il faut observer que Toulon est tombé entre nos mains dans un moment où nous n'avions pu nous préparer à un tel événement[2]. » Quant à l'amiral, il s'attendait si peu, malgré la prophétie de Trevor, à trouver une telle facilité que, le 22 août, il faisait demander à don Borja de le décharger momentanément du blocus des côtes françaises, afin de permettre à sa flotte d'aller se rafraîchir dans un port[3]. La face des choses eût singulièrement changé si, au lieu d'être retourné en Espagne, don Borja eût pris, comme le lui demandait lord Hood, l'intérim du blocus !

Quoi qu'il en soit, ce dernier crut devoir justifier sa hardiesse dans une lettre écrite à Londres le jour même de son entrée à Toulon ; on y remarque le pas-

---

[1] Délibération du Comité général, 15 août.
[2] Dundas au colonel Murray, 14 septembre. — II, Dundas à D. Dundas, 20 décembre 1793.
[3] Hood à Stephens, 25 août.

sage suivant : « Pénétré de l'importance de l'occupation de Toulon, du grand fort Lamalgue et des autres, au point de vue de l'abréviation de la guerre, je me persuadai que, si mes efforts échouaient, on m'excuserait d'avoir couru quelques risques. J'avais d'ailleurs conscience de me conduire en fidèle serviteur de mon roi et de mon pays[1]. » On verra plus loin que sa conduite reçut, en haut lieu, une pleine et entière approbation.

Mais la hardiesse, chez l'amiral, n'excluait point la prudence, et, comme il ne lui restait que 14 vaisseaux sur les 20 dont sa flotte se composait et dont 6 avaient été détachés pour un autre service[2]; comme il estimait, d'autre part, les troupes dont il disposait trop peu nombreuses pour occuper solidement Toulon, il résolut, avant d'accéder aux désirs du Comité général, de faire appel au commandant des forces navales espagnoles sur les côtes du Roussillon, qui était don Juan de Langara y Huarte[3].

Don Langara arrivait de Cadix, d'où il était sorti, le 6 juillet, avec une flotte de 16 vaisseaux, 5 frégates et quelques brigantins. Dans la nuit du 11 au 12, un abordage de son trois-ponts *Concepcion* et du vaisseau *Mexicain* l'obligea à continuer, sur celui-ci, sa route vers les côtes de la France, où il fut rejoint par l'escadre de l'amiral Gravina[4], venant de Carthagène.

La lettre de lord Hood lui parut sans doute insuffi-

---

[1] Hood à Stephens, grande rade de Toulon, 29 août.
[2] Il disposait, en outre, de 7 frégates.
[3] Don Juan de Langara y Huarte (1730-1800), célèbre par le combat qu'il soutint, devant le cap Saint-Vincent, le 15 janvier 1780, avec 8 bâtiments contre les 21 vaisseaux de l'amiral Rodney.
[4] Frédéric de Gravina (1756-1806), fils naturel, dit-on, de Charles III, devint célèbre, lui aussi, non seulement par sa conduite à Toulon, mais encore par sa défense de Roses, en 1794.

samment explicite, car il y répondit par une fin de non recevoir fondée sur des instructions ne lui permettant point de quitter sa croisière. Mais bientôt arriva un second message, plus pressant que le premier, l'adjurant, au nom de la cause commune, d'aider ses alliés à profiter des « dissensions de la flotte française ». Un exemplaire de la proclamation aux Toulonnais s'y trouvant annexé, Langara s'empressa d'envoyer l'amiral Moreno, avec trois vaisseaux et une frégate, demander 2.000 hommes au général Ricardos[1], et prit, avec le reste, la direction de Toulon[2].

Assuré de ce concours, sans lequel il n'eût certainement point osé pénétrer dans une rade défendue par 17 vaisseaux et par des batteries formidables, lord Hood adressa, le 28, aux Sections, la proclamation suivante :

PROCLAMATION *du right honourable Samuel, lord Hood, vice-amiral du pavillon rouge[3], commandant en chef l'escadre de Sa Majesté Britannique, dans la Méditerranée.*

Les Sections de Toulon m'ayant fait connaître, par leurs commissaires, qu'elles s'étaient solennellement déclarées en faveur de la

---

[1] Ces 2.000 hommes arrivèrent le 2 septembre.
[2] Hood à Stephens, 25 août. — Langara à Hood, 26 août. — Langara à Ricardos, même date.
L'historien anglais Brenton est donc inexact quand il prétend que l'amiral Langara écrivit le premier à lord Hood et que celui-ci fut « forcé » d'accepter ses services.
La *Gazette de Madrid* est tout aussi peu véridique dans sa manière de raconter l'arrivée de don Langara, qui, à l'entendre, aurait, le premier, reçu les propositions des Toulonnais. Mais il fallait flatter le peuple espagnol, qui se ruinait en dons patriotiques, dont la valeur s'éleva, au bout de quelques mois, à 73 millions.
[3] Les pavillons blanc, rouge et bleu marquaient la hiérarchie parmi les amiraux. Après le siège de Toulon, l'amiral Hood fut promu vice-amiral du pavillon bleu.

monarchie ; qu'elles avaient proclamé Louis XVII, fils de Louis XVI, leur légitime souverain ; juré de le reconnaître et de ne pas souffrir plus longtemps le despotisme des tyrans qui, en ce moment, gouvernent la France ; qu'elles étaient disposées à faire leurs efforts pour le rétablissement de la monarchie, telle qu'elle avait été acceptée par leur dernier roi en 1789, et rendre la paix à leur malheureuse patrie ;

En conséquence, je répète que j'ai déjà déclaré au peuple du Midi de la France, que je prends possession de Toulon et le garderai en dépôt pour Louis XVII, jusqu'au rétablissement de la paix en France, et j'ai la ferme espérance que ce moment n'est pas éloigné.

Donné à bord du vaisseau de Sa Majesté britannique *Victory*, devant Toulon, ce 28 août 1793.

Signé : Hood.

Le lendemain, la flotte anglo-espagnole fit son entrée ; mais, avant d'en rendre compte, nous croyons devoir présenter au lecteur les principaux personnages du drame dont nous avons à retracer les péripéties.

VI

Les chefs de la Marine, à Toulon : les contre-amiraux de Trogoff-Kerlessy, Chambon de Saint-Julien et de Chaussegros. — Les ordonnateurs civils Vincent et Puissant. — Le baron Lebret d'Imbert. — Gauthier de Brécy, le chevalier de Fonvielle. — Anecdote sur le marquis de la Fare.

Jean-Honoré, comte de Trogoff-Kerlessy, né à Lanmeur (Finistère), en 1751 [1], avait fait ses débuts comme garde-marine, en 1767. En 1778, étant enseigne de vaisseau, il se signale par une action d'éclat : il enlève, à l'abordage, un corsaire anglais. Prisonnier de guerre après la bataille de la Dominique, il est, pendant sa captivité, fait chevalier de Saint-Louis et pensionné de 600 livres. De retour dans sa patrie, il est nommé capitaine de vaisseau et envoyé à Brest. Il prend, en 1791, le commandement du vaisseau *le Duguay-Trouin*, avec lequel il porte, l'année suivante, à Saint-Domingue, le décret qui accorde les droits civils aux hommes de couleur. Il est alors républicain, ou du moins fait profession de l'être [2]. Après avoir eu maille à partir avec

---

[1] M. Thiers se trompe en déclarant Trogoff étranger. Cet historien a été abusé par la dernière syllabe du nom, qui lui donne une consonnance russe.

[2] Il déclare, en effet, à cette occasion, que ses « principes » sont ceux de ses équipages. (Etats de services.)

le gouverneur, il revient en France, où la correction de sa conduite, dans ces circonstances délicates, lui vaut les félicitations du Ministre. Il repart, presque aussitôt, joindre, avec son vaisseau, l'escadre de l'amiral Truguet, à Cagliari. L'expédition de Sardaigne terminée, il est nommé contre-amiral (27 janvier 1793) et renouvelle, à cette occasion, le serment « d'être fidèle à la Nation, de maintenir la liberté et l'égalité ou de mourir à son poste en les défendant ».

A cette époque, nombre d'officiers supérieurs avaient donné leur démission, découragés par l'insubordination de leurs équipages, non moins que par la complaisance du Ministre à l'égard des mutins. D'autres, jugeant que l'anarchie les rapprochait du moment où ils pourraient être utiles au Roi, avaient conservé leurs places. D'autres, enfin, n'ayant pour vivre que leurs appointements, étaient restés par nécessité. Tel fut le cas de l'amiral Trogoff, dont la démission eût entraîné la ruine et celle de sa famille, dont il était le soutien [1].

Il ne s'entendait point avec l'amiral Truguet, qui, de Paris où il s'était rendu, après l'expédition de Sardaigne, pour conférer avec le pouvoir exécutif, lui cherchait des querelles ridicules [2] : aussi ne cessait-il de demander son déplacement. En attendant, il s'acquittait avec distinction de ses fonctions de commandant par intérim, s'appliquant à réparer les conséquences de

[1] Il avait trois frères, qu'il soutenait avec ses appointements.
L'amiral Linois racontait qu'à l'époque où il était garde de la Marine, Trogoff, qui se nourrissait de pain sec et habitait un grenier, n'en restait pas moins aussi correct, dans sa tenue, que ses collègues les plus fortunés (Guérin). L'anecdote est caractéristique.

[2] Notamment à propos du transport de son pavillon du vaisseau *le Tonnant* sur le *Commerce-de-Marseille* (Trogoff à d'Albarade, 16 août 1793).

la dernière campagne, protégeant les navires de commerce et faisant la guerre aux corsaires d'Oneille, que le bombardement de la ville n'avait point suffi à détruire.

Après le 31 mai, la contre-révolution trouve en lui un terrain tout préparé. Sa correspondance avec le Ministre n'en continue pas moins, et c'est sur le ton le plus naturel qu'il lui annonce la révolution du 13 juillet : « Vous savez, sans doute, citoyen Ministre, lui écrit-il, que les Sections sont ouvertes à Toulon; elles ont investi le général Chaussegros et moi de la plus grande confiance, et elles se reposent sur notre civisme pour prendre les mesures que nous croirons les plus utiles dans les circonstances présentes[1]... »

Le commandant des armes Chaussegros et l'ordonnateur Puissant écrivent du même style et ne cessent de protester de leur dévouement à la République, tout en refusant d'obéir aux ordres du Ministre[2]. Dénoncés tous trois, ils sont appelés à Paris, les 1ᵉʳ et 19 août, par le Comité de Salut public, dont ils reçoivent ensuite contre-ordre, la Société populaire de Toulon refusant de les laisser partir[3].

Un des adversaires les plus acharnés de l'amiral Trogoff était le chargé d'affaires à Gênes, Tilly, qui trouvait suspects et son refus d'attaquer l'escadre espagnole, dont le mauvais état assurait, disait-il, l'avan-

---

[1] Trogoff au Ministre, 18 juillet.
[2] Lettres de Trogoff, Chaussegros et Puissant, 20 et 21 juillet. — Mémoire de Puissant. — Thaon de Revel. — Dans son *Colloque obligé*, le baron d'Imbert rapporte en style déclamatoire la scène où « l'immortel Trogoff » refuse, à de « fougueux démagogues » qui l'en pressent, d'obéir aux ordres du gouvernement.
[3] Délibération du Conseil exécutif, 1ᵉʳ août. — Arrêté du Comité de Salut public, 18 août.

tage à la flotte française, et son insistance pour la rentrée des frégates *la Modeste* et *l'Impérieuse*, préposées à la garde des convois de blé à Livourne et à Gênes, et la réponse ironique de l'amiral à sa demande de bâtiments pour transporter d'Italie en France des volontaires prêts à y prendre du service : « Je ne connais, lui avait écrit Trogoff, aucune loi qui autorise cette émigration ! » Persiflage auquel il avait mis le comble, le 29 juin, dans une lettre dont Tilly s'émut au point d'en écrire au Ministre [1].

Tout autre est le style de sa correspondance avec d'Albarade ; on y sent une colère mal contenue, une exaspération qui éclate surtout quand le Ministre oublie, — plus ou moins volontairement, — de répondre à ses lettres :

« Je ne sçais, citoyen Ministre, écrit-il [2], si vous avez le projet de jouer le même rôle avec moi que votre prédécesseur, qui, le premier mois que j'ai commandé l'escadre, ne m'a écrit qu'une seule lettre. Depuis votre lettre du 22 juillet, je n'en ai reçu aucune de vous... Je ne tiens pas au commandement, comme vous le savez, puisque, depuis plus de quatre mois, je vous prie de nommer un chef à cette armée. Mais je tiens et tiendrai, pendant que je commanderai, à tout ce qui est dû à la place que j'occupe, de manière que, si vous ne comptez plus correspondre avec moi, vous pouvez dire au Conseil exécutif de nommer un autre. Il est affreux qu'après tout ce que j'ai souffert, qu'après avoir travaillé autant que je l'ai fait, qu'après m'être trouvé dans les circonstances les plus affreuses, depuis quatre mois, on n'ait pas pour moi les égards que l'on doit à un officier qui ne s'occupe, jour et nuit, que de son état, du soin de procurer, autant qu'il est en son pouvoir, et de faire parvenir des vivres à deux armées de terre et à une de mer, et à protéger le commerce de la République, malgré les forces supérieures que les ennemis ont dans ces mers... »

[1] Lettres de Trogoff et de Tilly, 9 juin-18 août 1793.
[2] Trogoff à d'Albarade, 17 août 1793.

Il se plaint tantôt des représentants Fréron et Barras, qui arrêtent des bâtiments de guerre dont il désire, et pour cause, le retour dans le port de Toulon; tantôt de la Constitution, qui n'arrive point; tantôt, — pour donner le change, — du Comité général, qui parle de désarmer une partie des vaisseaux. Il feint l'indignation et déclare avec emphase qu'il donnera sa démission plutôt que de consentir à se prêter à une pareille mesure[1]. La comédie est ici évidente.

Un historien du siège de Toulon[2] a, dans un but respectable sans doute, mais incompatible avec la vérité historique, essayé de réhabiliter l'amiral Trogoff en soutenant que sa conduite lui avait été imposée par le Comité général, dont il était le prisonnier. Rien de plus faux ; la vérité est qu'il obéissait à des ordres secrets :

« L'amiral Trogoff, dit le baron d'Imbert[3], n'a fait que suivre, en tout, les instructions dont il était porteur, et moi, celles qu'il m'avait transmises au nom de Sa Majesté[4]. » Ces instructions, ajoute-t-il, portaient « de faciliter, de tous ses moyens, les opérations des puissances alliées[5] ». Trogoff s'y conforma non seulement en déterminant, le 29 août, la partie hésitante de la flotte à faire place aux vaisseaux anglais, mais encore en conservant, pendant toute la durée du siège, le

---

[1] Trogoff à d'Albarade. 30 juillet, 15 août 1793.
[2] Guérin, *Histoire maritime*.
[3] D'Imbert, *Colloque obligé*.
[4] On observera qu'Imbert écrivait sous la Restauration ; que le Roi devait être au courant de son vrai rôle à Toulon, et que, s'il eût menti, son inexactitude eût pu lui coûter cher, à une époque où il sollicitait une pension et le grade de contre-amiral.
[5] D'Imbert, *Précis historique*. — Il est certain que des chefs royalistes correspondaient avec les émigrés et se tenaient prêts, dans le Midi, à seconder les efforts de l'étranger. (Voir Froment, *Recueil de divers écrits*.)

commandement de la division française, composée de 3 vaisseaux de ligne et de 3 frégates, que les Anglais laissèrent armée dans le port et qu'il conduisit, ensuite, avec eux, à Porto Ferrajo [1].

Ce qui a induit en erreur l'écrivain dont nous parlons, c'est la rareté de la signature de Trogoff au bas des actes du Comité général [2].

Celle du commandant d'armes Chaussegros est plus fréquente : on la trouve notamment sur la *Déclaration* qui consacra la livraison de sa ville natale aux Anglais. Car Martin-Benoît de Chaussegros, issu d'une famille qui avait donné à l'État plusieurs ingénieurs distingués, était né à Toulon le 20 mars 1737. Nommé enseigne de vaisseau en 1758 et lieutenant en 1772, il passa ensuite dans l'infanterie de marine, devint capitaine en 1774, lieutenant-colonel en 1779, et rentra dans l'armée navale comme capitaine de vaisseau en 1780 [3].

Deux fois, en 1781 et 1782, il se battit contre l'amiral Hood, dans la baie du Fort-Royal et à Saint-Christophe. Une action d'éclat, au combat de Chesapeake, lui valut la croix de Saint-Louis et une pension de 600 livres. Promu contre-amiral en même temps que Trogoff, en janvier 1793, il succéda, en qualité de commandant

---

[1] Il y mourut, le 30 mars 1794, d'une fièvre épidémique qui régnait dans l'île. Son enterrement fut l'objet d'une imposante cérémonie : porté au rivage dans une chaloupe du *Commerce-de-Marseille*, son corps fut salué, au passage, par tous les vaisseaux anglais et français. Il fut ensuite reçu à terre par le clergé de l'île, le gouverneur et les amiraux anglais, qui tinrent les quatre coins du poêle. (*Journal de Vernes.*)

[2] On ne la voit guère que sur la lettre du Comité général en date du 12 août.

[3] États de services de l'amiral de Chaussegros.

d'armes, à l'infortuné de Flotte, massacré le 10 septembre. Le souvenir du traitement infligé à son prédécesseur ne fut sans doute point sans influence sur sa résolution de seconder les royalistes, auxquels son appui était précieux par le crédit dont il jouissait auprès des ouvriers de l'arsenal. L'ordonnateur Puissant prétend qu'il fit tout pour empêcher l'entrée des alliés et correspondit, dans ce but, jusqu'au dernier moment, avec l'amiral Saint-Julien [1]. Rien de plus faux : les Anglais, s'il en eût été ainsi, ne l'eussent point maintenu dans sa place, pendant le siège. Affligé d'une santé précaire, il ne survécut point aux douloureux événements dont il était en partie responsable et mourut, dit-on, de chagrin [2].

Plus délicate est l'appréciation de la conduite de Puissant. Avant de l'examiner, nous jetterons un coup d'œil sur celle de son prédécesseur Vincent, qui, lui-même, succédait à Pache, le futur ministre de la Guerre. Ce dernier, si nous en croyons Mme Roland, « n'avait fait que des sottises ». Il fallait les réparer. On s'adressa à Vincent, alors ordonnateur à Bordeaux. L'intérim fut confié au maire Paul, grand ami des clubistes, qui, irrités de son départ, suscitèrent à Vincent des difficultés dont le ministre Monge crut devoir le dédommager en l'appelant près de lui, comme adjoint, en février 1793.

Peu après, d'Albarade, successeur de Monge, renvoya Vincent à Bordeaux, où il arriva en pleine lutte entre Montagnards et Girondins. Déclaré suspect et arrêté, le 17 septembre, sous prévention d'avoir encouragé les menées fédéralistes de son chef d'administration Lavau-

---

[1] Mémoire justificatif de Puissant.
[2] Guérin.

Gayon, qu'on accusait d'avoir, par ses intrigues, favorisé la révolte de Toulon, Vincent resta emprisonné sept mois et n'échappa à la mort que grâce au refus du tribunal martial de le juger.

Après la réaction thermidorienne, ce qui lui avait été imputé à crime devint un mérite : il put expliquer, le 25 août 1795, qu'incapable de s'opposer au voyage de Lavau-Gayon à Toulon, où ce fonctionnaire avait été envoyé par le Comité de Salut public bordelais, il n'en avait pas moins rendu compte au Ministre, ce qui était exact [1] ; que, quant à sa conduite personnelle, on ne pouvait la lui reprocher, car il avait « combattu avec une énergie vraiment républicaine, et même au péril de sa vie, les Corps administratifs coalisés avec les ouvriers de l'arsenal de Toulon, ainsi que le Comité central contre-révolutionnaire que ces ouvriers avaient formé [2] ».

Nous n'entrons dans ces détails que pour montrer, d'une part, à quel point était difficile, dans les villes insurgées, la situation des administrateurs les mieux intentionnés ; pour offrir, de l'autre, un point de comparaison entre l'attitude de Vincent, ordonnateur à Bordeaux, et celle de Puissant, ordonnateur à Toulon :

---

[1] Il en avait averti le Comité de Salut public de Bordeaux dans la lettre suivante :

« 11 juin 1793.

« Citoyen Président,

« Je ne puis qu'applaudir au choix que l'on a fait du citoyen Lavau-Gayon, chef d'administration de la Marine, pour commissaire auprès des départements de la République. J'en rendrai compte au Ministre, et je ne doute pas qu'il n'approuve qu'il ait accepté cette mission et qu'il ait donné, par là, de nouvelles preuves de son patriotisme. » (États de services de Vincent).

[2] États de services de Vincent.

obligés l'un et l'autre de ménager et les Girondins, qui dominaient dans ces villes, et la Convention, dont ils tenaient leur mandat, leur conduite a pu, parfois, revêtir les formes de la rébellion, tout en restant innocente au fond, ainsi qu'en convenaient les républicains de bonne foi : « La presque totalité des officiers d'administration, écrit l'agent secret Adet, a pris part aux mouvements sectionnaires ; mais tous ne sont pas coupables. Beaucoup ont cédé à la force et n'ont fait aucun acte criminel [1]. » Cette appréciation est-elle applicable à Puissant comme à son prédécesseur ? C'est ce que nous allons examiner.

Né à Chaumont le 9 juin 1740, Joseph-Maurice Puissant [2], fils d'un avocat, fut d'abord soldat au service de la Compagnie des Indes en 1759. Prisonnier des Anglais en 1761, il ne revient en France que l'année suivante. En 1767, il est écrivain de la Marine et des Classes ; sous-commissaire en 1774 ; contrôleur en 1777 ; ordonnateur à Saint-Malo le 1er octobre 1792 ; à Toulon le 1er avril 1793. Un *Mémoire* sur le perfectionnement du service administratif de la Marine lui avait valu ce poste et une pension de 6.000 livres. Tréhouart, alors adjoint au Ministre, déclarait, à ce propos, qu'il « n'avait cessé de donner des preuves d'une intelligence rare et d'un vrai dévouement à la chose publique [3] ».

Mal accueilli par les Corps administratifs, Puissant n'a, au contraire, qu'à se louer de la réception du Comité

---

[1] Adet au Ministre, Marseille, 3 octobre 1793.
[2] Son père était Pierre-Nicolas-Joseph Puissant ; sa mère, Claude-Françoise Adam de Molimont. Sous la Restauration, l'ancien ordonnateur se faisait appeler Puissant de Molimont.
[3] Tréhouart à l'ordonnateur par intérim Huon, 28 mai 1793.

central de l'arsenal et de la Société populaire[1]. Jusqu'au 12 juillet, on le voit s'occuper exclusivement de ses fonctions. Puis l'ère des difficultés commence : il se plaint au Ministre du manque de fonds, de l'interception des correspondances, de l'état précaire de la ville, dû aux « malveillants », de leurs efforts pour brouiller Marseille et Toulon. Tandis qu'il expose ses doléances, il entend battre la générale. Il interrompt sa lettre et court aux informations : la ville est calme, on a seulement arrêté un soldat qui avait crié : « Vivent les Sections! » tandis que tout le monde criait : « Vive la République! » Il a vaguement entendu parler de l'ouverture des Sections, qui sont en activité dans tout le département, nouvelle qui ne laisse point de lui causer des appréhensions : » On a, dit-il, depuis quelques jours, des inquiétudes à cet égard... Dans quelle position suis-je, citoyen Ministre! La confiance que vous êtes assuré que je ne négligerai rien, que les peines, les sacrifices personnels ne me coûteront rien, est tout ce qui me soutient[2]. »

L'embarras de Puissant s'explique, d'un côté, par la nécessité de rendre compte des événements, de l'autre par la crainte de se compromettre auprès du Comité général, qui peut violer le secret de ses lettres. Il prend un moyen terme qui consiste à ne rien cacher au Ministre, mais à tout lui présenter sous un jour favorable. Il rapporte de la manière suivante l'ouverture des Sections : « Avant-hier, dans la nuit, à la suite d'une assemblée de la garde nationale pour délibérer

---

[1] Huon au Ministre, 12 mai. — Les représentants au Comité de défense générale, 14 février 1793.
[2] Puissant au Ministre, 12 juillet 1793.

sur des affaires qui lui étaient relatives, la section des Minimes ayant prolongé sa séance, on s'aperçut d'un rassemblement considérable qui donna des inquiétudes. La générale battit, et les troupes nationales furent sur pied jusqu'à quatre heures du matin. A ce moment les Sections furent ouvertes, et, depuis lors, elles sont en permanence. La paix et l'harmonie règnent, et la ville présente l'aspect le plus consolant. » Le commissaire-auditeur Barthélemy a bien été arrêté, mais « ce changement n'en a fait aucun dans l'opinion, et nous sommes toujours dirigés par les vrais principes[1] ».

Cependant la flotte anglaise fait son apparition : Puissant, qui prévoit les événements, s'empresse de dégager sa responsabilité, en écrivant : « Jamais l'arsenal de Toulon et le département du Var ne furent mieux disposés à combattre l'ennemi, s'il se présente[2] ! » Il s'indigne contre le parlementaire anglais, qui a osé arborer, le 19, un drapeau blanc, et profite de l'occasion pour charger les démagogues. La demande d'échange lui est encore plus suspecte. Il la rapproche des efforts de quelques ambitieux, « ou plutôt de quelques traîtres soutenus par des satellites pour faire sortir la flotte et laisser l'entrée du port libre aux Anglais ». Heureusement « la fraternité, la prudence, jointe à la fermeté convenable, président à toutes les délibérations des Sections ». Il explique les changements opérés dans les Corps administratifs en faisant observer qu'on a été obligé « de régénérer les autorités constituées, parce

[1] Puissant au Ministre, 14 juillet.
[2] Puissant au Ministre, 23 juillet.
Plus tard il s'appuiera sur cette lettre pour prouver qu'il a été trompé, comme tous les Toulonnais, sur les intentions des Sections (*Mémoire justificatif*).

que l'intrigue et la violence ont présidé à l'élection d'une partie des membres qu'il serait imprudent de laisser en place[1] ».

Comme Trogoff, il se plaint de ne recevoir aucun bulletin de la Convention, aucune nouvelle, aucun décret. La Constitution, qui aurait dû lui parvenir dès le 8 juillet, n'est point encore arrivée. Ici, une pointe d'ironie : « Ç'aurait été avec une véritable satisfaction que j'aurais reçu ce *palladium* de la liberté française, ce gage de notre bonheur futur ! Il est cruel pour moi d'en être privé, mais j'espère qu'il vous sera possible de réparer ce malheur[2]. » Ce *malheur* ne fut réparé que le 28, et encore l'authenticité des exemplaires lui parut-elle douteuse. Il est vrai que d'Albarade lui avait recommandé de se méfier des contrefaçons[3].

Ses sorties contre les représentants Baille et Beauvais ne sont pas moins significatives ; il les désigne suffisamment en parlant de « ceux qui, devant contribuer à l'ordre, concourent à la désorganisation et à faire naître de tous côtés des obstacles ». Il n'hésite plus à les nommer, après le 13 juillet : « On a répandu, écrit-il, que les députés Pierre Bayle et Beauvais devaient partir incognito pendant la nuit du 15 au 16 et qu'ils s'étaient prêtés à autoriser des projets formés par les Corps administratifs qui pouvaient inquiéter Toulon et Marseille. On s'est déterminé à vérifier leurs pouvoirs et à examiner leurs papiers[4]. » Manière ingénieuse d'annoncer leur arrestation.

---

[1] Puissant au Ministre, 20 juillet.
[2] Puissant au Ministre, 8 juillet.
[3] D'Albarade à Puissant, 29 juin.
[4] Puissant au Ministre, 18 juin, 17 juillet, 3 et 20 août.

Il ne cache point les efforts du Comité général pour se procurer des fonds dans les départements voisins, et ne cesse d'en réclamer lui-même pour le service de la Marine, proposant tantôt la création de « récépissés comptables » pour éviter les pertes de temps, tantôt celle de lettres de change. Il ajoute que, vu l'urgence des besoins, il retiendra, jusqu'à nouvel ordre, les millions destinés à l'armée d'Italie.

Il demande 6.000 fusils au Ministre et délivre 4 canons à la commune d'Arles, insurgée contre la Convention [1]. Il accuse le général Carteaux d'intercepter les vivres, afin de provoquer la dispersion de l'armée navale au moment de l'arrivée des Anglais ; ce sont là, dit-il, « des hostilités inouïes et dont on ne pourrait jamais s'imaginer que des Français puissent être les auteurs [2] ».

Le doute est donc impossible, et Puissant a beau expliquer la présence de sa signature sur les actes du Comité général, par la violence dont il aurait été victime, il n'en est pas moins vrai qu'il adhéra au mouvement sectionnaire. Mais il est, par contre, certain qu'à l'exemple du procureur de la Commune Leclerc, pour lequel il professait une vive estime [3], il chercha à empêcher l'admission des alliés et ne conserva ses fonctions qu'afin de pouvoir agir sur les ouvriers de l'arsenal, où son plan était d'attirer l'amiral Trogoff et de l'obliger à donner à l'armée navale « tous les ordres nécessaires », projet que la maladresse des ouvriers

---

[1] Puissant au Ministre, 11 juin. — Lettre de Dupin, adjoint au Ministre de la Guerre, 12 août.
[2] Puissant au Ministre, 3 août.
[3] Puissant au Ministre, 18 mai.

fit échouer[1]. Il aurait alors essayé d'enlever des navires anglais dont les équipages étaient à terre et se serait entendu, à cet effet, avec les officiers patriotes Bouvet, Cazotte, Duhamel, Babron, Hédouin, Duval, Lelièvre : mais un coup de fusil, lâché par une sentinelle, dans la nuit du 12 au 13 septembre, donna l'éveil à la garde anglaise, qui accourut. La ville était en rumeur ; on avança le départ des vaisseaux qui devaient être renvoyés dans les ports de l'Océan. Dénoncé de toutes parts, Puissant fut arrêté par ordre du Comité général, qui le livra à l'amiral Hood, et celui-ci lui sauva la vie en le faisant conduire à bord du vaisseau anglais *la Princesse-Royale*. Une femme qui lui apportait une lettre de Carteaux, avec lequel il était entré en correspondance, fut arrêtée et pendue. Le Comité général l'ayant réclamé pour lui infliger le même sort, lord Hood le déclara prisonnier de guerre et l'envoya à Gibraltar, d'où il fut transporté en Angleterre, échangé *sur sa demande* et conduit à Cherbourg, où il se constitua prisonnier. Détenu à Coutances, il ne cessa de réclamer des juges et publia, en 1797, sous le titre de *Toute la France a été trompée par l'Événement de Toulon en 1793*, un Mémoire justificatif[2], d'où nous avons extrait les détails ci-dessus.

Que toutes ses allégations soient l'expression de la vérité, c'est ce que nous n'affirmerons point ; mais,

---

[1] Le même au même, 11 septembre. — Cf. Mémoire justificatif. Il prétend qu'à la suite de cette tentative on chercha à l'assassiner.

[2] Il en existe deux éditions assez dissemblables ; l'une est intitulée : *Pétition au Conseil des Cinq Cents concernant l'Événement de Toulon en 1793* ; l'autre, beaucoup plus détaillée, intitulée : *Toute la France a été trompée sur l'Événement de Toulon en 1793, voilà la vérité*. (Coutances, 5 germinal an V ; — 25 mars 1797.)

dans leur ensemble, elles sont confirmées par les déclarations des nombreux témoins aux souvenirs desquels Puissant fit appel. Mieux encore, en 1800, l'amiral Gravina, de passage à Brest, lui remit, sur sa demande, le certificat suivant, qui atteste sa sincérité :

> Don Frédéric Gravina, chevalier de l'ordre de St-Jacques, etc...
> Certifie que, le 14 septembre 1793, ayant été informé par le lord Mulgrave, colonel et commandant la troupe anglaise, et par le contre-amiral Goodall, gouverneur de Toulon, que le citoyen François Puissant, ex-ordonnateur, s'étoit montré très suspect contre les intérêts de notre coalition, et qu'il étoit ouvertement du parti républicain, nous convînmes que nos adjudants le conduiroient prisonnier à bord du vaisseau anglais *la Princesse-Royale*, et ayant découvert qu'il tenoit correspondance avec l'armée républicaine [1], qu'il travailloit à faciliter son entrée dans l'arsenal, qu'il avoit été le moteur des insurrections que tentèrent les patriotes à cet effet; pour ces motifs, nous pressâmes son embarquement et son départ, de même qu'à cette époque, pour accomplir l'objet de notre coalition, il fut traité avec une certaine sévérité, parce qu'il contrarioit, par ses opinions, celles que nous devions protéger. Il est de toute justice qu'aujourd'hui je lui expédie, comme je le fais, à sa demande, *ce témoignage dû à sa conduite patriotique*.
> Donné à bord du vaisseau *le Prince-des-Asturies*, à Brest, le 28 aoust 1800.
> Signé : Frédéric GRAVINA [2].

Puissant, mis en liberté le 26 juin 1798, fut réhabilité le même jour par un jugement qui achève de nous convaincre de l'exactitude de ses récits.

Enfin Bénard-Lagrave, chargé, en 1797, d'un rapport sur les fugitifs de Toulon, conclut à son innocence,

---

[1] Cf. le *Journal* de Vernes, 26 septembre : « M. Puissant a été mis en état d'arrestation. Une garde environne sa maison, les scellés sont sur ses papiers, il a été transféré sur un vaisseau anglais. On l'accuse de correspondance suspecte. »
[2] États de services de Puissant.

et, plus tard, le Premier Consul, qui se montra toujours inflexible à l'égard des complices de la défection de cette ville, prouva, en lui allouant une pension de 4,000 francs, qu'il ne le confondait point avec les coupables.

En somme, Puissant, enrôlé sous la bannière royaliste, s'était, comme bien d'autres, arrêté au bord de l'abîme ; sa résistance allait lui coûter la vie, quand il fut sauvé par ceux-là mêmes contre lesquels il avait entrepris la lutte, par les Anglais.

Le commandant en second de la flotte française était Jean-René-César Saint-Julien de Chambon, né vers 1750[1], et qui avait, ainsi que son collègue Trogoff, débuté dans la carrière navale comme garde de la Marine, en 1764. Lieutenant de vaisseau en 1778, major à Toulon en 1786, capitaine de vaisseau le 1er janvier 1792, il arbore son pavillon, le 24 juillet de la même année, sur *le Commerce-de-Bordeaux*, vaisseau de 80 canons, et escorte un convoi de 35 voiles en Sardaigne. Il passe contre-amiral, comme Chaussegros et Trogoff, en janvier 1793.

En 1789, Saint-Julien était sorti de la bagarre de l'hôtel de la Marine, où il avait défendu le comte d'Albert de Rions, « tout mutilé, un œil poché et pouvant à peine se soutenir ». Sa vie resta longtemps en danger[2]. Cependant ni cette aventure, ni sa détention au fort Lamalgue, en avril 1793, ne l'empêchèrent de res-

---

[1] Ses états de services lui donnent vingt-deux ans, en 1772, quand il était garde de la Marine à bord de *l'Aurore*, commandée par M. de Beaussier.
[2] *Mémoire de M. le comte d'Albert de Rions*. — Il fut question de faire subir à Saint-Julien l'opération du trépan (Lettre de M. de Flotte, 22 décembre).

ter fidèle à la République[1]. Aussi le Conseil général du Var ne tarda-t-il point à lui rendre ses armes, et cette décision fut-elle prise à l'unanimité ; il put ainsi exercer son commandement jusqu'à la catastrophe du 29 août, dont l'ordonnateur Puissant a injustement cherché, dans ses *Mémoires*, à le rendre seul responsable. On verra, plus loin, le rôle de Saint-Julien dans cette funeste journée.

Il nous faut, auparavant, esquisser la physionomie d'un autre personnage, le baron d'Imbert, dont l'existence, avant 1793, ne faisait guère prévoir la future conduite : né au Canet, près Marseille, en 1762, Thomas Lebret, baron d'Imbert, fut placé, en 1774, à la suite du régiment de la Reine-Infanterie et ne passa dans la Marine qu'en 1777, au moment de la guerre d'Amérique, où il assista à divers combats. En 1783 il fait partie du Conseil de guerre appelé à juger le comte de Grasse. Il prend part, l'année suivante, sous les ordres du chevalier d'Entrecasteaux, à la campagne des Indes, qui lui vaut, à son retour en France, en 1788, la croix de Saint-Louis. C'est alors que commence sa carrière de conspirateur : on le voit fréquenter des Sociétés secrètes, se faire recevoir membre du *Salon français*[2], s'affilier aux *Chevaliers du poignard*, correspondre avec les chefs du camp de Jalès, défendre le Roi aux journées des 28 février 1791 et 10 août 1793, enfin partir

---

[1] Il écrivit, à cette occasion, au Conseil général, une lettre qui atteste la sincérité de son républicanisme, non moins que sa soumission à la loi.

[2] Club monarchiste fondé en 1790, rue Royale, butte Saint-Roch, n° 29, et qui se transporta ensuite au Palais-Royal, puis aux Capucins. — Des Pommelles, Jarjayes et le marquis de Chaponay figurèrent parmi ses membres, qui se dispersèrent après l'exécution de Louis XVI.

pour le Midi¹ avec le chevalier de Rivoire, qui se rend à Gênes auprès des représentants des puissances coalisées, tandis qu'il se dirige sur Toulon où « des ordres supérieurs et légitimes » lui enjoignent de solliciter un emploi.

Les commandements de deux frégates, *la Sybille* et *l'Impérieuse* lui échappent successivement². Pour le dédommager, on lui confie, comme capitaine de vaisseau, grade auquel il vient d'être élevé, une division de petits bâtiments à conduire à Alger. Il se prévaudra de cette circonstance et du titre « de chef d'escadre » que lui a donné un jour, par erreur, le ministre Monge, pour se faire nommer contre-amiral honoraire sous la Restauration.

En mars, il obtient, par le crédit des amiraux Truguet et Chaussegros, et sur les conclusions du procureur de la Commune Leclerc, un certificat de civisme. Le Conseil général, qui a commencé par le lui refuser et qui a su combien cette mesure lui a été sensible, s'excuse de le lui avoir fait attendre, en déclarant que sa coutume est de n'en accorder qu'aux personnes « dont il a été à portée de suivre les principes, au moins depuis une année³ ». Le 11 mai, l'amiral Trogoff lui confie le commandement de *l'Apollon*, vaisseau de 74 canons. A cette nouvelle, Barras, qui le connaissait et le croyait émigré, ne put s'empêcher de témoigner son étonnement à Taveau, député du Calvados. Celui-ci

¹ Une lettre du marquis de Miran, ancien commandant en Provence, en date du 28 avril 1792, prouve que d'Imbert fut réellement du nombre des « chevaliers français employés dans les provinces méridionales » (Voir le *Colloque obligé* d'Imbert.)

² Archives de la Marine.

³ Certificats de Chaussegros et de Truguet, 23 mars. — Délibération du Conseil général de Toulon, 29 mars.

répondit de son civisme et Barras n'y pensa plus[1]. Le représentant Rouyer avait aussi donné, sur lui, des renseignements favorables[2]. Imbert devint, peu après, secrétaire du Comité général et l'un des agents les plus zélés du parti de l'appel aux flottes coalisées.

Une fois sur la pente de l'intrigue, on s'arrête difficilement : après le siège, l'ancien capitaine passe à Londres, d'où il se fait expulser comme un vulgaire aventurier. Puis il sert à la fois l'Angleterre et le Premier Consul. Emprisonné, surveillé par la police sous l'Empire, il se donne, sous la Restauration, pour une victime de l'« Usurpateur », se fait poursuivre pour escroquerie, pour attentat aux mœurs, et n'en arrive pas moins à rentrer en possession du grade d'amiral honoraire, dont une ordonnance royale l'a privé comme indigne ; aussi, après sa mort, arrivée en 1844, ses obsèques se font-elles aux frais de l'État.

Imbert a laissé, outre un *Précis historique sur les Événements de Toulon en 1793*[3], des écrits relatifs, pour la plupart, à ses démêlés avec les gouvernements français et britannique, dont il se prétendait créancier. On y trouve des détails sur le siège de Toulon ; nous aurons, toutefois, soin de ne nous en servir qu'avec les précautions dont est susceptible la parole d'un personnage aussi peu recommandable.

Un autre conspirateur royaliste, qui a laissé des *Mémoires*[4] curieux, mais dont on ne doit point user

---

[1] Barras au Comité de Salut public (s. d.).
[2] Rouyer au Ministre, 12 février 1793.
[3] Paru en 1814, réimprimé en 1816.
[4] *Mémoires historiques de M. le chevalier de Fonvielle, de Toulouse, de l'ordre de l'Éperon d'or, secrétaire perpétuel de l'Académie des Ignorants.* 4 vol. in-8°. Paris, 1824.

avec moins de circonspection, c'est le chevalier de Fonvielle : est-il vrai, comme il l'affirme, que les Sections de Marseille l'aient chargé d'une mission dans les départements du Midi? Qu'il ait négocié, à Berne et à Turin, l'envoi de 12.000 hommes aux insurgés de Lyon? Qu'il ait été en rapports, à Gênes, avec les agents des puissances? Toujours est-il qu'il arriva à Toulon au moment où cette ville venait de se livrer à l'étranger aux termes d'une capitulation qui, à l'entendre, « honorait le patriotisme des Toulonnais ».

A Toulon, Fonvielle se serait lié avec Gauthier de Brécy, directeur des Douanes, et auteur, lui aussi, de *Mémoires* sur le siège[1]. Il devint, plus tard, lecteur du roi Louis XVIII. Brécy, entraîné dans le mouvement royaliste par le baron d'Imbert, se vante d'avoir contribué à l'arrestation de Bayle et de Beauvais. Il raconte comment il aida le capitaine de *l'Apollon* à « échauffer les esprits, à exciter les royalistes et à préparer toutes les dispositions nécessaires au retour de la monarchie. Nous convînmes, dit-il, de diriger tous nos mouvements dans ce seul esprit, et nous trouvâmes bien des collaborateurs à ce grand œuvre. »

De son côté, Imbert raconte comment ils s'y prirent : « Nous cherchâmes à intimider les uns, à ramener les autres. Nous nous occupâmes sans relâche, et de concert, du soin de diriger l'opinion publique. Aidés de

---

[1] Gauthier de Brécy est l'auteur d'une brochure intitulée : *Révolution royaliste de Toulon en 1793 pour le rétablissement de la Monarchie*, publiée en 1814, et qui fut l'objet de plusieurs réimpressions. — Il a aussi laissé des *Mémoires* beaucoup plus complets, intitulés : *Mémoires véridiques et ingénus de la vie privée, morale et politique d'un homme de bien*. Paris, Guiraudet, 1834 (tirés à 200 exemplaires).

plusieurs de nos camarades, nous parvînmes à nous en rendre les maîtres[1]. »

Ils n'eurent point de mal à trouver des adhérents dans la flotte où, exception faite de républicains sincères, tels que l'amiral Saint-Julien, Duhamel, Cosmao, Gohet-Duchesne, Gassin et quelques autres, les capitaines étaient tous royalistes. Les sections, où chacun exposait librement ses idées, leur facilitaient la découverte de leurs coreligionnaires politiques. C'est là, nous l'avons dit, qu'après de longues tergiversations, l'amiral Trogoff choisit son capitaine de pavillon.

Une question s'impose ici : la Grande-Bretagne a-t-elle favorisé le mouvement monarchiste ? Rien ne permet de l'affirmer ; nous trouverions même, au besoin, la preuve du contraire dans une aventure du marquis Ruffo de la Fare, ancien magistrat, qui s'était rendu à Londres, à la fin de juin, pour mettre à la disposition du Cabinet britannique sa connaissance des contrées méridionales. Pour toute réponse on l'invita, « sans prendre en ce moment aucun engagement », à étudier la situation du Midi, à s'assurer si le peuple y était « disposé à revenir de ses erreurs, à coopérer avec les puissances contre la faction qui l'opprimait et à contribuer par là au rétablissement de la paix ». Dans ce cas, M. de la Fare devait faire part de ses observations à John Trevor, ministre plénipotentiaire à Turin, qui allait recevoir des instructions à son sujet.

A la lecture de cette lettre, pourtant conçue en termes vagues, l'imagination de notre méridional s'enflamme ; il écrit au comte d'Antraigues que l'Angle-

---

[1] *Précis historique.*

terre se déclare prête à venir en aide aux royalistes. Ravi de la nouvelle, le comte rédige, pour ses agents, une lettre circulaire dans laquelle il leur fait pressentir discrètement l'heureux résultat du voyage de M. de la Fare. De son côté, celui-ci se met en route pour Turin et se présente chez M. Trevor, auquel il demande un passeport pour Toulon. A sa vive stupéfaction, l'ambassadeur lui oppose le refus le plus net [1].

Cet exemple prouve à quel point la Grande-Bretagne se souciait peu d'aider les royalistes : vérité que la suite de notre récit démontrera mieux encore.

[1] M. Huskisson au marquis de la Fare, 19 juillet 1793. — Lettre circulaire d'Antraigues, 25 juillet. — Trevor au marquis de la Fare, 29 décembre 1802.

VII

Opposition des équipages de la flotte française à l'admission des Anglais. — Rôle de l'amiral de Saint-Julien. — Ses négociations avec le Comité général. — Préparatifs de combat. — Retraite des marins. — Entrée de la flotte anglo-espagnole (29 août). — Échange de visites entre les amiraux Hood et Langara. — Leur première descente à terre. — Arrivée à Paris des nouvelles de Toulon. — Décret de la Convention. — Combats d'Ollioules (31 août et 1ᵉʳ septembre).

Les manœuvres de la frégate anglaise parlementaire, dans la journée du 23, l'arrivée d'une barque montée par un officier anglais, le bruit de la générale entendu toute la nuit, enfin le tintement des cloches appelant les habitants dans les Sections, avaient fait comprendre aux équipages qu'il se passait quelque chose d'insolite. A cinq heures du matin, les canots envoyés aux provisions revinrent en disant qu'ils avaient trouvé la chaîne du port fermée ; que, renseignements pris, il en était de même des portes de la ville et des magasins ; que les citoyens s'étaient rassemblés en armes devant les Sections, qu'on criait : *Vive Louis XVII !* et que la ville avait « fait la paix » avec les Anglais.

A ce moment, le vaisseau *le Commerce-de-Marseille* fit le signal : défense de communiquer avec la terre.

Bientôt les capitaines qui avaient passé la nuit à Toulon revinrent à leurs bords et confirmèrent la nouvelle. D'aucuns y ajoutèrent des inexactitudes destinées à mettre les hommes en présence du fait accompli : « La Convention est dissoute, dit le capitaine d'Imbert à l'équipage de *l'Apollon*; Louis XVIII est proclamé dans 63 départements, et, sans Carteaux, qui intercepte les communications, la nouvelle en serait officiellement connue à Toulon. En attendant, le port va être remis aux Anglais jusqu'à la paix générale. » Un silence glacial accueillit ces déclarations :

« L'unique réponse que nous fîmes aux beaux discours de notre capitaine, écrit l'enseigne Romeiron, fut que, si la France veut remettre un roi, on ne peut pas s'y opposer, et nous gardâmes un parfait silence sur le restant, mais il nous resta le chagrin qui nous rongeait intérieurement... L'équipage, en nous observant, conçut qu'il y avait quelque chose d'extraordinaire, mais il n'osa pas nous en demander la cause. »

Écoutons maintenant le baron d'Imbert : « Mon équipage, ose-t-il affirmer, prit spontanément la cocarde blanche, et le pavillon des lys fut salué de vingt et un coups de canon et cinq cris de : *Vive le roi!* » La vérité est qu'Imbert prit une cocarde tricolore, la foula aux pieds en disant : « qu'il y avait assez longtemps qu'on la portait, qu'il fallait la changer pour une blanche[1], » et se hâta de retourner à terre.

Plus mouvementée fut la réception du capitaine Pasquier, à bord du *Commerce-de-Marseille*, dont l'équipage était jacobin. En y arrivant, à la tête d'une

---

[1] *Précis historique* du baron d'Imbert. — Acte d'accusation de Victor Hughes.

députation de 15 membres du Comité général chargés de faire part à la flotte de la volonté des Sections. Pasquier aperçoit, au pied du grand mât, une inscription portant : *La Constitution ou la Mort !* Il annonce que Toulon a fait « la paix avec les Anglais ». A ces mots les marins ne peuvent contenir leur indignation ; l'effervescence est telle que Pasquier, craignant pour la vie des députés, se hâte de les faire descendre dans la barque qui les a amenés et de donner l'ordre de les reconduire à terre. Puis, estimant que le meilleur moyen de diviser l'équipage est de le laisser sans chef, il fait armer son canot et revient au Comité général, auquel il rend compte de l'accueil dont il a été l'objet.

Dans l'après-midi du même jour, *le Commerce-de-Marseille* envoie à bord des vaisseaux une députation avec « une adresse très énergique pour instruire les équipages de la noire trahison des Toulonnais et leurs complices, et pour les encourager à s'y opposer de toutes leurs forces ». Lue à haute voix par les officiers, cette adresse est saluée par une explosion de colère contre les traîtres et par les cris : *Vive la Nation ! Vive la République !*[1]

Le Thémistocle fait circuler un « Avis » débutant par le vers de *Tancrède* :

> A tous les cœurs bien nés que la patrie est chère !

et indiquant les moyens de « déjouer les projets perfides des ennemis ».

Il est alors cinq heures du soir. A six heures, on voit des canots, détachés du *Commerce-de-Bordeaux*,

---

[1] Pasquier au duc d'Harcourt, 20 mars 1795.

vaisseau de Saint-Julien, se diriger vers le brick *le Tarleton*, qui vient de mettre à la voile, l'arrêter et l'amener près de l'amiral : on sait que ce navire transportait le lieutenant Cook et deux membres du Comité général, qui purent s'échapper. Voyant la tournure que prenaient les événements, Saint-Julien fit signal de branle-bas et prescrivit d'intercepter les parlementaires qui pourraient se présenter à l'entrée de la grande rade, ce qui obligea le lieutenant Cook à atterrir en dehors de la ville et à s'y rendre à cheval [1].

Cependant l'amiral Trogoff s'abstenant de paraître, sous prétexte d'une attaque de goutte, en réalité pour suivre les séances du Comité général, une députation de la flotte vint offrir le commandement en chef à Saint-Julien, qui en arbora le pavillon le 25, à cinq heures du matin, appela à l'ordre les officiers et leur ordonna de s'emparer des forts de l'Éguillette et de Balaguier et des batteries du cap Sépet, opération qui fut exécutée sur-le-champ, sans coup férir. Une tentative fut aussi faite sur le fort Lamalgue, mais sans succès [2].

En apprenant les velléités de résistance de Saint-Julien, le Comité général lui écrivit une lettre modérée, mais ferme, l'engageant à renoncer à ses projets et même à « faire revenir l'armée de son erreur et à l'empêcher de se porter au plus grand des crimes en dirigeant ses armes contre les alliés ». Il ajoutait qu'en cas de refus Toulon était décidé à « repousser la force par la force [3] ». Il envoya ensuite une adresse à l'escadre

---

[1] Lettre adressée au citoyen Malinègre, Toulon, 27 août.

[2] *Les Bouvet*, d'après une brochure publiée, en 1794, sous le titre de : *Conduite du citoyen Bouvet*. — Thaon de Revel.

[3] Lettre signée : Maurin fils aîné, Moulon, Pasquier, Reboul. (Toulon, 25 août.)

pour lui expliquer les motifs de l'appel aux Anglais et pour la rassurer sur ses conséquences, et donna au vaisseau *le Puissant*, alors en armement, l'ordre de s'embosser devant l'ouverture du port, afin de le garantir des boulets. En même temps il faisait afficher dans la ville une proclamation invitant les femmes et les enfants à ne point sortir de leurs demeures [1].

Précautions superflues ; il devenait de plus en plus évident que les équipages répugnaient à une guerre civile ; ils le prouvèrent, le 26, en envoyant à Toulon une circulaire dans laquelle, tout en protestant de leurs sentiments de fraternité, ils déclaraient ne pouvoir « se déshonorer en livrant l'entrée de Toulon aux ennemis » et offraient, dans le cas où les Sections seraient décidées à le faire, de se retirer ailleurs avec un sauf-conduit des alliés [2].

Saint-Julien, qui vient d'écrire dans le même sens au Comité général, reçoit, le lendemain 27, la visite de la municipalité désireuse de faire part aux équipages des nouvelles conditions de l'amiral Hood : il s'oppose à leur lecture et déclare qu'il s'en chargera lui-même.

Le Comité juge alors venu le moment d'agir : il fait distribuer aux marins une lettre violente, accusant l'amiral d'être un homme sans mœurs, complice des atrocités « qui ont inondé la ville de sang et de larmes » ; il termine en les invitant à livrer leur chef [3].

---

[1] Une proclamation du Comité, affichée au grand mât de certains navires, promettait, en outre, aux marins le payement de l'arriéré de leur solde et le renvoi, dans les ports de l'Océan, de ceux qui en manifesteraient le désir.

[2] Arrêté pris à la suite de la délibération de l'armée navale, et envoyé aux citoyens de Toulon le 26 août 1793.

[3] Adresse des Sections de Toulon aux états-majors et équipages de l'escadre, signée Gagner, Beaudufeu, Brun, Mélizanc, Legier, Albertis. Toulon, 27 août 1793.

L'hésitation n'étant plus permise, Saint-Julien prend ses dispositions de combat : il rectifie sa ligne de bataille à l'entrée de la baie du Lazaret, au fond de laquelle il ordonne aux frégates et gabares demeurées en petite rade d'aller jeter l'ancre, et déplace, sur sa gauche, quelques vaisseaux qui masquent les forts de l'Éguillette et de Balaguier. Un seul, *le Thémistocle*, reste mouillé à l'est de la petite rade [1]. Par malheur, l'amiral n'a point renoncé à toute négociation : Romeiron et deux autres officiers sont, par lui, chargés de porter au Comité général une lettre « pleine d'énergie ». Le Comité, comprenant qu'il a affaire à un irrésolu, répond qu'il ne correspondra plus avec Saint-Julien, mais que, celui-ci persistant à laisser les équipages dans l'ignorance des événements, il va prendre des mesures pour les en instruire. A quoi les députés répliquent que la flotte est au courant de tout, mais que « ce n'est pas à Toulon, qui n'est qu'un point de la France, à conclure la paix avec les ennemis, mais à toute la République ». Ils renouvellent inutilement l'offre de gagner un autre port ; le Comité rompt brusquement l'entretien.

Saint-Julien commet alors une seconde faute : il envoie une nouvelle députation, composée, cette fois, de 80 marins. On les arrête à la chaîne du port, que 9 d'entre eux seulement sont admis à franchir. On les conduit au Comité, qui les somme d'adhérer aux propositions des « généreux Anglais », propositions dont

---

[1] Par esprit d'insubordination, dit Romeiron ; par ordre de Saint-Julien, dit une note annexée au plan ci-contre. Cette dernière version, étant donnés les sentiments patriotiques de l'équipage du *Thémistocle*, nous paraît plus vraisemblable.

POSITION DE LA FLOTTE FRANÇAISE
le 26 août.

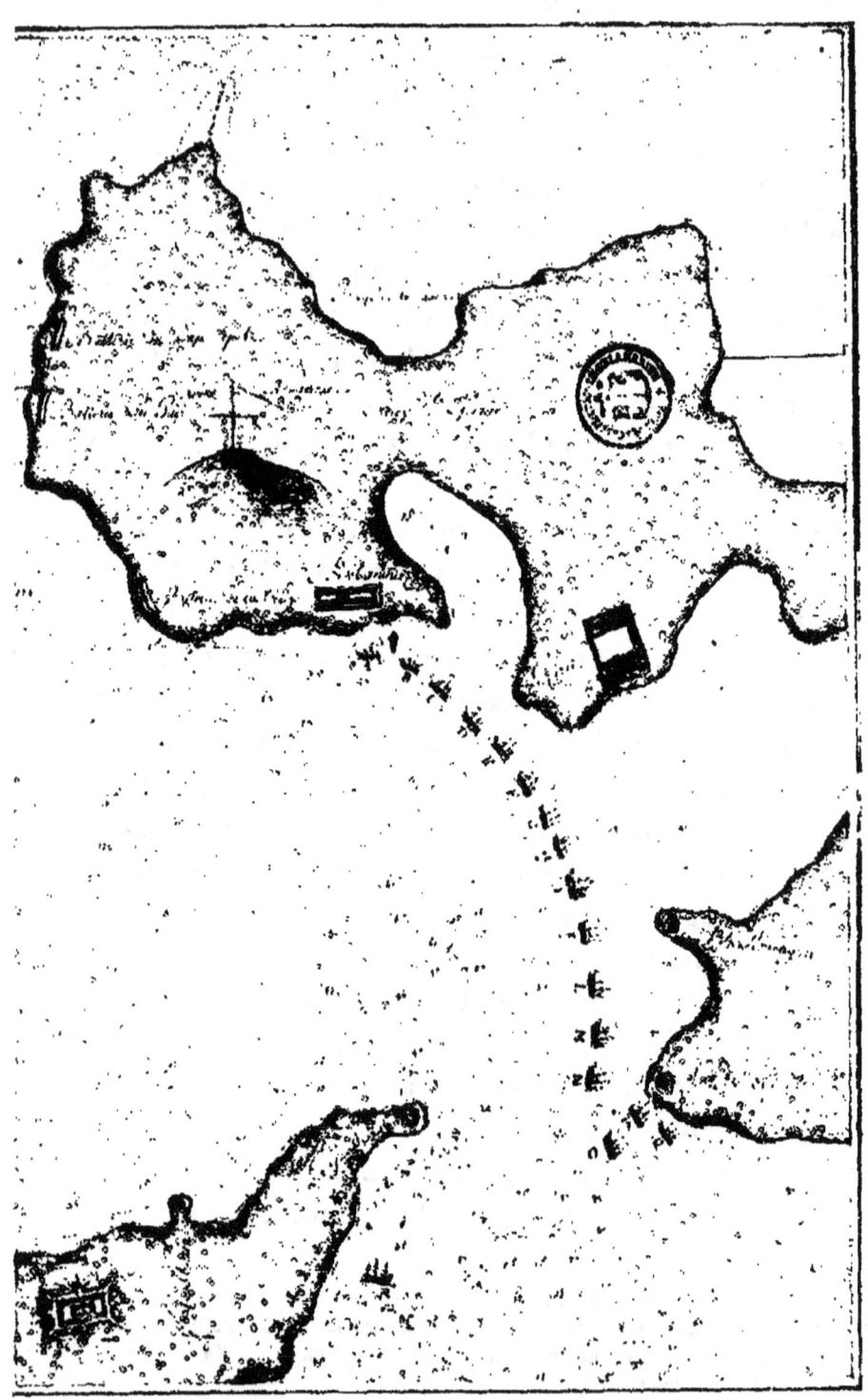

A. Duguay-Trouin. — B. Tricolor. — C. Centaure. — D. Pompée. — E. Destin. — F. Commerce-de-Bordeaux. — G. Héros. — H. Patriote. — I. Commerce-de-Marseille. — K. Orion. — L. Tonnant. — M. Heureux. — N. Scipion. — O. Apollon. — P. Entre-

POSITION DE LA FLOTTE FRANÇAISE
le 27 août.

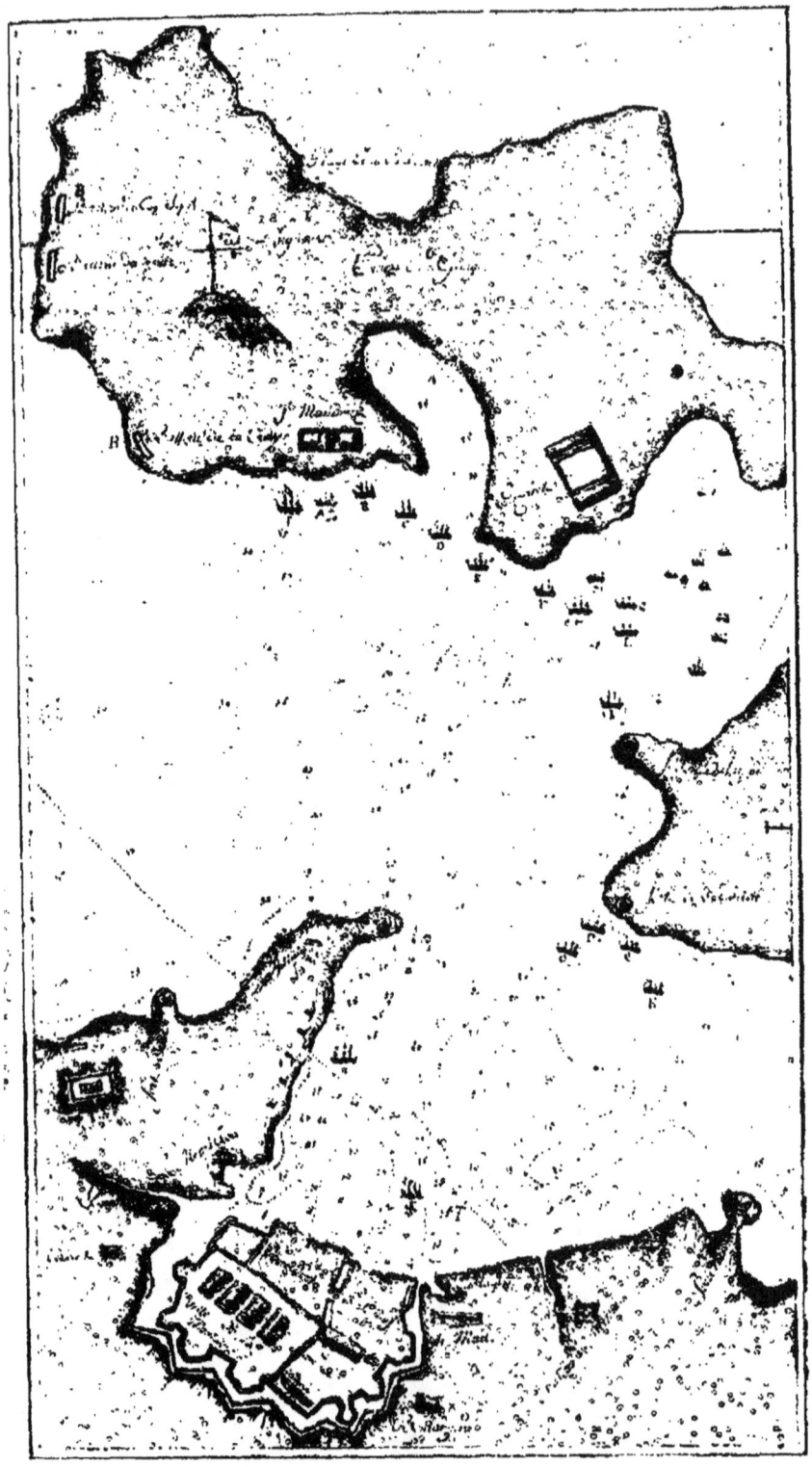

(Voir les noms des vaisseaux à la page précédente [S. La Perle]).

le seul but est, dit-il, d'approvisionner une ville qui n'a plus que cinq jours de vivres, et d'y rétablir l'ordre. On les avertit qu'en cas de refus les forts tireront à boulets rouges sur les vaisseaux. Et ce n'est point là une vaine menace : les forts Lamalgue, la Grosse-Tour, la Batterie royale rougissent des boulets, et leurs commandants se montrent impatients de commencer le feu [1]. Les délégués répondent « que l'armée navale périra plutôt que de voir, à sa plus grande honte, entrer l'ennemi dans ses ports », puis ils se retirent [2].

Nullement dupe des apparences, le Comité sait que les équipages ne résisteront point ; qu'ils ont écrit, le 26, à « leurs frères » de Toulon : « Jamais nous ne prendrons les armes contre les Français, quels qu'ils soient ! » Et cette déclaration était si bien le reflet de l'opinion générale que, Saint-Julien ayant, selon la coutume de l'époque, recueilli les « vœux des vaisseaux », ceux-ci, tout en se déclarant en faveur de « la guerre aux Anglais », demandèrent, pour la plupart, « la paix avec les Toulonnais ». Trois seulement, *le Thémistocle*, *l'Apollon* et *le Généreux* se dirent prêts à « faire feu de tous côtés », en d'autres termes à tirer sur la ville aussi bien que sur l'ennemi. Bien mieux, dans un conseil de guerre composé de tous les capitaines et réuni par Saint-Julien dans la nuit du 28 au 29, les commandants ponentais [3] ayant parlé en faveur de la résistance, un officier provençal se leva et protesta, au nom de ses camarades, que « Messieurs les Ponentais en

---

[1] Lettre de Regal, 19 septembre.
[2] *Relation* de Romeiron.
[3] On appelait ainsi les marins dont le port d'attache était au *ponent*, c'est-à-dire sur les côtes de l'Océan.

prenaient à leur aise ; qu'ils n'avaient point, dans Toulon, leurs femmes et leurs enfants que menaçait la vengeance des conventionnels ; mais qu'eux, provençaux, étant dans cette situation, laisseraient entrer les Anglais ». Saint-Julien n'ayant rien trouvé à répondre, le sort de Toulon était désormais fixé[1].

L'amiral Trogoff restait toujours invisible. Cependant, le 29 au matin, la frégate *la Perle*, commandée par le capitaine Vankempen, — mécontent auquel on avait refusé un avancement mérité, — appareilla et alla mouiller devant l'arsenal. Tout à coup parut Trogoff, qui monta à bord, hissa son pavillon de commandement, l'appuya d'un coup de canon et fit signal de ralliement dans la petite rade.

Pendant ce temps, la flotte anglo-espagnole, composée de 31 vaisseaux, manœuvrait pour entrer; laissons, ici, la parole à Romeiron : « Le général Saint-Julien fit de suite signal de branle bas et de se préparer au combat : mais quel spectacle plus horrible pouvait-on voir? Les uns faisaient signal d'*attention* au général Saint-Julien, les autres, signal de *ralliement* à la ville, et ces derniers viraient déjà à pic pour aller dans la petite rade, dont malheureusement nous étions du nombre[2]. »

Le Comité général avait décidé qu'on traiterait en ennemis, c'est-à-dire que l'artillerie des forts foudroierait les vaisseaux qui ne répondraient point au signal de *la Perle*[3] : cinq obéirent sur-le-champ; sept autres,

---

[1] *Les Bourel.*
[2] Romeiron. Son journal est d'autant plus digne de foi qu'il fut écrit aussitôt après les événements, remis à Adet, à Marseille, et par lui expédié au Ministre. (Lettre d'Adet, 3 octobre.)
[3] Pasquier au duc d'Harcourt, 20 mars 1795.

après un moment d'hésitation, suivirent leur exemple[1].

Bientôt il ne resta plus, en grande rade, que quatre bâtiments : *le Duguay-Trouin*, capitaine Cosmao, *le Commerce-de-Marseille*, « commandé par l'équipage », *le Tonnant*, dont les marins étaient à terre, et *le Commerce-de-Bordeaux*, vaisseau de Saint-Julien[2].

Celui-ci, voyant l'inutilité de la lutte, prit ses dispositions de départ et engagea son équipage à gagner, par terre, l'armée de Carteaux. Lui-même, persuadé, non sans raison[3], que le Comité général allait le faire rechercher, s'enfuit vers la Seyne : en route, la rencontre d'une patrouille l'obligea à se jeter dans un bois, où il resta longtemps caché. Là, se souvenant des promesses de résistance qu'il avait faites aux représentants avec lesquels il n'avait cessé de correspondre jusqu'au 28, et redoutant leur colère, il changea brusquement de plan et se rendit à bord de l'amiral Hood, qui le fit remettre aux Espagnols. Le 2 septembre, ceux-ci l'envoyèrent à Barcelone.

A Paris, le Comité de Salut public, mal renseigné sur

---

[1] Relation d'Absolut, lieutenant à bord de *l'Orion*. — Cf. l'adresse des officiers rentrés de Toulon à Brest sur *l'Entreprenant*.
Il est à remarquer que le chiffre de 7 vaisseaux n'est pas tout à fait d'accord avec les renseignements donnés par le baron d'Imbert à l'amiral Hood, à savoir que, sur les 17 vaisseaux français, 11 étaient commandés par des démocrates (Hood à Stephens, 26 août.)

[2] Le dix-septième vaisseau, *le Thémistocle*, était, nous l'avons dit, resté mouillé dans la petite rade.

[3] Voici, en effet, ce que la municipalité de Toulon écrivait, le 28 août, aux municipalités de la Seyne et d'Ollioules : « Un motif de salut public exige que vous preniez, le plus promptement possible, toutes les mesures pour faire arrêter le citoyen Saint-Julien, contre-amiral de l'escadre, s'il venoit à pénétrer par vos routes et sentiers, et, par là, s'évader. Cette prière de notre part nous intéresse ainsi que tous les bons citoyens, et nous sommes trop persuadés de vos principes pour ne pas croire que vous mettrés, aussitôt, tous les moyens possibles pour en remplir l'effet. » (Archives de Toulon.)

sa conduite, le nomma commandant en chef de l'armée navale de Brest, disposition que, mieux informé, il ne tarda point à révoquer[1].

Son tort avait été de trop négocier avec le Comité général au lieu de prendre une attitude énergique. Quant à ouvrir le feu contre la ville, ses ordres, s'il en eût donné à cet égard, fussent vraisemblablement restés lettres mortes. D'ailleurs, placé entre le canon des forts, celui des alliés[2] et peut-être aussi celui des vaisseaux royalistes, il eût été promptement réduit au silence. Mais l'honneur, du moins, fût demeuré sauf[3].

La retraite des marins s'effectua à la hâte et en désordre ; beaucoup gagnèrent à la nage la terre ferme. La plupart des officiers abandonnèrent leurs effets et jusqu'à leur argent comptant. Tel fut le cas de Gassin, lieutenant commandant *la Topaze*, qui, à la tête de 170 hommes, se rendit à Marseille, où, en dédommagement de ses pertes, on le nomma inspecteur des forts de la côte. Puissant lui reproche d'avoir résisté aux

---

[1] Saint-Julien aux représentants, 28 août. Il leur annonce qu'il a embossé sa flotte de manière à faire feu sur les Anglais. A cette nouvelle, les représentants se disposent à le nommer commandant en chef aux lieu et place de Trogoff. — Langara au duc d'Alcudia, 2 septembre. — Décret de la Convention, 11 septembre 1793. — Le Ministre à Saint-Julien, 23 septembre. — Saint-Julien revint, quelque temps après le siège, à Toulon où il mourut. Renaudin, commandant des armes, annonce au Ministre, le 13 juillet 1799, que l'amiral a été inhumé « avec tous les honneurs dus à son grade ».

[2] L'amiral Hood lui avait fait envoyer, le 28 au soir, une lettre de menaces à ce sujet. (Voir ci-dessous, page 133.)

[3] Regal et Puissant l'accusent d'intempérance, disant qu'il « se saoulait avec ses équipages ». Peut-être Saint-Julien, qui cherchait à se rendre populaire, buvait-il fraternellement avec eux. Quant à l'adultère public que lui reprochaient les Sections dans leur adresse du 27 août, nous n'avons aucune donnée sur ce sujet. Laûtard dit seulement que Saint-Julien s'était fait jacobin pour plaire à Mme Lapoype dont il était épris.

conseils du lieutenant Babron, qui lui avait offert de passer, grâce à la marche rapide de sa frégate, entre les vaisseaux ennemis. Mais Gassin, dont la bravoure était à l'épreuve, n'avait dû reculer que devant l'impossible. Il voulut brûler *la Topaze*, mais la certitude de communiquer le feu à d'autres bâtiments l'en empêcha [1].

Le 31 août, 3.000 marins fugitifs étaient passés par Marseille; plusieurs milliers leur succédèrent les jours suivants. Le Comité général ne fit, quoi qu'on en ait dit, rien pour les retenir. Ceux qui manifestèrent le désir de quitter Toulon reçurent des « parlementaires » pour les conduire à Cette. Quant à ceux qui préférèrent lier leur sort à celui des Toulonnais, le Comité leur promit, par une circulaire, de leur conserver « leurs états, appointements et perspectives, sans ressentiment pour le passé [2] ». Les désertions n'en continuèrent pas moins jusqu'à la fin du siège: le 19 novembre encore, le canot de l'amiral Trogoff gagnait la Seyne et passait aux républicains [3].

Le Ministre de la Marine s'empressa de récompenser les marins et les officiers qui avaient fui la ville rebelle: les premiers reçurent un mois de leur solde et furent envoyés, les uns à l'armée de Carteaux, où ils formèrent

---

[1] Gassin avait été nommé lieutenant de vaisseau, à titre de récompense nationale, pour sa conduite courageuse pendant un incendie, le 2 janvier 1793. — Il avait, en outre, soutenu, avec les frégates *l'Aréthuse* et *la Topaze*, un brillant combat, dans le golfe du Lion, contre deux vaisseaux anglais. Le Ministre lui écrivit, le 22 octobre 1793, pour le féliciter de sa conduite à Toulon.

[2] Lettre de Gassin. — Lettre d'un marin breton. — Arrêté du Comité général envoyé aux vaisseaux qui avaient manifesté le vœu de rester neutres.

[3] *Journal* de Vernes. — Cf. Thaon de Revel.

des compagnies de *canonniers marins ;* les autres à Brest, à Rochefort ou dans leurs foyers ; on eut soin, toutefois, d'examiner si leur retraite « avait eu véritablement pour motif un amour bien prononcé pour la République ». Les seconds reçurent des lettres de félicitations et des emplois. Des indemnités furent aussi accordées à quelques Toulonnais victimes de leur civisme[1].

Nous avons vu qu'après l'acceptation de ses offres par les Sections, l'amiral Hood n'attendait plus, pour effectuer son entrée, que l'arrivée de la flotte espagnole : à peine eut-elle paru, le 28, à cinq heures du soir, qu'il envoya 6 bâtiments, sur les 14 dont se composait alors sa flotte, débarquer 1.500 hommes dans la baie des Islettes, située à proximité du fort Sainte-Marguerite et à 6 kilomètres du fort Lamalgue. En passant devant le cap Sepet, ces navires essuyèrent trois coups de canon, qui ne portèrent point[2]. Le Comité général avait averti l'amiral Hood que ce poste était occupé par des partisans de l'amiral Saint-Julien, mais sa lettre n'était sans doute point arrivée à temps. Il ajoutait que les Anglais pouvaient se présenter en toute confiance ; qu'en

---

[1] Le Ministre de l'Intérieur reçut 50.000 livres pour leur être distribuées (*Moniteur*, n° 63).

[2] *Livre de bord* de l'amiral Hood. — *Summary account of the proceedings of the fleet and army employed at Toulon* (par le général David Dundas). Dans ce *factum*, le général Dundas prétend qu'il y eut deux hommes blessés à bord des vaisseaux. Mais il n'était point à Toulon quand le fait se produisit ; il avait d'ailleurs intérêt à parler ainsi. (Voir page 375.) Une note jointe au plan reproduit page 125, nous apprend au contraire que, d'après le citoyen Guingan, commandant la batterie du cap Sepet, les boulets n'auraient point porté.

tous cas les forts Lamalgue, Saint-Louis et la Grosse-Tour les appuieraient vigoureusement.

Le premier soin du capitaine de vaisseau Dickson, qui était à la tête des troupes de débarquement, fut de faire parvenir, conformément à ses instructions, « un message péremptoire à Saint-Julien, l'avertissant que tous les vaisseaux qui ne se retireraient point immédiatement dans la petite rade et ne déposeraient point leurs poudres sur le rivage seraient traités en ennemis [1] ». Ce parlementaire se présenta à bord du *Commerce-de-Bordeaux*, d'où il fut envoyé à un autre navire. Après avoir ainsi parcouru une partie de l'escadre, il fut conduit dans la ville, où l'accueillirent les cris de : *Vive le roi ! Vivent les Anglais, les sauveurs de Toulon !* Même réception au Comité général, où l'amiral Trogoff l'assura qu'il s'était conformé aux vues de l'amiral Hood et que, le lendemain matin, tous les vaisseaux français seraient passés en petite rade.

Pendant ce temps le capitaine Dickson opérait le débarquement qui, à minuit, était terminé. Le 29, à l'aube, il envoie un officier au cap Sepet, avec mission de prévenir ses défenseurs que, s'ils s'avisent de tirer, comme ils l'ont fait la veille, sur les vaisseaux anglais, ils n'auront point de quartier à espérer. Le parlementaire ayant trouvé la batterie au pouvoir des royalistes, Dickson se hâta de prévenir lord Hood, qui se décida à faire voile pour Toulon entre neuf et dix heures du matin.

Vers midi, les troupes, voyant flotter sur la Grosse-

---

[1] Hood à Stephens, Toulon, 29 août.

Tour et sur le fort Lamalgue un drapeau bleu, signal convenu, se mettent en marche vers ce dernier fort, guidées par le baron d'Imbert et par M. Deidier de Pierrefeu, membres du Comité général. Elles y sont reçues par la garnison rangée en bataille, sous les ordres du maréchal de camp Aguillon [1]. Louis XVII est alors solennellement proclamé.

A la même heure [2], les huit bâtiments qui restent à l'amiral Hood [3], suivis à un mille de distance par les vaisseaux espagnols, vont jeter l'ancre dans la grande rade, d'où la flotte française s'est retirée. L'infanterie de marine anglaise et 1.500 Espagnols débarquent, à la grande surprise des marins français, qui ignoraient leur présence dans ces mers, et vont droit aux forts, qu'ils occupent. Les Anglais prennent possession de la porte de France ; leurs alliés de celle d'Italie, tandis que les majors généraux des deux flottes, don Maria de Alava et sir Hyde Parker, se rendent, avec l'amiral Gravina, au Comité général, avec lequel ils se mettent d'accord sur le désarmement des vaisseaux français, le démontage de l'artillerie des forts et le débarquement des poudres.

Enfin une salve de 17 coups de canon, échangée entre *la Victory*, d'une part, le fort Lamalgue et la frégate *la Perle*, de l'autre, annonce que la trahison est consommée [4].

---

[1] *Livre de bord* de l'amiral Hood. — *Summary account.*
[2] Exactement onze heures et demie.
[3] Les six autres étaient restés mouillés aux Islettes.
[4] Lettre de l'amiral Langara, 1ᵉʳ septembre. - *Livre de bord* de l'amiral Hood. — Hood à Stephens. 25 et 29 août. Cette lettre a été imprimée à Toulon. On lit au bas : « De l'imprimerie de Surre fils, imprimeur du Roi et des Puissances coalisées. » — Les historiens donnent, en géné-

L'après-midi du 29 août fut employé, par les amiraux Hood et Langara, à recevoir des députations du Comité général, des trois Corps administratifs, et les chefs civils et militaires venus pour les féliciter et les remercier de l'appui si « généreusement » prêté par eux à la « bonne cause ». Lord Hood eut la politesse de demander à l'un des orateurs une copie de son discours pour l'envoyer en Angleterre ; puis s'échangèrent des accolades qui obtinrent, à Londres, un franc succès : « Les Français, écrivait à lord Auckland une de ses correspondantes, ont donné à lord Hood de si chauds *baisers de fraternité*, que Sa Seigneurie a failli en perdre sa perruque[1] ! »

Pendant ces effusions amicales, un député de la ville de Lyon, M. de Fréminville, demanda à l'amiral Langara un entretien particulier. Invité à rédiger par écrit l'objet de sa requête, il lui présenta un mémoire tendant à obtenir de la Cour d'Espagne « des secours en hommes et en argent, pour qu'avec Marseille et Lyon ils pussent sauver la France[2] ». Tous les royalistes n'avaient point conservé leur sang-froid comme M. de Fréminville : dans son ivresse, le Comité général envoya aux amiraux, le 3 septembre,

---

ral, la date du 28 août pour celle de l'entrée des alliés. La vérité est qu'ils n'entrèrent que le 29. Voir le *Livre de bord* de l'amiral Hood ; l'*Extrait du registre des Délibérations du Comité général*, relatif à cet événement ; les *Journaux* de Romeiron et d'Absolut, officier à bord de *l'Orion* ; le *Précis Historique* de J. Abeille.

[1] Extrait des Délibérations du Comité général, 15 septembre. — Hood à Stephens, 29 août. — Miss Chowne à lord Auckland, 23 septembre.

[2] Lettre de l'amiral Langara, 1er septembre. — Lettre de M. de Fréminville, Toulon, 29 septembre 1793. M. de Fréminville paraît avoir pris part aux événements de Lyon, le 29 mai.

une adresse dans laquelle il les qualifiait de « héros dignes de l'ancienne Grèce[1] ».

Le surlendemain de leur entrée, c'est-à-dire le 31 août, les deux chefs se visitent en grande cérémonie : ils quittent leurs vaisseaux à la même heure, de manière à se rencontrer à mi-chemin. L'amiral Hood est conduit à bord du *Mexicain*, et Langara lui rend sa politesse dans les mêmes formes à bord de *la Victory*[2].

Le 4, ils publient conjointement une proclamation aux officiers, sous-officiers et soldats des armées françaises du Midi, qui reproduit les assurances données aux Toulonnais par l'amiral Hood, engage les militaires à déserter les drapeaux de la République et leur promet, s'ils veulent servir Louis XVII, une amnistie pleine et entière pour le passé. Les Sections rédigent également une adresse pour leurs « amis égarés » de l'armée conventionnelle[3].

Les amiraux, qui ne sont point encore descendus à terre, se rendent ensemble au fort Lamalgue, puis au logement qui leur a été préparé, sur le port, par les soins de la municipalité. Leur débarquement est salué, par les vaisseaux français, de 19 coups de canon. Sur le quai les attendent les membres du Comité général et des trois Corps, accompagnés d'une foule immense. Les troupes anglaise et espagnole et la garde nationale sont sous les armes ; Reboul, président du Comité général, harangue les deux chefs et leur offre les clefs

---

[1] Placard imprimé.
[2] Hood à Stephens (s. d.). — *Livre de bord* de l'amiral Hood : les matelots garnissaient les vergues de *la Victory*, et 17 coups de canon furent tirés. — Lettre de Langara, 1ᵉʳ septembre.
[3] *Recueil de pièces servant de réponse aux diatribes et calomnies d'Isnard*.

de la ville. Ils renouvellent leurs promesses, mais refusent les clefs. Lord Hood présente l'amiral Goodall comme gouverneur de Toulon, et Langara l'amiral Gravina comme commandant général des troupes de terre. L'enthousiasme est à son comble, lorsque lord Hood, se plaçant à côté de son collègue, s'écrie que, guidés tous deux par les mêmes principes et venus protéger le bon et loyal peuple de Toulon, « l'amiral Langara et lui ne font qu'un [1] » !

L'accord paraissant complet, lord Hood écrivit à son gouvernement qu'il n'avait eu qu'à se féliciter de l'empressement avec lequel don Langara lui avait fourni l'appui de ses forces[2]. C'était, en effet, une des préoccupations du cabinet anglais, qui, depuis 1790, se trouvait en discussion avec celui de Madrid, au sujet de l'établissement du comptoir de Nootka, dans l'Océan Pacifique, affaire sur laquelle était venue se greffer celle du *San-Iago*. Ce bâtiment, capturé par le corsaire français *Dumouriez*, et chargé d'un million sterling en espèces, lui avait été repris, vingt-quatre heures après, par les vaisseaux de l'amiral Gell, et l'Espagne en avait, depuis, vainement réclamé la restitution[3].

La première visite des amiraux ne dura que deux heures, dont lord Hood passa une partie auprès d'un officier anglais blessé dans un combat qui venait de

---

[1] Hood à Stephens (s. d.). — Cette scène est rapportée, en termes analogues, dans l'*Extrait du registre des procès-verbaux des séances du Comité général*, daté du 15 septembre 1793. Le dernier paragraphe annonce que ce procès-verbal a été rédigé « pour éterniser un événement si heureux pour la ville et transmettre à la postérité les noms de Langara et de Hood ».

[2] Hood à Stephens, 29 août.

[3] L'amiral Hood toucha sur cette somme, 50.000 livres, et plusieurs capitaines en reçurent 30.000 (Brenton).

se livrer à Ollioules. Il regagna ensuite *la Victory*, après avoir refusé un repas d'honneur auquel ses aides de camp seuls assistèrent.

Le soir, Toulon illumina[1].

A Paris, le bruit de sa défection commença à courir le 1ᵉʳ septembre, mais le Comité de Salut public n'en fit part à la Convention que le lendemain[2]. Et encore Barère exprima-t-il des doutes sur son authenticité : « Les fausses lettres, les fausses terreurs, s'écria-t-il, sont, depuis quelque temps, la ressource de l'ennemi ! » Et il lut une lettre envoyée par les administrateurs de Poitiers, dénonçant un plan d'incendie dans l'Ouest, lettre qu'il déclara fabriquée.

Le 3, cependant, la nouvelle prenant de la consistance, d'Albarade écrivit en hâte à Puissant et à Chaussegros : « Citoyens, le bruit se répand et s'accrédite, ici, que Toulon a été livré aux Anglais. Je ne puis croire à un tel acte de lâcheté, de perfidie et de scélératesse ! » Il les invitait à lui donner des éclaircissements[3].

Le lendemain, l'événement, partout annoncé, produisait une vive sensation, sans désordre toutefois. Au Comité de Salut public, Drouet, renchérissant sur la proposition de Garnier de mettre à prix la tête de Pitt, déclara connaître un homme disposé à l'assassiner moyennant un demi-million[4].

---

[1] Délibération du Comité général, 15 septembre. — *Journal* de Vernes. — 750 livres furent payées, le 9 septembre, par la municipalité de Toulon au sieur Caumette, traiteur, pour les frais du repas, et 338 livres 10 sols, le 6 septembre, aux sieurs Drageon et Chapuis, pour les illuminations.

[2] *Moniteur*, 4 septembre. — *The manuscripts of J.-B. Fortescue, preserved at Dropmore*.

[3] Dans son émotion, le Ministre se trompa d'adresse, et sa lettre fut envoyée à Toustain, ordonnateur à Dunkerque, qui la lui retourna.

[4] *The manuscripts of J.-B. Fortescue*.

Le 11 septembre, la Convention décréta la mise hors la loi de Trogoff, Chaussegros et Puissant, le séquestre de leurs biens et de ceux des membres du Comité général, et déclara que les Anglais, emprisonnés sur le territoire de la République en vertu des décrets des 1ᵉʳ août et 6 septembre, relatifs aux étrangers non domiciliés en France avant 1789, répondraient sur leur tête de la conduite de l'amiral Hood à l'égard des représentants et des patriotes incarcérés à Toulon ; que les représentants en mission dans les Bouches-du-Rhône et le Var prendraient, d'accord avec les généraux, des mesures pour réduire les rebelles ; enfin que les pièces relatives à la trahison de Toulon seraient imprimées et distribuées aux armées.

Une adresse aux habitants du Midi fut rédigée : « Que la vengeance soit inexorable, y lisait-on ; ce ne sont plus des Français, ce ne sont plus des hommes... Ils n'appartiennent plus qu'à l'histoire des traîtres et des conspirateurs[1] ! » Les représentants firent répandre cette pièce dans Toulon, où elle fut solennellement brûlée par ordre du Tribunal populaire et où des poursuites furent ordonnées contre ses distributeurs[2].

Cependant Carteaux, entré dans Marseille le 25 août, n'en était ressorti que le 29, à la tête de ses 6.000 hommes, tous persuadés, malgré la lenteur de leur chef, que, sous peu, Toulon leur ouvrirait ses portes[3]. Les représentants partageaient cette manière de voir. Quant au général, il était plus optimiste encore : « J'espère, écri-

---

[1] *Moniteur*, 8 septembre.
[2] *Journal* de Vernes.
[3] Lettre de Guitet au citoyen Meschin. Marseille, 1ᵉʳ septembre.

vait-il, le 30 août, à Mouret, dans une lettre qui fut interceptée par l'ennemi, avoir le plaisir, *sous deux ou trois jours* au plus tard, de corriger la ville de Toulon, comme celle de Lyon, et de battre à plate couture les coquins d'Anglais et les Espagnols[1]. » Ce fragment de lettre confirme la réalité des fanfaronnades attribuées à Carteaux par Napoléon, dans le *Mémorial de Sainte-Hélène*.

Son inaction décida les alliés à réunir un conseil de guerre, auquel fut soumis le plan d'une marche hardie sur Marseille. Les amiraux Hood et Gravina opinèrent en ce sens; mais la majorité des officiers fit valoir l'insuffisance de la garnison, et leur avis l'emporta.

Le 31 août, l'avant-garde républicaine, commandée par Mouret, s'avança jusqu'à Ollioules et s'y établit avec 4 canons. A cette nouvelle, le capitaine Elphinstone, commandant le fort Lamalgue, reçoit l'ordre de prendre 600 hommes, moitié anglais et moitié espagnols[2], pour chasser d'Ollioules les Français. Il part, emportant la promesse d'un renfort de 600 gardes nationales, de canons et de munitions.

A l'entrée du village, les alliés sont accueillis par une fusillade nourrie à laquelle ils répondent par un tir si habile, par une charge exécutée si à propos, qu'ils mettent l'ennemi en déroute. Mais les secours se faisant attendre, les munitions étant épuisées, les guides ayant pris la fuite et le jour commençant à baisser, Elphinstone renonce à poursuivre son succès, fait sonner la retraite, et, à neuf heures du soir, rentre dans Toulon,

---

[1] Carteaux à Mouret, 30 août.
[2] Ceux-ci étaient commandés par le capitaine Montero d'Espinosa.

après avoir rencontré en chemin les renforts tardivement envoyés.

Les habitants lui font une ovation, ainsi qu'à ses troupes[1].

En cette rencontre, comme dans la plupart des suivantes, les Anglais ont été accusés de s'être volontairement abstenus de profiter de la victoire. Le chevalier de Fonvielle, qui se fait volontiers l'écho de ces bruits, déclare que, s'ils ne poursuivirent pas les républicains, ce fut parce que « la guerre de Toulon eût cessé trop tôt ». Fonvielle se trompe, car les rapports espagnols confirment toutes les assertions d'Elphinstone sur les causes de sa retraite.

Les racontars, les exagérations de toutes sortes ne cessèrent, d'ailleurs, jusqu'au dernier jour du siège, de tenir les Toulonnais en émoi :

Carteaux, disait-on, a eu, à Ollioules, un millier d'hommes hors de combat. On a vu trente charrettes de blessés se diriger sur Marseille, répétait un officier anglais. Ou bien encore : Carteaux, accusé de trahison pour n'avoir point immédiatement marché sur Toulon, a été rappelé à Paris. Ses troupes ne se battent qu'en état d'ébriété, des femmes les accompagnent en leur versant de l'eau-de-vie. Enfin, prétendaient d'autres nouvellistes, les Anglais ont acheté 10 millions, aux représentants, le port de Toulon. Plus tard, les représentants passeront, à leur tour, pour avoir acheté la ville aux Anglais[2]. Contradictions qui nous fixent sur la valeur de tous ces propos.

---

[1] Rapport d'Elphinstone à l'amiral Hood, 31 août. — Rapports des amiraux Langara et Gravina.
[2] *Journal* de Vernes. — Rapport de Jean-Bon Saint-André. — Lettres de Barras et de Fréron, 27 juillet 1793.

En réalité, les pertes, au combat d'Ollioules, avaient été peu sensibles de part et d'autre. Les Anglais avaient eu quatre blessés, dont un officier, le capitaine Douglas, qui mourut quelques jours après ; les Espagnols, 3 tués et 2 blessés ; 27 prisonniers étaient restés aux mains de l'ennemi, dont 8 Français, qui furent exécutés militairement.

Les conventionnels n'avaient eu qu'un homme tué et 3 blessés, dont le capitaine Dommartin. Éloigné du service, cet officier fut remplacé, quelques jours après, par Bonaparte, que les représentants retinrent, au moment où il passait par Toulon pour se rendre à l'armée d'Italie.

Enfin les alliés ramenaient 30 prisonniers, 2 drapeaux et 2 canons, qui restèrent quelque temps exposés à la curiosité des habitants, sur la place du Champ de bataille[1].

Après ce combat, les conventionnels, retirés au Beausset, ne sortirent de l'inaction que le 7 septembre, pour attaquer les gorges d'Ollioules, défendues par 400 hommes de la garde nationale soldée des Bouches-du-Rhône, postés sur les hauteurs de Sainte-Barbe. Pendant cinq heures, cette petite troupe, sous les ordres d'un ancien capitaine du régiment de Touraine nommé Martin, arrêta l'armée de Carteaux et ne se retira qu'après avoir brûlé toutes ses cartouches et fait subir des pertes importantes à l'ennemi. Elle compta 35 morts dont 2 officiers, 21 blessés et 15 disparus.

Cette héroïque résistance, dont les rapports anglais et espagnols se gardent de rendre compte, permit à

---

[1] Rapport d'Elphinstone, 31 août. — Lettres des représentants. — Rapports des amiraux Langara et Gravina.

l'amiral Gravina d'envoyer le brigadier Izquierdo avec un renfort de quelques bataillons sous les ordres du comte del Puerto et du lieutenant-colonel Nuger, et 4 canons commandés par don Antonio Estrada. Mais, accablés par le nombre et par le feu supérieur de l'artillerie républicaine, ces troupes durent se retirer. Détail caractéristique : les chevaux attelés aux canons ayant été volés, les servants furent obligés de les traîner à bras.

Les Espagnols eurent 18 hommes tués, 41 blessés et 9 disparus, parmi lesquels un lieutenant de vaisseau, don Manuel Guerrero, grièvement atteint pendant la retraite[1].

Faute par les alliés d'avoir préposé, à la garde d'Ollioules, un nombre suffisant de soldats, les républicains purent s'y installer définitivement et en faire leur quartier général. Il est hors de doute que la crainte de compromettre la sécurité de Toulon, en diminuant le chiffre déjà faible de sa garnison, les avait empêchés d'organiser une défense plus sérieuse.

Quoi qu'il en soit, le capitaine Elphinstone reçut du ministre de la Guerre Dundas des éloges pour sa conduite et celle de ses hommes.

L'amiral Hood eut également sa part de félicitations pour « les services méritoires que Sa Seigneurie et la flotte sous ses ordres avaient rendus par le blocus du port de Toulon et l'intelligence et l'habileté avec lesquelles elle avait profité des circonstances qui s'étaient présentées au cours de cette importante opération[2]. »

---

[1] Rapports des amiraux Langara et Gravina. — *Journal* de Vernes.
[2] Lettre datée de Whitehall, 25 septembre. — Cf. *Journal* de Vernes.

VIII

Service militaire de la place. — État des troupes françaises à Toulon. — Le Royal-Louis. — Les gouverneurs anglais et la municipalité. — Les Espagnols et les Toulonnais. — Mesures de surveillance. — Destruction des emblèmes républicains. — Les spectacles. — Les cocardes blanches. — Difficulté des approvisionnements. — Tentative d'emprunt à Gênes.

Après l'entrée des alliés, Toulon offrait, dit M. de Grasset, l'aspect d'« un vaste camp ». De tous côtés, en effet, sur les places, dans les rues et les faubourgs se dressaient des tentes destinées non seulement aux troupes, mais encore aux habitants de Marseille et des villes situées entre Marseille et Toulon, qui, à l'approche de l'armée républicaine, s'étaient enfuis, terrifiés.

Le service intérieur et extérieur de la place se partagea entre les Anglais, les Espagnols et un corps de volontaires spécialement formé pour cet objet, par arrêté des Sections[1]. Les Anglais maintinrent dans leurs emplois, comme ils l'avaient promis, les officiers civils et militaires dont les principes offraient des garanties. Toutefois, vers le milieu de septembre, l'amiral fit savoir aux

[1] Délibération des Sections, 11 septembre.

maréchaux de camp de Maudet et Aguillon, qu'occupant la ville au nom de S. M. britannique il était obligé de confier leurs postes, c'est-à-dire le gouvernement de la ville et celui du fort Lamalgue au capitaine Elphinstone et à l'amiral Goodall, mais qu'ils en resteraient nominalement titulaires[1].

N'osant désarmer immédiatement la garde nationale, les Anglais se contentèrent de la remplacer, aux portes de France et d'Italie, par des soldats des armées alliées. Ailleurs on ne l'employa que pour la forme. Il en fut de même de la gendarmerie, qui ne servit plus qu'à l'escorte des convois et qu'on remplaça, dans ses autres attributions, par un demi-escadron de cavaliers anglais[2].

Les troupes françaises de Toulon se composaient : 1° du premier bataillon de ligne de l'armée départementale formé de détachements de divers régiments (Maine, Barrois, La Marck, Allemand, Ile-de-France et Vieille-Marine); 2° des gardes nationales soldées des Bouches-du-Rhône et du Var, qui avaient aussi pris part à l'expédition des Marseillais; 3° du régiment de la Marine et des canonniers-marins employés au service de l'arsenal et des vaisseaux; 4° de la garde nationale de Toulon. Nous verrons plus loin que le tout comprenait 17 à 18.000 hommes, dont une partie infime allait seulement, grâce à la méfiance des Anglais, être admise à combattre.

---

[1] Certificat délivré à M. de Maudet, par Luigi Giulani, vice-consul de Naples à Toulon, 12 février 1794. — *Bounty for the Toulonese.* — Cf. *Colloque obligé* d'Imbert. — Le lieutenant (devenu capitaine) Cook fut nommé sous-gouverneur du fort.

[2] *Journal* de Vernes.

Le 7 septembre, arriva de Gênes lord Mulgrave, brigadier général, qui prit le commandement des troupes anglaises et dont le premier soin fut de s'entendre avec M. de Villeneuve, ancien colonel d'infanterie, ancien commandant de l'armée départementale, pour former, avec les débris de cette armée, un régiment de ligne, qui, soumis à la discipline française et pourvu d'officiers brevetés par le comte de Provence, devait, tout en étant à la solde de l'Angleterre, porter le nom de *Royal-Louis*.

A cette nouvelle, les émigrés réfugiés en Suisse et en Italie, qui, depuis l'occupation de Toulon, brûlaient de combattre avec l'armée coalisée, assaillirent de leurs demandes M. de Marignane, chargé de pouvoirs des Princes à Gênes, qui transmit leur requête aux amiraux Hood et Langara. Lord Hood répondit, par l'organe de lord Mulgrave, que la rentrée des émigrés ne pouvait s'effectuer sans ordres exprès de sa Cour et se contenta de donner l'espoir que quelques-uns pourraient peut-être, plus tard, se faire admettre dans les corps en voie de formation. Langara promit d'écrire au roi d'Espagne; mais, inaugurant la politique qu'il n'abandonnera plus, désormais, d'imiter les Anglais dans toutes leurs dispositions, il ajouta que son projet était de créer « un régiment français pour le service de Louis XVII, sous la formation, la paye et même la discipline espagnole, lequel régiment serait donné à Louis XVII lorsque les affaires de France seraient réglées ». Cédant aux instances de M. de Villeneuve, il déclara, en outre, qu'il ne s'opposerait point à la rentrée de quelques officiers d'artillerie dont les connaissances pouvaient être utiles. Mais, ni lui, ni l'amiral Hood ne voulurent entendre parler d'un corps spécial d'émigrés[1].

Lord Mulgrave offrit la direction du *Royal-Louis* à M. Hustin, ancien capitaine au régiment de l'Ile-de-France, qui, depuis la campagne de l'armée départementale à laquelle il avait pris part, commandait un détachement de 700 hommes au fort Faron. Il commença par décliner l'honneur qu'on lui faisait, mais, cédant aux instances de lord Mulgrave[2], il se ravisa et fut nommé major, parce qu'il n'y avait point, à cette époque, à part les généraux, d'officiers occupant un grade plus élevé dans l'armée anglaise.

La première formation du *Royal-Louis* est du 12 octobre. Il comprenait alors 395 hommes[3], officiers inclus. Chaque compagnie était de 116 hommes, commandés par un capitaine, deux lieutenants et un enseigne. On maintint dans leurs grades les anciens officiers de l'armée départementale, notamment l'adjudant-major Roubet, qui remplit les fonctions d'aide-major[4].

---

[1] Note pour M. le comte de Grasse, arrêtée avec M. de Villeneuve, à Toulon, le 26 septembre 1793.

[2] Lord Mulgrave à M. Hustin, 14 septembre.

[3] Au complet, il devait comprendre 480 hommes. L'uniforme était : habit blanc, poches en travers, revers, parements, collets bleu de roi, boutons jaunes timbrés de trois fleurs de lys, chapeau blanc.

Les bataillons suivants devaient offrir quelques différences dans les couleurs des revers, parements et collets.

[4] Les autres officiers étaient : 1re Compagnie, MM. de Commandaire, capitaine; de Guerpel, d'Arnaud de Fouard, lieutenants; Cognet, enseigne ;

2e Compagnie, MM. de Nézot, capitaine; Charles de Simony et Bode, lieutenants ; Kern, enseigne;

3e Compagnie, MM. Thomassin, capitaine; d'Arnault et Fortaire, lieutenants; Busigne, enseigne ;

4e Compagnie, MM. Burel, capitaine; Vautrain et Lenoir, lieutenants ; Desplanes, enseigne.

Leur liste fut envoyée à Hamm, en Westphalie, au comte de Provence, qui fit expédier les brevets par le maréchal de Broglie et autorisa la levée d'un second bataillon et de tous ceux que les Anglais et les Espagnols jugeraient à propos de faire, se bornant à demander qu'on ne mît à leur tête que des officiers « connus et de réputation dans les troupes[1] ».

Bien que Toulon ne les eût accueillis qu'en qualité d'alliés, les Anglais ne tardèrent point à se montrer pleins de sans-gêne et d'exigence : manquent-ils de drap pour habiller leurs hommes ? Ils invitent le Comité général à donner l'ordre d'en prendre *de force*, s'il le faut, chez les marchands. Le gouverneur ou un officier ont-ils besoin de chevaux ? Ils en empruntent qu'ils oublient de rendre ou qu'ils abandonnent sur la grande route. Le gouverneur parle en maître ; il fait écrire à la municipalité les lettres les moins courtoises, par son secrétaire, le sieur Barrallier, un Toulonnais pourtant[2]. La municipalité se venge en lui donnant à loger des officiers, qu'il refuse de recevoir.

Une autre fois, le gouverneur (c'était alors le général O'Hara) va plus loin : il somme, avec menaces, le corps municipal d'obéir sur l'heure à « ses ordres ». C'en est trop : une lettre d'énergiques protestations va lui être envoyée, quand il est fait prisonnier par les républicains[3]. Nous pourrions multiplier ces exemples.

---

[1] M. de Villeneuve au marquis de Marignane, 30 septembre et 12 octobre. — Notes diverses de M. de Villeneuve. — Le maréchal de Castries au marquis de Marignane, 29 octobre.

[2] L'amiral Hood avait pris pour secrétaire Dejean ; et l'amiral Gravina, Claude Laurent Burgues de Missiessy.

[3] Registre des délibérations de la municipalité, 3, 4 septembre. — Lettre de Barrallier, 3 novembre. — Lettre d'O'Hara, 28 novembre.

Si grande que fût la complaisance des Corps constitués, les Anglais eurent, paraît-il, la velléité de les supprimer : « Il est question, écrit le colonel espagnol Maturana, de faire donner leur démission à tous les Comités, mais je ne crois pas que cela se fasse, puisque les Anglais les tiennent par la crainte[1]. » On ne voit pas trop, en effet, ce que les Anglais y auraient gagné : telle était, par exemple, la docilité du Corps municipal qu'il changeait sans cesse le lieu de ses séances pour faire place à des officiers anglais; qu'il expulsait des familles, pour le même motif, avec promesse d'une indemnité, « quand les circonstances le permettaient »; qu'il fournissait gratuitement à l'armée britannique tous les approvisionnements nécessaires[2].

Moins exigeants, plus courtois, les Espagnols s'entendent bien avec les autorités, qui, en retour, font de leur mieux pour être agréables aux soldats comme aux chefs[3]. Elles défèrent à leur vœu d'être, par respect pour la religion, logés hors des églises, et font amarrer, pour les recevoir, les vaisseaux *le Souverain* et *le Guerrier* à la palissade de l'Hôtel de Ville.

Pour les Espagnols, en effet, la question religieuse prime les autres : en entrant à Toulon, le premier soin

écrite à la suite de la plainte d'un capitaine marchand sarde, mécontent de ce que la municipalité l'empêchait de vendre directement ses bestiaux aux Toulonnais, en vertu d'une décision prise, le 11 novembre, par le gouverneur, qui la révoqua le 1er décembre.

[1] Jose Gomez de Arteche, *Reinado de Carlos IV*.
[2] Lettre d'Elliot, 23 novembre. — Registre des délibérations des trois Corps. — Dundas à la municipalité, 15 décembre.
[3] Gravina à la Municipalité, 12 décembre. Il la remercie des vues qu'elle lui propose pour la distribution des logements. — Arrêté du Comité général, 14 décembre : il autorise la municipalité à fournir à don Langara « un logement digne de lui » et à disposer de 4.800 livres pour le meubler.

de l'amiral Langara a été de stipuler, avec l'amiral Hood, le maintien du culte catholique, de faire célébrer un *Te Deum*[1] et purifier par les prêtres, fort nombreux sur sa flotte, l'église Saint-Jean, où le club a tenu ses séances et où il veut pouvoir faire dire la messe.

Les Sections font assaut de zèle avec les alliés : à partir du 14 septembre, le *Domine, salvum fac regem* est chanté dans les églises. Le Saint-Sacrement est exposé chaque dimanche ; une députation est envoyée à Mgr de Castellane, ancien évêque de Toulon, pour le prier de rentrer dans son diocèse[2].

Le maintien de l'ordre était, pour le Comité général comme pour les Anglais, une préoccupation majeure : on y parvint, grâce à la surveillance de la chaîne du port, des remparts et des portes de la ville, dont la sortie, interdite d'abord aux seuls militaires, le fut bientôt à tous les habitants. Le Comité reçut, à ce sujet, les félicitations du gouverneur. Une proclamation avertit les Toulonnais fugitifs qu'ils pouvaient désormais revenir en toute sécurité.

Le Tribunal populaire martial continue à juger les auteurs et les complices des crimes de 1792. Le 13 septembre, à la guillotine, solennellement brûlée par le bourreau sur la place d'armes, est substituée la potence, jugée plus conforme aux traditions de l'ancien régime. Les suspects sont enfermés soit au fort Lamalgue, soit à bord des vaisseaux *le Thémistocle* et *l'Utile*, où leur nombre s'élève bientôt à 3.000. D'autres

---

[1] Le roi d'Espagne fit aussi célébrer un *Te Deum* à Madrid, aussitôt la nouvelle reçue (*Gazette de Madrid*).
[2] *Journal* de Vernes. — Hood à Langara, 25 octobre. — Délibération de la Section n° 4, approuvée par les autres Sections et par le Comité général. — Lettre de Langara, 29 août. — Abeille, *Notes et Pièces*.

sont remis aux Espagnols, qui les envoient à Barcelone [1].

La fréquence des visites domiciliaires déplut au gouverneur Goodall, qui engagea le Comité général à les remplacer par... l'espionnage. Ses raisons valent la peine d'être reproduites : « Il me paraît, écrit-il le 27 septembre, que, si l'on faisait une visite domiciliaire dans les circonstances présentes, ce serait donner lieu à croire aux habitants de la ville *que je me méfie de leur franchise et de leur loyauté*... Il me paraît que la voie de l'espionnage serait le meilleur de tous les moyens. Je pense que, si les espions étaient protégés et bien payés, l'on parviendrait à découvrir plus facilement les étrangers suspects et les gens mal intentionnés. »

Il était bon de montrer comment le gouverneur entendait manifester sa confiance aux Toulonnais.

L'amiral Hood tint à choisir lui-même le chef de la police, qu'il plaça, avec le titre d'inspecteur, sous l'autorité du bureau de police établi à la municipalité, mais sous le contrôle du gouverneur. Le brevet de ce fonctionnaire, qui se nommait Joseph Albertin, fut enregistré à l'unanimité par le Comité général, auquel il devait rendre compte de toutes les affaires pouvant intéresser cette assemblée.

L'affluence des étrangers détermina la création de « cartes de sûreté », et les logeurs furent tenus de faire connaître les noms de leurs locataires.

Le gouverneur poussa la sollicitude du point de s'occuper des filles publiques, dont la présence était, il est vrai, une source de désordres et de maladies pour

---

[1] *Journal* de Vernes. — Lettre des députés de Marseille à Gênes, 7 septembre. — *Gazette de Madrid*.

les troupes. Le 17 novembre, sur la plainte d'un chef de légion, le Comité de surveillance les fit chasser et diriger perfidement sur Ollioules, où se trouvait l'armée républicaine. Les représentants du peuple à Marseille avaient également pris contre elles, le 4 septembre, un arrêté durable jusqu'à la fin du siège de Toulon [1].

Quoique les républicains multipliassent les exécutions à Marseille, le Comité général ne crut point devoir faire suivre d'effet ses menaces contre Bayle et Beauvais, ni contre M*me* Lapoype et sa fille, détenus, les deux premiers au fort Lamalgue, les secondes à l'hôpital. D'ailleurs, la Convention ayant décrété que les sujets britanniques, arrêtés en vertu de sa loi du 6 septembre, seraient rendus responsables des mauvais traitements dont les prisonniers de Toulon pourraient être l'objet, les autorités anglaises avaient intérêt à empêcher qu'on ne les molestât [2].

Le gouverneur recommanda au Comité général de faire « détruire les symboles de l'anarchie, et d'y substituer ceux d'un gouvernement royal et libre », c'est-à-dire de remplacer, par les armes de France, les bonnets de la Liberté et autres emblèmes sculptés ou gravés sur les édifices publics. Mais déjà, le 4 septembre, le Comité avait donné des ordres à cet égard, et l'écu royal avait reparu sur la porte du lieu de ses séances, sur celles de la ville, de l'arsenal, de l'Hôtel de Ville, du gouvernement, des églises et des casernes.

---

[1] Délibérations du Comité général, 9 et 10 décembre. — Lettre de Barrallier, 11 novembre. — Arrêté du Comité de surveillance, 17 novembre.

[2] Décret de la Convention, 11 septembre. — Le Comité général à Carteaux, 28 août.

Le 9 septembre, fut abattu l'arbre de la Liberté, surmonté du bonnet rouge, et planté devant l'Hôtel de Ville. Sa chute, dit un témoin, fut saluée « par les cris joyeux de cette même multitude qui avait crié d'allégresse lorsque cet emblème avait été élevé ».

Tous les arbres du même genre (et ils étaient nombreux) subirent le même sort, à la grande joie des Espagnols, auxquels on les remit « pour faire bouillir leurs marmites ». Ils étaient si pauvres qu'on leur donnait le plus possible. Par exception, on employa celui que les jacobins avaient élevé dans le parc, et où le maire Paul avait, autrefois, exprimé le désir de voir pendre quelques aristocrates, à fabriquer une potence où fut attaché l'auteur de ce propos, outre Blache, ancien officier municipal, et quelques-uns de leurs amis [1].

La Municipalité avait été invitée à faire en sorte que les plaisirs habituels des Toulonnais ne subissent aucune interruption : le 8 septembre, elle écrit à une chanteuse, Mlle Vellière, pour la prier de revenir sur sa décision de ne point paraître sur la scène, et lui représente l'impossibilité de la remplacer et « l'inconvénient qui résulterait de priver le public d'une pièce qu'il désire ». Elle l'assure qu'en retour elle saisira toutes les occasions de lui prouver sa reconnaissance. Mlle Vellière se rendit sans doute à ces instances, car, le 10, on joua *le Déserteur*, où des couplets royalistes furent chaleureusement applaudis [2].

Le port de la cocarde blanche, interdit en juillet,

---

[1] *Journal de Vernes.*
[2] La municipalité à Mlle Vellière. — *Journal de Vernes.*

était devenu facultatif. Beaucoup — les militaires surtout — portaient des cocardes noires ou tricolores. Toutefois, le 17 septembre, les Sections, craignant que les trois couleurs n'occasionnassent des méprises dans les combats, délibérèrent de les remplacer par la carte de section et par le *pouf*. Toutefois les canonniers de la Marine, qui avaient déjà affirmé leurs principes républicains en exigeant de leur aumônier le chant : *Domine, salvam fac gentem*, refusèrent de quitter la cocarde tricolore. On les laissa faire d'abord, mais vers la fin du siège parut un ordre général de porter des cocardes blanches, sous les peines les plus sévères[1].

Le droit de tester en ligne directe, aboli par la Convention, fut rétabli. Enfin les Anglais, soucieux de donner le change sur leurs projets, eurent soin de faire précéder leurs ordonnances des mots : *de par le roi*, et de dresser des « procès-verbaux des objets maritimes pour en rendre compte au roi de France[2] ». C'était une amère ironie.

Dès le jour de leur arrivée, ils débarquèrent des salaisons, du biscuit, du pain fabriqué à bord, mais se réservèrent les viandes fraîches. Il en fut ainsi chaque fois que les subsistances firent défaut, par suite du retard des bateaux marchands, retard qui se produisit fréquemment, surtout lorsque les renforts sardes et napolitains eurent multiplié le nombre des bouches à nourrir.

Les premières victimes de cet état de choses furent les équipages français, que les coalisés affectaient de

---

[1] *Journal* de Vernes.
[2] *Ibid.* — Note écrite en marge de la copie d'une note de Gilbert Elliot, relative à la pension du comte de Maudet.

traiter avec mépris : « Toute l'escadre anglaise et espagnole a eu des vivres frais, écrit un marin à sa mère ; il n'y a que nous qui avons des vivres salés, et ils disaient que nous ne méritions pas (d'en avoir d'autres)[1]. »

Bientôt Gênes et Livourne, sans attendre la déclaration du roi d'Angleterre du 9 octobre, portant que Toulon « ne se trouvant plus aux mains des personnes qui exerçaient le pouvoir en France, mais sous la protection de Sa Majesté[2] », était autorisé à recevoir des denrées alimentaires du dehors, — fournirent du blé, des fruits, des bœufs, des moutons ; les États romains, où le Pape s'était déclaré en faveur des Toulonnais, l'Espagne et les îles espagnoles de la Méditerranée les imitèrent avec d'autant plus d'empressement que les comestibles entraient, francs de droits, sur des navires escortés par des canonnières fournies par les coalisés.

Le 13 octobre, le bœuf se vendait 30 sols, le mouton 28 sols et le poisson 40 à 50 sols la livre[3]. Le vin paraît avoir fait défaut dès le 15 septembre ; les fourrages, dont la vente fut défendue pour tout autre objet que « le service du Roi », manquèrent jusqu'à la fin. Aussi dut-on renoncer à former des régiments de cavalerie, pour lesquels des écuries spacieuses avaient été préparées dans les magasins de la Corderie, et la nouvelle d'un envoi, à Toulon, de 300 dragons anglais,

---

[1] Note de Puissant, 11 septembre. — Relation de M. de Grasset. — Lettre d'un marin breton.
[2] Décision prise, en Conseil privé, par le roi d'Angleterre. Elle fut révoquée par un nouvel arrêté du Roi, en date du 15 janvier 1794.
[3] Interrogatoire d'un marchand génois.

fut-elle froidement accueillie, faute de savoir comment les nourrir. On songeait, cependant, à créer un corps de 50 cavaliers pour le service d'avant-garde, quand arrivèrent 180 cavaliers espagnols du régiment de Majorque[1].

Les vêtements étaient hors prix : en septembre, une paire de souliers se vendait 45 livres et le reste en proportion. L'amiral Hood, manquant de drap pour habiller ses troupes et n'en trouvant point chez les marchands, se décida à en faire venir d'Angleterre. Il demanda aussi des farines, la mouture du blé, depuis la prise des moulins de Valdardennes par les républicains, étant devenue longue et difficile. Grande avait été, ce jour-là, l'inquiétude des habitants. Pour les rassurer, la municipalité se hâta d'afficher une proclamation portant qu'on ne manquait point de moulins à bras[2].

La difficulté de la mouture explique l'énorme quantité de blé en grains trouvée, après le siège, par l'armée républicaine dans les magasins de Toulon[3].

Pendant le siège, l'amiral Hood fit toucher les fonds dont il eut besoin chez des banquiers napolitains, qui avaient reçu des ordres à cet égard et qui, dès son arrivée, lui fournirent, sur sa demande, 20.000 livres sterling[4]. La solde de ses troupes et l'entretien de sa flotte paraissent avoir été ses seules dépenses, car,

---

[1] Archives de la municipalité de Toulon, 15 septembre, 9 novembre, 10 décembre. — *Journal* de Vernes.

[2] Ces moulins avaient été fabriqués par Doinet, mécanicien de Marseille, dont il a été parlé ci-dessus.

[3] Lettre d'un marin breton. — Hood à Stephens, 7 et 11 octobre. — *Journal* de Vernes. — Archives de Toulon, 21 octobre. — Relations de M. de Grasset, de M. de Florindorf.

[4] Hood à Stephens, 14 septembre.

nous l'avons dit, la municipalité pourvut, jusqu'au dernier jour, à l'approvisionnement de ses hommes [1]. Et cependant les habitants ne furent point frappés de contributions extraordinaires ; les retardataires furent seulement invités à s'acquitter du payement de leurs impôts et les acquéreurs de biens nationaux à se libérer de leurs dettes [2]. On ne songea point à créer de monnaie obsidionale avant les derniers jours du siège [3]. Toutefois, en prévision de sa durée, le Comité général se décida, le 24 septembre, à tenter un emprunt à Gênes, sous la garantie des amiraux anglais et espagnol : à cette date, le trésorier de la Marine Pernéty et Laurent Caire, négociant, reçurent, par procuration passée devant notaire, la mission de négocier un emprunt de 1 million de piastres fortes. On leur permit, à cet effet, d'hypothéquer la ville de Toulon et ses dépendances, l'arsenal et les vaisseaux.

Partis le 1er octobre avec une division anglo-espagnole commandée par les amiraux Gell et Moreno, ils arrivèrent le 5 octobre à Gênes, où ils assistèrent au drame dont on trouvera plus loin le récit [4], drame qui n'était guère de nature à disposer favorablement la Sérénissime République envers les Toulonnais. Aussi leur mission subit-elle un échec. Peu confiants dans un meilleur succès ailleurs, ils proposèrent aux amiraux Hood et Langara de suppléer à l'emprunt par des

---

[1] La municipalité payait jusqu'aux bateliers employés au transport des Anglais d'un côté de la rade à l'autre. (Archives de Toulon.)

[2] Le Comité général aux officiers municipaux, 19 et 20 septembre.

[3] Selon Henry, cette création serait restée à l'état de simple projet.

[4] L'attentat du vaisseau anglais *le Bedford* contre la frégate française *la Modeste*. (Voir p. 172.)

lettres de change tirées sur Londres et sur Madrid, combinaison qui ne fut point acceptée[1].

Toulon évita ainsi une nouvelle honte, celle de se voir donné en hypothèque, au moyen d'une opération à laquelle sir Gilbert Elliot, commissaire du roi d'Angleterre[2], voyait lui-même « de fortes objections », et que M. Dupin, dans une plaidoirie célèbre, qualifia plus tard d' « immense stellionat[3] ». Mais l'opération était conforme aux instructions des Princes, qui, pour les besoins de l'insurrection, avaient permis à leurs lieutenants d'hypothéquer non seulement les biens particuliers des Bourbons, mais encore ceux de l'État[4].

---

[1] *Journal* de Vernes, 1ᵉʳ et 13 octobre ; lettre de Laurent Caire à la municipalité de Toulon.

[2] On verra, ci-dessous, qu'en octobre le roi d'Angleterre nomma ses commissaires à Toulon, l'amiral Hood et le général O'Hara, pour la partie navale et militaire, et sir Gilbert Elliot pour la partie civile.

[3] Elliot à Henry Dundas, 24 novembre. — *La Municipalité de Toulon et l'Ermite en province*, procès. Paris, 1820.

[4] Affaire de Saillant. Voir dans le *Moniteur* nº 203 (mars 1792), les instructions données à Thomas Conway, chef militaire de l'insurrection du Midi.

IX

Traités conclus par la Grande-Bretagne avec les Puissances continentales. — Renforts envoyés par l'Espagne, la Sardaigne, les Deux-Siciles. — Attitude de l'Autriche, de la Russie, de la Suède, du Danemark et de la République helvétique. — Efforts des Anglais pour attirer Gênes et la Toscane dans la coalition. — Tilly et Branzon fils à Gênes. — Affaires des frégates *la Modeste* et *l'Impérieuse*. — Le ministre anglais Drake. — Incendie du *Scipion* à Livourne. — Attentats contre le droit des gens. — Mission du commodore Linzee à Villefranche, en Corse et à Tunis. — Anecdote sur le bey de Tunis.

Dans les six mois antérieurs à l'occupation de Toulon, l'Angleterre avait conclu des traités avec la plupart des Puissances européennes. C'est en vertu de son traité du 25 mai avec l'Espagne que l'amiral Langara fournit, le 29 août et les jours suivants, 3.500 hommes à l'amiral Hood. D'autres renforts ne tardèrent point à arriver de la Péninsule : le 18 octobre, débarqua le régiment suisse de Saint-Gall ; les 13, 21 et 24, arrivèrent des milices ; le 30, le régiment de Cordoue, et celui de Malaga, le 12 novembre ; enfin, peu après, 180 cavaliers du régiment de Majorque ; au total, 7.000 combattants environ[1].

[1] *Gazette de Madrid*. — *Journal* de Vernes. — Lettre d'un officier piémontais (1ᵉʳ décembre).

D'après un traité signé le 10 avril, le landgrave de Hesse-Cassel était tenu de fournir 8.000 hommes. A la première dépêche de lord Hood, le cabinet de Saint-James se disposa à en expédier 5.000 à Toulon ; le duc d'York allait les faire passer en Angleterre, quand il reçut contre-ordre : on préférait les affecter à l'expédition des Indes occidentales, préparée par sir Ch. Grey. Il fut aussi question de les diriger sur « les frontières françaises ». Bref, on ne les envoya point à Toulon [1].

En échange d'un subside annuel de 5 millions, et de la promesse de l'aider, par l'envoi d'une flotte dans la Méditerranée, à reprendre le comté de Nice et la Savoie, l'Angleterre avait obtenu de la Sardaigne, le 25 avril, l'engagement de lever 50.000 hommes, dont 20.000 devaient être tenus à sa disposition [2]. Mais Victor-Amédée n'était ni en mesure de tenir sa parole, ni même capable, faute de vaisseaux, de faire transporter à Toulon le peu de soldats dont il disposait. Aussi lord Hood envoya-t-il à Cagliari le vaisseau anglais *Colossus*, qui amena 350 hommes le 24 septembre ; *le Bedford* et *le Léviathan* en embarquèrent 800, à Oneille, le 27 ; 350 arrivèrent encore le 5 octobre et 450 le 6 novembre. En somme, la Sardaigne ne fournit aux Anglais que 2.000 hommes [3], dont le régiment suisse de Courten, qui arriva, le 25 octobre, avec le brigadier de Buller, chargé du commandement général des troupes piémontaises [4].

---

[1] Grenville à Morton Eden, 14 septembre. — Henry Dundas au colonel Murray, 14 septembre, 27 octobre. — Elliot à Dundas, 15 décembre.

[2] Dundas à O'Hara, 18 décembre.

[3] Hood à Stephens, 27 septembre, 6 octobre. — *Livre de bord* de l'amiral Hood. — Thaon de Revel. — *Journal* de Vernes. — Quelques émigrés étaient rentrés à Toulon avec les Napolitains.

[4] Les troupes sardes comprenaient un bataillon de grenadiers royaux et deux compagnies de grenadiers de Savoie, commandés par le cheva-

Le Cabinet de Saint-James reprochait amèrement à cette puissance de se montrer plus préoccupée de ses intérêts que de ceux de la « cause commune ». Fatigué de l'inutilité de ses remontrances au Roi, lord Grenville finit par lui retrancher une partie de ses subsides[1].

Le roi des Deux-Siciles avait traité avec l'Angleterre le 12 juillet. D'après l'article premier, les deux hautes parties contractantes devaient « faire cause commune contre la France », c'est-à-dire se concerter pour les opérations militaires et navales. La Cour de Naples devait, en outre, fournir aux Anglais 6.000 hommes, 4 vaisseaux de ligne, 4 frégates et 4 navires plus petits. En conséquence, elle fit préparer une escadre composée du *Guiscardo*, du *Tancredi*, du *Partenope*, de 74 canons; des frégates *la Sibylle*, *la Sirène*, *la Minerve* et *l'Aréthuse*, des corvettes *la Fortune* et *l'Aurore*, des brigantins *le Vulcain* et *l'Épervier*[2].

La première division, commandée par l'amiral Forteguerri et partie de Naples le 16 septembre, arriva le 27 en rade de Toulon et débarqua, le lendemain, sous la conduite du prince Pignatelli-Cerchiara, un bataillon de grenadiers et deux de fusiliers des régiments de Bourgogne et du Roi, soit 2.014 hommes, qui furent reçus, par lord Mulgrave et par l'amiral Gravina, au

---

lier Ratti et le major de Foras ; deux bataillons de chasseurs des régiments de Saluces, Aoste, Piémont, La Reine et Lombardie, commandés par le chevalier Incisa et le chevalier Faussone de Germagnano.

Voir, en outre, ce qui a été dit du chevalier de Revel, page 68.

[1] Lettre de Morton Eden, 16 octobre. — Thaon de Revel. — Grenville à Trevor, 13 décembre. — L'Angleterre exprima surtout son mécontentement de ce que 1.200 hommes, levés trop tard, n'avaient point eu le temps d'arriver à Toulon avant l'évacuation.

[2] H. Dundas aux lords de l'Amirauté, 22 août.

milieu d'un enthousiasme d'autant plus grand qu'ils avaient été plus impatiemment attendus. Pour tenir ses engagements, le roi des Deux-Siciles avait été obligé de recourir à un emprunt de 1 million et demi de ducats[1].

Vingt-quatre heures après, les Napolitains furent passés en revue sur le Champ de bataille : c'étaient, pour la plupart, de beaux hommes, irréprochables dans leur tenue. Un député du Comité général les complimenta, et la municipalité fut visiter leur amiral à bord du *Guiscardo*[2].

Détail à retenir : les troupes napolitaines, dont l'entretien incombait à l'Angleterre, avaient été mises à l'entière disposition de l'amiral Hood, par lettre autographe de leur souverain[3].

Une seconde division, partie de Gaëte le 24 septembre et arrivée à Toulon le 6 octobre, amena un bataillon de grenadiers, deux de fusiliers des régiments de Royal-Naples et de Messapia, formant un corps de 2.026 hommes. Débarqués les 8 et 9 octobre, ils furent aussi passés en revue par lord Mulgrave[4].

Une troisième expédition, partie de Naples le 21 octobre, et de Vado le 25, fournit, les 11 et 27 novembre, un bataillon des régiments du Roi et de Bourgogne et 422 hommes du Corps Royal, en tout 1.550 hommes.

Enfin un quatrième départ eut lieu de Gaëte, le

---

[1] *Gazette de Madrid.*
[2] Lettres de l'amiral Forteguerri et du prince Pignatelli. Toulon. 2 octobre.
[3] Hood à Stephens, 27 septembre. — Grenville à Trevor, 13 décembre. — *Journal* de Vernes.
[4] Lettres de l'amiral Forteguerri et du prince Pignatelli.

14 novembre, et un bataillon de Messapia, de 500 hommes, débarqua, le 26, à Toulon[1], ce qui portait le chiffre des troupes napolitaines à 6.286 combattants[2].

L'Autriche, qui avait envoyé 8.500 hommes en Piémont, semblait peu disposée à fournir un supplément de secours à son alliée, malgré son traité du 30 août et la promesse faite à John Trevor, ambassadeur à Turin, d'un corps de 5.000 hommes[3]. Vainement l'ambassadeur anglais, sir Morton Eden, joignit-il ses instances à celles de lord Mulgrave, qui se rendit à Vienne pour informer la Cour de la détresse des alliés. Le ministre Thugut promit tout ce qu'on voulut, mais ne fit rien. Cependant, le bruit ayant couru, au commencement de novembre, que l'Empereur avait ordonné aux 5.000 hommes de prendre la direction de la Méditerranée, lord Hood, informé de cette nouvelle — fausse d'ailleurs — par les Ministres anglais à Gênes et à Turin, s'empressa d'envoyer l'amiral Cosby d'abord à Vado, puis à Livourne... Ses vaisseaux revinrent tels qu'ils étaient partis, c'est-à-dire vides, et, le 18, Trevor écrivait « qu'il n'y avait plus l'ombre d'un espoir de voir arriver un seul soldat de Milan[4] ».

Peu soucieuse de faire le jeu de la Sardaigne ou celui

---

[1] *Ibid.* Il y eut une cinquième expédition, qui partit de Gaëte le 15 décembre, sous les ordres du maréchal de Gambs. Elle rencontra, à la hauteur du cap Corse, l'escadre napolitaine, qui venait d'évacuer Toulon, et alla mouiller, avec elle, à la Spezzia.

[2] Lettres de l'amiral Forteguerri et du prince Pignatelli. Elliot exagère donc en écrivant à Dundas, le 27 novembre, qu'il y a, à Toulon, 7.000 Napolitains.

[3] Morton Eden à Grenville, 25 septembre.

[4] Grenville à Eden, 14 septembre. — Conversation de lord Mulgrave avec le maréchal Stein, 7 novembre. — Hood à Stephens, 24 novembre.

de l'Angleterre sans quelques solides compensations, l'Autriche demandait à la première de lui céder une partie de la province de Novare ; elle affichait aussi des prétentions en Alsace et dans les Pays-Bas. Dans le compte rendu d'une de ses conversations avec le maréchal Stein au sujet des renforts nécessaires à Toulon, lord Mulgrave atteste que celui-ci ne cessa de lui répondre « par des demandes de délais, des excuses, de belles paroles équivoques et des promesses ambiguës », évitant toujours de s'expliquer sur ce qui n'avait point trait « à la poursuite immédiate de l'objectif de sa Cour en Alsace, en Flandre et en Novare [1] ».

Quand, le 16 décembre, l'Empereur se décida à faire quelque chose pour les assiégés de Toulon, il était trop tard [2]. A Londres, le parti de l'opposition en profita pour déclarer que la prétendue « coopération cordiale » des puissances était un mythe ; que la fameuse « cause commune » n'était que la cause de l'Angleterre ; enfin que, si cette puisssance persistait à continuer la guerre, elle en arriverait à payer l'Autriche comme elle payait déjà d'autres nations [3]. Le gouvernement anglais allait, en effet, jouer de plus en plus le rôle de banquier des puissances.

Le traité de la Grande-Bretagne avec la Prusse, signé

---

[1] Déclaration du comte de Stahrenberg à lord Grenville. — Conversation de lord Mulgrave avec le maréchal Stein, 7 novembre. Cf. *Mémoires tirés des papiers d'un homme d'État*.

[2] Dundas à O'Hara, 20 décembre. — Dundas à Elliot, 22 décembre. — Eden à Trevor, 16 décembre. — Les troupes autrichiennes, qui devaient s'embarquer pour Toulon, avaient pour chef désigné le général Colli. Leur embarquement devait se faire à Livourne, s'il ne pouvait avoir lieu à Gênes, qui refusait l'autorisation nécessaire.

[3] Ces opposants de la Chambre des Lords étaient les lords Norfolk, Grafton, Albermarle, Derby, etc.

le 14 juillet, devant Mayence, par le comte de Beauchamp et le marquis Lucchesini, stipulait, pour les deux puissances, « la garantie respective de leurs états contre la France ». En le concluant, l'Angleterre avait eu pour but de s'assurer qu'après la reddition de Mayence la Prusse ne poserait point les armes.

Absorbée par le partage de la Pologne, la Russie ne s'occupait point de la France ; toutefois, sur la demande de l'Angleterre, qui travaillait à brouiller la République avec la Suède et le Danemark, l'Impératrice consentit à envoyer une flotte en croisière dans la Baltique. Couronnés de succès en Suède, les efforts de la Grande-Bretagne vinrent se briser, en Danemark, contre la volonté d'un gouvernement qui refusait de reconnaître à la guerre un caractère exceptionnel[1] et de considérer comme modifiés les droits des neutres. Le ministre, comte de Bernstorff, déclara que le Danemark ne regarderait comme bloqués que les ports français devant lesquels se trouverait une force maritime supérieure ; qu'il ne consentirait point, d'ailleurs, à affamer des innocents « n'ayant mérité ce surcroît de malheur ni de la part de l'Angleterre, ni de celle de ses alliés ». Indépendance de langage à laquelle l'Angleterre n'était point habituée et à laquelle elle résolut de mettre bon ordre.

Quant à la Suisse, il semblait que le massacre du 10 août, l'affaire de Châteauvieux, celle du régiment d'Ernst à Aix, et la réunion de Porrentruy fussent des incidents peu propres à concilier ses sympathies à la France ; aussi lord Fitzgerald, ambassadeur anglais à

---

[1] *Mémoires tirés des papiers d'un homme d'État.* — *Annual Register.*

Berne, faisait-il les efforts les plus énergiques pour l'arracher à la neutralité, ne manquant point une occasion de faire ressortir les outrages dont elle avait été l'objet et la nécessité d'en prévenir de nouveaux[1]. Les princes, comprenant à quel point son accession eût été utile aux insurgés du Midi, la pressaient, de leur côté, « d'entrer dans la ligue sainte, qui avait pour objet la tranquillité de tous les gouvernements et le bonheur de tous les peuples[2] ».

Vainement, en septembre et en octobre, lord Fitzgerald redouble-t-il d'instances. La Diète persiste à rester dans le *statu quo* et lui répond très nettement que la Suisse, considérant sa neutralité comme un héritage sacré, « n'écoutera aucune insinuation » et repoussera toute tentative faite pour « troubler son repos ou saper la base de ses institutions par des principes destructeurs[3] ».

Mêmes efforts pour entraîner la République de Gênes et le royaume de Toscane, ces deux greniers de la Provence. Nous savons que le commerce des grains était, à Gênes, le voile sous lequel s'ourdissaient les complots de la contre-révolution. Le 1er juin, des transports étaient partis de Toulon pour Gênes et Livourne, sous l'escorte des frégates *la Modeste*, capitaine Giloux, *l'Impérieuse*, capitaine du Bosc, et des tartanes *la Fortunée* et *l'Union*, pour y charger 1.600.000 livres de blés destinés à l'armée d'Italie. *La Modeste* s'arrêta à Gênes avec les deux tartanes et une partie

---

[1] Instructions du ministre H. Dundas à Elliot et à O'Hara, 18 octobre. — Elliot à lady Elliot, 14 septembre.
[2] 26 mars 1792. — *Le Comte d'Artois*, par P. de Champrobert.
[3] *Annual Register.*

du convoi. *L'Impérieuse* conduisit le reste à Livourne.

Les payements devaient être effectués par Branzon, fils du directeur des vivres de la Marine à Toulon. Au fait de ses opinions politiques, quelques membres des Corps administratifs avaient proposé de le remplacer par un officier municipal nommé Rey, dont les principes offraient plus de garanties ; mais ils s'étaient heurtés à la volonté formelle de la majorité.

Or, depuis le 16 juin, époque où la croisière espagnole avait immobilisé les transports, jusqu'au 16 août, Branzon et Inez n'avaient cessé de circuler entre Livourne et Gênes, sous prétexte de conférences avec Tilly, chargé d'affaires de la République française dans cette ville, mais, en réalité, pour intriguer avec les émigrés et concerter avec eux les moyens de faire passer le blé à Marseille et à Toulon. Tilly, qui les surveille, apprend, par les représentants à Nice, la marche de Carteaux sur Marseille, et par les papiers de *la Notre-Dame-de-Garde*, la rébellion de Toulon. Il interdit aussitôt tout transport de grains. Et cependant il lui faut ravitailler l'armée d'Italie ! Grand est son embarras : aucun négociant génois n'ose aventurer ses marchandises sur mer ; en outre, Branzon et ses amis jettent le masque et refusent de se dessaisir des fonds dont ils sont détenteurs : il en résulte que les équipages de *la Modeste* et des deux tartanes, plus 100 hommes de la corvette *l'Éclair*, que les Anglais ont débarqués pour n'avoir plus à les nourrir, vont être réduits soit à mourir de faim, soit à se réfugier à Toulon.

Tilly déploie la plus grande activité : il requiert du secrétaire d'État de la République de Gênes la mise sous séquestre des grains, fonds, munitions et autres propriétés françaises. Il s'entend avec La Flotte, ministre de la République française à Livourne, pour obtenir le séquestre des 1.000.000 livres, confiées à Branzon par l'administration de la Marine. Soutenu par le consul d'Angleterre, Branzon s'efforce d'en obtenir mainlevée ; l'auditeur-vicaire, auquel l'affaire ressortit, hésite et attend pour se prononcer que les événements de Toulon se dessinent : bientôt, apprenant que la ville est investie par les troupes de la Convention, il confirme définitivement le séquestre, et Branzon, vaincu, s'embarque[1] sur l'escadre de l'amiral Gell, qui vient de faire son apparition.

Le but de cette escadre était de seconder, par une démonstration navale, les derniers efforts de la diplomatie anglaise à Gênes et à Livourne. Or ces deux villes ne cessaient, contrairement aux vœux britanniques, de manifester leur amitié à la France et de blâmer la conduite de son ennemie. Non seulement la Toscane avait officiellement reconnu le ministre français La Flotte et l'avait autorisé à placer l'écusson de la République sur sa demeure, mais elle fournissait encore, comme le faisait Gênes, du blé en quantité considérable à la Provence.

Irrité de cette sympathie, lord Hervey, ministre anglais à Florence, envoya aux agents diplomatiques, ses collègues dans cette ville, une circulaire concluant à la nécessité de « diriger la Cour dans une voie différente, plus en rapport avec les temps et plus en harmonie avec les vues des puissances coalisées ».

[1] Correspondance de Tilly.

Le grand-duc ne se laissa point intimider, mais continua à traiter favorablement le chargé d'affaires français, interdisant le passage de la Toscane à l'ami de Paoli, Masseria, qui se rendait à Toulon près de l'amiral Hood, et le séjour du territoire à l'envoyé d'Espagne à Naples[1].

Pour remédier à cet état de choses, la Grande-Bretagne employa la conciliation d'abord, les menaces ensuite, et, en dernier lieu, la violence. Le 14 août, lord Hervey présente au grand-duc un mémoire dans lequel il lui offre, au nom de son souverain, la protection de l'Angleterre contre une « nation d'assassins et de brigands », avec lesquels, feint-il de croire, « la crainte seule » a pu l'empêcher de rompre. Sa démarche étant restée sans effet, lord Hervey adresse, le 8 octobre, au secrétaire d'État Serristori, un *ultimatum*, dans lequel il rappelle les termes amicaux de son mémoire, la partialité du gouvernement pour les Français, et termine en déclarant que si, dans les douze heures, La Flotte et ses adhérents ne sont point congédiés, l'escadre anglaise qui croise devant Livourne, agira.

Serristori cherche à gagner du temps; mais deux nouvelles injonctions le décident à s'exécuter, et, le 11, La Flotte et Chauvelin, qui vient d'arriver, sont chassés, ainsi que tous les réfugiés français de la ville[2].

Même conduite à l'égard de Gênes, que l'Angleterre aurait peut-être contrainte, elle aussi, à sortir de sa neutralité, sans la vigilance et la fermeté du chargé d'affaires Tilly : le 14 septembre, débarque Francis

---

[1] Lord Hervey à lord Auckland, 17, 27, 31 mai. — Correspondance de Tilly.
[2] Rapports de Cacault, La Flotte et Chauvelin.

Drake, envoyé extraordinaire de Sa Majesté britannique, venant de Venise, qu'il a inutilement cherché à entraîner dans la coalition. Drake avait à prendre une revanche, que l'arrivée de l'escadre anglaise, le 5 octobre, lui permit de croire prochaine.

Ce jour-là, à onze heures du matin, deux bâtiments anglais, *le Bedford*, de 74 canons, capitaine Mann, et le vaisseau amiral *Saint-George*, de 98, pénètrent dans le port. Le premier s'approche de *la Modeste* et somme l'équipage, alors occupé à prendre son repas, de suivre l'exemple du *Scipion*, vaisseau français qui accompagnait l'escadre, c'est-à-dire d'arborer le pavillon royal [1]. Un refus énergique ayant servi de réponse, une fusillade nourrie part des hunes et des bords du navire anglais, un pont volant est abattu ; les matelots sautent dans la frégate française, armés de sabres et de pistolets, et déclarent l'équipage prisonnier... Les marins qui essaient de résister sont hachés à coups de sabre ; ceux qui veulent fuir à la nage, tués à coups de fusils. En même temps, les Anglais envoient des chaloupes s'emparer des deux tartanes [2].

L'amiral Gell ne s'en tient point à cet exploit : *l'Impérieuse*, frégate française de 44 canons, retenue depuis

---

[1] Lettre de MM. Pernéty et Caire, arrivés à Gênes avec l'escadre anglaise. Leur lettre, reproduite par le *Journal* de Vernes, affirme qu'il y eut provocation de la part de l'équipage français, et même des coups de fusils tirés. Des *Nouvelles de Gênes*, envoyées le 8 octobre à la *Gazette de Madrid*, prétendent, d'autre part, que les marins de *la Modeste* auraient, les premiers, insulté les Anglais. S'il en eût été ainsi, Francis Drake n'eût point manqué de le faire ressortir dans sa correspondance avec le gouvernement génois, ce qu'il n'a point fait, et pour cause.

[2] Lettre de Briche, 10 octobre. — Lettre adressée à Lalonde. — Lettres de Gênes, 5 octobre. — Les uns parlent de 40 à 50 Français tués ; les autres de 5 morts et 30 blessés.

le mois de juin dans le port de Livourne par les croisières ennemies, non moins que par le refus d'appareiller opposé par l'équipage et par les lenteurs calculées du capitaine royaliste du Bosc, qui agissait d'accord avec Branzon, s'était enfin décidée, le 4 octobre, à lever l'ancre et cinglait vers Gênes, quand la rencontre de l'amiral Moreno l'obligea à se réfugier sous un des forts de la Spezzia, circonstance dont l'amiral s'empressa de faire part à son collègue Gell. Ils convinrent d'envoyer, l'un *le Bahama*, vaisseau espagnol, l'autre *le Captain*, vaisseau anglais, enlever la frégate.

Averti de leur projet, Tilly se hâta d'en prévenir Eydoux, nouveau capitaine de *l'Impérieuse* [1] et de l'inviter à brûler son navire pour l'empêcher de tomber entre les mains de l'ennemi. L'équipage s'y refusa. Le capitaine fit alors transporter dans les magasins de la République de Gênes, à Fezzano, les armes et les munitions, et couler *l'Impérieuse* sur un fonds bourbeux, d'où il espérait que l'ennemi ne parviendrait point à la remettre à flot. Il en fut autrement : les Anglais, apprenant ce qui s'était passé, allèrent droit aux magasins de Fezzano, dont ils enfoncèrent les portes, s'emparèrent du matériel, puis revinrent à *l'Impérieuse*, qu'avec l'aide des marins espagnols ils parvinrent à renflouer. Enfin, sans se préoccuper de la part qui revenait à leurs alliés dans cette capture, ils arborèrent leur pavillon sur la frégate, la conduisirent à Toulon et de là en Angleterre, où elle fut, ensuite, incorporée à la Marine britannique sous le nom d'*Unité*.

Vainement l'amiral Langara écrivit-il à l'amiral

---

[1] Du Bosc, son ancien capitaine, destitué comme royaliste par La Flotte, venait de passer à bord du *Scipion*.

Hood pour lui faire observer que ce bâtiment, appartenant au port de Toulon, faisait, comme le reste de la flotte, partie du dépôt conservé au nom de Louis XVII ; vainement l'ambassadeur d'Espagne à Londres réclamat-il dans le même sens auprès de lord Grenville ; l'un et l'autre furent éconduits [1].

Cependant Tilly, soucieux d'obtenir du gouvernement génois réparation de l'attentat commis sur *la Modeste*, envoie au secrétaire d'État Ruzza une note aussi courte que ferme, demandant si Gênes « veut la paix ou commence la guerre », en abandonnant à la fureur de l'ennemi des navires confiés à sa garde et en permettant d'égorger traîtreusement leurs équipages ; enfin, si l'on compte permettre aux Anglais d'emmener la frégate et les deux tartanes. Le secrétaire d'État répond que l'affaire va être soumise au petit Conseil : pendant ce temps les Anglais vendent les dépouilles de leurs victimes et emmènent les trois navires à Toulon. Appréhendant qu'ils n'en fassent autant des quinze bâtiments du convoi, sur lesquels 100 marins et 200 réfugiés français ont trouvé un abri, Tilly obtient qu'on les mette en sûreté et qu'une garde leur soit fournie [2].

Informés de ces incidents, les représentants du peuple à Nice lancent une proclamation dans laquelle ils déclarent la République française « prête à agir pour obtenir réparation d'un si grand crime » ; mettent l'embargo sur les navires génois en station dans les ports de France, prescrivent à Tilly de sommer une der-

---

[1] Déclaration de Jean-Sévère Vallat. — Correspondance de Tilly. — Le marquis del Campo à lord Grenville, 23 novembre. — Lord Grenville à lord Saint-Helens, 30 novembre.
[2] Correspondance de Tilly.

nière fois le Sénat de faire droit à ses réclamations, et, en cas de refus, de se retirer. Ils approuvent d'ailleurs sa conduite et lui envoient des fonds pour lutter contre l'or que les Anglais sont soupçonnés de distribuer aux fonctionnaires de la ville.

Enfin le ministre des Relations extérieures Deforgues adresse à la Sérénissime République une lettre, sur le sens menaçant de laquelle elle ne pourra se tromper. Le Comité de Salut public se dispose à donner l'ordre d'envahir le territoire génois, mais, considérant qu'une pareille mesure pourrait préjudicier à l'approvisionnement de l'armée d'Italie, se décide à temporiser. Il vient, d'ailleurs, d'apprendre que le secrétaire d'État Ruzza négocie avec le ministre anglais Drake.

Loin de convenir des torts de ses compatriotes, celui-ci répond qu'ils n'ont fait qu'user de légitimes représailles ; que, le 18 juillet précédent, *la Modeste* a empêché le bâtiment de guerre anglais *l'Aigle*, capitaine Inglefield, de sortir du port ; que les deux tartanes ont agi de même à l'égard de la corvette anglaise *la Rose*[1] ; enfin que *la Modeste* s'est emparée, dans le port de Gênes, d'un autre navire, *la Notre-Dame-de-Garde*, appartenant aux Toulonnais, alliés de Sa Majesté Britannique.

Les deux premières allégations tombaient d'elles-mêmes, les commandants de *la Modeste* et des tartanes françaises ayant, on le sait, donné leur parole d'honneur de n'exercer aucune poursuite contre *l'Aigle* ni contre *la*

---

[1] La *Gazette de Madrid* parle d'un bâtiment anglais qui, expédié le 16 septembre par Francis Drake à Toulon, eût été poursuivi par deux corsaires français mouillés dans le port de Gênes, jusqu'au moment où une gabare espagnole serait venue à son secours. Peut-être s'agit-il de la corvette *la Rose*.

Rose, et leur serment, notifié aux capitaines anglais, n'ayant point été violé. Quant à *la Notre-Dame-de-Garde*, il était constant qu'elle appartenait, non au port de Toulon, mais à celui de Marseille, et que la conduite de l'équipage de *la Modeste* à son égard ne concernait point les Anglais. Le secrétaire d'État Ruzza ajouta que, si quelqu'un était en droit de se plaindre, c'était plutôt le chargé d'affaires de la République française qui, le 10 août précédent, avait été victime de procédés regrettables de la part d'officiers de la Marine britannique[1].

La seule réplique de Drake fut un *ultimatum* d'une violence égale à son dépit : « La question, dit-il, se réduit à savoir si le gouvernement veut ou ne veut pas renvoyer le nommé Tilly et tous les autres agents et suppôts de la Convention soi-disant nationale, qui ont été les auteurs de ces attentats, et dont le séjour dans les États de Gênes ne peut être regardé que comme un refus formel d'accorder à Sa Majesté britannique la satisfaction indispensable qu'elle est en droit de demander. » Il déclare qu'en cas de persistance dans ce refus le blocus va commencer. Loin de s'émouvoir, le Sénat répond en expulsant tous les étrangers, les Français exceptés. Furieux de sa déconvenue, Drake s'embarque, et l'amiral Gell le venge en capturant, sur la côte, 13 bâtiments suédois et danois chargés pour la capitale de la Sérénissime République.

Peu après, deux navires français mouillés à Capraia,

---

[1] Quatre d'entre eux étaient venus, pendant que Tilly célébrait chez lui l'anniversaire du 10 août, faire des gestes menaçants sous ses fenêtres. Quatre officiers français, descendus aussitôt pour leur en demander raison, n'avaient point tardé à les mettre en fuite.

terre génoise, sont enlevés par les Anglais, à la vive indignation du Sénat, qui fait arrêter et emprisonner le gouverneur de l'île. Gênes, d'ailleurs, ne néglige rien pour réparer les dommages causés à la France : notes au ministre Drake, excuses à la Convention, plaintes au Cabinet anglais, garde fournie au convoi en station dans le port, rapatriement de matelots français, enfin défense aux troupes autrichiennes de passer dans ses États, elle fait tout pour conserver l'amitié de la République française. Enfin Ruzza observe, non sans raison, que, de toutes les puissances italiennes, Gênes seule reste fidèle à cette dernière, la Toscane elle-même s'étant prononcée en faveur de la coalition [1].

Le but des Anglais sautait aux yeux : ils cherchaient à provoquer une rupture entre les deux républiques, de manière à occuper le port de Gênes sous couleur de le défendre. Leur plan était si bien arrêté que lord Grenville écrivait aux commissaires britanniques à Toulon « de persister à regarder la capture de la frégate *la Modeste* comme une juste satisfaction prise à l'égard des officiers français ; que, si la Convention s'obstinait à réclamer le navire et commençait les hostilités, le territoire de Gênes *serait alors défendu, sur terre comme sur mer, par les forces de Sa Majesté* [2] ».

Ces procédés furent sévèrement jugés en Europe. Morton Eden, ambassadeur de Londres à Vienne et frère de lord Auckland, les qualifia lui-même de « besogne absurde et humiliante », blâma les ministres Trevor et Drake d'avoir agi sans ordres, mais déclara

---

[1] Tilly au Ministre, 20 décembre. — Note du secrétaire d'État Ruzza, 21 décembre.

[2] Lord Grenville aux commissaires anglais à Toulon, 29 novembre.

qu'on s'était trop avancé pour reculer : « Si nous nous arrêtons, écrivit-il, je crois que l'affaire sera, surtout par l'opposition, appelée : *la petite pièce de l'année* 1793[1]. »

Aussi ne s'arrêta-t-on point, et le blocus de Gênes dura-t-il jusqu'au 28 août 1794. A cette date, l'amiral Hood, qui venait de soumettre la Corse, écrivit au Sénat qu'il levait le blocus.

L'affaire de *la Modeste* eut un autre épilogue : un vaisseau français battant pavillon blanc était, nous l'avons dit, entré, le 5 octobre, en rade de Gênes, avec *le Bedford* et *le Saint-George* : c'était *le Scipion*, de 74 canons, capitaine de Goy, dont l'équipage, révolté des atrocités dont il venait d'être témoin, n'attendait qu'une occasion pour secouer le joug des Anglais et venger ses camarades. Après l'expulsion du ministre Drake, *le Scipion* fut envoyé à Livourne pour embarquer, de concert avec la division de l'amiral Cosby, et conduire à Toulon 5.000 Autrichiens promis par l'Empereur. Mouillé dans le port, au milieu des vaisseaux anglais, il prit feu le 26 novembre et brûla de deux à huit heures du soir, heure à laquelle il alla, porté par le courant, sauter à 4 milles en mer, avec cinq cents barils de poudre : les bâtiments voisins n'avaient eu que le temps de couper leurs câbles pour éviter de partager son sort.

Tilly et lord Hervey s'accordent à déclarer prémédité l'incendie du *Scipion*, dans lequel 150 hommes périrent sur 600 dont l'équipage se composait, plus 3 officiers et le capitaine de Goy, qui n'avait point quitté son

---

[1] En français dans le texte. (Lettres de Morton Eden, 28 novembre et 8 décembre.)

bord. Le reste des marins, qui s'était jeté dans des canots, se réfugia partie en Corse, partie à la Spezzia [1].

Non contents de poursuivre les bâtiments français réfugiés dans les ports d'Italie, les vaisseaux britanniques allèrent les chercher jusque dans les Échelles du Levant : c'est ainsi que le vaisseau *Romney*, de 60 canons, capitaine William Paget, découvrit, le 17 juin 1794, au mouillage de Micon, petite île de l'archipel appartenant au Grand Seigneur, la frégate française *la Sibylle*, de 44 canons, préposée à la garde de trois bâtiments du commerce, et la somma d'arborer le drapeau blanc. Vainement les primats de l'île envoyèrent-ils une députation au capitaine anglais pour lui rappeler la neutralité de leur territoire ; ils furent retenus à bord, et l'attaque commença sur-le-champ. Le capitaine Rondeau, après une résistance désespérée, qui lui coûta 30 tués, dont 1 officier, et 80 blessés, fut obligé de se rendre avec son état-major et les 27 hommes qui lui restaient. Le feu des Anglais causa des dégâts considérables dans la ville et tua plusieurs habitants. Descorches, ministre de la République à Constantinople, excusa le capitaine de n'avoir point fait sauter son navire, sur ce qu' « ayant eu, non pas à se battre selon les lois de la guerre, mais à repousser un brigandage, il avait accompli un devoir en soumettant son courage à la considération de conserver à la République une propriété qu'elle n'avait pas perdue, et sur laquelle elle conserverait des titres légitimes, tant

---

[1] Correspondance de Tilly. — Lettre de lord Hervey, 13 décembre. — *Gazette de Madrid*. — Lautard, dans ses *Esquisses historiques*, raconte, d'après un témoin oculaire, que le feu avait été mis à bord par trois marins échappés au massacre de *la Modeste*.

qu'il existerait quelque chose de sacré parmi les hommes[1] ».

Descorches disait vrai ; le capitaine du *Romney* n'en conduisit pas moins *la Sibylle* et les trois marchands à Smyrne, où se trouvait la corvette française *la Sensible*, à laquelle il allait faire subir un traitement analogue, quand il en fut empêché par l'intervention énergique des autorités, sollicitées par le consul de France. *La Sibylle* fut envoyée à Messine, et, de là, emmenée à Spithead par l'amiral Hood, le 21 novembre 1794[2].

Ces attentats étaient la conséquence de l'Instruction du 8 juin 1793, dont nous avons fait connaître l'objet ci-dessus[3]. Certains de n'encourir aucun blâme, les officiers anglais finirent par traiter avec le même sans-gêne amis et ennemis : le 23 juillet 1793, Marc Robinson, commandant la frégate anglaise *la Brillante*, mouillée en rade d'Ostende, fait envahir par son équipage le bâtiment autrichien *Etrusco* et répond à une menace de citation devant le Tribunal maritime : « Qu'il ne se soucie ni de l'amirauté, ni des juges du pays, ni de l'Empereur même ; que cette ville et sa rade sont à l'Angleterre (sic), seule nation dont il a des ordres à recevoir ; que, si l'équipage de *l'Etrusco* ne se laisse point conduire à terre de bonne volonté, on le jettera de force dans les chaloupes et on le mettra aux fers. » Affaire qui provoqua un échange de notes entre les Cabinets de Vienne et de Londres[4].

---

[1] Lettre de Descorches, 25 août 1794.
[2] Le consul Roubaud à Descorches, 23 juin 1794. — L'amiral Cosby à Stephens, 26 août 1794. — Hood au même, 21 novembre 1794.
[3] Voir page 66.
[4] Rapports des capitaines des pilotes jurés d'Ostende. Lettres de Stahrenberg, Metternich, Charnock, Songa (août 1793).

En juin 1793, un bâtiment prussien, après avoir été pillé dans la même rade par les soldats de l'armée du duc d'York, est confisqué par un commissaire des guerres anglais. Le général en chef de Knobelsdorf est obligé de réclamer auprès du prince « au nom de l'heureuse alliance et harmonie qui règne entre les deux peuples [1] ».

La Hollande et la Suède sont contraintes d'agir par voie diplomatique pour obtenir la restitution de navires de guerre et de commerce, que les Anglais retiennent arbitrairement dans leurs ports[2]. Objet de vexations analogues, l'Espagne, dont les vaisseaux sont continuellement capturés « sous les prétextes frivoles » par ceux de la Grande-Bretagne, son alliée, se décide, en 1796, à lui déclarer la guerre et, mieux éclairée sur ses véritables intérêts, conclut, bientôt après, un traité avec la France.

Exemples qui achèvent de montrer, dans les agissements de l'Angleterre, un parfait mépris du droit des gens et un but à peu près unique, celui de consommer la ruine de toutes les puissances maritimes de l'Europe. Aussi Fox, le grand orateur de l'opposition, s'écriait-il, dans un accès de franchise indignée : « La loi des Nations ! Nous la méprisons en théorie, comme nous l'avons foulée aux pieds en pratique[3] ! » Il est bon d'enregistrer son aveu.

L'escadre de l'amiral Gell ne fut point la seule que lord Hood chargea d'une mission, après son entrée dans le port de Toulon.

---

[1] Le général de Knobelsdorf au duc d'York, 26 juin 1793.
[2] Affaires de l'*Amiral-Ruyter* et du *Mug*. (Nagell à Grenville, 30 septembre, 7 octobre.) — De l'Isle, consul en Suède, à Monge, 17 avril.
[3] *L'Intérêt de la Grande-Bretagne*, etc., par William Fox.

Le 8 septembre, il remet à Robert Linzee, l'un de ses commodores, les instructions secrètes suivantes[1]; elles montrent qu'en prêtant main-forte aux rebelles les Anglais nourrissaient l'arrière-pensée d'attiser non seulement l'insurrection du Midi de la France, mais encore celle de la Corse, dont, à l'insu des Espagnols, leurs alliés[2], ils s'apprêtaient à faire la conquête :

> Vous êtes, par les présentes, écrit l'amiral, requis de vous porter, avec votre escadre, à la hauteur de Villefranche et d'y envoyer un parlementaire avec une lettre pour le commandant des vaisseaux français ; vous attendrez vingt-quatre heures sa réponse, qui peut être indifféremment adressée, soit à vous-même, soit à l'amiral Trogoff. Vous déposerez à Villefranche des proclamations d'amnistie[3]; vous en expédierez également à Oneille par une de vos frégates.
> Vous ferez connaître au capitaine des vaisseaux français que le port de Toulon et tous ses forts sont bien et dûment en ma possession au nom de Louis XVII, qui a été proclamé roi et auquel les Toulonnais ont prêté serment de fidélité jusqu'au rétablissement de la paix.
> Ensuite vous ferez route pour l'île de Corse et bloquerez les trois ports de Bastia, Saint-Florent et Calvi, qui sont aux mains des Français ; vous saisirez la première occasion d'envoyer à terre un parlementaire et des proclamations, comme vous avez reçu l'ordre de le faire à Villefranche ; vous déclarerez que tous ceux qui se prononceront en faveur de la monarchie, prêteront serment de fidélité à Louis XVII et remettront les différentes places de guerre au général Paoli, seront ramenés en France par des vaisseaux que je m'engage à leur envoyer aussitôt que vous m'aurez fait part de l'acceptation de ladite amnistie, dont vous m'informerez le plus tôt possible en m'envoyant une de vos frégates.

---

[1] Hood à Robert Linzee, 8 septembre. On lit en tête: « *Secret and confidential.* » Robert Linzee était le beau-frère de l'amiral Hood, qui avait épousé Suzannah Linzee, fille du mayor de Portsmouth.

[2] Voir la déclaration de guerre du roi d'Espagne à l'Angleterre, le 5 octobre 1796.

[3] Les coalisés avaient, ainsi qu'on l'a vu plus haut, promis amnistie à tous les militaires qui abandonneraient les drapeaux de la République pour suivre ceux de « la bonne cause ».

Le capitaine corse Masseria, qui reçoit une demi-solde de l'Angleterre[1], qui est un ami de confiance du général Paoli, auquel vous pouvez vous fier et dont vous recevrez beaucoup de renseignements, s'embarquera sur l'*Alcide*. Il a une parfaite connaissance de l'état de l'île et particulièrement de plusieurs forts qui défendent Saint-Florent, Calvi et Bastia.

Si vos offres, aussi humaines que généreuses, rencontrent de la résistance, vous essayerez de réduire les forts par les moyens de guerre dont vous disposez, si vous le croyez possible sans trop de risques pour les vaisseaux de Sa Majesté. Dans le cas où vous ne jugeriez point une attaque opportune, vous vous efforceriez d'affamer les Français pour les réduire à merci, en faisant usage de tous les procédés en votre pouvoir pour empêcher des approvisionnements d'être jetés dans les villes.

Linzee appareille le 9, avec une escadre composée de l'*Alcide*, vaisseau de 74 canons, sur lequel il a arboré son pavillon ; du *Courageux* et de l'*Ardent*, vaisseaux de 64 canons chacun, et de deux frégates, la *Lowestoffe*, de 32, et la *Némésis*, de 28. A la hauteur de Villefranche, cette dernière détache à terre deux officiers, qui se mettent aussitôt en rapports avec le capitaine Lalonde, commandant du port, où sont mouillées les frégates françaises la *Badine* et la *Vestale*.

Pendant ces pourparlers, arrive un ordre des représentants de conduire les parlementaires à Nice, où leurs paquets sont ouverts. Ils contiennent des proclamations signées Hood et Langara, accompagnées d'un billet de l'amiral français Trogoff, invitant Lalonde à envoyer à Toulon les bâtiments de Villefranche et les habitants de cette ville à « suivre l'exemple de loyauté donné par les Toulonnais ». Après avoir rassemblé les autorités civiles et militaires, les représentants leur donnent lec-

---

[1] Le général Paoli recevait aussi une pension de l'Angleterre : elle était de 2.500 livres sterling.

ture de ces pièces, qui sont ensuite solennellement brûlées. Puis ils rédigent une réponse brève, portant que la République « ne peut avoir rien de commun avec les despotes et les esclaves, ne doit et ne peut communiquer avec eux qu'à coups de canon », et la remettent aux parlementaires, qu'une foule immense reconduit à Villefranche en chantant des airs patriotiques[1].

Son coup d'essai manqué, Linzee se dirige sur l'île de Corse, que, depuis longtemps, Paoli méditait de livrer à l'Angleterre. Mis hors la loi, le 17 juillet, par la Convention, qui avait saisi le fil de ses intrigues, il avait salué avec enthousiasme l'arrivée de lord Hood dans la Méditerranée et s'était empressé de lui envoyer, à Toulon, ses amis les capitaines Masseria et Colonna, dont le premier s'était, on l'a vu, embarqué sur *l'Alcide* avec Linzee[2].

Arrivé devant Calvi, seule ville qui, avec Saint-Florent et Bastia, fût restée fidèle à la République, le commodore y dépêcha un canot parlementaire. Le représentant Lacombe Saint-Michel se porta lui-même à sa rencontre, reprocha aux Anglais de s'être « déshonorés à Toulon par une lâche trahison », leur déclara que la République française « ne comptait plus sur la bonne foi des rois » et, son discours achevé, leur annonça qu'ils pouvaient se retirer librement, la République « sachant respecter le droit des gens, même avec ceux qui l'oublient[3] ».

[1] *Récit de ce qui s'est passé à Nice*, etc. (12 septembre 1793. Placard imprimé reproduit ci-contre.)
[2] Trevor à Hood, Turin, 22 juillet. — Lettre de Drake, ministre anglais à Gênes, 18 septembre.
[3] *Bulletin de la Société des Sciences.* (Bastia, 1891.)

RECIT

De ce qui s'est passé à Nice entre les Parlementaires de la flotte Angloise & Espagnole, & les Représentans du Peuple Français près l'armée d'Italie.

UNE division des flottes Angloises & Espagnoles, composée d'un vaisseau de ligne & de trois frégates a paru dans la matinée du 12 septembre, à la hauteur de Villefranche : il fut tiré à celle qui se trouvoit le plus à portée trois coups de canon des batteries du château de Nice. La frégate arborant le pavillon parlementaire, le feu cessa. Elle mit son canot à la mer, pour transporter à terre deux officiers Anglais chargés des dépêches suivantes. Les Représentans du peuple près l'armée d'Italie ordonnèrent au citoyen Durand, Commandant de la place de Nice, de se porter sur le champ à Villefranche avec une escorte imposante, & après avoir fait bander les yeux à ces deux officiers, de les amener par-devant eux, & de recevoir leurs paquets pour être ouverts par les Représentans du Peuple. Cela fut exécuté de point en point. Les lettres dont ils étoient porteurs étoient adressées au citoyen Lalonde Commandant la station de Villefranche ; un autre paquet séparé contenoit une proclamation hypocrite, par laquelle on mandioit pour Louis XVII les hommages des fiers Républicains qui composent l'Armée d'Italie ; le citoyen Lalonde n'ayant reçu ni décacheté les lettres, saisies par une autorité supérieure, c'étoit aux Représentans du Peuple qu'il convenoit de répondre aux insolentes propositions des ennemis de la République. Les deux Anglais furent congédiés avec cette réponse par écrit, adressée aux Amiraux Hood & Langara, après deux lectures faites à haute voix en leur présence & en celle de tous les officiers de terre & de mer, du Général de l'armée d'Italie, de tous les Membres du département des Alpes maritimes, du District & de la Municipalité de Nice, tous décorés de leurs écharpes, & d'un nombre prodigieux de citoyens, aux cris mille fois répétés de *vive la république, à bas les rois, à bas Louis XVII* ; avant leur départ, ils virent aussi la proclamation des Amiraux Anglois & Espagnols livrée aux flammes par les Représentans du Peuple qui les sommerent de rendre un fidèle compte à ceux qui les envoyoient du cas que les Français faisoient de leurs pamflets corrupteurs. Ils furent reconduits de la même manière qu'ils étoient venus & plus de deux mille citoyens les accompagnèrent jusqu'à Villefranche, en faisant retentir à leurs oreilles les mêmes cris patriotiques & républicains dont on les avoit accueillis à leur descente sur le rivage & même à leur traversée dans la rade.

Copie de la lettre de ROBERT LINCEL, Chef d'Escadre, Commandant d'une escadre de vaisseaux de sa Majesté Britannique. A bord de l'Alcide, à la hauteur de Villefranche le 12 septembre 1793, au citoyen LALONDE, Commandant la Station à Villefranche.

MONSIEUR

C'EST en vertu des ordres du très-honorable lord Hood, Vice-Amiral du pavillon rouge & commandant en chef la flotte de sa Majesté Britannique dans ces mers, que je dois vous informer que la ville & la baye de Toulon, avec tous les forts des environs, sont totalement dans la possession de sa Seigneurie, en dépôt pour le roi Louis XVII jusqu'à ce que la paix soit rétablie.

A la bienveillance & la générosité qui ont dirigé la conduite de l'amiral An… sont si fortement marquées dans ses proclamations que j'ai l'honneur de vous remettre, que je suis persuadé que vous ne perdrez pas un moment de temps à adopter les mesures que vous jugerez les plus convenables pour les faire circuler, & par ce moyen éclairer les habitans de Villefranche, Nice, & des environs, aussi bien que les militaires qui y sont postés.

Dans le cas que quelque bâtiment de guerre Français soit disposé à suivre l'exemple du loyal que vient de donner la flotte de Toulon en se déclarant pour le roi Louis XVII, je promets, Monsieur, que je suis autorisé à lui accorder un passeport, qu'il puisse se rendre à ladite place en toute sûreté.

Vous trouverez, Monsieur, ci-joint, une lettre de Monsieur Trogoff lui-même servant vous prier de m'adresser la réponse aussi bien qu'à l'Amiral Trogoff lui-même, en vous prévenant en même-temps que l'officier chargé de ces dépêches à ordre d'attendre l'espace de 24 heures pour recevoir votre réponse décisive. J'ai l'honneur d'être, Monsieur, votre obéissant & humble serviteur, ROBERT LINCEL, Chef d'Escadre, & commandant une escadre de vaisseaux de sa Majesté Britannique.

Copie de la lettre de TROGOFF au même.

Toulon le 7 septembre 1793, première du règne de Louis XVII.

JE profite, Monsieur, de l'occasion d'un parlementaire Anglais, pour vous faire part que la ville de Toulon a adopté la constitution de 1789, & a reconnu pour son roi légitime Louis XVII, fils de Louis XVI ; qu'il y a actuellement à Toulon deux armées navales d'Angleterre & d'Espagne qui, avec un nombre assez considérable de troupes, protègent Toulon & ses environs, & qu'ici tout est tranquille sous les mêmes principes & qui sont actuellement à Villefranche le peuple doit, à vous & à tout bon français, Messieurs, que tous ceux qui sont des mêmes principes & qui sont actuellement à Villefranche se rendre à Toulon. C'est d'après ces principes que vous voudrez bien donner des ordres aux bâtimens qui sont avec vous de se rendre ici & se rassurer de leur part sous prouveront qu'ils en sont pas dans les mêmes principes que ceux qui viendront ici des sauf-conduits.

Le parlementaire Anglais doit être chargé de remettre aux différens bâtimens qui viendront ici des sauf-conduits.

Signé, TROGOFF.

RÉPONSE DES REPRÉSENTANS DU PEUPLE
AUX AMIRAUX HOOD ET LANGARA.

AU NOM DE LA RÉPUBLIQUE FRANÇAISE.

PÉRISSE à jamais la royauté ! tel est le cri de vingt-cinq millions de républicains Français. Cette Nation libre & puissante ne peut avoir rien de commun avec les despotes & les esclaves : elle ne doit & ne veut communiquer avec eux qu'à coups de canon. Elle n'a pas besoin, pour combattre & vaincre ses ennemis, d'avoir, comme eux, recours à la trahison, à la perfidie & à la scélératesse.

Les Représentans du Peuple Français près l'armée d'Italie.

Signés PAUL BARRAS, ROBESPIERRE, RICORD, FRÉRON.

A Nice le 12 septembre 1793 l'an second de la république Française, une & indivisible.

Conforme à l'original.

RASPAUD, *Secrétaire de la commission.*

Linzee se retourne alors contre Saint-Florent et canonne la tour de Mortella, qui, abandonnée par sa garnison dès les premières bordées, est occupée sans difficulté par les Anglais le 18 septembre. Il reste ensuite plusieurs jours dans une inaction qu'il expliquera plus tard par le manque de vent, mais à laquelle ses négociations avec les Corses ne furent sans doute point étrangères. Ceux-ci lui ayant promis de monter, au nombre de 1.500, à l'assaut de la ville, dès les premiers coups de canon, et Masseria lui ayant garanti l'infériorité de l'artillerie républicaine, Linzee n'hésite point, le 1ᵉʳ octobre, à faire bombarder par ses trois vaisseaux, la tour de Fornelli. Mais les lenteurs du commodore ont permis aux Français de préparer leur défense, et leur artillerie dément, par la vigueur de sa riposte, les informations dont elle a été l'objet, tue ou met hors de combat 46 Anglais, dont 2 officiers, et endommage gravement les vaisseaux, qui sont contraints d'aller se réparer à Cagliari[1]. Désastre dont la responsabilité incombait à l'amiral Hood, qui, dans ses instructions, avait recommandé à Linzee de se fier aux indications de Masseria, sur l'état des forts occupés par les républicains.

De Gibraltar, où il avait fait escale en se rendant à Toulon, lord Hood avait envoyé deux de ses frégates annoncer son arrivée au bey de Tunis. Le capitaine Lumsdaine, qui les commandait, trouvant le port occupé par l'escadre française du capitaine Vence, n'osa y pénétrer et revint à Toulon, où il fut traduit devant un conseil de guerre, sous prévention de lâcheté.

---

[1] Linzee à Hood, 1ᵉʳ et 7 octobre.

Lumsdaine fut acquitté, mais l'amiral n'en persista pas moins dans son projet : il avait reçu de Perkins Magra, consul d'Angleterre à Tunis, une lettre dans laquelle le bey lui était peint comme très ébranlé dans son amitié pour la France, par le meurtre de Louis XVI, mais aussi comme très courroucé contre l'Angleterre, qui avait négligé de lui notifier le blocus des ports de la République, blocus ruineux pour le commerce tunisien. Il résolut, en conséquence, « d'essayer, par tous les moyens possibles, de ramener le bey à sa bonne humeur habituelle envers ses vieux et fidèles amis les Anglais, » et, par la même occasion, de tenter un coup de main sur quelques-uns des bâtiments français dont le capitaine Lumsdaine lui avait signalé la présence dans le port.

A ces fins, il envoie trois de ses vaisseaux : *l'Illustrious*, *le Berwick* et *l'Agamemnon* rejoindre à Cagliari l'escadre du commodore Linzee, dont il a appris la mésaventure, et lui porter l'ordre de se rendre à Tunis. En route, *l'Agamemnon*, de 64 canons, capitaine Horatio Nelson, rencontre une division française venant de cette ville et composée des frégates *la Melpomène*, *la Minerve*, *la Fortunée*, *la Mignonne*, suivies du brick *la Flèche* ; il engage avec *la Melpomène*, de 40 canons, capitaine Gay, un furieux combat qui dure six heures, et après lequel la frégate française, bien que fort maltraitée, parvient à rallier Saint-Florent[1].

---

[1] Ces navires avaient quitté Tunis le 19 octobre sous prétexte de se soustraire à la prétendue trahison du capitaine Vence, qui, disait-on, voulait les livrer aux Anglais. (Voir, sur le capitaine Vence, un intéressant travail de M. Maurice Loir, intitulé *Jean Gaspard Vence, corsaire et amiral (1747-1808).*) — Hood à Stephens, 4 novembre.

Linzee arrive le 1ᵉʳ novembre à Tunis, où il présente au bey un mémoire exprimant le désir de la Grande-Bretagne de « vivre en bonne intelligence avec son plus ancien allié » et son étonnement de le voir négliger cette précieuse amitié pour l'accorder, de préférence, « à une bande de régicides, dont le pouvoir touche à sa fin et à laquelle les peuples neutres refusent tout asile ». Il fait ressortir l'attention qu'il a eue de ne point molester le vaisseau français *le Duquesne*, bien que ce bâtiment soit, dit-il, mouillé à plus d'une portée de canon du rivage ; assertion fausse, puisque, dans son rapport à lord Hood, Linzee déclare, au contraire, que *le Duquesne* est mouillé en deçà de la portée du canon et s'excuse de ne point l'attaquer sur ce qu'il violerait, en le faisant, le traité de 1762.

Il termine son mémoire au bey par la prière de ne point s'opposer, dorénavant, à la saisie, par l'escadre anglaise, des navires français en station à Tunis. Pour le préparer à cette singulière requête, le consul Magra lui avait fait savoir, la veille, que, s'il répondait favorablement aux vœux du commodore, celui-ci lui ferait présent de *la Faurette*, jolie corvette de 22 canons, dont il avait vainement demandé la cession à la France.

Les Anglais tombaient mal ; le gouverneur, en honnête homme qu'il était, répondit à ces offres insultantes par un discours plein de sens et de dignité, que Linzee rapporte en ces termes à l'amiral Hood : « Le bey, écrit-il, m'a donné toute assurance de ses intentions amicales envers les Anglais, mais a refusé de me livrer les bâtiments français moyennant une injustice. Il a déclaré qu'il ne se résignerait jamais à se faire traître. Il a ajouté qu'il déplorait la conduite des Français et les cruautés qu'ils avaient exercées dans leur pays, mais qu'aussi longtemps qu'ils se conduiraient bien à Tunis, il leur accorderait la même protection qu'aux autres peuples ; que, s'il les trahissait, aucune nation ne se fierait plus à sa parole... Il paraît, conclut Linzee, très jaloux de son honneur. »

A cette leçon de stricte loyauté donnée par un « barbare » au représentant d'un peuple « civilisé », que pouvait répondre le commodore ? Rien, et c'est ce qu'il paraît avoir fait. Quant à se livrer sans autorisation à des violences dans le port, c'eût été compromettre les intérêts commerciaux de l'Angleterre et l'existence de ses nationaux en Tunisie. Non seulement Linzee dut renoncer à ses projets, mais il fut contraint de prendre l'engagement de ne point attaquer *le Duquesne*, tant que ce vaisseau ne quitterait point son mouillage.

X

Les renforts anglais. — Singularité de la conduite de sir Robert Boyd, gouverneur de Gibraltar. — État numérique et valeur des troupes assiégeantes et assiégées. — Défaut d'unité dans le commandement. — Renvoi, par les Anglais, de cinq bâtiments de guerre dans les ports de l'Océan.

L'Angleterre, qui s'arrogeait le pouvoir suprême à Toulon, fut, de toutes les puissances représentées dans cette ville, celle qui fournit le moins de troupes : elles ne dépassèrent point 1.360 hommes quand l'amiral Hood eut repris son infanterie de marine à bord [1]. Aussi, vers la fin de septembre, envoya-t-il trois bâtiments chercher, à Gibraltar, 1.500 hommes et de l'artillerie, que le gouverneur, sir Robert Boyd, avait reçu, de Londres, l'ordre de lui faire parvenir dans le plus bref délai [2]. Leur départ, deux fois annoncé [3], n'avait point encore eu lieu, à la fin de novembre, malgré l'insistance des trois commissaires du roi d'Angleterre, qui, le 20 de ce mois, écrivaient à sir Robert Boyd :

---

[1] James. — *Mémoires* d'Elphinstone.
[2] Hood à Stephens, Toulon, 6 octobre. — Lettre d'Elliot. — H. Dundas à sir Robert Boyd, 23 novembre; le même à O'Hara, 20 décembre.
[3] Lord Saint-Helens, à lord Grenville, 9 octobre. — Lettre de l'amiral Gell, Gibraltar, 9 décembre.

« Le salut de la place dépend *entièrement* de l'envoi immédiat d'un secours, le plus considérable possible : 1.500 hommes au moins sont indispensables, et chaque heure qui s'écoule sans eux peut être décisive[1]. » Vains efforts ! Les secours demandés n'arrivèrent point.

De cette abstention, sir Gilbert Elliot donne une explication assez piquante : le gouverneur de Gibraltar ayant lu, dans un journal, *que les troupes ne manquaient point à Toulon*, aurait jugé inutile d'en expédier. L'âge de sir Robert Boyd pouvait, il est vrai, lui servir d'excuse : il avait quatre-vingt-dix ans[2].

On observera que le Cabinet de Saint-James fit exactement comme lui : ni les Hessois dont il a été question plus haut, ni les 1.000 cavaliers irlandais, ni les 2.000 fantassins dont le Ministre de la Guerre annonçait le départ dans une lettre du 26 septembre, ne furent envoyés à Toulon. Comme sir Robert Boyd, le Ministre croyait les alliés assez forts, énumérait complaisamment les troupes dont ils disposaient et les déclarait en état d'attendre les secours de Gibraltar et les 5.000 Autrichiens[3].

Le Cabinet britannique ne se rendait point, de la situation, un compte exact. Gilbert Elliot le fit remarquer à lady Elliot dans sa lettre du 12 décembre : « On nous suppose plus forts que nous ne sommes, on compte sur les renforts autrichiens[4]. » Tel était l'aveuglement de

---

[1] Hood, Elliot, O'Hara à sir Robert Boyd, 20 novembre.
[2] Elliot à lady Elliot, 23 et 24 novembre.
[3] H. Dundas au général O'Hara, 26 septembre, 30 novembre. — Evan Napean à Stephens, 1ᵉʳ décembre.
[4] Elliot à lady Elliot, 12 décembre. Il ajoute qu'on n'a l'intention d'envoyer aucun soldat d'Angleterre, si ce n'est 300 dragons, qui ne serviront qu'à créer des difficultés à l'égard du fourrage.

Pitt, que cet homme d'État refusait de croire qu'il fallût 50.000 hommes pour défendre Toulon, comme le lui affirmait le général Grey[1]. En eût-il été persuadé que la multiplicité des campagnes entreprises, ou sur le point de l'être, lui eût interdit tout envoi de troupes. Il est difficile, par conséquent, de supposer que le gouvernement ait jamais eu sérieusement l'intention d'en diriger sur Toulon.

Lord Hood pouvait y suppléer en mettant à profit la bonne volonté des gardes nationales ou celle des émigrés. M. de Grasset nous apprend qu'en ne le faisant point il se priva de 17 à 18.000 combattants, savoir : 4.000 hommes de la garde nationale de Toulon, 4.800 hommes de troupes de ligne, 1.200 de la Marine, 6 à 7.000 gardes nationaux venus de Marseille, Agde, Cette, Avignon, Montpellier, Orange, etc. Les seuls Français qui échappèrent à cet ostracisme furent ceux du Royal-Louis et ceux qu'on destinait à la formation du Royal-Provence : ils étaient 1.500 à 1.600[2].

Au total, les troupes coalisées ne comprenaient, au début de septembre, que 4.000 Espagnols, 2.000 Anglais, 1.500 Français, soit 7.500 hommes.

A la même époque, les républicains étaient 12.000, dont moitié environ sous les ordres du général Carteaux et moitié sous ceux du général Lapoype. Renforcée de 1.500 à 2.000 hommes à la fin du mois, l'armée assiégeante ne fut sérieusement secourue qu'à

---

[1] Brenton.
[2] *Mémoire* de M. de Grasset. — Correspondance d'Elliot. — *Mémoire justificatif* de Puissant.
Les chiffres donnés par M. de Grasset sont d'accord avec ceux de la *Gazette de Madrid*, cités d'après des nouvelles de Londres du 1ᵉʳ octobre, et avec ceux de l'ingénieur Sardou, dans la note annexée à son plan.

la fin d'octobre, par l'arrivée des troupes devenues disponibles après le siège de Lyon.

Manquant d'armes, de munitions et de vivres, inférieurs, sous ce rapport, aux alliés, les républicains leur étaient supérieurs par le moral : tous, depuis le général jusqu'au dernier soldat, nourrissaient un patriotisme ardent et brûlaient de châtier les « esclaves des tyrans ».

La même entente était loin de régner chez les coalisés ; les Espagnols s'accommodaient mal de la « morgue britannique » ; les deux nations vivaient « dans une méfiance continuelle ». Un officier espagnol, fait prisonnier, le 30 novembre, avec le général anglais O'Hara, et envoyé avec lui à Paris, refusa de lui parler. Il y eut des querelles, des duels même, et les patriotes, au fait de ces discussions, guettaient le moment où elles leur permettraient de provoquer un soulèvement[1].

En entendant, la nuit du 16 au 17 septembre, le tocsin accompagné de coups de canon, ils crurent les alliés aux prises. C'était une simple alerte causée par un coup de fusil tiré par la sentinelle d'un poste situé près de la Boulangerie. Le corps de garde, croyant à une attaque, avait fait feu dans les ténèbres, et une batterie servie par des canonniers espagnols avait tiré à tout hasard, au vif mécontentement de l'amiral Gravina[2].

Les Anglais ne tarissaient point sur la médiocrité de l'armée espagnole : « On n'a jamais vu de pareils misérables, écrivait sir Gilbert Elliot[3] ; ils portent leurs fusils

---

[1] Gasparin et Saliceti au Comité de Salut public, 16 octobre. — *Moniteur*. — *Mémoires de Gauthier de Brécy*. — Lettre de Leone d'Almeyda.
[2] *Journal de Vernes*. — *Moniteur*, 21 novembre 1793.
[3] Elliot à Saint-Helens, 20 novembre.

sur l'épaule droite ou gauche, au hasard, et se sauvent toujours, officiers et soldats, pêle-mêle. » Il invitait lord Saint-Helens, ambassadeur d'Angleterre à Madrid, à demander leur rappel, même dans le cas où l'on ne pourrait leur substituer d'autres soldats : c'était, disait-il, un service à rendre à la garnison. Telle était aussi l'opinion du général O'Hara.

Tous deux exagéraient : mal vêtus, en proie à la misère, pillards et indisciplinés, leur courage ne pouvait faire question[1]. La fuite du poste espagnol qui amena la perte du Faron, le 1ᵉʳ octobre, n'infirme point cette vérité. Ils prirent leur revanche au fort Malbousquet, que leur fermeté sauva, le 30 novembre, et rendirent des services aux postes avancés dont la défense leur avait été confiée. Peut-être Gilbert Elliot, qui attachait une importance capitale à la tenue, avait-il été mal impressionné par celle des Espagnols, qui laissait fort à désirer, en effet. Le ministre de la Guerre Dundas, fatigué des plaintes qu'il recevait à leur sujet, blâma le penchant des officiers à les dénigrer, après les avoir appelés à l'aide : « Il est, écrivait-il, de bon ton, maintenant, de les faire passer pour nuls[2] ! » Ajoutons que les Espagnols rendaient aux Anglais leur antipathie[3].

Les Napolitains, dont Elliot admirait le brillant costume, méritaient davantage l'accusation de lâcheté. Ils

---

[1] Relation de Florindorf. — Lettre d'un soldat piémontais, 4 novembre.

[2] H. Dundas à D. Dundas, Londres, 20 décembre. — Le général Dundas leur rend justice, dans le *Summary account*.

[3] Une lettre du colonel espagnol Maturana parle de « leurs impertinences et de leur orgueil, qui les porte à vouloir commander à tous et ne dépendre de personne ».

s'enfuirent à l'attaque du cap Brun, à celle du fort Mulgrave[1], et faillirent compromettre l'évacuation par leurs paniques. Il faut, par conséquent, ne point se fier aux rapports de leurs chefs, qui les représentent comme autant de héros. Beaucoup étaient de jeunes troupes qui n'avaient jamais vu le feu. Seuls, les vieux soldats, les grenadiers royaux, par exemple, firent preuve d'une réelle valeur, notamment à l'attaque du Faron et à la défense du fort Malbousquet[2].

De tous les alliés, les Piémontais étaient ceux auxquels les Anglais accordaient le plus volontiers leur confiance — confiance méritée, d'ailleurs : « On peut compter sur eux pour suivre les Anglais... Nous les considérons tout à fait comme Anglais, » écrit Elliot. Et les troupes britanniques étant, selon le commissaire du roi George, la perfection même, le rapprochement équivaut au plus grand éloge : « La supériorité des Anglais, écrit-il, dépasse toute imagination ; pour l'extérieur, la tenue, la discipline et le courage, ce sont des êtres d'un ordre exceptionnel. » Aussi ne regardait-on point comme bien gardés les postes où ne figuraient point quelques Anglais[3].

Quant aux Français, on reconnaissait généralement leur courage, mais on se méfiait d'eux[4]. Le silence,

---

[1] Thaon de Revel.

[2] Florindorf. — Elliot à Dundas, 20 décembre ; à lady Elliot, 24 novembre et 1ᵉʳ décembre.

[3] Elliot à lady Elliot, 24 novembre, 1ᵉʳ décembre. — Lettre de J. Graham, 4 octobre.
Dans une lettre de Toulon, 4 novembre, un Piémontais écrit : « Quand les Anglais rencontrent un Piémontais, ils lui crient : *Vive Sardinie belle!* et on finit toujours par aller, bras-dessus bras-dessous, au cabaret, s'enivrer fraternellement. » — Cf. *Summary account*.

[4] Elliot à lady Elliot, 20 novembre. — Cf. *Summary account*.

aussi calculé qu'injuste, des rapports anglais et espagnols à leur égard, ne les empêche point de s'être signalés à Ollioules, au Faron, au cap Brun et dans les nombreux combats auxquels ils prirent part.

La bonne intelligence eût-elle régné parmi les alliés, que la diversité des langues fût restée une source de difficultés : les ordres n'étaient point, ou étaient mal transmis. Un autre inconvénient non moins grave était le manque d'un chef incontesté : « On ne sait qui commande, car chacun tire de son côté, » écrivait le major espagnol Maturana[1]. — « Entre les Anglais, les Espagnols, les Suisses, les Piémontais, les Napolitains et les Français royalistes, écrivait à sa femme un Napolitain, tout est en désordre, rien n'est concerté, et, si l'on ne nous envoie pas, de quelque pays, un général de terre, il sera impossible de ne pas reconnaître, dans tout ceci, le doigt de Dieu[2]. »

Et pourtant, ailleurs était le grand souci des Anglais ; ils appréhendaient avant tout une révolte chez les marins et les ouvriers de l'arsenal : « Je crains plus l'ennemi du dedans que celui du dehors, écrivait lord Hood à l'Amirauté, car, si une attaque sérieuse avait lieu, chacun de ces marins prendrait une part active contre nous. » Les Ponentais étaient ceux qui lui inspiraient le plus d'inquiétudes.

Profitant de la promesse que le Comité général leur avait faite, le 22 août, de les rapatrier, il pria l'amiral Trogoff de lui désigner ceux de leurs vaisseaux dont l'état semblait le moins satisfaisant ; le choix tomba sur

[1] Fragments de la correspondance du colonel Maturana, publiée par José Gomez de Arteche.
[2] Lettre de Gaudenzo Solari, Toulon, 17 octobre.

l'Apollon, l'Orion, le Patriote et *l'Entreprenant*. Mais, disait l'amiral anglais, « en admettant même que ces navires eussent été en parfait état, il fallait qu'ils partissent ; notre sécurité l'exigeait [1] ».

Quand sa lettre parvint en Angleterre, où l'on considérait déjà la flotte française comme propriété nationale, elle souleva une *tolle* général : « C'est assurément, écrivit George Rose à lord Auckland, l'acte de folie le plus étrange que nous ayons encore commis. Sa Seigneurie (Hood) m'avait souvent dit qu'il serait bon de renvoyer tous les prisonniers qui sont en Angleterre, sous prétexte qu'ils y étaient venus exprès pour nous infecter (*sic*), mais je ne le prenais pas au sérieux et croyais à une plaisanterie [2]. » L'historien Brenton blâme également l'amiral Hood d'avoir pris cette mesure, dont le résultat fut, dit-il, de renforcer le corps des marins français [3].

Le départ des Ponentais fut l'objet de précautions extrêmes : le 14, un ordre du gouverneur Goodall et une proclamation de la municipalité défendirent aux équipages de descendre à terre et aux Toulonnais de se rendre à bord des vaisseaux sans permission expresse. Le 15, un nouvel ordre de Goodall, imprimé et affiché dans la ville, enjoignit aux matelots qui restaient encore dans la ville de regagner leurs bords le jour même, avant midi, « sous peine d'être regardés comme prisonniers et punis très sévèrement [4] ».

---

[1] Hood à Stephens, 14 septembre.
[2] George Rose à Auckland, novembre 1793.
[3] Brenton, *Naval History*.
[4] Journal de Vernes. — Un exemplaire du placard imprimé, contenant cet ordre de l'amiral Goodall, fait partie de notre collection. Nous le reproduisons ci-contre.

DE PAR
SON EXCELLENCE
MONSIEUR
LE GOUVERNEUR.

IL est Ordonné à tout Officier, Matelot & autres Personnes composant les Equipages des Vaisseaux du ROI, L'APOLLON, L'ENTREPRENANT, L'ORIENT, & le PATRIOTE, de se rendre à leur Bord respectif aujourd'hui 15 du courant, avant midi, sous peine, en cas de contravention, d'être regardés comme *Prisonniers* & punis très-sévérement.

A Toulon ce 15 Septembre 1793, *l'an premier du règne de* LOUIS XVII.

Signé S. GOODALL.

Par l'ordre de son Excellence.
Signé GEO. NOBLE, *Secrétaire*.

De l'Imprimerie de MALLARD, Imprimeur du Roi & de M. le Gouverneur.

Les quatre vaisseaux mirent à la voile, le 17, pour Rochefort, Lorient et Brest, munis de passeports signés Hood et Langara, recommandant aux bâtiments anglais, espagnols ou alliés de ne point les inquiéter s'ils les rencontraient sur le droit chemin ; de les faire prisonniers dans le cas contraire. Pour toutes armes, on leur fournit un canon d'alarme et vingt cartouches. Ils emmenaient cinq mille hommes, tant marins qu'officiers et soldats de la garnison des vaisseaux. Des bâtiments anglais les convoyèrent quelque temps, de manière à les empêcher de débarquer en France.

En sortant du port, *l'Apollon* fit côte et ne put repartir que le 19. A tort ou à raison, on attribua l'accident à la mauvaise volonté de l'équipage. *L'Apollon*, qui transportait 1.420 hommes, se rendait à Rochefort, où il fut suivi de près par la gabare *le Pluvier*, sur laquelle on s'était tardivement décidé à embarquer 300 hommes, dont 5 officiers[1].

A leur approche, qu'avaient annoncée les feuilles publiques, les démagogues, Victor Hughes en tête, proclamèrent que ces bâtiments venaient préparer, à Rochefort comme à Toulon, la réception des Anglais. Allégation absurde, mais dont le Conseil général crut devoir tenir compte, en attendant les représentants du peuple, alors à Oléron. Dès son arrivée, *l'Apollon* reçoit, des commissaires du Conseil, l'ordre d'aller mouiller en rade de l'île d'Aix, sous le canon des forts, entre deux navires de guerre, et défense de communiquer avec la terre. Jean Brelay,

---

[1] Hood à Stephens, 14 septembre. — *Livre de bord* de l'amiral Hood. — *Journal* de Vernes. Deux des passeports, signés, l'un par l'amiral Hood, l'autre par l'amiral Langara, font partie de notre collection.

son commandant, est arrêté et conduit à l'état-major, à bord du *Marseillais*. Une perquisition est faite, et les scellés sont apposés sur les papiers. Avertis par un courrier, les représentants Lequinio et Laignelot accourent; ils approuvent ces dispositions et procèdent à une enquête. La Commission, émue de la situation des 1.400 hommes de l'équipage, tous réduits à la dernière misère, propose d'en laisser débarquer une partie. Mais Victor Hughes s'y oppose, et obtient l'installation du tribunal révolutionnaire, dont il se fait nommer accusateur public[1]. Les équipages sont, après interrogatoire, reconnus innocents, mais 34 officiers et maîtres sont accusés d'avoir, d'accord avec le Comité général des Sections de Toulon, formé le plan de livrer Rochefort aux Anglais[2].

Or l'enquête de Victor Hughes n'avait amené la découverte d'aucune pièce autorisant un tel langage, et le renvoi de ces hommes par les Anglais suffisait à établir leur loyauté. Mais ils avaient été dénoncés par leurs équipages et, le 28 novembre, après une audience de quarante-trois heures, le tribunal envoya à l'échafaud 6 officiers de marine[3], 2 d'infanterie[4] et 1 chirurgien-major. Un troisième officier d'infanterie et un

---

[1] En 1798, Victor Hughes devint agent du Directoire à Saint-Domingue et capitaine général de la Guyane en 1802. — Son acte d'accusation est un in-folio de sept pages, imprimé sur deux colonnes.

[2] Laignelot et Lequinio aux citoyens de la Charente-Inférieure, Rochefort, 28 octobre.

[3] L'un d'eux avait fait partie de l'état-major du *Pluvier*, arrivé au commencement de novembre. Les représentants prétendirent que la vraie destination de ce navire était Bordeaux (ville jadis fédéraliste), d'où il avait été détourné par les vents contraires.

[4] Dans les papiers de l'un d'eux, Henri de Marizi, Victor Hughes prétendit avoir trouvé des pièces prouvant que, depuis un an,

aide-canonnier de *l'Apollon* furent condamnés à la déportation. Enfin il y eut huit sentences de six mois de prison[1]. Les exécutions se firent sur-le-champ, au milieu des cris d'une populace en délire.

En garantissant à l'amiral Hood le mauvais état de *l'Apollon*, l'amiral Trogoff s'était trompé ; promptement réparé et réarmé, ce vaisseau fut prêt, le 21 décembre, à faire voile pour Brest. Toutefois on changea, sur la demande des marins, son nom en celui de *Gasparin*. Le *Pluvier* reçut celui de *Commission*.

Le 14 octobre, le capitaine Bouvet, commandant le vaisseau *le Patriote*, écrivit au Ministre de la Marine pour lui annoncer son arrivée, la veille, en rade de Brest, avec le vaisseau *l'Entreprenant*, capitaine Boubennec : chacun de ces bâtiments avait à bord 1.400 hommes[2].

Comme à Rochefort, les représentants arrêtèrent que les deux navires resteraient en rade, n'auraient aucune communication avec les bâtiments voisins ni avec la terre et seraient gardés par des chaloupes armées; que les officiers seraient mis en état d'arrestation et les scellés apposés sur leurs papiers. Après une détention de quelques jours, les équipages furent répartis sur la flotte[3]. Six des officiers furent envoyés à Paris et exécutés sous prévention de complicité avec les Toulonnais.

---

il nourrissait le projet de « favoriser l'Angleterre et le duc d'York ». L'autre officier, nommé Antoine Daurt, était accusé de s'être vendu à l'ennemi, « ce qui était prouvé par l'or, l'argent et les assignats trouvés dans ses malles ». La preuve nous paraît insuffisante.

[1] Jugement du tribunal révolutionnaire de Rochefort, 28 novembre 1793.

[2] P. Bouvet au Ministre, Brest, 14 octobre.

[3] Arrêté des représentants Jean-Bon Saint-André, Bréard, Tréhouart, Prieur (de la Marne).

Les autres restèrent de longs mois prisonniers au château de Brest. Enfin, par ordre du Comité de Salut public, le 30 novembre 1794[1], on les dirigea sur Paris avec les marins détenus depuis l'insurrection de Quiberon. Ils avaient pu, grâce au 9 thermidor, adresser au Comité un *Mémoire* en réponse au rapport de Jean-Bon Saint-André[2], du 31 janvier précédent, *Mémoire* dans lequel ils demandaient à être assimilés aux capitaines Cosmao et Gohet-Duchesne, qui, sortis de Toulon en même temps qu'eux, par la voie de terre, avaient non seulement été reconnus innocents, mais encore employés sur les vaisseaux de la République. Au reproche de n'avoir opposé aucune résistance aux traîtres de Toulon, ils répondaient que les 500 bouches à feu des forts ne le leur avaient point permis et donnèrent pour preuve de leur civisme un extrait des délibérations du Comité général, en date du 6 septembre, attestant qu'on les avait éloignés à cause de leurs principes[3].

Plus heureux que leurs camarades de Rochefort, ils accomplirent leur voyage de Brest à Paris au milieu de la sympathie générale, accompagnés du capitaine Boubennec qui, bien qu'élargi, avait tenu à partager leur sort, et de députés de la commune de Brest, chargés de plaider leur cause auprès de l'Assemblée.

Bref, sur le rapport de Marec, le 1er janvier 1795, la Convention les mit en liberté provisoire et les adressa même au Comité de Secours, en attendant qu'on pût

---

[1] Arrêté des représentants, 9 novembre 1794.
[2] Séance du 31 janvier 1794.
[3] *Adresse aux trois comités, par les officiers revenus de Toulon, datée des prisons de Brest, le 20 vendémiaire an III* (11 octobre 1794).

les rétablir dans leurs grades, ce qui eut lieu le 3 mars suivant [1].

Quant au *Patriote* et à *l'Entreprenant*, mis immédiatement sur les chantiers, ils étaient, à la fin de novembre 1793, en état de reprendre la mer [2].

Le cinquième bâtiment parti de Toulon était *l'Orion*, qui mouilla en rade de l'île de Groix, le 15 octobre, amenant 1.447 marins, tous du canton de Lorient. Puren, leur capitaine, écrivit aussitôt au commandant d'armes Cœuret-Secqville, qui déclara que les arrivants devaient « être regardés comme des frères, puisqu'ils fuyaient une ville rebelle », mais que, parmi eux, pouvant s'être glissés des « agents des puissances coalisées », il allait demander la convocation du Conseil général. Celui-ci expédia un courrier extraordinaire aux représentants, et, provisoirement, notifia aux équipages les « motifs de salut public », qui empêchaient de les laisser descendre à terre.

Arrivés à Lorient, les représentants prennent des mesures analogues à celles de leurs collègues de Rochefort et de Brest. Ils parcourent le journal d'un lieutenant de *l'Orion*, nommé Absolut, journal trouvé dans une perquisition à bord, et dans lequel sont retracés les détails de l'entrée des Anglais à Toulon : la preuve que l'équipage a fait son devoir s'y trouve complète. On y voit, notamment, que, le 28 août, le vaisseau s'est embossé en travers du chenal, et que,

---

[1] *Moniteur*, 1ᵉʳ janvier 1795. — Observations de la Commune de Brest au Comité du Salut public, 3 décembre 1794. — *Les Bouvet* (le capitaine Bouvet mourut de fièvre quelques jours après).

[2] Lettre de Jean-Bon Saint-André, 27 décembre 1793.

toute la nuit, les canonniers sont restés à leurs pièces, prêts à faire feu ; que le capitaine a correspondu avec Saint-Julien et que l'équipage a refusé de crier : *Vive le roi !* quand des députés de la municipalité sont venus l'inviter à le faire [1].

En conséquence, le 23 octobre, les représentants donnent à *l'Orion* l'autorisation d'entrer dans le port et mettent, peu de jours après, l'équipage en liberté. Les officiers sont renvoyés dans leurs foyers, sous condition de garder provisoirement les arrêts. Enfin la garnison, composée de 80 hommes, est dirigée sur la Vendée. Le nom de *l'Orion* n'en fut pas moins changé, par ordre des représentants, en celui de *Mucius-Scévola* [2].

Tel fut le sort, très dissemblable, du personnel des navires renvoyés par l'amiral Hood dans les ports de l'Océan.

---

[1] *Relation de ce qui s'est passé digne d'être remarqué en rade de Toulon depuis le 17 mai jusqu'au 4 septembre 1793* par Absolut, lieutenant de *l'Orion*.

[2] Lettres de Cœuret-Secqville au ministre de la Marine, Lorient, 16 octobre, 22 novembre.

XI

Arrivée de Bonaparte. — Son rôle pendant le siège. — Combats d'artillerie dans la petite rade. — Combats d'avant-postes sous les murs de la ville. — Bonaparte et Carteaux. — Le général Lapoype. — Assaut du Faron (1er octobre). — Attaque des batteries des Moulins (9 octobre). — Affaire des Arènes (14 octobre). — Combat du Cap Brun (15 octobre).

Il est grand temps de revenir à Toulon, que nous avons quitté après le combat d'Ollioules. Quelques jours plus tard, — exactement le 16 septembre[1], — passa par Toulon un jeune officier, capitaine au 4e régiment d'artillerie, en garnison à Nice, qui arrivait d'Avignon et de Marseille, où il avait été envoyé afin de hâter des envois de poudres à l'armée d'Italie. Bonaparte (car c'était lui) fut voir son compatriote et ami Saliceti, qui lui offrit la place de Dommartin, blessé à Ollioules : il accepta.

Les uns ont représenté Napoléon comme ayant tout conçu, tout exécuté pendant le siège. Selon d'autres,

---

[1] La date exacte de l'arrivée de Bonaparte à Toulon a été donnée, pour la première fois, par M. Arthur Chuquet dans la revue *Cosmopolis*, article intitulé *Napoléon Bonaparte au siège de Toulon*.

Barras en tête, il n'aurait « pas même coulé un bateau anglais ». La suite de notre récit démontrera l'inexactitude, comme la mauvaise foi de Barras ; mais il faut prendre garde d'exagérer dans le sens contraire : si Bonaparte comprit où était le point faible de Toulon, d'autres en avaient eu l'intuition comme lui. Dugommier en convient : « Il n'est personne, dit-il, qui, connaissant Toulon et ses défenses, ne vit que son côté faible était celui dont on pouvait approcher les escadres combinées et diriger sur elles des bombes et des boulets rouges [1]. » C'était si vrai que non seulement des hommes du métier, comme le général Michaud d'Arçon et l'ingénieur Doumet-Revest, mais de simples particuliers, tels qu'un sieur Brunet, administrateur du département de l'Hérault, avaient proposé des plans d'attaque conçus dans cet esprit : « La division qui occupe la Seyne, écrivait Brunet, s'emparera de vive force de la presqu'île et des forts appelés Tour de Balaguier et de l'Éguillette [2]. » Ces deux points étaient, en effet, ceux d'où l'on pouvait le plus aisément bombarder la flotte ennemie. Bien mieux, dès le 4 septembre, c'est-à-dire douze jours avant l'arrivée de Bonaparte, Gasparin, écrivant à son collègue Granet, parle de commencer par « brûler la flotte ». Le 10 du même mois, une lettre datée du Beausset et signée Gasparin, Saliceti et Albitte, déclare au Comité de Salut public

---

[1] Dugommier, *Mémoire sur la Reprise de Toulon.*
[2] *Plan d'attaque pour reprendre la ville de Toulon*, par J.-J. Brunet, administrateur du Directoire du département de l'Hérault. Il porte la date du 22 octobre et comprend trois projets. Boisset l'envoya, le 30, au Comité de Salut public, comme lui ayant « paru mériter quelque considération » (Archives de la guerre. Communication de M. le colonel Krebs).

que « les mesures sont prises pour brûler l'escadre anglaise ou la forcer à la retraite ».

On voit que les Représentants n'avaient point attendu Bonaparte pour comprendre comment on pouvait s'emparer de Toulon.

Son vrai mérite, celui que nul ne peut lui contester, est d'avoir pourvu l'armée républicaine d'une artillerie qui lui faisait à peu près défaut. Avant son arrivée, en effet, Carteaux ne possédait que 13 pièces, dont 8 de 24, 3 de 16 et 2 mortiers. Six semaines après, son équipage de siège comprenait 100 pièces de gros calibre, des mortiers à grande portée, des pièces de 24 et des munitions en proportion [1].

On verra ailleurs le parti merveilleux qu'il en tira, et l'on jugera, sans doute, comme nous, qu'il est superflu de lui chercher d'autres titres de gloire au début de sa carrière.

De leur côté, les Anglais avaient reconnu le côté faible de la défense : dès les premiers jours de septembre, lord Mulgrave prit soin de revêtir la hauteur de Balaguier d'ouvrages fortifiés destinés à couvrir l'Éguillette, dont le principal retint son nom et s'appela *fort Mulgrave* [2]. Tout autour furent pratiqués, sur un grand espace, des abatis d'arbres pour faciliter le tir des alliés et entraver l'attaque de l'ennemi. En outre, l'amiral Hood établit, le 12, à l'extrémité nord de la presqu'île et à peu de distance du rivage, une batterie flottante, qu'appuya de ses feux la gabare française *Aurore*, commandée par le lieutenant anglais Inman, avec 30 canonniers-marins [3].

---

[1] Commentaires de Napoléon.
[2] On le nommait encore fort Caire, Redoute anglaise, Petit Gibraltar.
[3] *Livre de bord* de l'amiral Hood. — *Journal* de Vernes.

Une des fautes du général Carteaux, qui, d'ailleurs, se montra constamment au-dessous de sa tâche, fut de ne point attaquer le fort Mulgrave à une époque où il était encore aisé de le faire, c'est-à-dire avant l'achèvement des travaux. Bonaparte la répara de son mieux en facilitant aux troupes l'occupation du village de la Seyne. A cet effet, il établit, sur la hauteur de Brégaillon une batterie qu'il démasqua dans la nuit du 17 au 18 et avec laquelle il obligea le ponton ennemi à s'éloigner.

Bien que soutenus par *le Saint-George*, vaisseau de 98 canons portant le pavillon de l'amiral Gell, et par *l'Aurore*, deux autres pontons eurent bientôt le même sort, et, le 20, Bonaparte put s'avancer jusqu'au bord de la mer, près de la Chapelle de Brégaillon ; il y installa la batterie des Sans-Culottes, dans laquelle il établit plus tard une couleuvrine de 44, amenée de Marseille, dont la portée passait pour être de trois lieues et dont la réputation faisait l'effroi des Toulonnais[1].

Le feu redoubla d'intensité de part et d'autre : un ponton fut encore chassé et un autre coulé. Ce que voyant, la flotte ennemie crut prudent de changer de mouillage[2].

Alarmé du progrès des républicains dans la direction de Balaguier, l'amiral Hood prend la résolution de renforcer les garnisons des forts. A cet effet, dans

---

[1] Le général Garnier au Directoire, 17 décembre. — *Mémoires* du duc de Bellune, de Fonvielle, de Barras, de Napoléon. — Barras à Fréron, 11 octobre. Ces représentants prétendaient que les royalistes faisaient dire des messes pour que la couleuvrine crevât.

[2] James. — *Journal* de Vernes. — *Mémoires* du duc de Bellune.
Pendant ce temps, l'amiral Hood avait envoyé des canonnières surveiller la navigation du côté des Îles d'Hyères et réduire leurs batteries au silence. (Hood à Stephens, 7 octobre.)

BATTERIE DES SANS-CULOTTES
Dessin inédit de Granet (haut. 0,17, largeur 0,24).

Chapelle de Brégaillon.   Flotte coalisée.   Pointe de l'Éguillette et Croix des signaux.

la nuit du 20 au 21 septembre, 550 hommes, tant anglais qu'espagnols, commandés par le colonel espagnol Echavuru et par le capitaine anglais Brereton, et accompagnés de lord Mulgrave, de l'amiral Gravina, des colonels et des ingénieurs de la garnison, traversent la rade et sont répartis dans différents postes. Le lendemain, des munitions leur sont expédiées. Le même jour, à cinq heures de l'après-midi, le général républicain Delaborde, venant de la Seyne, qu'il vient d'occuper, marche avec 400 hommes sur Balaguier : après une heure de fusillade, il bat en retraite.

Les pertes des alliés, dans cette affaire, s'élevèrent à 3 tués et 10 blessés, dont 2 officiers[1]. Celles des républicains ne nous sont point connues. Leur tentative eut pour effet de déterminer l'envoi de nouveaux renforts de Toulon et l'établissement de nouvelles batteries sur le promontoire.

C'est ainsi que, de jour en jour, croissait la difficulté de prendre le fort.

Le 23, le feu recommence à l'aube : les batteries républicaines ont à lutter non seulement contre *le Saint-George*, mais encore contre les vaisseaux espagnols *Saint-Jean-Népomucène* et *Saint-Ildefonse*, la frégate française *Iphigénie*, armée en bombarde, et une batterie flottante portant 4 canons de 24. De six heures du matin à cinq heures du soir, *le Saint-Jean* tire 1.005 coups de canon et subit, lui-même, des avaries considérables. Les Espagnols n'ont cependant qu'un homme tué et 10 blessés, dont un officier[2].

---

[1] Rapport de lord Mulgrave, Toulon, 26 septembre.
[2] *Gazette de Madrid*.

Le même jour, l'amiral Hood ayant appris que les habitants de la Seyne ont violé, en construisant un brûlot pour les républicains, leur promesse de conserver la neutralité, les bombarde et les oblige à quitter la ville [1].

Le 24, l'amiral Gell est envoyé en mission à Gênes ; *le Saint-George* est remplacé par *la Princese-Royale* battant pavillon de l'amiral Goodall et commandée par le capitaine Purvis. Un vaisseau espagnol de 74 prend encore part à la canonnade [2].

Ces combats d'artillerie, dirigés par les officiers les plus habiles de l'armée coalisée, se prolongèrent jusqu'à la fin du siège. Peu meurtriers du côté des alliés, puisque, le 27 septembre, malgré une explosion survenue à bord du *Saint-George*, où 5 hommes ont été tués et 22 blessés, l'amiral Hood n'accuse qu'une perte totale de 9 tués et 34 blessés [3], ils n'avaient guère, pour les républicains, d'autre inconvénient que celui de les obliger à réparer, la nuit, les dégâts de la journée. La batterie de Brégaillon avait, en effet, été construite sur un terrain sablonneux, où les bombes tombaient sans éclater, tandis que les projectiles de Bonaparte abattaient les mâts des vaisseaux et s'enfonçaient dans leurs coques. Pour calmer l'émotion produite par l'explosion du *Saint-George*, les Anglais répandirent le bruit que pareil accident était arrivé aux batteries républicaines, dont la destruction avait été, disaient-

---

[1] *Journal* de Vernes.

[2] Hood à Stephens, 27 septembre, 7 octobre.

[3] Dans sa lettre du 9 octobre à lord Grenville, lord Saint-Helens parle cependant, d'après un rapport de l'amiral Langara, de 50 à 60 hommes tués ou blessés, à bord du *Saint-George*.

ils, complète[1]. Les alliés ne tardèrent point à s'apercevoir, à leurs dépens, du contraire. En attendant, tel avait été le dommage éprouvé par les vaisseaux, que l'amiral Hood, peu soucieux d'en affronter d'autres, n'employa plus, dans ces combats, que des bâtiments français. Il en donna les raisons dans la lettre suivante : « N'ayant point, écrit-il à Londres, de frégates pour couvrir les batteries flottantes et les canonnières, j'ai pris des bâtiments français ; *je l'aurais fait, même si j'en avais eu*, pensant qu'il valait mieux laisser couler ou mettre en pièces *leurs*[2] navires que les miens[3]. » Le vaisseau *Puissant*, la frégate *Iphigénie* sont, désormais, les seuls qu'il affecte à ce service.

En novembre, *le Puissant* fut obligé de se retirer à cause de ses avaries. Féraud, son commandant, mérita, par sa bravoure et son énergie, un certificat flatteur de l'amiral Hood et l'admiration de l'historien anglais Brenton, qui regrette, dans son *Histoire navale*, d'ignorer le nom du capitaine français « qui fit si admirablement son devoir ». Ce brillant officier avait débuté dans la Marine comme simple mousse[4].

Le 25, les Français renforcent leur batterie de plusieurs canons, et le feu redouble de part et d'autre. *Le Saint-Ildefonse* a 5 hommes blessés et éprouve de sérieuses avaries. Il démonte, de son côté, deux pièces de siège[5].

---

[1] *Journal de Vernes.* — Sidney Smith à lord Auckland, 12 décembre.
[2] Mot souligné dans le texte.
[3] Hood à Stephens, 7 octobre.
[4] Pierre-Jacques Féraud, né à la Seyne en 1744, était entré dans la Marine à l'âge de dix ans. Ses états de services mentionnent de nombreux combats de 1758 à 1789, tant dans la Méditerranée qu'en Amérique, où il s'était battu deux fois contre l'amiral Hood, dans la baie du fort Royal (1781-1787).
[5] *Gazette de Madrid.*

Sur terre, les combats ne sont pas moins fréquents. Le 18, Carteaux s'empare de la fonderie et du château des Dardennes, intercepte le cours du Las, de manière à arrêter les moulins de la ville, et établit ses communications avec le général Lapoype, derrière le Faron.

Des escarmouches d'avant-postes ont lieu les jours suivants ; dans l'une d'elles, périt un officier anglais qui, par sa bravoure, mérita l'admiration générale et aux obsèques duquel l'amiral Gravina et nombre d'officiers supérieurs s'empressèrent d'assister[1].

Cependant les représentants près l'armée assiégeante trouvent que les affaires n'avancent point et se plaignent des lenteurs de Carteaux ; le 25, ils écrivent à Paris : « L'escadre serait déjà loin si le général eût voulu exécuter le plan du Comité de Salut public[2]. »

Ils l'accusent de rester sourd à leurs remontrances, de se retrancher sans cesse derrière la faiblesse de son artillerie, d'avoir, par son inaction, réduit les opérations du siège à traîner en longueur. Vainement Bonaparte a-t-il employé toute son éloquence ; il n'a rien obtenu. Persuadé que l'infériorité de son grade est la cause de son échec, il réclame un général d'artillerie dont la parole aura, dit-il, plus d'autorité que la sienne[3]. Mais longtemps encore le double fardeau de l'artillerie et du génie (cette arme manquait aussi d'officiers) devait continuer à peser sur ses épaules.

En récompense de ses services, il reçut, le 18 octobre, le grade de commandant. Sans doute il eût désiré que, par surcroît, on le laissât faire son métier

---

[1] *Ibid.*
[2] Lettre de Saliceti, 26 septembre.
[3] Napoléon, *Correspondance.*

sans lui susciter d'obstacles : c'étaient tantôt les représentants, tantôt le général lui-même qui se permettaient de critiquer l'emplacement de ses batteries. Il éconduisit le premier et, à trois reprises, désobéit au second. Carteaux s'en plaignait amèrement en disant « que l'artillerie ne lui était pas soumise ; que le chef Bonaparte faisait tout en sens contraire ; qu'il y avait quelque dessous de cartes qu'il n'avait pu découvrir [1] ». Le seul dessous de cartes était que Bonaparte, sentant sa responsabilité, ne se souciait point de se laisser mener par un ignorant. Carteaux était un bel homme ; il portait avec majesté un brillant costume, mais n'était guère capable d'autre chose, et ses prétentions militaires étaient plus que ridicules.

Les alliés ne le prenaient point au sérieux : à peine dans Toulon, l'amiral Hood écrivit à son gouvernement : « J'ai la ferme confiance que nous pourrons garder ce que nous possédons contre mille Carteaux [2] ! » Le général Lapoype qui, sous ses ordres, commandait les 6.000 hommes de l'armée de l'Est, fit mieux : il essaya de se substituer à son chef.

Carteaux lui avait ordonné de diriger tous ses efforts sur le cap Brun, de manière à croiser ses feux sur la grande rade avec ceux de l'armée de l'Ouest. Or, à la fin de septembre, Lapoype n'avait eu que des combats d'avant-postes, à la Valette, à Touris, au Revest et au fort des Pommets, sur lequel il avait fait une fausse attaque pour s'emparer des moulins à eau situés à proximité.

---

[1] Bulletin adressé à la Société des Jacobins par ses commissaires Jouve, Bessière, Reygnier et Poard (23 octobre).
[2] Hood à Stephens, 1er septembre.

Le 1ᵉʳ octobre, date fixée par les alliés pour la proclamation officielle de Louis XVII, il résolut de frapper un grand coup, persuadé qu'en cas de succès on lui donnerait la place de Carteaux. Nul doute que Fréron et Barras n'aient encouragé son plan : la chaleur avec laquelle ils cherchèrent à excuser son insubordination et leurs efforts pour lui obtenir ensuite un commandement en chef, prouvent leur complicité[1].

Dans la nuit du 30 septembre au 1ᵉʳ octobre, Lapoype assemble 1.700 hommes au Revest, les divise en trois colonnes et leur donne l'ordre de prendre d'assaut le Faron, montagne rocheuse de 500 mètres d'altitude qui domine Toulon au nord et qui, du seul côté où pouvait se faire l'attaque, passait pour à peu près inaccessible. Il se met à la tête de la colonne du centre, donne celle de droite à Victor, futur duc de Bellune, et prescrit à la troisième de faire une fausse attaque sur la gauche.

Précédé d'une avant-garde de 200 hommes, Victor part du Revest à deux heures du matin et atteint le Pas de la Masque, poste important gardé par un piquet de 60 Espagnols, qui, à sa vue, se retirent précipitamment dans la redoute du Faron, dont il s'empare. Le gros des troupes le rejoint, et bientôt les républicains sont maîtres du sommet. Lapoype fait aussitôt part de son coup de main à Carteaux, en écrivant sur le revers d'un assignat : « Les troupes de la République viennent d'enlever la montagne du Faron, les retranchements et les redoutes. »

Des pilotes espagnols, installés depuis le 10 septembre

---

[1] Voir dans la brochure *Moïse Bayle au Peuple souverain*, une de leurs lettres, tendant à lui faire donner le commandement en chef de l'armée d'Italie.

à l'hôpital de la Marine, d'où ils suivent les mouvements de l'armée ennemie, aperçoivent, au petit jour, les signaux du fort Faron demandant un secours immédiat. Elphinstone, gouverneur du fort Lamalgue, lui envoie 90 hommes, en attendant mieux.

A la même heure s'assemble un conseil de guerre composé du brigadier Mulgrave, de l'amiral Gravina, du brigadier espagnol Izquierdo, du prince Pignatelli, de l'amiral Goodall et du capitaine Elphinstone. Lord Mulgrave propose un plan d'attaque, qui, après quelques objections de la part des Espagnols, est adopté. Elphinstone est tout d'abord envoyé, avec un nouveau secours de 50 hommes, au fort Faron, d'où il opérera une diversion, s'il y a lieu, au moment de l'assaut.

A huit heures, les troupes, fortes de 1.230 hommes, se mettent en marche sur deux colonnes. Celle de gauche, commandée par lord Mulgrave, avec MM. de Foras et de Revel pour lieutenants, et composée d'Anglais et de Piémontais, prend la route du fort Saint-Antoine. La seconde, sous les ordres de l'amiral Gravina accompagné des brigadiers Pignatelli et Izquierdo, et composée de Piémontais, d'Espagnols et de grenadiers napolitains, suit le Valbourdin.

Le Faron compte plusieurs cimes, dont la plus orientale est occupée par le fort du même nom. Les troupes républicaines attendaient là, rangées en bataille sur un plateau, les alliés, dont ils étaient séparés par un ravin.

Informé de l'arrivée des deux colonnes qui, dans leur escalade, ont à peine essuyé quelques coups de fusil, le fort Faron ouvre son feu sur les conventionnels. Pendant ce temps, lord Mulgrave, remarquant dans l'aile gauche de l'ennemi une disposition qui favorise une attaque de flanc, en prévient l'amiral Gravina, qui descend le ravin et porte sur la droite le gros de ses forces. A l'abri de rochers en saillie, il marche jusqu'à portée de pistolet des avant-postes. Le feu s'engage sur toute la ligne : au mépris d'une grêle de balles, le capitaine Moncrif, le comte de Foras et le chevalier de Revel fondent sur les conventionnels, tandis que les grenadiers napolitains avancent comme à la manœuvre, et, par la précision de leur tir, répandent la confusion chez les ennemis, qui, menacés de voir leur retraite coupée par la garnison du fort, s'enfuient aux cris de : *Sauve qui peut!* Canonnés, poursuivis par les alliés, ils roulent à travers les rocs et jonchent de leurs cadavres le fond des précipices[1]. Leur déroute est complète.

Les coalisés n'eurent que 7 tués et 70 blessés, mais de ces derniers était l'amiral Gravina, qui, atteint d'une balle dans la jambe, fut obligé de se retirer pendant l'action. Sa blessure, bien que peu grave, allait l'empêcher de prendre une part active aux opérations, au vif regret des alliés, qui perdaient en lui un chef précieux, non seulement par sa bravoure et son habileté, mais encore par son caractère. Il ne cessa, pourtant, de s'occuper de la défense, d'assister aux conseils de guerre et de se faire porter en chaise dans les quartiers de la ville où sa présence pouvait être nécessaire.

Les républicains laissèrent 40 prisonniers à l'ennemi ;

---

[1] Rapport de lord Mulgrave. — Lettre de M. J. Graham. — Rapport du prince de Pignatelli. — Interrogatoire de prisonniers français. — Thaon de Revel. — Hood à Stephens, 6 octobre.

ils eurent, en outre, 5 à 600 hommes hors de combat [1].

Incertain de l'issue de l'attaque, le gouverneur de Toulon avait envoyé des troupes de renfort, qui rentrèrent sans avoir tiré un coup de fusil. Les vainqueurs furent accueillis avec enthousiasme par la population venue à leur rencontre avec des branches de laurier, dont une couronne fut, le lendemain, offerte aux généraux. Une adresse flatteuse fut, en outre, remise, par le Comité général, à l'amiral Gravina. L'opération avait été aussi bien conçue qu'exécutée : l'honneur en revenait non seulement à lord Mulgrave et à ses collègues, mais encore aux troupes qui avaient bravé la fatigue d'une ascension pénible, accomplie par une chaleur accablante. Un sergent espagnol, du nom de Moreno, s'était particulièrement distingué en conduisant la colonne de Gravina jusqu'à portée de pistolet de l'ennemi. Les deux soldats piémontais [2] qui, les premiers, étaient entrés dans la redoute du Faron, reçurent de leur souverain une médaille d'or, bien que l'honneur d'avoir enlevé le drapeau suédois [3] qui flottait sur ses remparts et de l'avoir remplacé par un mouchoir blanc, appartînt à un Français nommé Granet.

L'assaut n'avait point empêché les alliés de proclamer officiellement Louis XVII au milieu des autorités civiles et militaires réunies, sur la place du Champ de bataille, à la garde nationale, aux troupes de ligne et

---

[1] Nous donnons le chiffre des pertes françaises d'après le rapport des prisonniers. M. de Grasset parle de 6 à 700 tués et blessés. Lord Mulgrave exagère en parlant de 1.800 à 2.000 tués, puisque les républicains n'étaient que 1.700; mais ils n'en perdirent pas moins beaucoup de monde dans leur fuite.

[2] Leurs noms étaient Scano et Marciandi.

[3] C'était apparemment un signal (*Vernes*).

à divers détachements des armées coalisées, parmi lesquels un corps de Napolitains se tenait prêt à partir pour le Faron, à la première alerte. A dix heures, le pavillon blanc est arboré aux cris de : *Vive le Roi!* Les vaisseaux français et les forts, pavoisés, le saluent de 21 coups de canon. Puis les troupes défilent devant les autorités, qu'un banquet réunit ensuite. Le soir, au théâtre, où l'on joue *Richard Cœur de Lion*, l'air :

O Richard, ô mon roi, l'univers t'abandonne !

est accueilli par des applaudissements unanimes[1]. Quelques jours après (8 octobre), l'amiral Trogoff transporte son pavillon, de la frégate *la Perle* sur *le Commerce-de-Marseille*, et reçoit le serment de fidélité des équipages et de leurs chefs. Le même jour, les officiers municipaux prennent le titre de *commissaires municipaux* et ceignent l'écharpe blanche[2].

Sans ses liens de famille avec Fréron, le général Lapoype eût payé cher son équipée : irrité, non sans raison, de son insubordination, Carteaux lui retira son commandement et le donna au général Labarre, mais les représentants le lui rendirent. Dénoncé au Comité de Salut public et aux jacobins, Lapoype fut défendu par Robespierre, par Barras et par Fréron, qui mirent sur le compte de son titre de marquis les attaques

---

[1] *Mémoire* de M. de Grasset. — *Journal* de Vernes.
[2] *Journal* de Vernes. — *Mémoires* de Fonvielle. — Lettre des représentants, 7 septembre. — Lettres d'agents secrets. — *Livre de bord* de l'amiral Hood. — Ordre signé Simony, 30 septembre. — Jusqu'au 1ᵉʳ octobre, le vaisseau amiral et la « patache » avaient arboré un pavillon bleu semé de fleurs de lys jaunes (Vernes).

dont il était l'objet, firent valoir son sans-culottisme et rappelèrent certaines persécutions qu'il aurait eu, paraît-il, à subir de la part du parti modéré[1].

Pour l'attaque du Faron, comme pour celle d'Ollioules, les coalisés, contraints de dégarnir quelques postes importants, tels que le fort Lamalgue et les portes de la ville, avaient comblé les vides en débarquant les garnisons des vaisseaux. Encouragés par leurs succès et obéissant à la nécessité de détruire des batteries que les républicains venaient de construire sur les hauteurs des Moulins et de Reynier, batteries qui pouvaient inquiéter le fort Mulgrave, ils y envoyèrent 230 hommes dans la nuit du 8 au 9 ; à minuit, le lieutenant-colonel du régiment d'Hibernie, don Édouard Nugent, part du fort Mulgrave avec 225 Anglais commandés par le capitaine Brereton, 50 Espagnols, 50 Napolitains et 50 Piémontais, bientôt rejoints par 50 autres soldats de l'infanterie de marine anglaise et par 50 Piémontais venus des Sablettes. L'avant-garde, sous les ordres du capitaine Stewart, est précédée de déserteurs français, qui donnent le mot d'ordre *Robespierre* aux sentinelles ennemies. L'une d'elles est tuée : la batterie qu'elle gardait est enlevée à la baïonnette, et ses défenseurs, vivement poursuivis, se réfugient dans la seconde batterie, qui subit le même sort, presque sans combat. Les canons et les mortiers, qu'on ne peut emmener à cause des murs et des accidents du terrain, sont encloués ; les munitions et les caissons d'artillerie, détruits. Il est cinq heures du

---

[1] *Mémoires du duc de Bellune.* — Lettre des Représentants, 13 octobre. — Fréron à Moïse Bayle et à Granet, 13 novembre. — Discours de Robespierre aux jacobins, 23 novembre 1793.

matin quand les troupes, ayant atteint leur but, rentrent au fort Mulgrave avec une perte de 4 tués et 7 blessés. Les Français ont 7 tués, 10 blessés et laissent à l'ennemi 23 prisonniers, dont un capitaine et un lieutenant [1].

Le 14 octobre, on fête, au camp républicain, la nouvelle de la prise de Lyon ; trompé par les mouvements qu'il observe de ce côté, lord Mulgrave croit le fort Malbousquet menacé : il masse un corps de 3.000 hommes derrière la Rivière Neuve et envoie en reconnaissance, dans la direction de la hauteur des Arènes, une patrouille de 100 hommes, à laquelle il interdit formellement d'engager le combat. Contrairement à cette défense, la patrouille, qui a rencontré l'ennemi en forces supérieures, échange avec lui, tout en se repliant, des coups de feu. Un corps de chasseurs piémontais, suivi bientôt d'autres renforts, accourt la soutenir. Un instant après, toute la troupe est en ligne et chasse de la hauteur les Français, qu'elle poursuit jusque dans leur camp. Mais Carteaux, qui vient d'assembler ses réserves, fond à son tour sur les alliés qui, accablés par le nombre, sont reconduits jusqu'à Toulon.

Ni le général Mulgrave, ni les généraux Pignatelli et Izquierdo n'ont cru devoir donner, dans leurs rapports, de détails sur cette retraite. Leur discrétion fut

---

[1] Rapport du colonel Nugent. — Rapport du capitaine Brereton à lord Mulgrave. (Fort Mulgrave, hauteur de Grasse, 9 octobre.) — Rapport de lord Mulgrave, 10 octobre. — Nous donnons la perte des Français d'après la lettre des représentants en date du même jour, mais, selon Brereton, ils auraient eu 20 à 30 tués au moins. — Le *Journal* de Vernes donne les chiffres suivants : du côté des Français, environ 60 tués et 22 prisonniers ; du côté des alliés, 6 morts et 6 blessés.

la même, sans doute, vis-à-vis des Toulonnais, car, imparfaitement renseignés, ceux-ci les accusèrent, une fois de plus, de s'être volontairement abstenus de poursuivre leur premier succès, afin de prolonger la durée du siège. Quant à Carteaux, il fit part à la Convention de l'heureuse issue de l'affaire, dont il s'attribua tout l'honneur dans les termes suivants : « La fête que nous donnions avait fait de chaque soldat un héros. *J'avais fait placer la musique au centre*, et nos soldats chargeaient l'ennemi aux cris de : *Vive la République ! Vive la Constitution nationale !* » Plus tard, quand, à son vif désappointement, il fut remplacé par le général Dugommier, il rappela « cette brillante journée du 14 octobre, qui avait sauvé l'armée », oubliant que, faute par lui d'être resté sur ses gardes, elle avait failli devenir fatale à l'armée républicaine[1].

Le lendemain, à l'aube, 2.000 hommes de l'armée de l'Est assaillirent le cap Brun, où les alliés avaient commencé le tracé d'une batterie, sous la garde de 250 hommes du Royal-Louis, commandés par le capitaine Thomassin. Secourus par 200 Anglais du fort Lamalgue, ils opposèrent aux assiégeants une résistance désespérée, mais, accablés par le nombre, furent contraints de se replier sur le fort, non sans pertes considérables. On accusa encore les Anglais de s'être

---

[1] Rapport de lord Mulgrave, Toulon, 18 octobre. — Rapports des brigadiers Pignatelli et Izquierdo. — *Mémoire* de Boullement de Lachenaye. — Lettres de Carteaux, 14 octobre, 4 novembre.

Le rapport de lord Mulgrave ne donne point les pertes des alliés. Celui du prince Pignatelli ne parle que de 7 grenadiers napolitains blessés, 1 tué ; quelques Anglais, 2 officiers piémontais et 1 espagnol blessés. Carteaux dit que l'ennemi a eu 50 tués et 250 blessés, l'armée républicaine 6 tués et 26 blessés. Le prince Pignatelli fut légèrement contusionné au genou.

volontairement abstenus d'envoyer des renforts : « Il est certain, écrit Boullement de Lachenaye, directeur du génie de l'armée coalisée, que ces troupes tinrent assez longtemps pour permettre à des renforts d'arriver de la ville au cap Brun, et l'on ne conçoit pas pourquoi le gouverneur de la ville, qui avait été informé à temps de cette attaque, n'envoya pas secourir ce poste. » Boullement paraît ignorer qu'à la première alerte lord Mulgrave avait averti les généraux, fait prendre les armes à la garnison et envoyé immédiatement, au cap Brun, un premier secours de 100 hommes, qui revinrent presque aussitôt, la retraite des défenseurs rendant leur intervention inutile.

D'ailleurs, le même jour, les alliés, sous les ordres des brigadiers Mulgrave, Pignatelli et Izquierdo, exécutèrent une sortie en vue de réparer l'échec du matin. Les républicains avaient évacué le cap Brun, faute de retranchements, mais s'étaient formés en bataille, à l'est, sur la hauteur des Pradets, leur gauche couverte par le fort Sainte-Marguerite. Lord Mulgrave fit occuper La Valette et, sans coup férir, établit, sur les hauteurs de Thouars, les batteries napolitaines du colonel Minichini. Un combat d'artillerie s'engage, mais demeure sans résultat. Pendant ce temps, la garnison du fort Lamalgue, appuyée par le feu de bombardes espagnoles, occupe le cap Brun et s'y maintient.

Bientôt les républicains se retirent sur toute la ligne. Lord Mulgrave envoie alors une patrouille de 250 hommes s'assurer de l'évacuation du village de La Garde : les habitants la reçoivent à coups de fusil. L'heure avancée, la fatigue des troupes, qui se battent depuis deux jours, déterminent alors le général à laisser un fort détachement au cap Brun et à regagner Toulon.

Les pertes de l'après-midi furent nulles. Le matin, les alliés avaient eu 80 hommes hors de combat, parmi lesquels le Royal-Louis comptait 11 tués, 17 blessés et 12 prisonniers. Au nombre des morts figuraient le capitaine Thomassin et le lieutenant de Simony. Le capitaine Burel, le chevalier d'Arnaud étaient blessés, l'enseigne Kern avait été pris. Les Anglais avaient perdu 40 hommes, dont 4 officiers[1].

[1] Rapport de lord Mulgrave. — Rapport de MM. de Villeneuve et Bustin, 17 octobre. — Thaon de Revel.

XII

Instructions du duc d'Alcudia à l'amiral Langara. — Mésintelligence des Espagnols et des Anglais. — Déclaration des commissaires du roi de la Grande-Bretagne aux Toulonnais. — Émotion causée par sa lecture. — L'Angleterre et les Princes. — Voyage du comte de Provence à Turin. — Ses instructions à MM. d'Albert et de Castellet. — Ses négociations avec l'Espagne. — Ordre de l'expulser s'il vient à Toulon. — L'Angleterre et les émigrés.

La bonne entente, qui n'avait point toujours régné chez les généraux républicains, fut de plus courte durée encore chez les alliés : dès le milieu de septembre, l'amiral Langara avait ouvertement désapprouvé le renvoi de vaisseaux français dans les ports de l'Océan, renvoi qu'il considérait comme violant l'engagement de conserver la flotte au nom du roi Louis XVII. Les intentions de la Cour de Madrid à cet égard étaient sincères, et son ambassadeur à Londres ne cessait de rappeler au cabinet de Saint-James qu'à Toulon les puissances n'agissaient « qu'en qualité de dépositaires et de protectrices[1] ».

A la nouvelle de l'installation, par les convention-

---

[1] Le marquis del Campo à lord Grenville, 22 novembre.

nels, de la batterie de Brégaillon, qui passait pour commander la rade et le port, le duc d'Alcudia prescrivit à l'amiral Langara, au cas où l'évacuation deviendrait nécessaire, de s'entendre avec lord Hood pour conduire les bâtiments français aux îles d'Hyères, avec l'artillerie, les munitions, les armes et le matériel qu'on pourrait emporter, puis de lancer un manifeste spécifiant « que tous les vaisseaux de la Marine française seraient gardés, et qu'on en prendrait soin, pour les rendre, à la première occasion, au souverain légitime, d'après un inventaire en forme, s'il était possible de le dresser ». Mais recommandation expresse était faite de n'abandonner le port qu'à la dernière extrémité, « afin de ne pas laisser les fidèles Toulonnais au pouvoir de ceux qui les tyrannisaient [1] ».

Une indiscrétion de Langara, — indiscrétion voulue, peut-être, — apprit aux Toulonnais le contenu de ces instructions, qui répandirent, dans la ville, les alarmes les plus vives. Le Cabinet de Madrid fut contraint de s'excuser de l'imprudence commise, et cette démarche dut lui coûter d'autant plus que la situation commençait à se tendre, sous d'autres rapports, entre les Espagnols et les Anglais : désireux d'enlever à l'amiral Gravina le commandement en chef des troupes de terre, le Ministère britannique avait promu au grade de lieutenant général le major général O'Hara, auquel il avait ordonné de quitter son gouvernement de Gibraltar pour prendre celui de Toulon et la direction des armées combinées.

Or, Gravina venant, lui aussi, d'être nommé lieute-

---

[1] Le duc d'Alcudia à l'amiral Langara, 30 octobre 1793.

nant général, en récompense de sa brillante conduite à l'affaire du Faron, Langara écrivit à lord Hood que son souverain l'avait confirmé dans le commandement en chef des armées alliées et avait confié la direction des troupes espagnoles au major général Valdès. Mais lord Hood n'était point à court de prétextes; il avait, d'ailleurs, reçu de William Pitt l'ordre de rappeler sans cesse aux Espagnols que Toulon s'était rendu aux seuls Anglais[1]. Il répond à Langara qu'il se sentait « très fort en peine de comprendre sur quel fondement l'amiral Gravina pouvait s'approprier le titre de commandant en chef des forces combinées à Toulon, étant donné surtout que la ville et les forts avaient été livrés exclusivement aux troupes britanniques ».

Cependant nous savons qu'après l'entrée des deux flottes le même jour, à la même heure, les Espagnols avaient pris possession des forts en même temps que les Anglais; que les deux amiraux avaient reçu ensemble des délégations d'habitants venant les complimenter et leur apporter les clefs de la ville; que lord Hood s'était même écrié en leur présentant son collègue: « L'amiral Langara et moi ne faisons qu'un! » enfin qu'au lendemain de son entrée à Toulon, il écrivait à Londres: « L'amiral Goodall a été nommé gouverneur de la place, et l'amiral Gravina a reçu le commandement général des troupes[2]. »

C'est ce que Langara rappela à son trop oublieux collègue. Lord Hood chercha alors à se tirer d'affaire par un second mensonge: il prétendit qu'à la suite du

---

[1] William Pitt à lord Grenville, 17 octobre 1793. — Hood à Langara, 19 octobre. — Langara à Hood, 8 novembre.
[2] Hood à Stephens, s. d.

premier refus de Langara de prêter assistance aux Anglais, le 24 août, il avait pris possession de Toulon sans l'aide des Espagnols ; que ceux-ci n'étaient même arrivés que *quatre jours* après leurs alliés : « Quant aux clefs de la ville, ajouta-t-il, Votre Excellence a été mal informée : *c'étaient seulement les clefs du bureau et celles du dépôt des archives*, les clefs de la ville étant alors en possession du gouverneur Elphinstone[1]. »

Outré de cette audace, Langara leva l'ancre et vint embosser son vaisseau *le Mexicain*, accompagné de deux autres, sur les flancs de *la Victory*. Les Anglais n'ayant alors, dans le port, que 10 bâtiments à opposer aux 17 espagnols, Hood ne bougea point[2].

L'incident, qui fit du bruit, amena un échange de notes entre les deux Cabinets : lord Saint-Helens, ambassadeur de Londres à Madrid, appelé à exprimer son avis, donna nettement tort à lord Hood, en disant que, « même si l'on regardait comme peu fondées les prétentions de don Langara, l'amiral anglais avait été trop loin, surtout en prétendant que la Grande-Bretagne seule eût des droits sur le port et sur la ville de Toulon[3] ».

Il ne cacha sa manière de voir ni à son gouvernement, ni même à l'amiral Hood ; rappela que le Cabinet de Madrid s'était imposé de lourds sacrifices d'argent pour coopérer au soutien de la cause commune[4] ; qu'il

---

[1] Hood à Langara, 25 octobre.
[2] James. — Cf. Lasso de la Vega.
[3] Saint-Helens à Grenville, 8 novembre.
[4] Le duc d'Alcudia évaluait ces dépenses à 7 millions sterling. On sait que le peuple espagnol, dans un élan de patriotisme, avait organisé une souscription volontaire pour venir en aide au gouvernement : la liste des donateurs a été reproduite par la *Gazette de Madrid* de 1793.

avait annoncé avec un certain fracas la nomination de l'amiral Gravina au commandement des troupes alliées[1]; qu'il avait lieu de se montrer blessé des expressions dont l'amiral Hood s'était servi à l'égard de son collègue; enfin que, s'il était poussé à bout, il n'hésiterait point à rappeler ses soldats. Pour tout concilier, lord Saint-Helens proposait d'attribuer aux Espagnols « une part au moins nominale dans les droits communs » et de laisser les deux armées libres de choisir leurs chefs respectifs[2]. Mais lord Grenville ne l'entendait point ainsi : Toulon, répondit-il à l'ambassadeur, a été remis exclusivement aux mains des Anglais. Par ses efforts pour organiser la coalition, par l'énormité de ses dépenses, la Grande-Bretagne s'est acquis un droit supérieur à celui de ses alliés; il est juste qu'elle en profite. D'ailleurs, les rois de Sardaigne et de Naples n'ont-ils point mis leurs armées à sa disposition absolue? Elle consentira plutôt au rappel des Espagnols qu'à l'abdication de ses prérogatives[3].

Lord Saint-Helens, qui a prévu l'objection, y répond dans sa lettre du 8 novembre : il y a eu, dit-il, des engagements pris, et l'honneur de l'Angleterre exige qu'ils soient tenus. S'il en va autrement, elle passera pour avoir voulu tromper les Espagnols par de vaines apparences, telles que la cérémonie de la des-

---

[1] On peut se rendre compte de la justesse de cette assertion en lisant le récit de l'entrée des alliés à Toulon, dans la *Gazette de Madrid*, récit présenté de manière à faire croire que les Anglais et les Espagnols avaient eu une part égale dans les négociations avec le Comité général de Toulon. Or on sait que le seul négociateur avait été l'amiral Hood.

[2] C'est, en effet, ce qui arriva : les Espagnols ont beau qualifier, dans tous leurs rapports, l'amiral Gravina *commandant général des troupes coalisées*, il ne commanda jamais, en réalité, que les troupes espagnoles.

[3] Grenville à Saint-Helens, 8 novembre.

cente à terre et les proclamations signées des deux amiraux. On l'accusera de « machiavélisme », et l'inculpation sera d'autant plus fondée qu'elle aura « choisi le moment précis où les services de ses alliés ne sont plus nécessaires pour leur refuser une part égale à la sienne dans la possession ou le fidéicommis de Toulon et de ses dépendances ».

A la même époque, M. del Campo, ambassadeur d'Espagne à Londres, représentait à lord Grenville, au nom de son souverain, l'inconvénient de laisser planer des soupçons « sur la probabilité de vues différentes » chez les coalisés[1], inconvénient qu'il fallait éviter à tout prix. Mais les Anglais étaient loin de partager cette manière de voir. Fidèle partisan de la politique de Pitt, Gilbert Elliot, par exemple, arrivait à Toulon pénétré « du droit incontestable de S. M. à la seule possession de Toulon ». Il combattit lord Saint-Helens en lui représentant les dangers des prétentions de l'Espagne, dont les forces navales, supérieures à celles des Anglais, pourraient les empêcher de réaliser leurs projets sur la flotte française : « S'ils poursuivent, conclut-il, leurs idées présentes d'égalité et réclament une partie des vaisseaux, les mesures que nous pourrons prendre à ce sujet seront exposées à subir de grandes difficultés. »

Rien de plus net : et, pourtant, s'il est une qualité qu'on ne peut refuser à sir Gilbert Elliot, c'est celle d'honnête homme ; mais, Anglais avant tout, il oublie volontiers les engagements de ses collègues[2], dès qu'il s'agit de disputer des vaisseaux à un allié trop scrupuleux.

---

[1] Le marquis del Campo à lord Grenville, 22 novembre.
[2] Elliot à Dundas, Gênes, 8 novembre. — Le même à Saint-Helens, 20 novembre.

D'autre part, le gouvernement anglais, qui ne perd point de vue les opérations militaires dans les départements du Midi, entend s'en réserver la direction suprême. Il pousse la prévoyance jusqu'à s'inquiéter de la compétition possible du général qui sera placé à la tête des 5.000 Hessois dont il médite l'envoi à Toulon. Quant aux Espagnols, il combat leurs prétentions sous prétexte que, les armées sarde et napolitaine ayant été mises à la disposition exclusive de l'amiral Hood par leurs souverains respectifs, le commandement en chef doit être dévolu à un général anglais. Pour éviter toute discussion à ce sujet, il confère au général O'Hara un grade qui lui donnera le pas sur les autres chefs. Puis, quand il apprend la promotion de l'amiral Gravina au même grade, il écrit à O'Hara[1] : « Au cas où vous opéreriez avec les forces combinées, au-delà des limites de votre gouvernement, le commandement en chef des troupes restera entre vos mains, à cause du brevet de lieutenant général qui vous a été accordé par Sa Majesté le 2 octobre dernier, *et qui porte une date antérieure* à celle de la commission donnée par Sa Majesté catholique à l'amiral Gravina[2]. »

---

[1] Grenville à Saint-Helens, 30 novembre. — Dundas au colonel Murray. Whitehall. 14 et 28 septembre 1793 : « Il serait bon que l'officier placé à la tête des Hessois ne fût point d'un rang supérieur à celui du major général O'Hara, car, s'il venait à quitter les limites de son gouvernement, tout lieutenant général hessois l'emporterait sur lui pour le commandement des troupes, circonstance qui pourrait entraîner de nombreux inconvénients. » —Dundas à O'Hara, 27 septembre : « Dans le but de donner de l'importance à votre situation pendant votre gouvernement temporaire de cette place, S. M. vous a désigné pour servir en qualité de lieutenant général. »

[2] Langara à Hood, 23 octobre. — Hood à Langara, 24 octobre. — H. Dundas au général O'Hara, 30 novembre.

Ce que voyant, la Cour d'Espagne résolut d'envoyer à Toulon O'Reilly, le plus ancien de ses lieutenants généraux, et, pour faire pièce à sir Gilbert Elliot, qui venait d'arriver en qualité de commissaire du roi George, le chevalier Ocaritz, autrefois ambassadeur d'Espagne à Paris[1]. Ni l'un, ni l'autre n'eut le temps de se rendre à destination, les alliés ayant été contraints, dans l'intervalle, d'évacuer la place ; mais cette « perpétuelle singerie » de leurs actes avait le don d'exaspérer les Anglais, qui se plaignaient du contrôle incessant des Espagnols et leur reprochaient d'avoir trop à cœur « les intérêts du roi de France[2] ». La querelle eût mal tourné, sans l'esprit de conciliation de sir Gilbert Elliot et de l'amiral Gravina[3].

Elle se raviva, au milieu de novembre, à propos d'un bâtiment corse entré, le 16, dans le port de Toulon, battant pavillon national au lieu du pavillon blanc. Langara écrivit à lord Hood pour lui demander s'il ne jugeait point convenable d'obliger ce navire à changer de pavillon. Hood répondit que, la Corse ne s'étant jamais considérée comme française, on ne pouvait lui imposer un autre drapeau que le sien. Par une maladresse plus ou moins involontaire, il laissait entendre

---

[1] Lord Saint-Helens, annonçant à lord Grenville cette nomination, ajoute : « Je pense qu'aucun dommage ne peut s'ensuivre... Il est extrêmement souple et bien intentionné, et ses talents politiques ne peuvent être dangereux : cela ressort clairement des spécimens qu'il en a donnés durant son séjour à Paris. » (8 novembre.) — O'Reilly mourut à soixante-neuf ans, le 23 mars 1794, en allant prendre le commandement de l'armée de Roussillon.

[2] Elliot à Dundas, 21 décembre. — Saint-Helens à Grenville, 23 décembre. — Elliot à Dundas, 23 novembre. — Cf. Thaon de Revel.

[3] Le départ de lord Mulgrave avait été regardé comme très fâcheux par Sidney Smith, à cause de l'étroite amitié qui unissait ce général à l'amiral Gravina.

en outre, que le port de Toulon devait, désormais, être considéré comme « virtuellement anglais ». Protestations de Langara, qui, pour la seconde fois, rappelle la manière dont les deux flottes ont fait leur entrée dans la rade.

Ces dissentiments se prolongèrent jusqu'aux derniers jours du siège : au commencement de décembre, Langara, pour tâter le terrain, sans doute, fit demander à l'amiral Trogoff de mettre à sa disposition un des vaisseaux français placés sous ses ordres. Celui-ci répondit que, l'escadre étant, ainsi qu'on le lui avait notifié, sous les ordres directs de l'amiral Hood, depuis le 14 novembre, il était impossible de satisfaire à sa requête.

Langara répliqua que son autorité était égale à celle de lord Hood ; que les vaisseaux appartenaient au roi de France, et qu'ils devaient être employés, avec les flottes coalisées, dans l'intérêt de la « cause commune ». Embarrassé, Trogoff fit alors prier l'amiral Hood « d'avoir la bonté de lui donner des ordres » sur la conduite à tenir, déclarant que la demande de l'amiral Langara devait être le fruit de quelque intrigue du Comité général, d'accord avec les émigrés, auxquels les Espagnols faisaient un accueil trop bienveillant, et dont tous les efforts visaient au désarmement des vaisseaux français.

L'issue de la contestation ne nous est point connue ; mais, ce qui est certain, c'est que les Espagnols n'emmenèrent, le jour de l'évacuation, qu'une gabare, c'est-à-dire un navire de petite dimension[1], tandis que les

---

[1] Langara à Hood, 20 et 23 novembre. — Trogoff à Langara, 12 et 16 décembre. — Langara à Trogoff, 15 décembre.

Anglais s'étaient approprié un nombre respectable de navires français.

Nous avons eu, plusieurs fois déjà, occasion de parler de sir Gilbert Elliot. Il est grand temps de dire comment il était venu à Toulon : persuadé que nombre de villes allaient suivre l'exemple de celle-ci et demander la protection du roi d'Angleterre, le Cabinet britannique créa une Commission qu'il chargea de pourvoir non seulement à la défense militaire, mais encore à l'organisation civile des provinces françaises susceptibles de recourir à ses bons offices.

Les titulaires furent l'amiral Hood pour la partie maritime ; le général O'Hara pour le gouvernement de Toulon et les opérations militaires ; enfin, pour l'administration civile, sir Gilbert Elliot.

Jeune encore, au fait de la langue, des mœurs et de l'histoire des Français, d'une haute intelligence et d'un caractère à la fois conciliant et ferme, Elliot était l'homme voulu pour une mission délicate[1]. Membre de la Chambre des Communes et du Conseil privé, il avait récemment été choisi par le Cabinet de Saint-James pour remplir les fonctions de commissaire du roi à Dunkerque, dont les Anglais avaient si témérairement escompté la prise. Pitt lui ayant offert le même emploi à Toulon, Elliot l'accepta, sans se dissimuler, toutefois, la lourdeur du fardeau : « Je dois être immédiatement employé à Toulon en qualité de ministre, écrivit-il à lady Elliot le 19 septembre ; par Toulon on entend le Midi de la France, quoique Toulon soit destiné à être le lieu de ma résidence. »

---

[1] « Il n'y a peut-être pas, dans les trois royaumes, lui écrivait Windham, un homme aussi bien fait que vous pour cette mission. »

En créant une Commission, le Cabinet de Saint-James avait un autre but, celui de modifier les engagements pris par l'amiral Hood, engagements qui dépassaient ses vues. Il s'en explique dans une lettre adressée à sir Morton Eden, ambassadeur d'Angleterre à Vienne, au sujet des proclamations de l'amiral aux Toulonnais :

« Lord Hood, dit-il, a été amené, par les circonstances et par le grand avantage qu'il avait en vue, à aller plus loin, à l'égard de l'état intérieur de la France et du futur gouvernement à y établir, qu'il n'entrait dans nos projets, conformément aux idées que je vous ai exprimées dans ma dernière dépêche. Vous expliquerez cette circonstance aux ministres autrichiens, et vous ajouterez qu'à cause de cela, aussi bien qu'en raison du changement opéré dans notre situation par l'événement de Toulon, il conviendrait peut-être à la cour de Vienne et à la nôtre de prendre ensemble quelque mesure officielle[1]. » Il l'invitait, en outre, à faire sentir au gouvernement de l'Empereur « l'importance infinie, pour la cause commune, de conserver la possession de Toulon » et la nécessité d'y envoyer des secours en attendant le moment de prendre l'offensive dans le Midi de la France.

Nous savons comment l'Autriche accueillit cette demande[2].

Le 18 octobre, Elliot s'embarque à Douvres pour Ostende, traverse l'Allemagne et arrive à Gênes, d'où vient de partir lord Mulgrave, qui se rend à Vienne pour insister auprès de l'Empereur sur la nécessité

---

[1] Grenville à Morton Eden, 14 septembre.
[2] Morton Eden à Grenville, 27 septembre.

d'un envoi de troupes. Elliot apprend que, chez ce général, l'enthousiasme des premiers jours s'est sensiblement refroidi; qu'il emporte, de la situation et de la manière dont le commandement est exercé, une opinion fâcheuse et qu'il ne dissimule point sa joie d'être redevenu libre : « Il avait, écrit Elliot, accompli de grandes choses et laissé la place en pleine tranquillité, mais voyait approcher l'ère des difficultés... Ni lord Mulgrave, ni lord Hood, ajoute-t-il, n'ont fait, sur la situation de Toulon, qu'ils avaient commencé par voir sous un jour trop favorable, des rapports exacts [1]. »

Les généraux O'Hara et Dundas allaient bientôt partager la mauvaise impression de lord Mulgrave, car, à peine arrivés à Toulon, ils s'aperçurent l'un et l'autre que la situation n'était point ce qu'on la croyait à Londres; que, loin de pouvoir faire de Toulon une base d'opérations militaires, les alliés s'étaient laissés bloquer dans ses murs, sans espérance, faute de troupes en nombre suffisant, de « déloger » les assaillants. O'Hara écrivit au ministre anglais lettres sur lettres en ce sens, déclarant que les troupes anglaises et sardes étaient les seules sur lesquelles on pût compter, ce qui réduisait à 3.500 hommes le nombre des défenseurs; que l'armée française était, il est vrai, composée de hordes indisciplinées, mais que, « par ses élans soudains, elle était capable de faire impression sur les armées les mieux commandées et même victorieuses »; que, s'il ne recevait 25.000 hommes et un corps d'officiers expérimentés, il ne répondait de rien; enfin qu'il avait averti lord Hood de

---

[1] Elliot à lady Elliot, 21 novembre.

de prendre ses précautions en prévision d'une catastrophe[1].

Bien que ne partageant point cette manière de voir, lord Hood se réjouissait de l'arrivée de collaborateurs qui allaient le décharger d'une partie de sa besogne. Aussi leur fit-il un accueil empressé : il présenta, le 15, sir Gilbert Elliot au général O'Hara, qui, arrivé depuis le 27 octobre, lui avait causé une amère déception en n'amenant de Gibraltar que 270 hommes au lieu des 1.500 sur lesquels il avait compté[2]. La veille était arrivé le général David Dundas, qui devait remplacer lord Mulgrave à la tête des troupes britanniques. Dundas avait reçu l'ordre de prendre la qualité de gouverneur et même celles de commissaire du roi et de lieutenant général, si le général O'Hara venait à périr ou à être fait prisonnier[3].

Le projet de l'amiral Hood avait été « d'ouvrir solennellement la Commission ». L'état de la mer s'opposant aux manœuvres de *la Victory*, Elliot et O'Hara descendent à terre sans apparat, le 19 novembre, et reçoivent les corps civils et militaires. Le lendemain, devant une députation d'habitants assemblée, sur la demande des commissaires, dans l'hôtel du gouverneur, ceux-ci lisent une *Déclaration* du roi de la Grande-Bretagne, qui marque une ère nouvelle dans l'histoire du siège[4] : elle infirme la plupart des promesses de l'amiral Hood, promesses sur lesquelles le roi

---

[1] *Summary account.*
[2] C'est le seul renfort anglais qui arriva à Toulon pendant le siège.
[3] Hood à Stephens, 6 octobre 1793. — *Journal* de Vernes. — H. Dundas à O'Hara, 26 septembre 1793.
[4] *Livre de bord* de l'amiral Hood. — Elliot à lady Elliot, 18 et 19 novembre. — Les commissaires à Dundas, 23 novembre.

d'Angleterre a « jugé nécessaire de faire connaître sa volonté ». Telle est la seule explication que donnent, de ce revirement, les *Instructions secrètes* remises aux Commissaires pour les guider dans ces circonstances délicates [1].

La *Déclaration* annonce, en effet, aux Toulonnais, que, contrairement aux promesses de lord Hood, leur port et leurs vaisseaux ne leur seront restitués qu'après le payement d'une indemnité dont la nature sera déterminée à l'époque de la paix. Les officiers civils et militaires seront maintenus dans leurs emplois, mais seulement « autant que les circonstances le permettront ». Enfin une modification plus grave encore est celle qui résulte de l'article IV, dont Gilbert Elliot a, de son propre aveu, obscurci les termes à dessein : « ... Sa Majesté, y lit-on, n'hésite pas à déclarer que le rétablissement de la monarchie, dans la personne de Louis XVII et des héritiers légitimes de la couronne, lui paraît le système le plus propre à remplir ses vues justes et salutaires. Cette forme de gouvernement a non seulement subsisté en France depuis les temps les plus reculés, mais susceptible, comme elle l'est, de toutes les limitations qui peuvent convenir aux circonstances respectives de chaque nation, a été reconnue, par l'expérience, être celle qui, dans les grands États, réunit le mieux les avantages de l'ordre et de la sûreté à ceux de la véritable liberté [2]. »

Cet article, si peu conforme à la promesse de

---

[1] Ces *Instructions*, que nous analysons ci-après, sont datées de Whitehall, 18 octobre.

[2] *Déclaration du roi de la Grande-Bretagne*, signée, à l'original, Hood, Gilbert Elliot et Ch. O'Hara, lue à Toulon le 10 novembre 1793.

seconder les Toulonnais dans leurs efforts pour rétablir la monarchie de 1789, était, par les *Instructions secrètes*, commenté de la manière suivante : il faut, disaient-elles, s'abstenir de se prononcer pour ou contre la Constitution de 1789[1], afin de ne mécontenter ni ses partisans, ni ses adversaires. Le Roi, il est vrai, regarde cette Constitution comme inapplicable, dans son intégralité du moins, — mais telle ayant été la condition exigée par les Toulonnais, il a fallu y souscrire, car leur erreur « n'était point une raison suffisante pour que Sa Majesté refusât sa protection à Toulon, dans les circonstances où cette ville la demandait ». Phrase qui, rapprochée de celle où lord Grenville explique à Morton Eden la conduite de lord Hood par « le grand avantage qu'il avait en vue[2] », signifie, en bon français, que, l'intérêt de l'Angleterre étant en jeu, l'amiral Hood avait eu raison de promettre ce qu'il savait impossible de tenir. Un membre de l'opposition allait, bientôt après, l'interpréter ainsi à la Chambre des Communes : « L'amiral Hood, dit-il, a tendu un piège aux Toulonnais pour les attirer dans les bras de l'Angleterre et les réduire ensuite à sa discrétion[3]. »

Les *Instructions* passaient ensuite aux projets de l'Angleterre sur les « places et districts » qui se livreraient à ses généraux. Ces territoires, disaient-elles, « seront rendus par Sa Majesté quand un gouvernement régulier aura été rétabli et un traité de paix défi-

---

[1] On verra, ci-dessous, qu'il s'agissait, en réalité, de la Constitution de 1791.

[2] Voir plus haut (page 239) la lettre de lord Grenville à Morton Eden, 14 septembre.

[3] Discours du major Maitland à la Chambre des Communes, 10 avril 1793. (Voir le *Moniteur* du 20 avril.)

nitivement conclu, à moins que, par les termes de ce traité, l'on ne convienne que telles places ou districts seront, en manière d'indemnité, ou pour des motifs de sécurité, cédés à quelqu'une des Puissances engagées avec Sa Majesté dans la présente guerre ». Cependant, ajoutaient-elles, il faut se garder d'effrayer le peuple « par des vues d'agrandissement et de démembrement qui ne rentrent point dans les intentions de Sa Majesté ». L'Angleterre n'a nullement en vue « un plan de partage ou de démembrement applicable à l'intérieur de la France »; tout au plus prendra-t-on quelque chose sur ses frontières, et encore la Grande-Bretagne ne bénéficiera-t-elle point de cette mesure : les seules nations qui en profiteront seront l'Autriche, l'Espagne, la Sardaigne et peut-être la Suisse, si les Cantons se décident à entrer dans la coalition [1].

La lecture de la *Déclaration* officielle du roi George plongea dans la stupeur les délégués toulonnais. Aucun cependant ne protesta. A peine risquèrent-ils une observation sur la phrase dans laquelle il était question des vaisseaux *rendus* aux Anglais, mot qui, à leur prière, fut remplacé par celui de *confiés*. La *Déclaration* fut ensuite imprimée et répandue à un grand nombre d'exemplaires [2].

Elle produisit une sensation profonde chez les habitants, qui commencèrent à se demander si, au lieu de considérer leur ville comme un dépôt, leurs alliés ne la regardaient point comme une place conquise; s'ils

---

[1] *Instructions* du 18 octobre.
[2] Elliot à Dundas, 23 novembre. Elliot avertit le Ministre qu'il a introduit, dans la *Déclaration*, quelques modifications destinées à rendre ses termes plus vagues encore que ceux du texte original.

ne tendaient point, comme les Espagnols les en accusaient, à en faire un nouveau Gibraltar[1]; enfin, s'ils consentiraient à laisser venir à Toulon le comte de Provence, auquel les Sections s'apprêtaient à envoyer à Hamm, en Westphalie, une adresse en ce sens[2]. Elles comptaient si bien sur son arrivée qu'elles avaient fait préparer, pour le recevoir, une habitation à laquelle on avait donné le nom de *Palais royal* et fait décorer le vaisseau *le Commerce-de-Marseille*, superbe vaisseau de 118 canons, pour l'aller prendre à Gênes, où chacun le voyait déjà sur le point de s'embarquer[3]. La majorité des Toulonnais était alors, en effet, passée ouvertement au royalisme[4].

L'écho de ces projets avait retenti jusque dans le camp républicain : dès le 8 octobre, Carteaux écrivait avec sa forfanterie habituelle, au Ministre de la Guerre : « L'on m'annonce, dans l'instant, que le comte d'Artois est entré dans Toulon. Si la nouvelle est vraie, je ne céderais pas mon poste au Père Éternel[5] ! »

---

[1] Elliot à Dundas, 23 novembre. — Les commissaires à Dundas, même date.

[2] Jugement du tribunal populaire de Toulon, 13 novembre. — Gauthier de Brécy. — Cette adresse fut rédigée par les Sections, sur la motion du Comité général et du Comité de surveillance. Fréron, dans sa réponse à Moïse Bayle, dit l'avoir eue entre les mains.

[3] Lettre de Thomas Mendoza, Toulon, 24 octobre. — Renseignements de Toulon, 11 octobre. — États de services du capitaine Pasquier.

[4] Elliot écrivait à Dundas, le 23 novembre: « Je m'aperçois que les Toulonnais sont bien moins attachés que je ne le croyais à la Constitution de 1789, et, sur ce chapitre, j'espère que nous trouverons peu d'opposition aux mesures que nous pouvons avoir à proposer. La cocarde blanche est universellement adoptée; mon *Roy* (sic) est dans toutes les bouches, et on paraît porté sur le royalisme pur plutôt que sur ce qu'on nomme *Constitution*. »

[5] Cf. Lettre de Gasparin, 6 octobre. — Lettres d'Allègre, Toulon, 16 octobre; — du prince d'Aquaviva, Toulon, 24 octobre.

Inquiètes de la *Déclaration* lue par sir Gilbert Elliot, et voulant en avoir le cœur net, les Sections présentèrent aux commissaires anglais et à l'amiral Langara leur adresse au prince. Les réponses, qui ne se firent point attendre, étaient conçues en termes fort dissemblables. Tandis que l'amiral espagnol applaudissait à l'envoi d'une députation à Monsieur, les commissaires écrivaient :

« Ne nous trouvant point autorisés à compromettre Sa Majesté Britannique sur la question de la Régence, nous pouvons encore moins consentir à la proposition qui a été faite d'appeler Monsieur, comte de Provence, à Toulon, pour y exercer les fonctions de Régent, *parce que ce serait destituer Sa Majesté, avant l'époque stipulée, de l'autorité qui lui a été dernièrement conférée à Toulon*[1]. »

Leur seule concession fut d'autoriser les Toulonnais à « présenter leurs vœux » au comte de Provence. Et encore Gilbert Elliot nous apprend-il que cette condescendance apparente avait, en réalité, pour but de les compromettre davantage aux yeux de la Convention, tout en les unissant en plus grand nombre « dans une mesure où la Constitution de 1789 n'était point mentionnée[2] ».

Réponse conforme aux *Instructions*, dans lesquelles le Cabinet anglais, prévoyant le cas où le prince serait tenté de venir exercer, à Toulon, les fonctions de régent, avait donné l'ordre formel de le tenir éloigné : « Tant que les villes remises à Sa Majesté resteront entre ses

---

[1] *Moniteur*, 1ᵉʳ février 1794.
[2] Gilbert Elliot à lord Grenville, 27 novembre.

mains, disaient-elles, il sera impossible d'admettre l'exercice de l'autorité au nom de l'un des Princes français, à titre de Régent, ou à tout autre, à moins que les événements n'entraînent, avant une pacification générale, de nouvelles dispositions relatives à cet objet[1]. »

A défaut d'autre mérite, la réponse des commissaires avait celui de la clarté : on savait désormais que, contrairement aux promesses de l'amiral Hood, les Anglais considéraient Toulon comme une place conquise et s'opposaient à l'arrivée du prince, dont l'autorité n'eût point, en effet, manqué de supplanter la leur.

C'est alors que s'échangea, entre le cabinet de Saint-James et les princes, une correspondance que nous croyons inédite et que nous examinerons, après avoir jeté un coup d'œil sur la conduite antérieure de la Grande-Bretagne, à l'égard des oncles de Louis XVII.

Les progrès de l'insurrection de l'Ouest avaient créé, dans le Parlement anglais, un parti favorable à une action commune avec les Vendéens. Edmond Burke, entre autres, avait hautement approuvé l'occupation de Toulon, « non seulement à cause de l'avantage immense et incomparable de ce coup de main militaire, mais encore parce que la guerre était enfin mise sur son véritable pied ». Il se demandait pourquoi l'on ne faisait point, sur les côtes de l'Océan, ce qu'on venait de faire à Toulon ; pourquoi l'on ne secourait point « ces hommes braves et pénétrés de leurs principes, qui, avec des moyens très restreints, avaient lutté plus de

---

[1] *Instructions* aux commissaires. Whitehall, 18 octobre.

six mois et plus fait, par la seule puissance du courage et de la persévérance, contre l'ennemi commun, en le privant d'une vaste étendue de territoire, que toutes les armées régulières[1] ».

Pour donner satisfaction à ce parti, autant que pour encourager les insurgés, le ministère anglais résolut, au commencement d'août, de se mettre en communication avec ces derniers, et chargea un royaliste, ancien lieutenant de La Rouërie, le chevalier de Tinténiac, de leur porter une lettre contenant un questionnaire sur leur situation, leurs principes et leur but. Tinténiac étant, non sans peine, parvenu à Châtillon-sur-Sèvre, quartier général des Chouans, revint à Londres avec leur réponse, dans laquelle ils demandaient, avant tout, le comte d'Artois. Une seconde lettre, où ce désir était exprimé en termes chaleureux, instants, fut portée par Tinténiac au prince, qui résidait alors à Hamm, en Westphalie :

« C'est la voix du véritable honneur qui m'appelle ! » écrivit-il aussitôt au duc d'Harcourt, son représentant à Londres, en le chargeant de négocier, avec lord Grenville, son passage en Poitou[2].

Sa faute fut précisément de négocier au lieu d'agir. A la vérité, l'Espagne et la Russie engageaient officiellement les frères de Louis XVI à ne rien tenter sans l'aveu de la Grande-Bretagne ; mais comme tous les actes de la Czarine démentaient ses paroles ! N'avait-elle point remis au comte d'Artois une épée portant

---

[1] Burke à Elliot. 22 septembre. — Son opinion était partagée par lord Sheffield, William Elliot, Morton Eden, George Rose, et par beaucoup d'autres. (Voir la Correspondance de lord Auckland, passim.)

[2] Dom Chamard, *Correspondance inédite concernant la Vendée militaire*.

l'inscription : *Donnée par Dieu, pour le Roi*, et
1.400.000 livres, avec la promesse d'y ajouter 4 millions,
et peut-être une armée, « en cas d'activité dans son
parti [1] » ? L'Espagne, on le verra, n'était pas moins
favorablement disposée.

Loin de s'engager dans une voie aussi nette, le
comte d'Artois s'obstina à solliciter de l'Angleterre une
autorisation qui ne devait point lui être octroyée. Lord
Grenville lui répondit qu'en invitant, dans sa proclamation du 29 octobre, tous les Français à coopérer à
l'établissement d'un gouvernement régulier dans leur
pays, Sa Majesté britannique n'avait point entendu en
exclure les princes ; que cependant, avant de rien
entreprendre en Vendée, il importait de s'informer des
progrès des royalistes et de s'expliquer « sur l'objet
d'une paix générale dans laquelle Sa Majesté trouverait,
pour elle comme pour ses alliés, satisfaction, indemnité et sûreté future » ; que, quant au reste, « il serait
peut-être plus convenable de réserver pour des discussions ultérieures, qui auraient lieu de temps en temps,
selon les circonstances, des détails dont plusieurs, et
même la plus grande partie, doivent encore dépendre
des événements [2] ». Réponse évasive, à laquelle le
prince s'attendait si bien, qu'avant sa réception il avait
chargé le duc d'Havré, son représentant à Madrid, de
solliciter du Cabinet espagnol, en prévision du refus
de l'Angleterre, le prêt d'un bâtiment pour le conduire
en Poitou [3].

[1] Vauban, *Mémoires*. — Dom Chamard : Le comte d'Artois au duc d'Havré, Hamm, 22 octobre.

[2] Lord Grenville au duc d'Harcourt, 15 novembre.

[3] Dom Chamard : le comte d'Artois au duc d'Havré, Hamm, 22 octobre.

En même temps, il faisait observer à lord Grenville que sa lettre répondait, par des vues de politique générale, à une simple demande de transport sur les côtes de France ; que, si l'on attendait des « discussions ultérieures », on donnerait, par là, le temps à l'ennemi de prendre le dessus ; que, puisque Sa Majesté Britannique ne l'excluait point du nombre des Français par elle invités à rétablir la monarchie, elle devait être disposée à lui fournir les moyens de rejoindre l'armée vendéenne ; que, dans l'intervalle, des « discussions » pourraient s'ouvrir entre le duc de Castries et le Cabinet anglais[1].

Lord Grenville lui opposa de nouveaux moyens dilatoires[2], et la correspondance cessa.

Avec l'appui de l'Angleterre, un corps d'armée, des subsides et des transports, le comte d'Artois se fût sans doute déterminé à passer en Vendée, où sa présence eût électrisé les défenseurs du trône. Mais, soit timidité politique, soit manque de courage, il n'était résolu à rien ou n'osait rien tenter seul. Et pourtant, que de scènes propres à illustrer son nom ! On l'eût reçu à bras ouverts, non seulement dans l'Ouest, mais dans les villes insurgées du Midi : « Lyon, la Vendée, Toulon ou la tombe, voilà ce qui lui convient ! » écrivait le comte de Vaudreuil, qui ne lui pardonnait point de préférer les « boues de Westphalie » au devoir de se joindre à ceux qui combattaient pour sa cause[3].

Le prince s'excusait en rejetant la faute tantôt sur

---

[1] Le comte d'Artois au duc d'Harcourt, Hamm, 29 novembre.
[2] Lord Grenville au duc d'Harcourt, 21 décembre.
[3] Léonce Pingaud, *Correspondance intime du comte de Vaudreuil* : Vaudreuil à Antraigues, 14 octobre.

le Cabinet britannique, tantôt sur une sorte de fatalité qui entravait tous ses projets : il rappelait qu'il avait cherché à se jeter dans Lyon avec un certain nombre de gentilshommes réunis, d'après ses ordres, par le marquis d'Autichamp. Il est constant qu'à cette époque des royalistes, parmi lesquels on comptait MM. de Choiseul, de Damas, de Saint-Mesmin, de Chabanne, de Chalabre, des Cars, d'Agoult, accourus des bords du Rhin, annonçaient l'intention du prince de s'introduire dans la ville insurgée ; mais la prise de Lyon par les républicains était venue ruiner leurs plans.

Les émigrés, accourus en foule et trompés dans leur espoir d'être employés de ce côté, se rejetèrent alors sur Toulon. Une nouvelle déception les attendait à Turin, où le ministre anglais Trevor leur apprit que l'amiral Hood, trop peu sûr encore du royalisme des habitants, ne les recevrait point. Force leur fut de rebrousser chemin, suscitant, par leur nombre aussi bien que par leur misère, de réels embarras aux gouvernements sarde et helvétique[1].

Un certain nombre se rendirent à Gênes, où ils prièrent le marquis de Marignane d'intercéder pour eux auprès des amiraux alliés. Nous avons fait connaître précédemment les réponses des deux chefs[2].

Les Anglais ne voulaient décidément point d'émigrés en Provence. Ils n'en voulaient point davantage dans l'Ouest, où ils se contentèrent de faire luire à leurs yeux un projet de débarquement : à cet effet, ils pré-

---

[1] Le comte d'Artois au duc d'Havré, Hamm, 22 octobre. — *Papiers de Barthélemy.* — Le baron de Flachslanden au duc d'Harcourt, 26 septembre.
[2] Voir plus haut, page 147.

préparèrent, à Portsmouth, une expédition comprenant 50 voiles paraissant destinées à transporter en Bretagne des armes, des approvisionnements, 7.000 hommes dont le commandement fut confié à lord Moïra, et parmi lesquels devait figurer un corps d'émigrés organisé par le marquis du Dresnay. Le plan officiel était de les réunir aux Vendéens, sous les murs de Granville, au moment de l'assaut.

L'attaque de cette place fut-elle trop hâtive, comme l'a prétendu lord Moïra? Y eut-il, comme d'autres l'ont cru, perfidie de la part du Cabinet de Saint-James? Toujours est-il qu'arrivés près de Granville, le 14 novembre, les chouans firent, pendant trois jours, des prodiges de valeur pour emporter la place, sans voir paraître une seule voile anglaise. La flotte, qu'ils croyaient à Jersey, était restée à Portsmouth, d'où elle n'appareilla que le 1ᵉʳ décembre, tandis que, contraints à la retraite, ils allaient se faire écraser au Mans et à Savenay. Inutiles désormais, les vaisseaux n'en restèrent pas moins prêts à lever l'ancre au premier signal, mais ce signal ne fut donné qu'en 1795 pour l'expédition de Quiberon, où l'élite des officiers de la Marine française trouva son tombeau[1].

A l'expédition de lord Moïra devaient se joindre des officiers d'artillerie, qu'on s'apprêtait à faire venir d'Ostende. A cette nouvelle, le comte d'Artois écrivit au général pour lui exprimer son désir de se rendre

---

[1] « Pourquoi, s'écriait Fox en 1793, avoir attendu si tard pour l'expédition de lord Moïra, ou plutôt *pour faire bruit* d'une telle expédition? » L'opposition ne cessait, d'ailleurs, de reprocher au gouvernement sa lenteur à secourir les émigrés. Voir la séance de la Chambre des Lords, du 14 février 1794. — Le comte d'Artois à Vaudreuil, 5 décembre 1794. — Sheffield à Auckland, 17 décembre.

à Portsmouth. Il eut soin de spécifier qu'il ne briguerait point le commandement en chef; il savait, en effet, que lord Moïra avait reçu l'ordre, s'il parvenait à opérer sa jonction avec les Vendéens, de réclamer la haute direction des opérations, d'insister en cas d'opposition et, en cas de refus définitif, de se retirer avec ses troupes.

C'était la même politique que dans le Midi[1].

Le vœu du comte d'Artois ne fut point exaucé. Cependant, en juin 1794, les Vendéens reçurent d'Angleterre un courrier leur apportant la promesse d'un débarquement commandé par le prince, s'ils parvenaient à s'emparer d'un port de guerre, tel que Rochefort, Lorient ou Brest. Mais les chefs royalistes se souvenaient du désastre de Granville, désastre causé par l'insuffisance de leur artillerie; ils répondirent qu'on leur demandait l'impossible et, cette fois encore, ne reçurent point de secours.

Au mois d'août de l'année suivante, Charette fut averti que le Cabinet de Saint-James se décidait enfin à faire quelque chose pour les Chouans : en effet, peu de jours après le désastre de Quiberon, parut, devant l'île de Noirmoutiers, une escadre amenant, sous les ordres du commodore Warren, le comte d'Artois, avec 5 à 6.000 hommes commandés par le général anglais Doyle. Sommé de se rendre, le général républicain Cambray répondit par un refus, qui suffit à éloigner les Anglais. Le commodore se dirigea alors, avec son escadre, vers l'île d'Yeu, où il débarqua le prince. Puis, au lieu de

---

[1] Dundas au duc d'Harcourt, 28 novembre. — Le comte d'Artois à lord Moïra, Hamm, 23 décembre. — M. de la Charce au comte d'Artois, Portsmouth, 25 novembre.

faire passer des renforts à Charette, il temporisa, permit aux républicains de concentrer leurs troupes, à la mauvaise saison de s'avancer, et à l'ordre de regagner l'Angleterre d'arriver. Bref, il leva l'ancre au moment où le général Hoche allait profiter de son inaction pour faire enlever secrètement le prince. Celui-ci manquait une occasion de réparer ses tergiversations passées : « Si j'avais été à sa place, j'aurais traversé la mer sur une coquille de noix! » a dit Napoléon. Mais le prince n'était point l'homme des résolutions énergiques.

Quand Toulon avait capitulé, le comte de Provence venait, paraît-il, d'adresser à la Cour de Vienne un *Mémoire* tendant à se faire introduire dans les places françaises au fur et à mesure de leur occupation[1]. A l'appel des Toulonnais, il quitta sa résidence de Hamm et se dirigea sur Turin, afin de se rapprocher de la Provence, démarche que les Anglais ne devaient jamais lui pardonner[2].

Tous les articles de la capitulation lui avaient semblé avantageux à la cause du Roi, un seul excepté, celui qui visait la Constitution : qu'entendait-on, d'abord, par *Constitution de* 1789 ? Il n'y en avait point eu cette année-là. Le prince ignorait et ne pouvait savoir que ce faux millésime avait été adopté sur les conseils des négociateurs marseillais, désireux de laisser dans l'incertitude les habitants et les équipages de la flotte,

---

[1] *Gazette de Madrid*. Ce Mémoire lui aurait été présenté par le baron de Roll.
[2] Francis Drake au comte d'Antraigues, 31 janvier 1794 : « Quant au voyage de Monsieur, je ne vous cacherai pas qu'à mon avis, S. A. R. n'aurait jamais dû commencer l'exécution de ce projet sans s'être concertée avec la Cour de Londres. »

dont on redoutait le soulèvement[1]. Il s'agissait, en réalité, de la Constitution de 1791, que Louis XVI avait acceptée par contrainte et dont il était important de dégager la monarchie.

Examinant les conditions dans lesquelles l'amiral Hood et les Sections se sont trouvés pour négocier, il présume que la question de la Constitution a été tranchée, par les parties contractantes, dans un moment où l'approche du général Carteaux les obligeait à une grande hâte. On en trouve, dit-il, la preuve dans le sacrifice du drapeau tricolore et dans le rétablissement du « rite catholique », demandé par l'amiral Langara, mesures incompatibles avec la Constitution de 1789. Aussi l'Angleterre ne peut-elle, sans se déjuger et sans manquer à ses engagements vis-à-vis de la Coalition, ratifier les dispositions prises par son amiral. Ne s'est-elle point toujours, notamment au congrès d'Anvers, élevée contre les dangers d'une pareille condescendance ? Approuver lord Hood aurait d'ailleurs un autre inconvénient, celui de créer un précédent dangereux pour les capitulations à venir et une source de difficultés pour l'époque des négociations de la paix.

C'est ce que le duc d'Harcourt devra représenter à lord Grenville, en lui portant la lettre que le comte lui adresse, lettre dans laquelle il remercie le roi d'Angleterre de ce qui s'est fait à Toulon dans l'intérêt de la monarchie, — car, à tout prendre, les résultats obtenus sont « trop avantageux pour que M. le Régent n'adresse pas ses remerciements à Sa Majesté

---

[1] Lettre des députés de Marseille, Gênes, 7 septembre.

britannique », — mais dans laquelle il n'aborde aucun autre sujet [1].

En prévoyant l'obligation où le Cabinet de Saint-James allait se trouver de restreindre les engagements de l'amiral Hood, le comte de Provence faisait preuve de perspicacité. Il ne voyait pas moins juste à l'égard de la « remise en dépôt » de la flotte et du port entre les mains britanniques, car il venait de faire rédiger pour M. d'Albert, ancien commandant de la Marine à Toulon, et pour M. de Castellet, ancien directeur du port, des instructions les invitant à passer dans cette ville, à y offrir leurs services, à se concilier les chefs militaires et civils, à combattre l'opinion défavorable qu'on pourrait avoir conçue des émigrés, et surtout à « surveiller la conservation des établissements et des effets de la Marine », sans toutefois s'opposer à l'usage momentané qu'en voudraient faire les Anglais. Ils devaient, en outre, confier secrètement leur mission à l'amiral Langara, lui demander, de la part du Régent, sa protection, ses conseils, son amitié, enfin rendre un compte exact de tout ce qu'ils seraient à même d'observer. Le prince ne s'illusionnait point sur les intentions britanniques [2].

Peu confiant dans la force des Espagnols [3], il n'en sentait pas moins la nécessité de s'appuyer sur eux. Il

---

[1] Le maréchal de Castries au duc d'Harcourt, Hamm. 28 septembre. — Cf. Albert Sorel, *L'Europe et la Révolution*.

[2] Instructions à MM. d'Albert et de Castellet, par le maréchal de Castries, 26 septembre 1793.

[3] « Je ne sçais, écrivait le prince à son ami d'Hautefort, le 17 septembre, d'où vous vient ce transport d'amour pour les Espagnols; j'espère bien qu'ils feront très bien, mais, en attendant, leur campagne ressemble à celle de Portugal en 1762. Leur escadre fait mieux, mais je doute fort que, sans les Anglais, elle eût pris Toulon... »

s'apprêtait même à se rendre en Espagne pour y solliciter l'autorisation de franchir les Pyrénées à la suite du général Ricardos[1], quand lui parvint l'adresse des Toulonnais. Certain de l'opposition de l'Angleterre, il voulut, du moins, avant de se mettre en route, obtenir l'assentiment de la Cour de Madrid, dont il fit sonder les dispositions par le duc d'Havré ; il apprit que, tout en le combattant officiellement, l'Espagne approuvait, en secret, son dessein, mais lui recommandait de n'en avertir les Cours d'Angleterre, de Vienne et de Berlin qu'au moment de partir pour s'embarquer à Gênes[2].

Peine inutile : le ministère anglais se tenait sur ses gardes, car, dès le 2 octobre, l'éveil lui avait été donné par une dépêche de lord Saint-Helens, ambassadeur à Madrid[3], et, quelques jours plus tard, ses craintes s'étaient trouvées confirmées par une lettre du marquis del Campo, ambassadeur d'Espagne à Londres, qui exposait l'utilité d'admettre le comte de Provence à Toulon « pour augmenter le parti du roi, attirer les esprits encore vacillants et réaliser les intentions des puissances alliées[4] ».

A cette lecture, lord Grenville prend son parti : il

---

[1] Le comte d'Artois au duc d'Harcourt, 10 octobre 1793.
[2] L. Pingaud : le comte d'Artois à Vaudreuil, 27 octobre. — « Je remuai ciel et terre, écrit Godoy dans ses *Mémoires*, pour déterminer quelques Cabinets à faire venir sur ce point le comte de Provence. L'Angleterre n'en voulut sous aucun prétexte... »
[3] Lord Saint-Helens à lord Grenville, 2 octobre 1793 : « Les agents des princes français sont très désireux d'obtenir, pour Monsieur, la permission de se rendre immédiatement à Toulon, et je crains que le ministre espagnol n'ait donné que trop d'encouragements à cette idée, quoique je lui aie écrit pour l'engager à la laisser de côté, au moins pour le moment présent. »
[4] Le marquis del Campo à lord Grenville, 18 octobre.

expédie à Francis Drake, ministre d'Angleterre à Gênes, l'ordre de représenter à Monsieur les embarras qu'il susciterait aux chefs militaires de Toulon, s'il y venait exercer un pouvoir non reconnu par les coalisés ; les inconvénients d'un éclat pour lui-même autant que pour la cause commune ; enfin la convenance de ne rien faire sans l'assentiment des alliés [1].

Le même jour, il écrit à lord Saint-Helens de remontrer à la Cour de Madrid que les Toulonnais se sont prononcés en faveur de la Constitution de 1789, d'après laquelle le prince n'a point « le droit absolu de réclamer la régence », ni son frère celui de s'intituler lieutenant général du royaume ; que, l'unanimité des habitants n'ayant point adhéré au royalisme, le comte de Provence risque fort d'être mal accueilli ; que la question de l'indemnité de guerre demande à être réglée avant toutes choses ; qu'il est de la dernière importance, pour l'Espagne comme pour l'Angleterre, de ne laisser percer aucun indice de désaccord, tant que leurs forces agiront de concert [2]. Bref, il épuise la liste des arguments propres à détourner le Cabinet de Madrid des projets qu'il lui soupçonne.

De son côté, le ministre de la Guerre Dundas ne reste point inactif : il recommande aux commissaires du roi à Toulon la plus grande déférence, mais aussi la plus grande fermeté envers les princes, et au gouverneur la précaution de ne laisser pénétrer personne dans la ville sans son autorisation expresse [3]. Il ajoute que si, malgré tout, Monsieur trompe leur surveillance et par-

---

[1] Lord Grenville à Francis Drake, 22 octobre.
[2] Lord Grenville à lord Saint-Helens, 22 octobre.
[3] Henry Dundas aux commissaires, 22 octobre.

vient à franchir les murs, « leur devoir sera alors de lui signifier la décision de Sa Majesté sur ce point[1] ».

C'était un ordre d'expulsion.

Chose curieuse, loin d'approuver l'attitude du gouvernement à l'égard du prince, Gilbert Elliot est d'avis qu'on a tort de s'opposer à ses projets ; il estime beaucoup moins intéressant, pour la Grande-Bretagne, de conserver la suprématie à Toulon que de terminer une guerre dans laquelle ses alliés ne montrent aucun empressement à lui venir en aide. Il croit le moment arrivé, pour son pays, de changer l'orientation de sa conduite et de « peser de tout son poids dans la balance d'une politique plus large et plus profonde, sans laquelle il y a lieu de craindre pour l'issue de la querelle[2] ». Rien, à son avis, ne tendrait mieux à ce but que l'autorisation donnée au comte de Provence de passer à Toulon.

C'est à lord Grenville que sa lettre est adressée, mais c'est Dundas qui lui répond. Dans l'abandon d'une causerie intime[3], le Ministre de la Guerre lui confie l'opinion de Pitt : à aucun prix ce dernier ne permettra à Monsieur de substituer son autorité à celle du roi d'Angleterre, car sa plus grande crainte est de priver son pays « de l'avantage de conserver une situation importante pour la paix comme pour la guerre ». Pitt croit nécessaire « d'assembler de grandes forces dans le Midi

[1] Lord Grenville aux commissaires, 30 novembre. — Le 8 décembre, M. de Calonne, alors en Espagne, fit, auprès du général O'Hara, qu'il connaissait, une dernière tentative en faveur du prince. Sa lettre fut interceptée par les républicains, dont le général était alors le prisonnier.

[2] Gilbert Elliot à lord Grenville, 24 novembre.

[3] Dundas a soin de spécifier que cette lettre n'est point officielle (*private*).

de la France et d'y maintenir l'étendard de la royauté », mais pense que l'exécution de ce plan deviendrait impraticable si les Anglais ne se réservaient le commandement suprême dans Toulon.

Dundas passe ensuite à son opinion personnelle.

Son plus vif désir serait de voir l'Angleterre borner ses efforts, sur le continent, à la Flandre et « aux côtes de la Manche ». Peu enclin, par conséquent, à fournir un appui à l'insurrection du Midi, il ne se rallie à ce plan que si l'on consent à reconnaître franchement le Régent, à lui donner le commandement nominal des troupes, à mettre à leur tête un ou deux bons généraux, enfin à opérer un débarquement aux environs de Marseille, sur les derrières de l'armée républicaine. Et encore ce projet ne lui semble-t-il exécutable qu'au cas où les insurgés seraient en mesure de conserver les territoires dont ils feraient la conquête ; sinon, ce serait « jouer un jeu de dupes que de mettre Toulon et les provinces méridionales entre les mains du prince [1] ». Dundas, fort peu d'accord avec Pitt, partage donc, à quelques nuances près, les convictions d'Elliot. Il est, sans le savoir, en communion d'idées avec un autre personnage, que l'incendie de l'arsenal et des vaisseaux va bientôt rendre célèbre, avec sir Sidney Smith, qui, dans une lettre à lord Auckland, lui explique les avantages d'un débarquement entre Toulon et Marseille, pour favoriser la contre-révolution et « permettre à la partie saine du peuple de tenir tête aux *goujats* [2] ». C'est sa manière de désigner les républicains.

Aucun des hommes d'État ci-dessus mentionnés ne

---

[1] Henry Dundas à Gilbert Elliot, 28 décembre.
[2] Sidney Smith à lord Auckland, Toulon, 12 novembre.

parle de la convenance de consulter les représentants des puissances alliées : c'est qu'en effet l'Angleterre, en raison de ses efforts et de ses sacrifices, se croyait le droit de négliger leur avis. Si, dans sa lettre à Elliot, Dundas prononce une fois le nom de l'Espagne, c'est pour émettre le soupçon que l'obstination des Toulonnais à réclamer le régent pourrait bien être due à une entente secrète « avec une partie de l'intrigue espagnole ». Le Ministre termine en reconnaissant qu'il est, sans doute, bien tard pour faire des plans de campagne, et qu'à l'heure où il écrit Toulon est peut-être évacué : « Si c'est le cas, dit-il, nous aurons vraiment lieu d'être mécontents des Autrichiens, qui ont retenu les secours promis, et encore plus de sir Robert Boyd, qui a désobéi à nos ordres [1]. »

L'Autriche s'était, en effet, nous l'avons dit, gardée d'envoyer les 5.000 hommes de renforts par elle annoncés, et sir Robert Boyd, gouverneur de Gibraltar, les bataillons anglais qu'il avait reçu l'ordre de faire passer à l'amiral Hood. Double abstention qui devint, comme le prévoit Dundas, la cause déterminante de l'évacuation.

Monsieur partit de Hamm vers le milieu de novembre et se dirigea lentement sur Turin, résidence de la Cour de son beau-père, Victor-Amédée, d'où il espérait pouvoir se rendre à Gênes. C'est dans cette dernière ville que devait se réunir un conseil destiné à l'assister dans l'exercice de la régence. Il se composait de MM. de Vezet, ancien président à mortier au Parlement de

---

[1] Henry Dundas à Gilbert Elliot, 28 décembre.

Besançon; Le Camus de Neuville, ancien intendant à Bordeaux; le comte Ferrand d'Outremont, ancien conseiller au Parlement de Paris, et de Guilhermy, ancien procureur du roi à Castelnaudary et député aux États généraux de 1789. Ce dernier rapporte, dans ses *Mémoires*, qu'un émigré, M. de Cazalès, avait reçu de la Grande-Bretagne l'autorisation de représenter le prince à Toulon et d'y prendre place à côté des commissaires britanniques[1]. Aucun document ne confirme cette allégation si peu compatible, non seulement avec les faits déjà connus, mais encore avec ceux qui vont suivre.

Tandis que le comte de Provence se rapprochait de la Méditerranée, les sections toulonnaises chargeaient M. de Villeneuve, auquel avait été confiée la réorganisation du premier bataillon du *Royal-Louis* (réorganisation nécessitée par les vides qui s'étaient produits dans ses cadres, après les derniers combats) de prendre les ordres du prince au sujet de la nomination des officiers. Il prescrivit de reconnaître pour major M. Hustin, ancien capitaine au régiment de l'Ile-de-France, qui avait déjà rempli les fonctions de major lors de la première formation, et, pour ses lieutenants, ceux que M. Hustin désignerait. Villeneuve communiqua sa lettre à sir Gilbert Elliot et à ses collègues, auxquels il demanda de lui en accuser réception.

Les commissaires ne pouvant, eu égard aux conditions dans lesquelles le bataillon avait été créé au mois de septembre, avant leur arrivée à Toulon, se passer de l'assentiment de Monsieur, se bornèrent à protester,

---

[1] Papiers d'un émigré (1789-1829). Lettres et notes extraites du portefeuille du baron de Guilhermy.

non sans une pointe d'ironie, du « sensible plaisir » que leur causait sa décision. Puis, changeant brusquement de ton : « Nous avons l'honneur de vous avertir que le bataillon de Royal-Louis est à la solde de l'Angleterre, sous les ordres du commandant de Sa Majesté Britannique, et qu'il sera employé pour le service de Sa Majesté Louis XVII[1]. »

Style hautain, qu'ils abandonnèrent lorsque, désespérant de voir paraître les renforts autrichiens si impatiemment attendus, ils se décidèrent, le 8 décembre, à faire appel aux émigrés, pour en former, sous le nom de *Royal-Provence*[2], un régiment dont l'idée avait été conçue par l'amiral Hood[3]. Ils chargèrent, dans ce but, un officier revêtu de la confiance des princes, M. de Gain de Linar, commandeur de l'ordre de Malte, de recruter à Turin, à Berne et en Allemagne, les gentilshommes de 15 à 50 ans, désireux de prendre du service, en les avertissant que la plupart d'entre eux seraient engagés, comme simples soldats, parmi les gardes nationales des Bouches-du-Rhône et du Var, débris de l'armée départementale mise en déroute par le général Carteaux; qu'ils recevraient 1 schelling par jour jusqu'à leur embarquement, à Oneille, à bord des bâtiments qui devaient les transporter à Toulon; enfin qu'ils seraient placés sous les ordres d'officiers français, mais sous la direction supérieure du général commandant les forces britanniques. On espérait réunir ainsi un corps de 3.000 gentilshommes[4].

---

[1] Gilbert Elliot à M. de Villeneuve, 4 décembre.
[2] Colonel désigné : le chevalier de Grasset.
[3] Gilbert Elliot à Henry Dundas, 27 novembre.
[4] Gilbert Elliot à Henry Dundas, 15 décembre. — Papiers de Barthélemy.

Toutefois les commissaires, comprenant de quelle importance était, en pareille matière, l'approbation des oncles de Louis XVII, prièrent M. de Linar de « porter aux pieds des princes les hommages de la Commission », se déclarant persuadés qu'un assentiment de leur part produirait un effet décisif sur l'esprit des émigrés. Leur lettre offrait, avec celle qu'ils venaient d'adresser à l'organisateur du Royal-Louis, un contraste assez piquant.

En même temps, Elliot et ses collègues expédiaient, aux ministres anglais à Turin, à Gênes et à Berne, l'ordre de faire connaître aux émigrés l'appel dont ils étaient l'objet et de faciliter leur passage à Toulon [1].

Prises *in extremis*, ces mesures étaient, — et les commissaires s'en rendaient compte, — à peine capables de retarder de quelques jours la catastrophe. En fait, elles reçurent à peine un commencement d'exécution, car, la semaine suivante, les armées coalisées furent chassées par les républicains.

Tandis que le comte de Provence se dirigeait sur Turin, où il ne devait point arriver avant le 25 décembre, les émigrés descendaient de nouveau en Suisse, persuadés que, cette fois, le moment d'entrer en scène était arrivé. Quel fut leur embarras et celui des Cantons, à la nouvelle de l'évacuation de Toulon ! Et combien les uns et les autres durent maudire lord Fitzgerald, ministre anglais à Berne, sur les avis duquel un grand nombre étaient accourus [2] !

---

[1] Les commissaires à M. de Gain de Linar, 8 décembre ; — à John Trevor, même date ; — à Henry Dundas, 15 décembre.
[2] Papiers de Barthélemy.

XIII

Combat du 7 novembre. — Carteaux remplacé par le général Doppet. — Affaire du 15, à Balaguier. — Arrivée du général Dugommier. — Renforts envoyés à l'armée républicaine. — Lettre apocryphe de Barras et de Fréron. — Combat du 20 novembre. — Capture du général anglais O'Hara. — Échange de parlementaires. — Bruits répandus à leur sujet. — O'Hara à Paris.

Alarmé des plaintes qui, de toutes parts, lui arrivaient contre le général Carteaux, le Comité de Salut public lui prescrivit d'aller prendre le commandement de l'armée d'Italie. Carteaux n'obéit point. Sur un ordre formel en date du 21 octobre, l'envoyant à Nice, il quitta l'armée le 7 du mois suivant. Le général Lapoype fut chargé de l'intérim, en attendant le général Doppet, qui venait de prendre Lyon « sans trop savoir comment » et qui amenait des renforts de l'armée des Alpes [1].

Du 15 octobre au 15 novembre, il n'y eut, en fait d'engagements, que des rencontres de patrouilles, dont l'une, à Balaguier, faillit dégénérer, le 7, en véritable combat, des renforts ayant été envoyés de part et d'autre.

[1] Lettres des représentants, Ollioules, 23 octobre, 9 novembre. — Carteaux à Jourdeuil, 4 novembre. — *Mémoires* du duc de Bellune.

Reconduits dans leur camp par 1.500 républicains, les alliés repoussèrent l'ennemi, qui ne reparut point[1].

Le 15, c'est-à-dire quarante-huit heures après l'arrivée de Doppet, le hasard voulut que ce général faillît s'emparer de ces mêmes hauteurs et, par suite, de Toulon. Napoléon s'est attribué le mérite de cette affaire, qui, à l'en croire, aurait débuté de la manière suivante : un bataillon de la Côte-d'Or, voyant des Espagnols maltraiter un prisonnier, aurait couru aux armes et engagé le feu. L'occasion lui paraissant propice, Bonaparte eût averti le général en chef qui, sur ses instances, eût fait soutenir les Français. De telles erreurs sont fréquentes chez ceux qui écrivent à distance des événements. Voici, en réalité, comment les choses se passèrent : à six heures du matin, les républicains dirigèrent une fausse attaque sur Malbousquet. Un peu plus tard, une reconnaissance, envoyée à Balaguier, échangea des coups de fusil avec ses défenseurs, alors au nombre de 2.000 hommes. Enfin, vers trois heures de l'après-midi, le fort de Saint-Antoine, le cap Brun et le fort des Pommets furent insultés. Mais l'objectif réel des républicains était toujours Balaguier, contre lequel Doppet lança d'abord 50, puis 500, enfin 1.500 hommes : la garnison du fort exécuta alors, sous les ordres du capitaine Duncan Campbell, une sortie qu'appuyèrent une frégate et des chaloupes canonnières. Repoussés d'abord, les Français qui ont reçu de nouveaux renforts, s'avancent sur trois colonnes comprenant 3 à 4.000 hommes et refoulent les alliés jusque

---

[1] Rapports napolitains. — *Mémoire* de Boullement de Lachenaye. — *Journal* de Vernes. On ne saurait admettre le chiffre de 400 républicains tués, énoncé par Vernes.

dans leur camp. Le général O'Hara, gouverneur de Toulon, spectateur du combat à bord de *la Victory*, se fait alors transporter au rivage, pénètre dans le fort et ranime le courage des troupes. Le feu des remparts et celui des canonnières arrête l'ennemi, dont la retraite est ensuite déterminée par une seconde et dernière sortie[1]. Les pertes des alliés s'élevèrent à 88 hommes; celles des républicains paraissent avoir été plus considérables[2].

Quelques jours après, *la Victory*, ne se jugeant plus en sûreté, leva l'ancre et se rapprocha du cap Sepet[3].

Doppet avait failli débuter par un coup de maître, car ses troupes s'étaient avancées jusqu'aux chevaux de frise. Bonaparte, qui n'aimait point ce général, prétend que, terrorisé par la mort d'un de ses aides de camp, il fit sonner prématurément la retraite. Sans contester le fait, nous devons remarquer que Doppet n'était point un lâche, mais seulement un inexpérimenté; qu'il n'avait accepté le commandement qu'à titre provisoire, et qu'arrivé le 13, il le céda, le 16, à Dugommier. Ce général avait, à défaut d'autre mérite, celui de reconnaître son insuffisance[4]. Chose curieuse, des Marseillais demandèrent son maintien à la tête de l'armée, dans une pétition qui fut regardée comme suspecte[5].

---

[1] Thaon de Revel. — Boullement de Lachenaye. — Lettre du général O'Hara, 18 novembre. — Rapports napolitains.

[2] Selon les rapports des déserteurs, la perte des Français se serait élevée à 5 ou 600 hommes, mais ce chiffre doit dépasser de beaucoup la réalité. (Cf. *Summary account*.)

[3] *Livre de bord* de l'amiral Hood.

[4] Doppet au Ministre. (Ollioules, 13 novembre.)

[5] « Il existe à Marseille d'excellents citoyens, écrivait à ce propos Saliceti, mais il est à craindre que des faux frères ou des hommes guidés par tout autre motif que celui du bien public cherchent à influencer l'opinion de la multitude. »

Fils d'un conseiller du Roi au Conseil supérieur de la Guadeloupe, Jacques Coquille, dit Dugommier, était né en 1738. Il avait donc cinquante-cinq ans. Après avoir conquis ses premiers grades à la Guadeloupe et à la Martinique, il fut envoyé, comme député des îles du Vent, à l'Assemblée législative, en 1791, n'en sollicita pas moins l'honneur de reprendre du service et fut nommé maréchal de camp le 10 octobre 1792. De brillants succès à l'armée d'Italie l'avaient fait choisir pour commander devant Toulon [1].

Ces changements de chefs produisaient le plus mauvais effet sur les troupes, déjà découragées par la misère, le manque de vivres, d'armes et de munitions [2]; les renforts ne faisaient qu'augmenter la détresse. Car, délivré du souci du siège de Lyon et résolu d'en finir avec celui de Toulon, le Comité de Salut public avait donné l'ordre d'y envoyer le plus de secours possibles. L'armée de Lyon ne fournit que 7 bataillons, mais celle des Alpes, que l'approche de l'hiver rendait disponible, en procura 17; 2.000 hommes arrivèrent de la Lozère et 4.000 de Toulouse. L'armée d'Italie, plus à l'aise depuis la retraite des Austro-Sardes, fournit des troupes au général Lapoype, qui disposa, dès lors, de 12.347 hommes. Enfin, le 6 décembre, 6.000 hommes arrivèrent encore de Toulouse. Bref, le 10 du même mois, l'effectif des forces

---

[1] *Le général Dugommier*, par M. Vauchelet. On a choisi ce général, disait Barère à la Convention, « parce qu'il fallait, à la tête du siège de Toulon, un homme d'un grand caractère et qui eût une réputation militaire ».

[2] Voir les lettres des représentants, 23 et 30 septembre, 10 et 23 octobre, 19 novembre.

BATTERIE DE LA CONVENTION
Dessin inédit de Granet (Haut. 0,17, long. 0,24).

républicaines s'élevait à 35.000 hommes environ [1].

Le matériel arrivait aussi de Lyon, de Besançon et de plusieurs villes du Dauphiné.

Tel était le dénûment de l'armée du Var, à cette époque, que le Comité de Salut public invita celle des Pyrénées à lui faire passer une partie de ses subsistances. Mais celle-ci n'étant point mieux pourvue, les représentants en mission répondirent que, loin de lui enlever ses vivres, il fallait lui en faire parvenir à tout prix, si l'on voulait prévenir une révolte [2].

Sur ces entrefaites, le Comité reçoit une lettre datée de Marseille 1er décembre, signée Barras et Fréron, dans laquelle ces deux représentants proposent de faire rétrograder l'armée assiégeante derrière la Durance, c'est-à-dire dans un pays où les approvisionnements seront plus faciles, et d'attendre, pour la reprise des opérations, une saison favorable [3]. Bonaparte affirme, dans ses *Mémoires*, l'authenticité de cette lettre, que Barras et Fréron ont désavouée à deux reprises et attribuée soit aux Anglais, soit aux contre-révolutionnaires dési-

---

[1] Lettre d'Albitte, 31 octobre. — Lettres de Paganel, 2 et 7 novembre. — Rapports de Dugommier et du général Dugua.
A partir de la prise de Lyon, le Comité de Salut public concentre tous ses efforts sur Toulon. Il décrète la réduction de l'armée des Pyrénées à 15.000 hommes et donne l'ordre de faire filer le surplus sur le Var, mais cette mesure est bientôt rapportée. Le 17 novembre, il ordonne la fabrication de boulets incendiaires « pour de grandes mesures maritimes ». Le 12, le Ministre de la Marine est invité à rassembler « un grand nombre de tartanes armées de canons de gros calibre pour bloquer Toulon et brûler la flotte ennemie ». Pour être restées à l'état de projets, ces mesures n'en prouvent pas moins le désir de liquider la situation au plus tôt.

[2] Lettre du 21 décembre.

[3] On trouve, au Ministère de la Guerre, un exemplaire de cette lettre, mais les signatures de Barras et de Fréron n'y étant point imitées, il ne peut s'agir de l'exemplaire qu'avait reçu le Comité de Salut public.

reux de les voir rappeler à Paris au moment où ils s'apprêtaient à se rendre à Toulon [1].

Le Comité de Salut public la considéra comme apocryphe, et Barère déclara à la tribune que les Anglais, seuls, pouvaient en être les auteurs. Nous partageons jusqu'à un certain point l'opinion de Barère, parce qu'à une époque où la Convention faisait des efforts énergiques pour reprendre Toulon [2], une pareille épître eût perdu sans ressource ses auteurs ; ensuite et surtout parce qu'en l'examinant de près on y trouve des phrases dont la tournure anglaise saute aux yeux [3]. En faut-il conclure qu'elle est l'œuvre d'un Anglais ? Rien n'est moins certain ; elle peut, en effet, aussi bien émaner d'un contre-révolutionnaire ou même des représentants près l'armée de siège qui, peu d'accord avec leurs collègues de Marseille, devaient appréhender leur arrivée [4]. Quoi qu'il en soit, le faux est manifeste.

Cependant, les renforts ayant permis à l'armée conventionnelle de pousser activement ses travaux d'approche, les boulets ne tardèrent point à tomber jusque sur les remparts de la ville [5]. Mais l'objectif de Bona-

---

[1] Lettres de Fréron et de Barras, 20 et 26 décembre.

[2] Voir l'arrêté du Comité de Salut public prescrivant de reprendre Toulon à tout prix (11 octobre 1793).

[3] En voici un spécimen : la lettre, après avoir énuméré les avantages de la situation des alliés, conclut : « Enfin (nos ennemis ne recevraient-ils pas d'autres forces, *avec la position de Toulon, ils sont plus que suffisants. Il faudrait mieux de la moitié du monde que nous sommes : faire des tentatives avec ce nombre, c'est sacrifier inutilement nos frères...* etc. »

[4] Voir, dans la brochure *Moïse Bayle au Peuple souverain*, la lettre où Barras et Fréron attribuent aux intrigues de Ricord la nomination du général Dugommier, de préférence à Lapoype. Ils ne s'entendaient pas mieux avec Gasparin et Salicetti. (Voir la lettre de ces derniers, en date du 27 octobre.)

[5] Thaon de Revel.

parte était le fort Malbousquet : pour mettre son dessein à exécution, il établit, à 650 toises du fort, en la dissimulant derrière un rideau d'oliviers, une batterie de 6 canons, qui reçut le nom de *Batterie de la Convention*. Son intention était de n'ouvrir le feu qu'après l'achèvement des travaux, mais, à son vif mécontentement, les représentants la firent démasquer dans la nuit du 27 au 28 novembre. Il s'en plaignit au général en chef, mais le mal était fait, et l'insignifiance des dégâts produits par les boulets lui donna pleinement raison.

Tout autre fut l'effet moral : les Toulonnais, qui, jusqu'à ce jour, avaient vu le fort indemne de tout ravage, redoutèrent un bombardement prochain[1].

Le général O'Hara, qui connaissait les travaux des républicains, mais qui attendait, pour les détruire, des renforts dont l'arrivée lui avait été annoncée comme imminente, se décida, le 28, à convoquer un conseil de guerre, auquel il présenta un plan qui fut agréé, et dont l'exécution fut confiée au général Dundas. Les troupes disponibles devaient sortir sur trois colonnes au nombre de 2.350 hommes soutenus par un corps de réserve de 600 Espagnols et de 600 Napolitains[2], sous les ordres des généraux Valdès et Pignatelli.

Le général O'Hara, qui, malgré sa situation de gouverneur, avait tenu à prendre part à l'expédition, s'était engagé à rester, avec l'artillerie, derrière la Rivière Neuve.

[1] *Mémoires* de Napoléon.
[2] Le corps d'attaque se composait de 400 Anglais, 300 Piémontais, 250 Français, 700 Napolitains, 700 Espagnols.

Le 29, à six heures et demie du matin, les troupes s'ébranlent, franchissent la rivière, gravissent en bon ordre, malgré le feu de l'ennemi, la colline sur laquelle est établie la batterie de la Convention, et s'en emparent après avoir mis en fuite ses défenseurs, dont une soixantaine sont faits prisonniers.

Les ordres du général Dundas portaient d'attendre, en bataille sur la hauteur, de nouvelles instructions. Il n'en fut point ainsi : les soldats se répandirent, les uns dans la campagne, les autres dans un petit camp voisin de la batterie, qu'ils se mirent à piller. Puis un fait étrange se produisit : incapable de maîtriser son ardeur, le général O'Hara arriva à toute bride, réunit un millier d'hommes, et, à leur tête, se lança à la poursuite des Français. Vainement lui fit-on observer qu'il risquait, en raison des accidents du terrain, de se faire couper la retraite ; l'imprudent général ne voulut rien entendre.

Cependant Dugommier rallie les fuyards et lance ses bataillons : supérieurs en nombre, les Français barrent tout à coup, sans avoir été aperçus, le passage aux alliés dont le sauve-qui-peut devient général. Poursuivis l'épée dans les reins, les soldats du général O'Hara entraînent dans leur fuite Piémontais, Napolitains, Espagnols accourus à leur aide. La batterie de la Convention, mal enclouée par des clous que le comte del Puerto a été obligé — si grande fut l'imprévoyance — d'envoyer chercher au fort Malbousquet, est reprise par les républicains, qui, en la tournent contre les coalisés achèvent, de les mettre en déroute. L'artillerie anglaise ne dut son salut qu'à l'intervention des Espagnols et des Napolitains, et la garde des Moulins eût été enlevée, sans la protection des canons du Petit Saint-Antoine. Trois fois les Français attaquèrent Malbousquet et s'avancèrent jusqu'aux chevaux de frise : trois fois ils furent repoussés par les Espagnols. Ils essayèrent alors de tourner le fort par le rivage, mais les canonnières et les pontons de la rade les arrêtèrent, tandis que le maréchal de camp Izquierdo, sortant, à la tête d'un détachement espagnol, des redoutes de Balaguier, opérait une diversion qui déterminait la retraite de l'ennemi. Le combat avait duré sept heures.

En rentrant à Toulon, les alliés comptèrent environ 400 hommes hors de combat. Les Anglais avaient particulièrement souffert[1].

Les Français avaient eu 179 tués et 68 blessés ; 23 avaient été faits prisonniers. Parmi les blessés figurait le général Dugommier, atteint d'un biscayen à l'épaule, et l'adjudant général Cervoni. Le général en chef loua sa conduite et celle de Bonaparte : « Parmi ceux qui se sont le plus distingués et qui m'ont le plus aidé à rallier et à pousser en avant, écrivit-il au Ministre, ce sont (sic) les citoyens Bonnaparte (sic), commandant d'artillerie, Arena et Cervoni, adjudants généraux[2]. »

Le grand événement de la journée fut la prise du général anglais O'Hara et de 17 autres officiers, parmi lesquels le lieutenant-colonel Échavuru, aide de camp du général Gravina (dont O'Hara avait occasionnellement fait le sien), le major Archibald Campbell, du

---

[1] Tués, blessés, disparus : 148 Anglais, 119 Espagnols, 65 Napolitains, 63 Sardes (Rapports des généraux Gravina, Pignatelli, Micheroux, etc. — Lettre de Dundas, 30 novembre).

[2] Dugommier au Ministre, Ollioules, 30 novembre.

69ᵉ régiment anglais, le capitaine Reeves, du 1ᵉʳ régiment, etc., etc.[1].

La capture d'un personnage tel qu'O'Hara mérite d'autant plus de fixer notre attention qu'elle n'a point toujours été exactement rapportée.

Écartons d'abord la version d'O'Méara, d'après laquelle Bonaparte, profitant du moment où les Anglais étaient occupés à enclouer les canons de la batterie de la Convention, se serait avancé, sans être aperçu, à la tête de quelques grenadiers, par un boyau masqué d'oliviers communiquant avec la batterie, et aurait dirigé sur les travailleurs un feu nourri. O'Hara s'avançant seul, en reconnaissance, pour voir ce qui se passait, eût été blessé d'un coup de feu. Bonaparte, l'ayant saisi par son habit, l'eût poussé au milieu de ses soldats en défendant de le maltraiter.

Cette anecdote, dont l'auteur des *Mémoires* de Sidney Smith a tort de proclamer l'authenticité, ne se retrouve ni dans les *Mémoires* de Napoléon[2], ni dans sa correspondance, ni dans les documents émanant de témoins dont nous allons passer la revue. Il eût, certes, été piquant de voir la grande victime de l'Angleterre débuter dans la carrière des armes en sauvant un général anglais; mais les choses se sont passées d'une manière toute différente.

Le général Dundas reconnaît, dans son rapport, que, légèrement blessé au bras, et affaibli par la perte du sang, O'Hara fut pris d'une syncope et s'assit au pied

---

[1] Elliot à Dundas, 1ᵉʳ décembre. — *Journal du général Garnier.* — *Journal de Vernes.* — *Lettres de Dundas et de Hood.* — *Mémoire de Boullement de Lachenaye* — *Moniteur*, n° 111.

[2] Les *Mémoires* de Napoléon disent qu'O'Hara fut pris par un sous-officier.

d'un mur où les Français le firent prisonnier[1]. Ajoutons que ce général, extrêmement corpulent, était épuisé par la course qu'il venait de fournir; que la perte d'un ami, tué à ses côtés au début du combat, l'avait vivement affecté[2], et que, depuis quelques jours, il était en proie à une surexcitation nerveuse, dont Gilbert Elliot avait observé les symptômes dans la nuit du 28 au 29 : « On ne peut, dit-il, s'imaginer à quel point il était nerveux, malheureux de la situation générale et de la manière dont les événements pourraient tourner... Il est parfaitement brave dans l'action, mais on n'a jamais vu d'homme aussi peu fait pour une situation qu'il l'était pour celle-ci. » Comparant O'Hara à Dundas, qui allait lui succéder comme gouverneur de Toulon, Elliot ajoute que, si Dundas était tout aussi démoralisé, il y avait cependant « plus de fonds à faire sur lui que sur son *braque* de prédécesseur[3] ». Ce mot *braque* explique bien des choses. Gauthier de Brécy affirme que son intention était, en cas de réussite, de pousser jusqu'à Marseille, et Leone d'Almeyda[4], premier aide de camp de Dugommier, d'accord avec Thaon de Revel, soutient qu'il cherchait la mort. Frapper un coup décisif ou périr en combattant, tel était sans doute son plan. N'ayant pu le réaliser, il aurait voulu se tuer : c'est, du moins, ce qu'affirmèrent les quatre volontaires qui le firent prisonnier, assertion d'autant plus digne de créance qu'après sa blessure il avait

---

[1] Lettres de Hood et de Dundas, 30 novembre.
[2] Thaon de Revel.
[3] Elliot à lady Elliot, 1ᵉʳ décembre.
[4] Lettre de Ch. Leone d'Almeyda au général Pelet, directeur du dépôt de la guerre.

insisté, près des soldats qui le conduisaient, pour rester seul[1].

O'Hara courut d'autres dangers : un Allobroge trop zélé faillit lui faire expier ce qu'Elliot appelle « sa faute honorable[2] ». Il fut retenu par deux volontaires de l'Isère et deux du 59ᵉ régiment.

Le général, n'entendant point qu'un pareil service restât sans récompense, et voulant rémunérer à l'anglaise les volontaires, leur fit offrir la somme ronde de soixante louis. Ils refusèrent. Désintéressement d'autant plus méritoire que l'armée manquait du nécessaire. La réponse des deux soldats fut portée, par Dugommier, à la connaissance d'O'Hara dans la lettre suivante :

« Au quartier général d'Ollioules,
le 20 frimaire, l'an II de la République.

« ... On a présenté aux volontaires de la République
« l'argent que tu leur avois destiné pour reconnoître
« le service qu'ils t'avoient rendu dans la journée du
« 10 frimaire. Ils l'ont tous refusé, avec la même géné-
« rosité qui t'a décidé à leur offrir.

« Je t'envoye donc les *soixante louis en or* que tu
« avois donnés pour être distribués à mes frères
« d'armes ; ils se contentent du plaisir qu'ils ont eu de
« secourir l'humanité malheureuse. C'est ainsi, géné-
« ral, que notre République se fonde sur toutes les
« vertus et qu'elle fera rougir, un jour, les peuples
« abusés qui la combattent.

« Dugommier. »

---

[1] Lettre de Dundas, 30 novembre.
[2] Elliot à H. Dundas, 1ᵉʳ décembre.

M. de Grasset raconte l'anecdote d'une manière un peu différente : le général, assis sous un olivier, aurait offert sa montre à l'Allobroge en échange de sa liberté. Le Français refusa. Arrivé au camp, O'Hara aurait renouvelé son offre : « A présent, dit Dugommier au soldat, tu peux la prendre ! »

Enfin Leone d'Almeyda nous fournit une troisième version : pendant sa convalescence, O'Hara l'eût chargé de distribuer mille guinées aux quatre volontaires qui l'avaient relevé et ramené au camp sur un brancard : « Ce n'est pas cela qu'il nous faut, auraient-ils répondu, mais du pain et des cartouches ! » En entendant ces paroles, Dugommier aurait dit : « Ce trait sera gravé dans l'histoire ! Je vous offre un assignat de 500 livres au nom du gouvernement ! » Proposition qui fut acceptée, ajoute Almeyda, « à condition de partager la somme avec le reste du bataillon ».

Montre ou guinées, prise du général sous un mur ou sous un olivier, ces détails ne changent rien au fond des choses, et il paraît démontré qu'au moment d'être fait prisonnier O'Hara cherchait la mort que le combat lui avait refusée.

En reconnaissant son cheval qu'on ramenait à Toulon, les habitants crurent le général tué. Mais, en apprenant qu'une blessure légère avait été la seule cause de sa capture, ils ne purent s'empêcher d'observer que plusieurs Toulonnais blessés, un sieur Barrallier entre autres, avaient réussi à gagner la ville[1]. Ils ne trouvaient pas moins surprenant qu'un gouverneur fût

---

[1] Lauvergne, *Histoire de la Révolution dans le Var* (1838-839). — Imbert, *Précis historique.* — *Journal* de Vernes.

à ce point sorti de son rôle. Les Anglais eux-mêmes s'en étonnaient. Sir Gilbert Elliot écrivit en ce sens à Londres, où l'on ne voulut point admettre qu'il pût s'être « exposé à une pareille disgrâce[1] ».

Les Espagnols, les Napolitains, les Sardes étaient du même avis ; les premiers, auxquels le général était peu sympathique, se réjouirent de son aventure : « Enfin, écrivit au marquis de Iranda le major d'artillerie de Maturana, nous sommes débarrassés du gouverneur anglais O'Hara, qui, dans la sortie d'hier, a plutôt rempli l'office d'un capitaine de miquelets que celui d'un général, et qui, s'étant mis ensuite à courir, sans rime ni raison, avec l'avant-garde, fut fait prisonnier. »

D'autres exprimaient la crainte qu'il ne fût passé volontairement à l'ennemi, « afin d'obtenir des conditions plus avantageuses pour la reddition de la place[2] ». « Les Anglais, disaient-ils encore, veulent nous jouer quelque tour ; ils ont pris ce moyen pour envoyer avec décence, et sans éveiller les soupçons, un parlementaire aux commissaires de la Convention[3]. »

Les meilleurs esprits ne pouvaient s'empêcher de faire des réflexions que justifiait la légèreté avec laquelle l'affaire avait été conduite : l'objet de la sortie, dit le colonel Boullement de Lachenaye, était de détruire la batterie de la Convention. On l'avait prise : pourquoi ne l'avoir point anéantie et n'être point ensuite rentré dans Toulon ? Pourquoi, avant la sortie,

---

[1] Lettres de lord Sheffield, 17 décembre, et de George Rose, 24 décembre.
[2] *Relation du siège de Toulon en 1793*, traduction de l'anglais par le capitaine d'état-major Faulte de Puyparlier (fragment).
[3] Fonvielle, *Mémoires*.

n'avoir consulté aucun officier français ou espagnol, n'avoir pris aucune des précautions usitées à la guerre ? Et Boullement cite, comme exemple de négligence, l'obligation où s'était trouvé le comte del Puerto d'envoyer chercher des clous à Malbousquet[1] : « On ne se permet, conclut-il, aucune réflexion sur les dispositions de cette sortie, exécutée contre toutes les règles de la guerre, et qui donne lieu de croire qu'elle avait un autre but que celui de s'emparer de la batterie : les suites de cet événement semblent autoriser cette opinion[2]. » La folle témérité d'O'Hara, non moins que la singularité de ses conséquences, autorisaient le colonel à s'exprimer ainsi. Et pourtant, si suspects que puissent paraître ces incidents, il est impossible d'y voir autre chose qu'un hasard de guerre, quand on suit le général dans le camp républicain.

Dugommier traita les prisonniers avec courtoisie et chargea, en particulier, le général divisionnaire Garnier de veiller sur l'ancien gouverneur de Toulon, qui, en arrivant au quartier général, commença par demander son chirurgien et ses équipages. Le major Campbell, prisonnier comme lui, écrivit à l'amiral Hood : « Le « général demande le Dr Graham, ou tout autre « bon chirurgien, de même que quelque bon domes- « tique, avec des effets. »

L'empressement des prisonniers anglais à réclamer

---

[1] Ce détail est exact ; il est confirmé par les Rapports espagnols sur l'affaire du 30 novembre.

[2] Il dit encore, dans ses remarques critiques sur les opérations du siège : « Ce siège présente l'exemple peut-être unique d'un gouverneur fait prisonnier dans une sortie, exemple d'autant plus extraordinaire que l'objet de la sortie avait été parfaitement rempli. Est-ce imprudence, ineptie *ou quelque chose de pis*? C'est ce que le temps pourra nous apprendre. »

leurs hardes, leurs serviteurs, leur argent, à mettre en ordre leurs affaires privées, est à noter. Le major Campbell ne pouvait se faire à l'idée de laisser des sommes improductives dans ses tiroirs. Pour éviter cet inconvénient, il s'adressa à lord Spund, resté dans la ville : « Je vous prie de faire ramasser tout ce qui m'appar-
« tient, et de le mettre dans la malle que j'ai achetée.
« J'ai la clef de mon portefeuille où sont mes papiers,
« qui est dans le cabinet. Prenez soin de mes effets ;
« il y a environ 200 guinées dans ma bourse. *Je prie
« mon frère de se procurer quelques bons effets sur
« Londres, pour le montant de cette somme.* Tout le
« reste doit être dans mon portefeuille, et je crois qu'il
« ne me sera pas possible de rien avoir de Toulon [1]... »

On rapprochera de son cas celui du lieutenant général Edward Puget, qui, ayant été capturé pendant la poursuite de l'armée anglo-portugaise par le duc de Dalmatie, en 1812, commença par demander l'autorisation de faire venir ses équipages aux avant-postes, ce qui lui fut accordé.

Bourgeois ou militaire, l'Anglais ne perd jamais son sens pratique, même au milieu des événements les plus graves, qui feraient oublier à d'autres les préoccupations d'un ordre inférieur.

Nos généraux se prêtaient de bonne grâce aux désirs des prisonniers de distinction. Dugommier s'empressa de satisfaire aux vœux d'O'Hara et invita le général Garnier à dépêcher un parlementaire au fort Malbousquet pour y « porter ses lettres et celles des autres pri-
« sonniers, à l'effet de les mettre à même de recevoir

---

[1] Archives du Ministère de la Guerre.

« leurs effets laissés dans Toulon ». Cet acte de courtoisie lui valut une semonce du Comité de Salut public, qui lui reprocha d'avoir traité les Anglais « avec trop de politesse ». Dugommier répondit qu'il n'avait été qu'humain et n'avait fait qu'imiter les bons procédés des ennemis à l'égard de leurs prisonniers français [1].

Les Toulonnais ne se montrèrent pas moins surpris de l'empressement du général républicain à donner aux Anglais des nouvelles du captif. Leur étonnement eût cessé s'ils eussent connu les faits dont nous allons rendre compte.

Le 2 décembre, c'est-à-dire quarante-huit heures après l'affaire d'O'Hara, se présenta, à l'une des portes de la ville, un parlementaire accompagné d'un trompette, qui fut conduit, les yeux bandés, à l'hôtel du nouveau gouverneur, le général Dundas [2]. Là se rendirent également l'amiral Hood, sir Gilbert Elliot et plusieurs officiers anglais. A deux heures, arriva devant l'hôtel une voiture attelée de quatre chevaux, où plusieurs personnes montèrent, et qui prit la direction du fort Lamalgue.

Déjà surexcitée par l'événement du 30, l'imagination des habitants se livra aux suppositions les plus étranges. Or voici, d'après des documents puisés à des sources authentiques, comment on doit expliquer cette visite : les représentants en mission près l'armée du Var avaient reçu, du Comité de Salut public, l'ordre de prendre des renseignements sur le suicide de Pierre

[1] Dugommier au Comité, Ollioules, 13 décembre 1793.
[2] On sait que les instructions données à ce général lui enjoignaient de prendre en mains les rênes du gouvernement, au cas où le général O'Hara viendrait à manquer. (H. Dundas à D. Dundas, Whitehall, 2 octobre.)

Bayle au fort Lamalgue, et sur l'état de Beauvais, dont la mort, faussement annoncée, avait eu, dans le pays, un douloureux écho [1]. La capture du général O'Hara leur fournit l'occasion de s'acquitter de ce devoir. Ils firent demander au gouverneur et obtinrent, en échange du bon traitement dont le général avait été l'objet, l'autorisation de constater l'existence de Beauvais au fort Lamalgue. Cette mission fut confiée à un de ces agents politiques, de ces « commissaires », du pouvoir exécutif ou de tout autre pouvoir public, qui pullulaient auprès des armées et dont le rôle consistait à contrôler les actes des représentants du peuple beaucoup plus qu'à leur venir en aide. Celui dont nous parlons n'était chargé d'aucune négociation, mais seulement d'une lettre pour le gouverneur [2].

Après délibération, les Anglais accordèrent l'autorisation requise et fournirent au parlementaire « une voiture bien fermée, où ils mirent un vieux *croc à moustache* ». La visite au fort terminée, on le ramena à l'hôtel, où lui fut offerte une collation, à laquelle prirent part plusieurs officiers. La conversation, très banale, roula sur la situation politique de l'Europe et un peu aussi sur les prisonniers qu'on venait de voir: « Il faut avouer, s'écrie imprudemment un Anglais dans sa

---

[1] Voir la *Correspondance* des Représentants avec le Comité de Salut public, dans les derniers mois de 1793, *passim*.

[2] Dans un rapport signé Beyssière, Gury et Jouve, on voit que Dugommier avait d'abord choisi l'un de ceux-ci comme parlementaire, mais s'était ravisé, tous trois étant trop connus à Toulon.

Jouve et Beyssière ont signé un *Bulletin* adressé à la Société des Jacobins de Paris, sur le général Carteaux, dont il a été fait mention ci-dessus. (Voir page 217.) Ils prenaient le titre de « commissaires près l'armée de Toulon ». Gury signe une lettre du 3 ventôse: « Le Sans-Culotte chargé de l'arrêté des Représentants. »

langue, que ces prisonniers font une f... figure ! » Aussitôt un de ses collègues lui coupe la parole en observant que le parlementaire entend l'anglais [1]. Celui-ci s'en retourne ensuite à Ollioules, comme il en était venu.

Il n'en fallut point davantage pour mettre en circulation les bruits les plus ridicules : on exagéra le nombre des parlementaires, qu'on porta à quatre ; on prétendit que l'un d'eux était Robespierre jeune ; qu'ils avaient demandé l'échange du général O'Hara contre les autorités constituées de Marseille et de Toulon et l'amiral Trogoff. D'autres soutenaient que les républicains avaient exigé l'élargissement de Beauvais, des familles du représentant Escudier et du général Lapoype, et la remise de 3.000 charges de blé.

On donnait des détails sur l'entrevue ; le général Dundas aurait répondu : « La rançon d'O'Hara est au bout de nos baïonnettes ! » Noble phrase que les Anglais se plaisaient à répéter.

Mais l'opinion la plus accréditée était qu'on avait vendu Toulon aux républicains [2]. Un passage des *Mémoires* du chevalier de Fonvielle nous montre, par son absurdité même, à quel point les esprits battaient la campagne : « Quelques jours, dit-il, s'étaient écoulés sans événements remarquables, lorsqu'arrivèrent, du camp des assiégeants, deux grands fourgons couverts, qui furent conduits chez le gouverneur et s'en retournèrent le jour même. Quels étaient ces fourgons ?... Attelés chacun de quatre chevaux, ils s'en retournèrent

---

[1] Rapport de Beyssière, Gury et Jouve cadet.
[2] *Journal* de Vernes. — Pons. — Il s'agissait si peu de Robespierre que ce représentant envoya lui-même, le 8 décembre, au Comité de Salut public, le rapport de Beyssière, Gury et Jouve.

au trot, légers comme la plume, tandis qu'ils étaient arrivés à pas de roulage et leurs quatre chevaux paraissant ne pas être de trop. Ils étaient donc venus chargés, et s'en retournèrent à vide. »

Mathématicien de profession, il évalue, d'après la hauteur et la longueur des chariots, leur contenu à 20 millions. Et Fonvielle n'est que l'écho des bruits en circulation, car les Toulonnais réfugiés en Espagne après le siège, répétaient que la réoccupation de Toulon avait coûté 20 millions aux conventionnels [1].

Ces prétendues négociations sont encore mentionnées dans les rapports de l'espion du Comité de Salut public publiés avec les papiers de lord Grenville [2]. Enfin, en 1794, un riche particulier fut arrêté, à Londres, pour avoir dit « que le duc d'York pourrait bien se vendre aux Français, ainsi que l'avait fait le général O'Hara [3] ».

On ne saurait admettre, de nos jours, une pareille légende : surchargés de dépenses, les républicains n'étaient pas plus en état d'acheter Toulon aux Anglais que ceux-ci ne pouvaient le leur vendre, ayant, ainsi que nous le verrons bientôt, reçu l'ordre de s'y maintenir jusqu'à la dernière extrémité. Après avoir voté, le 7 septembre, 1 million de fonds secrets pour les représentants, le Comité de Salut public ne tarda point à le supprimer. Charbonnier reçut, il est vrai, 500.000 francs « pour acheter les royalistes de Toulon [4] »; mais il était absent pendant le siège [5].

[1] Lauvergne.
[2] *The manuscripts of J.-B. Fortescue*, t. II.
[3] *Papiers de Barthélemy*, lettre de Rivalz à Buchot, Bâle, 23 mai 1794.
[4] Lettre de Charbonnier, s. d. Il déclare avoir rendu compte de cette somme.
[5] Fréron et Barras n'avaient, à la fin du siège, dépensé, sur cette somme, que 480 livres (*Fréron à Moïse Bayle*).

La même somme fut mise à la disposition de Barras, mais à peine avait-elle été entamée le jour où il en rendit compte. Quant aux 4 millions prélevés sur le commerce de Marseille et aux 6.600.000 livres interceptées à Montpellier, il est fort probable qu'on les avait, depuis longtemps, employés aux dépenses ordinaires de la guerre.

D'ailleurs, nous le répétons, le Comité de Salut public venait de prendre des mesures pour reprendre Toulon d'assaut, et l'arrivée de renforts, la manière vigoureuse dont furent conduites les dernières opérations, la hâte qui présida à l'évacuation, sont incompatibles avec toute idée d'arrangement pécuniaire avec l'ennemi.

Beaucoup plus simple est la vérité : les républicains avaient fait un prisonnier auquel les Anglais tenaient, s'ils n'obtenaient point son échange, à assurer, du moins « le respect dû à son rang[1] ».

Car il fut réellement question d'échanger O'Hara ; le passage suivant d'une lettre de lord Hervey[2] en fait foi : « Le général O'Hara est prisonnier, écrit-il ; on a déjà envoyé plusieurs parlementaires, mais il est peu probable que les républicains prendront sur eux de l'échanger. » Un tel acte dépassait, en effet, la limite de leurs pouvoirs et n'appartenait qu'au Comité de Salut public.

D'autre part, les prisons toulonnaises renfermaient des détenus au sort desquels les conventionnels s'intéressaient autant que les Anglais à celui de leur général : d'où l'envoi de parlementaires qui, de part et

---

[1] Lettre de Gilbert Elliot, 1ᵉʳ décembre.
[2] Lord Hervey à ***. (Livourne, 13 décembre.)

d'autre, furent chargés de régler les deux questions et n'eurent point, vraisemblablement, d'autre mandat.

Une objection a été soulevée : le 7 décembre, 14 femmes s'étaient évadées de l'hôpital du Saint-Esprit, et, parmi elles, se trouvait la femme du général Lapoype : n'est-ce point là, a-t-on dit, l'indice d'un accord entre les républicains et les coalisés? Remarquons d'abord que de sérieux efforts furent faits pour reprendre les fugitives ; ensuite que les prisons étaient mal surveillées par la garde nationale à laquelle on ne confiait plus guère d'autre emploi, et qui déjà, le 23 novembre, avait laissé 17 détenus s'échapper du vaisseau *le Thémistocle*. La suppression de cette troupe, deux jours après la fuite de Mme Lapoype, est une preuve du mécontentement des alliés[1]. Enfin, — et cette dernière raison est péremptoire, — il est prouvé que, loin de quitter la ville, l'évadée s'était contentée de s'y cacher[2]. Mais sa fuite eût-elle été favorisée, qu'elle ne démontrerait point la vente de Toulon aux républicains.

Le général O'Hara n'eut qu'à se louer des procédés des vainqueurs; le général Garnier fit de son mieux pour lui adoucir les ennuis de la captivité. Il poussa la complaisance jusqu'à lui céder son propre lit. Tous deux avaient ensemble de fréquents entretiens; Garnier, dans son Journal, écrit en exécution des ordres de la Convention, nous en a conservé un qui vaut la peine d'être reproduit textuellement :

[1] *Journal* de Vernes. — Henry.
[2] On verra, en effet (page 340, note 1), que Mme Lapoype ne quitta Toulon que le 18 décembre, pendant le bombardement de la ville par les républicains.

« Le général O'Hara, dit-il, prisonnier anglais
« blessé et couché dans mon lit, m'adressa les plaintes
« suivantes :

« *Le général anglais.* — Mon chénéral, je souis bien
« malheureux !

« *Le général français.* — Comment, général ?

« *Le général anglais.* — Oun homme qui a fait la
« guerre comme moi, en Amérique, qui a compatton
« longtemps, qui n'avait chamais été apantonné par ses
« troupes, se voit aujourt'hui enveloppé par une poi-
« gnée d'hommes !

« *Le général français.* — Que voulez-vous faire à
« cela ? C'est un malheur. Aujourd'hui pour vous,
« demain pour moi !

« *Le général anglais.* — ... Foui, à la ponne heure,
« mais chai vou, autre part, tes armées, et ici on me
« foussillait de tout côté, et je ne voyais point te
« troupe[1] !

« *Le général français.* — ... Vous ne connaissez pas
« encore la tactique des républicains !

« *Le général anglais.* — ... Oun homme qui a fait
« plusieurs campagnes et qui a été plessé quatre fois !

« *Le général français.* — ... Je le crois, général, mais
« *ce n'est pas en prenant Toulon que vous avez reçu*
« *ces quatre blessures !* »

« A ce mot, il me tourna le dos, et la conversation
« finit là[2]. »

Le dernier trait résume les sentiments que pouvait

---

[1] Allusion à l'apparition soudaine des troupes de Dugommier, dont la marche avait été dissimulée par les accidents du terrain.

[2] Cette conversation a été écrite par le général Garnier à Roccabigliera, le 23 frimaire an IV (14 décembre 1795). Son imitation de l'accent anglais ne paraît pas heureuse.

inspirer, à un officier de l'armée française, la conduite des Anglais. Quant au dialogue, on ne saurait douter qu'il ait eu lieu : Garnier, qui fut nommé gouverneur de Toulon après sa reprise, qui commanda ensuite une aile de l'armée d'Italie, possédait la confiance de ses supérieurs, comme celle de ses troupes : nous aurions mauvaise grâce à lui refuser la nôtre[1].

L'attitude d'O'Hara semble pourtant en contradiction avec celle qu'on lui a attribuée. Interrogé, au moment où il fut pris, sur ce qu'il désirait, il aurait répondu fièrement à Bonaparte : « Être seul et ne rien devoir à la pitié[2] ! » Comment concilier ce mot quasi héroïque avec la mine piteuse de l'homme qui ne songe qu'à s'entourer de confort et se répand en lamentations sur les injustices de la destinée ?

Elliot nous le peint, d'ailleurs, comme brave dans les combats, mais dépourvu de caractère.

Bientôt, O'Hara fut, ainsi que ses compagnons, mandé à Paris par ordre du Comité de Salut public. On avait découvert, dans ses papiers, « un brevet du roi d'Angleterre, qui l'établissait son général et, en même temps, son ministre à Toulon, l'autorisant à traiter au nom du roi d'Angleterre et d'accorder des capitulations et garanties à celles des villes et des provinces du Midi qui auraient fait des instances près du

---

[1] Pierre-Dominique Garnier, soldat au régiment de l'Ile-de-France, le 21 février 1776. Congédié en 1779. Lieutenant-colonel au 11e chasseurs, le 26 octobre 1792. Général de brigade, le 12 septembre 1793. Général de division, le 20 décembre 1793. Réformé le 21 mai 1801. Commandant d'armes de la place de Barcelone, le 26 août 1811. Retraité le 1er juillet 1812.

[2] Voir la *Biographie* Michaud, qui donne le récit de l'anecdote comme émanant de Bonaparte lui-même.

Cabinet de Saint-James pour être admises à se mettre sous sa protection ».

Le Comité ne pouvait manquer cette occasion de s'éclairer sur les trames contre-révolutionnaires du Midi, en essayant d'arracher des aveux au général anglais qui répondit évasivement. Alors Robespierre proposa de l'envoyer au Tribunal révolutionnaire, mais Barère s'y opposa en disant qu'il valait mieux le mettre à la question d'abord, qu'il serait temps d'aviser ensuite.

Tel est, du moins, le récit de l'espion du Comité dont il a déjà été parlé [1]. Sans garantir l'exactitude de tous ses détails, on peut affirmer celle de l'ensemble, car il est d'accord avec les pièces officielles : le 25 janvier [2], le ministre Dundas invite le duc d'York, général en chef de l'armée des Pays-Bas, à envoyer en toute hâte un parlementaire au général français commandant à Lille, afin de lui déclarer que, si le général O'Hara était, comme on avait lieu de le craindre, traduit devant le Tribunal révolutionnaire, l'Angleterre en tirerait une vengeance éclatante. Il devait, en outre, rappeler qu'en 1746 les Français, envoyés en Écosse dans le but de renverser le gouvernement britannique, n'en avaient pas moins été, après leur capture, traités en prisonniers de guerre [3].

La lettre du duc d'York fut remise aux commis-

---

[1] *Fortescue papers.*

[2] Observons, cependant, que, d'après le récit de l'espion, la comparution d'O'Hara devant le Comité n'aurait pas eu lieu avant le 2 février.

[3] Allusion à un épisode de la campagne du Prétendant en Écosse 1745 : le marquis d'Éguilles, envoyé du gouvernement français auprès du prince Charles-Édouard, ayant été fait prisonnier après la bataille de Culloden, fut bien traité par les Anglais, qui le retinrent un an à Carlisle. Voir *Un Protégé de Bachaumont, correspondance inédite du marquis d'Éguilles (1745-1748)*, publiée par Paul Cottin (1887).

saires de la Convention à Lille, qui promirent de l'envoyer au Comité de Salut public et de faire connaître sa réponse. Elle fut satisfaisante, sans doute, car, après une courte détention au Luxembourg, O'Hara, échangé, put reprendre les fonctions de gouverneur de Gibraltar, qu'il exerçait avant son envoi à Toulon [1].

[1] Dundas au duc d'York, Whitehall, 25 janvier. Lettre adressée au colonel Craig, Courtray, 31 janvier. — Lettre du colonel Craig au général Abercrombie, Ghent, 29 janvier. — Le duc d'York à Dundas, Ghent, 29 janvier. — *Moniteur* du 10 janvier 1794. — Elliot à Dundas, 1er décembre.

XIV

Service d'espionnage organisé par les Conventionnels. — Mesures de précaution adoptées par le gouverneur anglais. — Rétablissement du tribunal populaire. — Plans d'attaque de Bonaparte et de Dugommier. — Bonaparte et du Teil. — Le peintre François-Marius Granet. — Dénûment de l'armée républicaine. — Le « grand camp » de Balaguier. — État des forces assiégeantes et assiégées au commencement de décembre. — Prise du fort Mulgrave et du Faron (17 décembre). — Conseil de guerre à Toulon. — Évacuation des forts. — Nouvelles précautions du gouverneur anglais. — Scènes dramatiques sur le port. — Abandon des Toulonnais par leurs alliés. — Pillage de l'arsenal.

La défection de Toulon aussitôt connue, le Comité de Salut public avait organisé un service d'espionnage propre à le renseigner sur l'état intérieur de la ville. A sa tête avait été placé un sieur Adet[1], qui était déjà chargé de « diriger l'esprit public » à Marseille. Rares furent ceux qu'il décida à pénétrer dans la ville, dont on savait les portes étroitement surveillées ; le 24 septembre, une femme nommée Marie Coste, qui essayait d'introduire des lettres et des exemplaires de la Constitution sous les fruits d'un panier, avait, sur-le-champ,

---

[1] C'était, pensons-nous, le futur ministre de la République française aux États-Unis.

été exécutée, par jugement du Tribunal populaire[1]. Sévérité qui glaçait les plus entreprenants. On avait bien envoyé à Adet quelques agents de Paris; mais, estimant, non sans raison, que des hommes du pays seraient plus propres à ce genre de besogne, il s'adressa, faute de mieux, à un détenu de Marseille, qui, en échange de sa liberté, promit de « remuer les ouvriers de l'arsenal ». L'exemple aidant, un second émissaire, puis un troisième tentèrent l'entreprise les 3 et 4 octobre. Leurs efforts n'aboutirent qu'à la saisie d'une lettre du Comité général et à quelques renseignements faux, tels que la mort de Beauvais et une prétendue bataille entre les Anglais et les Espagnols, dans la nuit du 17 au 18 septembre[2].

Adet n'avait cependant point perdu tout espoir de « produire un mouvement dans Toulon ». A cet effet, il s'adjoignit un peintre marseillais, Topino-Lebrun, élève et disciple politique de David, qui essaya de correspondre avec des patriotes de Marseille, enfermés dans Toulon. Vains efforts! Les patriotes étaient les uns en prison, les autres relégués à bord des vaisseaux ou dans des postes éloignés. Topino ne se tint point pour battu : « L'affaire est manquée, écrivit-il à Lebrun fils, mais on va sonder un intrigant, ancien ami des chefs rebelles, et on le fera traiter avec ceux qui en ont le pouvoir[3]. » De fortes sommes furent, en effet, offertes à cet individu, dont les démarches ne furent sans doute point couronnées de succès, car jusqu'à la

---

[1] Jugement du Tribunal populaire de Toulon, 24 septembre 1793. — Cf. *Journal* de Vernes.
[2] Voir plus haut, page 194.
[3] Topino-Lebrun à Lebrun fils, 25 septembre.

fin de novembre on n'entend plus parler d'espionnage [1].

A cette époque, ce service est rétabli par Barras et Fréron, qui invitent Tilly à s'aboucher avec des marchands génois chargés de l'approvisionnement des alliés :

« Nous ignorons tout, lui écrivent-ils le 28, et il nous importe de tout savoir... Il faut que ce plan s'exécute et que nous recevions les renseignements que nous désirons — nombre des troupes entrées dans Toulon, desseins des ennemis, s'ils espèrent conserver la place, l'abandonner ou la brûler, — n'importe à quel prix. » Les Génois devaient fournir une « correspondance journalière », et, vu l'approche du jour de l'attaque générale, aider à préparer un soulèvement dans les ateliers de la Marine, où l'on savait exister « un fort parti pour la République[2] ».

Quelques jours après, une lettre où les Représentants annonçaient au Comité de Salut public que leur prochaine correspondance serait « datée des ruines de Toulon », fut, grâce à leurs intelligences dans la ville, répandue à un grand nombre d'exemplaires pour y semer la terreur[3].

Enfin ajoutons que l'ingénieur des bâtiments civils de la Marine Sardou, auteur du plan dont nous avons

---

[1] M. Frédéric Masson possède et a bien voulu nous communiquer un manuscrit contenant un certain nombre de copies de lettres d'Adet, datées de Marseille, 17 septembre — 4 octobre. Ce manuscrit, intitulé : *Correspondance avec les Ministres de la Marine et des Affaires étrangères sur Marseille et Toulon* 1793, est anonyme, mais nous avons, au cours de nos recherches, retrouvé plusieurs originaux de ces lettres avec la signature d'Adet.

[2] Barras et Fréron à Tilly, 28 novembre.

[3] *Fréron à Moïse Bayle*. Une lettre signée Fréron, Ricord et Robespierre, datée du 18 décembre, contient, en effet, cette phrase.

donné un *fac-similé* à la fin de notre volume, paraît avoir secrètement rendu compte aux Représentants de tout ce qui pouvait leur être utile[1].

Ces manœuvres expliquent les appréhensions des Anglais dans les derniers jours du siège, appréhensions d'autant mieux fondées que nombre d'anciens républicains, mécontents de la tournure des événements, revenaient à leurs opinions d'autrefois[2]. Un soulèvement pouvant, en cas d'évacuation, entraîner des conséquences graves, le gouverneur prit des mesures rigoureuses : le 8 décembre commencèrent des visites domiciliaires ; on exigea, sous peine d'arrestation, des cartes d'identité. Le 9, les habitants reçurent tous sans distinction, l'ordre de déposer, à l'hôtel de la Marine, où se trouvait caserné un régiment anglais, toutes les armes en leur possession[3]. Les armuriers furent invités à dresser un état de leurs marchandises et à n'en plus vendre aucune. Les rassemblements furent interdits; l'entrée et la sortie de la ville, par terre comme par mer, furent soumises à un contrôle sévère[4] ; les remparts, où l'on voyait souvent rôder des gens aux allures équivoques, étroitement surveillés.

Le même jour, ce qui restait de la garde nationale fut désarmé, licencié, et il fut défendu d'en porter l'habit, sous peine d'être traité en suspect[5]. Les artilleurs de la Marine, dont beaucoup avaient été congédiés dès le 6 septembre, et qui passaient pour avoir

---

[1] Note en marge du plan de Sardou.
[2] *Summary account*.
[3] Délibération du Comité de surveillance, 8 décembre.
[4] Archives de Toulon.
[5] Séances du Comité général du 9 et du 10 décembre.

conservé des opinions jacobines, furent, le 12, l'objet d'une mesure analogue. Seuls les officiers conservèrent leurs épées[1]. Pour faciliter cette double opération, des patrouilles ne cessèrent de parcourir la ville.

Enfin, pour éviter de jeter, par cet excès de prudence, la consternation dans l'âme des habitants, certaines mesures de rigueur furent déclarées applicables seulement « jusqu'à l'établissement d'un système plus permanent ». C'est dans ces conditions que le Tribunal populaire fut rétabli, après avoir été supprimé, le 11 novembre, de la manière suivante : il jugeait un nommé Vassal, maître d'école, inculpé de complicité dans les crimes de 1792. Vassal allait être condamné, quand arriva une lettre du gouverneur déclarant le temps des vengeances passé et la modération devenue nécessaire (les menaces des Conventionnels avaient produit leur effet). Vassal fut aussitôt réintégré dans sa prison, et le Tribunal dissous.

Un mois plus tard, le 9 décembre, Garnier, son ancien président, reçoit un *De par le Roi* lui ordonnant de réunir, sur-le-champ, ses anciens collègues : Vassal, extrait de prison et jugé d'après les ordonnances des rois de France, est condamné à faire amende honorable et à trente ans de galères[2].

Toutes ces mesures furent prises sans que le Comité général eût été consulté. Leur but, nous le répétons, était de contenir les jacobins par la terreur.

Il eût sans doute été plus utile de fortifier les postes extérieurs, mais on manquait d'ingénieurs[3], ou plutôt

[1] *Journal* de Vernes.
[2] Ordonnance signée Hood, Dundas et Elliot, portant la date du 9 décembre. — *Journal* de Vernes.
[3] *Summary account*.

on ne voulait point se servir d'ingénieurs français.
Vainement ceux-ci représentaient-ils la nécessité de
faire des travaux à Malbousquet, à la Redoute anglaise,
aux Pas-de-La-Masque et de Leydet, à l'Éguillette, à
Balaguier. On les éconduisait, on les reléguait dans
des postes éloignés, afin d'avoir un prétexte pour
se passer de leur concours [1]. État de choses dont les
Conventionnels devaient être les premiers à profiter.

Cependant Bonaparte ne cessait de répéter ce qu'il
avait dit dès son arrivée [2], que, si l'on prenait l'Éguillette, les flottes seraient obligées de quitter les deux
rades. Il ajoutait, dans une lettre adressée au Ministre
de la Guerre le 14 novembre, qu'il fallait, en même
temps, faire occuper le Faron par l'armée de l'Est;
que, si la « commotion générale », produite par ces
deux attaques, ne suffisait point, on canonnerait les
forts Malbousquet et d'Artigues, mais que les alliés
n'attendraient probablement point jusque-là ; qu' « ils
préféreraient retirer la garnison, brûler les vaisseaux
français, les établissements, plutôt que de laisser dans
la place 15 à 20.000 hommes, qui, tôt ou tard, seraient
pris, sans pouvoir alors rien détruire, afin de se ménager une capitulation [3] ». Bonaparte était bon prophète.

Toute la France avait alors les yeux fixés sur Toulon,
dont le plan d'attaque avait été mis au concours
par des sociétés populaires ; Bonaparte en reçut, pour
son compte, plus de 600 [4]. Le Comité de Salut public
n'eut à s'occuper que du sien, de ceux de l'ingénieur

---

[1] *Mémoires* du lieutenant-colonel du génie Boullement de Lachenaye. — *Mémoires* de Thaon de Revel.
[2] Bonaparte au Comité de Salut public, 25 octobre.
[3] *Mémoires* de Napoléon.
[4] *Mémorial de Sainte-Hélène*.

Doumet-Revest et des généraux Michaud d'Arçon et Dugommier. Les plans de Doumet-Revest et de Michaud d'Arçon signalaient la nécessité d'occuper les hauteurs dominant les deux rades, mais n'en faisaient point l'objet principal de l'attaque. Quant au travail de Dugommier, il ressemblait tellement à celui de Bonaparte que, sur le rapport de Carnot, le Comité de Salut public ordonna leur fusion. Le 25 novembre, devant un conseil de guerre composé des généraux du Teil, Lapoype, Mouret, Labarre et Garnier, de Bonaparte, Sugny, Brûlé, Flayelle, La Mothe, le général en chef donna lecture du plan définitif.

Il consistait : 1° à diriger l'attaque principale sur la redoute construite par les Anglais sur les hauteurs de Caire ; 2° à battre le fort Malbousquet pour détourner l'attention de l'ennemi ; 3° à canonner les hauteurs du cap Brun dans le même but ; 4° à s'emparer du Faron ; 5° à établir, entre la batterie de la Convention et Malbousquet, des mortiers à longue portée, qui, en lançant des bombes sur la ville, achèveraient d'y répandre l'effroi.

Puisque nous parlons de Bonaparte et de ses rapports avec ses chefs, il est bon de constater l'estime — l'admiration même — qu'il avait su leur inspirer : « Je manque d'expression, écrivait le général du Teil au Ministre de la Guerre, pour te peindre le mérite de Bonaparte ; beaucoup de science, autant d'intelligence et trop de bravoure, voilà une faible esquisse des vertus de ce rare officier. C'est à toi, Ministre, de les consacrer à la gloire de la République[1]. »

L'ardeur de Bonaparte ne s'était point ralentie depuis

---

[1] Du Teil au Ministre, 19 décembre.

l'arrivée du général et de son état-major. Nous en trouvons la preuve dans les *Mémoires*, assez peu connus, d'un artiste célèbre, le peintre François-Marius Granet, qui raconte comment, à l'âge de vingt ans, il partit d'Aix, sa ville natale, avec la Société populaire, pour combattre sous Toulon ; comment sa réputation naissante lui valut l'honneur d'être présenté au général du Teil, et celui d'être retenu à dîner avec plusieurs officiers, parmi lesquels il en remarqua un « très jeune et très pâle ». Nous avons nommé Bonaparte. Mais voici d'abord le portrait du général :

« Figurez-vous, dit-il, un homme de soixante ans. Il pouvait avoir cinq pieds et huit pouces. Il avait de la barbe comme un capucin et le nez épaté. Il ressemblait un peu à la belle tête de Michel-Ange. Mis très simplement, il avait quelque chose de bon et de doux dans toute sa personne...

Me voilà assis à côté d'officiers brillants de beaux uniformes, moi vêtu d'une simple veste que l'on appelait alors *carmagnole*. Je regardais de tous mes yeux cette réunion, dont mon général était le plus simple et le meilleur. Après avoir bien observé tout le monde, je commençai à écouter ce que chacun disait. On ne parlait pas de la guerre, mais bien des belles dames et des bonnes fortunes de quelques-uns des officiers présents, que leurs camarades plaisantaient ; et, comme la plus douce cordialité régnait parmi les convives, qui s'appelaient par leurs noms, c'est là que j'ai entendu pour la première fois le nom de Bonaparte. C'était Napoléon, alors officier d'artillerie. Lucien, son frère, était alors commissaire des guerres. Le bon général faisait les honneurs de sa grande table comme un bon père de famille avec ses enfants. Quelquefois il mettait le mot à la conversation. Je me souviens qu'il y avait, sur la table, un plat de cervelle, et qu'il en servit d'abord à Napoléon en lui disant : « Tiens, car tu en as besoin ! » Comme le jeune officier était chargé de tout le travail de l'artillerie, il voulait dire qu'il lui fallait de la tête pour quatre. Pendant le repas, quelques sous-officiers de canonniers venaient faire des rapports au général. A peine étaient-ils entrés, qu'il leur donnait son verre à boire, plein de vin, et l'accord qui régnait entre eux était tel, qu'on eût dit une réunion de parents et d'amis. »

Du Teil présenta Granet à Napoléon en lui disant : « Il faut placer ce jeune homme au parc d'artillerie, il me paraît bien né. — Comme vous voudrez, général, répondit Bonaparte. Demain, je l'enverrai au parc d'artillerie avec le titre de dessinateur. » On le chargea de reproduire les redoutes et autres ouvrages militaires exécutés par l'armée française. Son travail achevé, il demanda et obtint la permission de retourner à Aix, d'où il revint après le siège, toujours avec la Société populaire, pour coopérer à la démolition des édifices de Toulon. Il entra alors, comme peintre, à l'arsenal[1].

En partageant l'ordinaire du soldat, Granet s'aperçut, à ses dépens, de la misère de l'armée : la disette qui régnait alors désolait surtout les départements méridionaux.

Le 16 novembre, Robespierre jeune signale le dénûment du Var et des Alpes-Maritimes[2]; le 21, Barras parle d'employer la violence pour se procurer des vivres[3]. Le 2 décembre, Rovère supplie le Comité de Salut public de faire parvenir des grains et des farines aux armées de Nice et du Midi : « Les départements du Midi, écrit-il, sont à leurs derniers moyens; nous cachons, autant qu'il est en nous, cette terrible vérité[4]. »

---

[1] Il y fut employé à peindre en trois couleurs et à orner d'emblèmes républicains les canots de guerre, besogne indigne de son talent; mais il fallait vivre, et ce n'était point chose aisée, à cette époque, dans un pays désolé par la guerre. Nous avons raconté dans notre préface, le sort des dessins de Granet, dont un spécimen figure en tête de notre volume. Ses *Mémoires* ont été publiés, en 1872, par le journal *le Temps*. Cf. l'article de M. Louis Brès dans le *Sémaphore de Marseille* du 23 décembre 1893.

[2] Nice, 16 novembre.
[3] Marseille, 21 novembre.
[4] Beaucaire, 2 décembre.

Aussi les représentants s'impatientaient-ils des lenteurs de Dugommier. Ils en parlaient à leur aise ! Le général ne doutait point qu'il n'y allât de sa tête : « Vous prendrez l'Éguillette, lui avait écrit le Comité de Salut public, ou vous mériterez nos regrets. » Ce qui, peu d'instants avant l'assaut, lui faisait dire à Victor : « Il faut prendre Toulon, sinon !... » Un geste significatif — la main passée autour du cou — complétait sa pensée.

Bonaparte prétend que, las d'attendre, les représentants lui offrirent le commandement en chef[2] ; qu'il le refusa et avertit Dugommier. Ce général venait d'apprendre qu'un renfort de 10.000 hommes était attendu à Toulon par le premier vent favorable[3] ; il réunit un premier conseil de guerre le 5, et un second le 11 décembre. Tous deux confirmèrent le plan d'attaque du 25 novembre, en décidant que son objet principal serait le fort Mulgrave, devant lequel les alliés avaient construit trois redoutes croisant leurs feux et dont les garnisons étaient entièrement composées d'Espagnols. Un camp retranché sur la droite renfermait, en outre, 700 Napolitains. Dugommier a insisté, dans son rapport, sur l'aspect formidable du fort Mulgrave, qu'entouraient, dit-il, une double enceinte, des abatis d'arbres, des chevaux de frise, un large fossé, et que défendaient 28 canons et 4 mortiers de gros calibre.

D'autres ont, au contraire, fait ressortir la faiblesse

---

[1] *Mémoires* du duc de Bellune.
[2] *Mémorial de Sainte-Hélène*.
[3] C'est l'ingénieur Sardou qui, ayant entendu l'amiral Trogoff annoncer publiquement cette nouvelle (vraie en partie) aux habitants pour leur inspirer confiance, l'eût transmise à Barras.

de son profil, contesté l'existence du fossé, blâmé l'installation de gros canons dont le tir était malaisé, surtout à courte distance, enfin déclaré que ses travaux avaient été très négligés par le général espagnol Izquierdo. La garnison, composée d'Anglais, de Sardes [1] et d'Espagnols, ne dépassait point 700 hommes, dont 300 arrivés la veille, et le chiffre total des défenseurs du « grand camp de Balaguier » n'atteignait point 3.000. Cependant le triple assaut qui précéda son enlèvement par un ennemi deux fois plus nombreux prouve qu'il ne s'agissait point là d'un « ouvrage temporaire », comme le prétendait Dundas [2], mais d'un fort construit avec soin [3].

Quant à la garnison de Toulon, son chiffre varie suivant les auteurs ; voici, d'après les documents les plus dignes de confiance, sa composition :

Espagnols	7.000	hommes
Sardes	2.000	»
Napolitains	6.200	»
Anglais	2.000	»
Français	1.500	»
	18.700	

[1] Ceux-ci commandés par le major Zaverio Saluzzo.
[2] Rapports de Dugommier, Izquierdo, Luis de Ariza, Dundas, Micheroux. — *Mémoires* de Thaon de Revel. — Lettre des Représentants.
[3] Les assertions de Dugommier à l'égard du fort Mulgrave sont confirmées par celles du citoyen Sardou : « On établit, dit-il, sur cette redoute, de grands revêtements construits en terre et en bois ; des redans pour couvrir les passages qui sont dans la gorge ; de grands fossés qui faisoient le circuit du revêtement; des embrasures avec leurs plates-formes armées de pièces de 36, une autre partie armée avec des pièces de 12, d'autres revêtements faits en bois avec des plates-formes armées avec des pièces de 8, des plates-formes pour des mortiers à gros calibre, *idem* pour des obusiers, doubles rangs de chevaux de frise, de grands abatis d'arbres. En avant après, un large fossé en défendait l'entrée. L'intérieur était défendu par de bons remparts de 14 à 15 pieds d'épais-

Dans ce nombre ne sont point compris les 4.000 hommes de la garnison des vaisseaux que le feu incessant des républicains empêchait de descendre à terre.

Si de ces 18.700 combattants on déduit les 4.000 malades de l'hôpital, on voit que les troupes valides ne dépassaient point 14.700 hommes. Le général Dundas n'évaluait même qu'à 11.000 le nombre des soldats capables de « porter le mousquet [1] ». Avec des forces aussi médiocres, une circonférence de 15 milles à garder, et la nécessité de conserver une garnison dans la place, les alliés ne pouvaient guère se flatter d'une longue résistance, surtout à partir du moment où les Français avaient reçu des renforts : ce n'est point 14.000 hommes qu'il leur eût fallu, mais 50 à 60.000, comme le général Grey l'avait déclaré à Pitt [2].

Après la chute de Lyon, l'armée républicaine grossit rapidement :

Le 11 décembre, elle s'élève à 37.978 hommes [3], mais

---

seur, par des troncs de pins placés les uns au-dessus des autres. Ces remparts étaient armés de 25 pièces de canons. » (Archives de la Guerre, 18 décembre.) — *Mémoires de Boullemient de Lachenaye.* — Dugommier à Lapoype, 17 décembre. — *Summary account.*

[1] Gilbert Elliot allait plus loin : il prétendait que les seuls hommes sur lesquels on pût compter étaient 4.000 en tout, se décomposant ainsi : moins de 2.000 Anglais, 1.700 Piémontais et 300 Français du Royal-Louis.

[2] Le général Dundas à H. Dundas, 12 et 21 décembre. — Elliot à Dundas, 20 décembre.

[3] Un état des troupes républicaines du 11 décembre donne les chiffres suivants :

Infanterie	35.978
Cavalerie	344
Artillerie	1.656
	37.978

Il y avait, sur ce nombre, 2.262 malades dans les hôpitaux et 431 hommes en congé. (Archives de la Guerre.)

BATTERIE DE LA RÉPUBLIQUE
Dessin inédit de Granet (Haut. 0,17, larg. 0,24).

sur le papier seulement, car, déduction faite des
malades, des vieillards, des enfants, des paysans armés
de faulx et de piques, les hommes en état de combattre
ne sont pas plus de 20.000. Telle était, selon Dugommier, sa force « vraiment effective », tandis que, pour
rentrer « dans les règles communes des sièges », il lui
eût fallu un nombre de troupes double de celui de
l'ennemi[1]. Dugommier ignorait que son armée était
précisément dans ce cas.

Cependant, le jour fixé pour l'attaque arrive : le 14,
après une reconnaissance dans la direction de Balaguier,
où il s'est rendu avec son état-major, Dugommier
donne le signal : aussitôt les batteries les plus rappro-
chées, c'est-à-dire celles des Sablettes, des Républicains du Midi, des Hommes-sans-Peur, des Braves ou
des Chasse-Coquins, situées à deux ou trois cents toises
seulement de la Redoute anglaise, font pleuvoir sur elle
boulets et bombes. Leur tir, appuyé par celui des batteries des Sablettes, des Moulins, de Faubregas, de la
Grande-Rade, des Jacobins, des Sans-Culottes, et « dirigé
par le plus grand talent », selon l'expression de Dugommier, continue le 15 et redouble le 16. Le 16 au
soir, 7.000 hommes sont assemblés au village de la
Seyne. Mais la tempête, qui dure depuis plusieurs
jours, est tellement violente qu'au moment de partir
les Représentants hésitent et assemblent un conseil

---

[1] Kellermann estimait que, pour prendre Toulon, 40.000 hommes
étaient nécessaires.
Il est assez curieux de constater que, de part et d'autre, les chefs connaissaient l'état numérique officiel des troupes adverses. (Hood à Dundas,
13 décembre. Le général Dundas à H. Dundas, 12 décembre. Marescot
à Carnot, 25 novembre.) Les Toulonnais étaient moins bien informés ;
le bruit courait, parmi eux, que les républicains disposaient de 80.000
et même de 150.000 hommes.

de guerre. Dugommier déclare que l'orage est plutôt une circonstance favorable, et, à une heure du matin, l'armée s'ébranle sur trois colonnes : la première, commandée par Victor, suivra la mer et abordera le fort Mulgrave par la gauche, de manière à couper ses communications avec la rade ; la seconde, sous les ordres de Brûlé, longera le promontoire à mi-côte et attaquera l'ouvrage de front; la troisième restera en arrière et formera le corps de réserve.

Dugommier se met à la tête de l'avant-garde. Auprès de lui se tiennent les représentants Fréron, Ricord, Robespierre jeune et Saliceti, qui le quittent pour se porter tantôt en arrière, tantôt sur les flancs des troupes. Malgré leur surveillance, et par une cause demeurée mal expliquée, — excès d'ardeur, disent les uns; erreur d'un guide, affirment les autres, — les deux colonnes se rencontrent et fusionnent à mi-chemin. Bientôt, nouvel incident; le cri : *Sauve qui peut ! A la trahison*[1] ! retentit et cause une panique. Dugommier accourt et rallie ses hommes. Un premier poste composé d'Anglais, un second défendu par des Espagnols sont enlevés à la baïonnette. Enfin les deux colonnes arrivent au pied de la redoute, franchissent les abatis, renversent les chevaux de frise. Quelques grenadiers, emportés par leur ardeur, pénètrent par les embrasures, mais, rencontrant une seconde enceinte sur laquelle ils ne comptaient point, ressortent aussitôt. Un second assaut n'est pas plus heureux. Dans son désespoir, Dugommier s'écrie : « Je suis perdu ! » et va donner l'ordre d'appeler les réserves, quand il les voit

[1] Les Représentants à Barras, 17 décembre.

paraître tout à coup, Bonaparte et Muiron en tête. Forts de leur soutien, les assaillants reviennent à la charge, escaladent les parapets, tuent les canonniers sur leurs pièces, enfin engagent à l'intérieur du fort, sur une sorte de place d'armes dont l'occupation est chaudement disputée, un combat terrible, où les morts s'entassent par monceaux[1]. Mais la victoire reste aux républicains. Les survivants n'ont que le temps de fuir en se frayant un passage à travers les rangs des vainqueurs, qui, pour achever leur déroute, retournent contre eux les canons qu'ils n'ont point eu le temps d'enclouer ; il est alors trois heures du matin[2].

Le fort Mulgrave était défendu par les redoutes Saint-Louis, Saint-Philippe et Saint-Charles. La première, gardée par 437 Espagnols commandés par le colonel don Luis de Ariza, avait subi, comme le fort principal, trois assauts successifs, où elle avait perdu le tiers de sa garnison et où le colonel avait été grièvement blessé. Le reste se retira dans la redoute Saint-Philippe, puis, cet ouvrage ayant été reconnu impropre à la résistance, dans la redoute Saint-Charles, où se trouvait le brigadier Izquierdo. Thaon de Revel reproche à ce général de ne s'être point porté au secours du fort principal et d'avoir, par son inaction, causé sa chute. Izquierdo a cherché à s'excuser en déclarant qu'un grand désordre s'étant produit sur le rivage, où les Napolitains s'étaient enfuis aux premiers coups de feu, il avait dû s'y rendre en personne et y rester jusqu'à l'ordre de rentrer

---

[1] Le fort Mulgrave perdit, selon le général Dundas, dans les journées du 16 et du 17, la moitié de sa garnison. (*Summary account.*)

[2] Rapport de Marescot. — *Commentaires* de Napoléon. — *Mémoires* de Thaon de Revel. — Lettre de Placide Jullian. — *Mémoire* de Florindorf.

dans Toulon. Explications évidemment insuffisantes [1].

Les Anglais n'ont pas moins flétri la conduite des Napolitains que celle des Espagnols. Le capitaine Cook écrivit à lord Auckland, le 20 décembre : « La retraite fut décidée en conséquence de la prise du fort Mulgrave par l'ennemi, qui ne s'en serait jamais emparé si les Espagnols avaient tenu. Deux fois les Anglais le repoussèrent et remirent les Espagnols en possession de la place, mais ce fut en vain. Ils tiraient sur ceux qui essayaient de les arrêter dans leur fuite. La retraite s'effectua en bon ordre, mais les Napolitains sont des infâmes, en vérité. Leurs officiers sont les plus insignes poltrons qui aient épaulé un fusil [2]... »

Le capitaine Cook, qui n'a point pris part à l'action, exagère peut-être la panique des Espagnols ; mais celle des Napolitains fut telle qu'ils enclouèrent, à l'Éguillette, les deux seuls canons qui restaient pour protéger leur retraite.

L'embarquement, couvert par deux vaisseaux français, *le Commerce-de-Marseille* et *le Pompée*, et par trois frégates espagnoles, se fit par la tour de Balaguier.

Nullement poursuivis par les républicains, les alliés eurent le temps d'emmener leurs blessés, de détruire leurs munitions et d'enclouer l'artillerie de la tour. L'inaction des Français, auxquels il eût été, semble-t-il, facile de cerner ces 2.500 hommes acculés à la rade,

---

[1] Rapports d'Izquierdo, du général Gravina, de l'amiral Langara, du colonel Luis de Ariza.

[2] « Hier, écrit, le 12 décembre, Elliot à lady Elliot, quatre Napolitains furent tués par des bombes à un avant-poste ; les autres envoyèrent demander à l'officier commandant à être relevés, disant qu'ils étaient tous malades ; si l'on fait une attaque sérieuse, les troupes de cette espèce demanderont à s'excuser, les postes seront perdus, et, dès lors, on ne pourra continuer à tenir dans la place. »

s'explique, selon le général Dundas, par leur fatigue, l'étendue de leur ligne de combat, la difficulté de leurs communications, et surtout par la certitude que la ville allait être évacuée. Il fait observer, néanmoins, que l'ennemi « aurait pu se montrer plus entreprenant [1] ».

À peine le dernier soldat était-il monté dans la dernière barque, que la flotte combinée, désormais exposée aux projectiles de l'ennemi, déploya ses voiles et alla mouiller en grande rade. *Le Commerce-de-Marseille*, à bord duquel l'amiral Trogoff s'était fait conduire avant la fin de la canonnade, n'eut que le temps d'imiter les autres vaisseaux : déjà les républicains tiraient, du rivage, sur le canot chargé de serper son ancre, dont il fallut couper le câble [2]. Ils ne purent, toutefois, ni installer immédiatement leur artillerie à l'Éguillette, où des réparations étaient nécessaires, ni s'emparer de la Croix-des-Signaux, que défendait un camp retranché et dont la garnison, composée d'Anglais et soutenue par le feu des vaisseaux, opposa une résistance énergique [3].

Il n'est point aisé de déterminer le chiffre des morts et des blessés dans l'affaire de Balaguier : Dundas parle de 300 Anglais tués ; Gravina, de 70 Espagnols tués, 45 blessés et 251 disparus. Mais tous deux comprennent dans ces chiffres celui des pertes, assez restreintes, subies à l'attaque du Faron, qui se fit à la même heure. Marescot ajoute qu'ils laissèrent 400 prisonniers entre les mains des Français [4].

[1] *Summary account.*
[2] Lettre du capitaine Pasquier au duc d'Harcourt, 20 mars 1795.
[3] *Journal* de Vernes.
[4] Dundas, lettre du 21 décembre. — *Journal du général Gravina.* — *Livre de bord* de l'amiral Hood. — Lettre des représentants à Barras,

Ceux-ci comptèrent 80 morts et 200 blessés[1], parmi lesquels le général Delaborde, le capitaine Muiron, le colonel Bonaparte, frappé d'un coup de baïonnette à la cuisse après avoir eu un cheval tué sous lui.

Pendant l'affaire de Balaguier, un feu nourri avait été dirigé contre le fort Malbousquet, auquel les corps des généraux Mouret et Garnier semblaient prêts à donner l'assaut : ils se bornèrent à une fausse attaque.

Il n'en fut point de même au Faron : l'armée de l'Est avait été divisée en trois colonnes commandées, celle de gauche par le général Lapoype, celle du centre par l'adjudant général Micas, celle de droite par le commandant Argod. Le Pas-de-La-Masque, mal surveillé, comme au 1ᵉʳ octobre, fut surpris, à la faveur du brouillard, par Micas, au moment même où les Français s'emparaient du fort Mulgrave, c'est-à-dire à trois heures du matin. Le général Dundas se trompe en déclarant, dans son rapport, que « l'ennemi ne perça point à un poste britannique ». Le Pas-de-la-Masque était gardé par des Anglais, dont le chef fut obligé, à la vive satisfaction des Espagnols, de demander asile, dans le fort Saint-Antoine, au capitaine espagnol Mendinueta.

Pendant ce temps, la première colonne s'élançait trois fois à l'assaut du fort Faron, d'où, trois fois, elle était repoussée, et où, comme à Balaguier, le cri de : *Sauve qui peut!* se serait fait entendre. Barras et Fréron rallièrent les troupes un instant débandées. L'attaque de la Croix-de-Faron, où le lieutenant-colonel pié-

---

17 décembre ; — au Comité de Salut public, 18 décembre. — *Journal de Vernes*. — *Livre d'ordre* de Marescot. — Napoléon évalue la perte des Français à 1.000 morts et celle des alliés à 2.500, chiffres évidemment exagérés.

[1] Rapport de Dugommier, 20 décembre.

montais de Germagnan fut tué, et celle du Grand-Saint-Antoine, n'eurent point un meilleur succès[1]. Mais l'occupation du Pas-de-La-Masque suffisait à assurer aux républicains la possession des crêtes.

La perte du grand camp de Balaguier ayant été connue à Toulon à quatre heures du matin, un conseil de guerre fut assemblé en toute hâte. Y prirent part : l'amiral Hood, sir Hyde Parker, les amiraux Langara, Gravina, Forteguerri ; les généraux Dundas, Valdès, le chevalier Thaon de Revel et sir Gilbert Elliot.

Le conseil est à peine assemblé, quand arrive la nouvelle de la prise du Faron. Il fait alors appeler les colonels d'artillerie et du génie Pozzo, Maturana, d'Auban et le capitaine Collier, auxquels il pose la question suivante :

« Le Faron et les forts de Balaguier étant perdus, la ville et le port de Toulon sont-ils tenables? Peut-on établir, au cap Sepet, une batterie capable de protéger la rade ? »

La réponse, rendue par écrit à l'unanimité, est que, les hauteurs du Faron étant occupées par l'ennemi, les deux forts Saint-Antoine, le camp retranché de Sainte-Anne et le fort Malbousquet seront nécessairement emportés; que, dans ces conditions, les Français pourront attaquer la place de front; que, même en établissant une batterie à longue portée au cap Sepet, et en restant maîtres de la côte depuis le cap Brun jusqu'à la Grosse-Tour, les alliés n'empêcheront point l'ennemi

---

[1] Lettre de Dundas, 21 décembre. — Boullement de Lachenaye. — Lettres de Barras et de Fréron, 16 décembre 1793. — Thaon de Revel. — Florindorf. — *Rapport* du brigadier Micheroux. — Lettre de Barras, 16 (17) décembre. — *Mémoires* du prince de la Paix.

de croiser les feux de Balaguier avec ceux du fort Sainte-Marguerite et de chasser la flotte coalisée des deux rades[1].

La délibération s'ouvre ensuite : toujours partisan des résolutions énergiques, l'amiral Hood opine dans le sens de la résistance, alléguant que l'arrivée des 5.000 Autrichiens et des renforts attendus de Gibraltar est imminente ; l'amiral Gravina abonde dans le même sens ; mais le général Dundas pour lequel le gouvernement de Toulon est une lourde charge ; sir Gilbert Elliot, qui ne fait aucun fonds sur les troupes étrangères ; le chevalier de Revel, qui s'est toujours montré hostile à l'expédition[2] ; l'amiral Forteguerri, qui veut retourner à Naples[3], sont d'un avis opposé.

Dans ces conditions, l'amiral Hood croit devoir se rallier à l'opinion de la majorité. On décide alors :

1° D'ordonner aux garnisons du fort et de la redoute du Faron de rentrer dans Toulon dès qu'elles verront l'impossibilité de conserver ces postes ;

2° De faire évacuer le Grand et le Petit Saint-Antoine, le fort Saint-André et celui des Pommets ;

3° De prescrire aux garnisons de Malbousquet et de Missiessy de tenir jusqu'à la dernière extrémité pour couvrir la retraite ;

4° D'informer les habitants de Toulon que, *si les Puissances jugent l'évacuation nécessaire*, elles useront de

---

[1] *Gazette de Madrid.*

[2] Thaon de Revel. — Elliot à lady Elliot, 20 décembre. — Dans sa correspondance avec le roi de Sardaigne, Revel ne cessait de lui conseiller le rappel de ses troupes.

[3] Les Napolitains étaient si démoralisés que, le 18 au matin, les officiers préposés aux batteries du cap Brun et du cap Sepet avaient déclaré qu'ils se retireraient en cas d'attaque (*Summary account*).

tous les moyens en leur pouvoir pour emmener les Toulonnais désireux de quitter la ville ; que ceux qui, sans plus attendre, voudront s'éloigner pour se soustraire au bombardement, seront libres de le faire, mais qu'ils auront à se procurer un passage à bord des navires marchands; que tous les secours possibles leur seront fournis et que le Comité général s'occupera spécialement des provisions de bouche;

5° D'embarquer, sans délai, les malades et les blessés;

6° D'emmener les vaisseaux français restés armés pendant le siège et de détruire les autres, ainsi que les magasins de la Marine et l'arsenal ; de faire, la nuit suivante, des préparatifs à cet effet, mais de ne rien exécuter avant le dernier moment.

Un septième article s'appliquait à une prétendue proposition de Langara de transporter directement, sur des frégates, les troupes aux îles d'Hyères, proposition que l'amiral a, depuis, déclarée inexacte[1].

Ces résolutions furent jugées prématurées par le petit nombre d'officiers français auxquels on les communiqua : Féraud, capitaine du *Puissant*, s'engageait à reprendre le fort Mulgrave pour peu qu'on lui adjoignît deux vaisseaux; M. de Boisgelin, capitaine des grenadiers du Royal-Louis, demandait à marcher sur ce fort avec ses hommes[2]. Mais le sort de Toulon était irrévocablement fixé.

Aussitôt après le conseil de guerre, ordre de rentrer dans la ville fut donné aux garnisons des deux Saint-Antoine, que l'ennemi occupa immédiatement.

[1] *Gazette de Madrid.*
[2] J.-E. Michel. — Fonvielle. — M. de Boisgelin au baron de Flaschslanden. (Florence, s. d.)

Un événement imprévu vint compliquer les choses : dans la nuit du 17 au 18, les Napolitains enclouèrent les batteries du fort Missiessy, qu'ils abandonnèrent. Leur départ entraîna celui des Espagnols du fort Malbousquet. Incalculables pouvaient être les suites de cette désobéissance, la retraite n'étant plus, désormais, couverte du côté de l'ouest. Les Anglais n'en firent pas moins sauter le fort des Pommets et la redoute Saint-André, et évacuer le fort Faron.

Les forts d'Artigues, de Sainte-Catherine, des Sablettes et du cap Brun restèrent seuls occupés par les coalisés, jusqu'au 18 après-midi.

Habitués au bruit du canon et au spectacle de combats à peu près quotidiens, les habitants n'avaient d'abord attaché qu'une importance médiocre à la chute du fort Mulgrave[1]. Le général Dundas prenait, d'ailleurs, selon ses propres expressions, « toutes les précautions et tous les soins possibles pour cacher ses intentions », faisait, par exemple, afficher des proclamations rassurantes, doubler les patrouilles, inviter les habitants à rester dans leurs demeures, empêcher les attroupements ; enfin, au lieu de fournir aux Toulonnais le temps et les moyens de préparer leur départ, il mettait tout en œuvre pour leur dissimuler la gravité des derniers événements. La retraite des alliés en revêtit, selon le mot d'un témoin, les apparences d'une « fuite clandestine[2] ».

---

[1] Fonvielle — *Commentaires* de Napoléon.
[2] Lettre de Dundas, 21 décembre. — Pons. — Henry. — Fonvielle. — *Mémoire* de M. de Grasset. — Fonvielle exagère en avançant que, déjà embarqué, Dundas laissa des lumières aux fenêtres de son hôtel pour faire croire à sa présence dans la ville. On verra ci-dessous que Dundas et sir Gilbert Elliot étaient encore à Toulon le 18 au matin.

Les habitants se laissèrent d'abord si bien tromper par ces mesures que, voyant les Napolitains prendre leurs dispositions de départ, les uns les attribuèrent au projet de réoccuper les hauteurs de Caire, les autres à une querelle avec les Anglais. Cependant, quand des notables, des officiers supérieurs, dont l'amiral Trogoff, eurent fait transporter leurs effets à bord des vaisseaux et s'y furent rendus eux-mêmes ; quand la cavalerie anglaise eut commencé son embarquement ; quand on vit revenir le vaisseau *le Puissant*, la frégate *l'Iphigénie* et les canonnières qui, pendant le siège, n'avaient point quitté leur poste de combat à l'ouest de la petite rade ; quand on apprit que les Napolitains invitaient leurs amis toulonnais à prendre place sur leurs navires ; enfin quand on sut que l'amiral Gravina, indigné de l'erreur dans laquelle on entretenait la population, annonçait hautement l'évacuation, l'incertitude fit place à l'effroi : en un instant, les rues s'emplirent d'hommes, de femmes, d'enfants, traînant à leur suite des meubles, des caisses remplies de leurs objets les plus précieux, et courant, affolés, vers le port.

Toute dissimulation devenant impossible, le gouverneur changea de tactique : il s'efforça de rétablir la confiance en écrivant, dans la nuit du 17 au 18, à la municipalité, qu'il ne comprenait ni les craintes, ni les préparatifs de fuite des habitants, après l'engagement pris, au nom du roi d'Angleterre, de leur fournir secours et protection ; qu'il était d'ailleurs résolu à leur offrir « les moyens de les sauver si les événements l'exigeaient ». Il terminait en laissant entrevoir la possibilité d'une capitulation[1]. Peine perdue ! Les infortunés

---

[1] Note du comte de Maudet.

comprenaient qu'une capitulation n'était pas plus souhaitée des Anglais, auxquels elle eût enlevé la liberté de disposer de l'escadre française et de l'arsenal, que des républicains, auxquels elle eût arraché une vengeance depuis longtemps caressée.

Pendant ce temps, les Conventionnels ont occupé les forts abandonnés par leurs garnisons, et les projectiles commencent à pleuvoir sur la ville. Une bombe, tirée de Malbousquet, où se trouve Bonaparte, met le feu à une maison près de la porte de France; une autre tombe sur l'arsenal, dont l'incendie, encore prématuré, est aussitôt éteint. Toute la population est sur le quai, où s'entassent des centaines de malles et d'effets de toute sorte et où la nuit se passe dans les angoisses de la terreur. Des membres de l'ancien Club, restés cachés pendant le siège, mais enhardis par l'approche des troupes de la Convention, des royalistes devenus subitement républicains par le même motif, achèvent les uns par leurs menaces, les autres par leurs prédictions sinistres, de répandre l'épouvante.

Leurs propos sont rapportés aux généraux anglais et espagnols, qui, déjà préoccupés de la disparition des cocardes blanches et de la destruction, par des mains inconnues, des fleurs de lis sur les monuments publics, font braquer des canons, dans l'axe des principales rues, établir des postes militaires devant l'arsenal et les chantiers de la marine. Tout à coup des Napolitains en armes au Champ de Mars se prennent de querelle avec les habitants et font feu. Au bruit de la décharge, la foule massée sur le quai, s'imaginant que l'avant-garde républicaine a fait son entrée, s'écrie: « Voici Carteaux! » car, dans son ignorance des événements militaires, elle croit ce général encore à la tête des Français. Égarés par la peur, les uns se donnent la mort; d'autres se noient en se jetant dans la mer, à la poursuite des barques qu'ils surchargent et font chavirer. Des vengeances particulières s'exercent à la faveur du désordre. En quelques minutes, plus de 400 cadavres jonchent le quai ou gisent au fond des eaux.

Le calme rétabli, on ne voit que parents à la recherche des leurs, on n'entend que disputes violentes au sujet des canots, dans lesquels les uns cherchent à se procurer des places à prix d'or, les autres, l'épée à la main. Ce ne sont que plaintes, imprécations contre les Anglais, cris : « A la trahison ! »

Dans l'après-midi, une troupe de bandits, qui a trouvé des armes on ne sait où, et qu'attirent les richesses amoncelées sur le quai, manque renouveler la catastrophe du matin. Nouvelle alerte, quand des soldats napolitains font feu sur les canots qui s'éloignent pour les obliger à revenir les prendre [1].

Les bombes des assiégeants tombent bientôt dans tous les quartiers de la ville et dans la rade, au milieu des deux ou trois cents chaloupes qui vont du rivage aux vaisseaux, et dont plusieurs sont coulées. Les départs ont, en effet, commencé dans la nuit sur des bateaux pêcheurs et sur des marchands livournais, en assez grande quantité dans le port, mais dont le nombre est insuffisant pour emmener la population d'une ville entière. Aussi les Toulonnais comptent-ils sur les

---

[1] Relations de Gauthier de Brécy, Thaon de Revel. — Relations de MM. Vernes, de Grasset, de Florindorf. — Lettre d'Elliot. — Lettre d'un capitaine napolitain. — *Rapport* du brigadier napolitain Micheroux. — *Journal* de l'amiral Gravina.

secours promis par le général Dundas. Mais, seules, quelques barques espagnoles et napolitaines répondent à leur attente : « On put voir, dit M. de Grasset, plusieurs canots, *surtout espagnols et napolitains*, revenir vers le quai pour recevoir et sauver des Toulonnais. » Phrase à rapprocher de la suivante des *Mémoires* de Thaon de Revel : « Soit que le danger rebutât les marins, ou l'excès de la fatigue, *ou par des motifs moins dignes encore d'excuse*, aucune chaloupe de la flotte ne vint dans le port qu'après deux heures de l'après-midi. Heureusement, il y avait beaucoup de bateaux pêcheurs, chaloupes et esquifs, sur lesquels un nombre considérable d'habitants se sauva et alla rejoindre la flotte. »

L'accusation est formelle ; elle vise à la fois les trois puissances, contrairement à l'opinion générale que les Anglais, seuls, se seraient abstenus d'envoyer des barques au secours des Toulonnais.

Le silence des rapports des amiraux Langara et Gravina confirme les allégations de Revel ; ils se bornent à dire que les vaisseaux espagnols « reçurent des Toulonnais ». Enfin il est constant que, lorsque les alliés appareillèrent, le 19, pour les îles d'Hyères, les flottes anglaise et espagnole n'emmenaient qu'un faible nombre de fugitifs : la première en avait recueilli 2.000, la seconde 3.000, et la flotte napolitaine 400[1]. L'humanité des Espagnols se borna donc, comme le dit M. de Grasset, à l'expédition de « plusieurs canots », c'est-à-dire d'un petit nombre d'embarcations desti-

---

[1] Elliot à Dundas, 20 et 23 décembre. — *Mémoire* de Florindorf. — Ordonnance du roi d'Espagne en faveur des Toulonnais (janvier 1794). — Rapports des généraux napolitains.

nées à sauver quelques privilégiés. Le reste servit au transport des malades et des blessés. Quant aux Napolitains, leurs officiers se rendirent sur le port dans la nuit du 17 au 18, s'efforcèrent d'y rétablir l'ordre, aidèrent même à l'embarquement, mais rien de plus. C'est à bord de leurs vaisseaux que prirent place MM. de Grasset et de Maudet [1].

Quelques historiens, — pour ne citer que M. Thiers, — ont vanté la générosité des Espagnols et opposé leur conduite à celle des Anglais. La vérité est qu'elles furent identiques. D'autres, comme Fonvielle, ont accusé les Anglais d'avoir refusé tout asile aux fugitifs et brutalement repoussé ceux qui se présentaient pour monter à bord de leurs vaisseaux. Ici, encore, l'exagération est évidente : le *Livre de bord* de l'amiral Hood signale l'arrivée de familles françaises, sur *la Victory*, le 18, à huit heures du matin [2], et l'on vient de voir que, le 19, la flotte britannique emmenait 2.000 réfugiés.

Les vaisseaux français en transportaient 1.500 et les bâtiments du commerce 500 ; leur chiffre total s'élevait, y compris ceux qu'emmenaient les Espagnols et les Napolitains, à 7.400 [3]. C'était à peine le quart de la population, que le général Dundas évaluait à 30.000 âmes [4].

« Du moment où la nécessité de quitter Toulon devint évidente, écrit Gilbert Elliot, notre premier et plus

---

[1] *Mémoire* de M. de Grasset. — M. de Grasset au duc d'Harcourt. Naples, 6 décembre 1796. — Conforti.

[2] On lit, en effet, à cette date, sur son *Livre de bord* : « 8. — *Receiving french refugee families.* »

[3] *Le Moniteur* du 25 février 1794 porte, d'après une prétendue lettre de l'amiral Hood, à 14.877 le nombre total des réfugiés à bord de la flotte coalisée. L'historien James a également donné ce chiffre, qui est loin de s'accorder avec celui des documents officiels.

[4] *Summary account.*

cher souci fut d'apporter aux habitants de cette ville la meilleure protection qui dépendît de nous et de procurer, au plus grand nombre possible, les moyens d'éviter la vengeance de l'ennemi. Des ordres furent donnés à tous les vaisseaux de Sa Majesté de recevoir à bord tous les habitants qui y chercheraient asile, et un *embargo* fut mis, dans le même but, sur tous les navires particuliers mouillés dans la rade ou dans le port[1]. » Elliot ne signale aucun envoi de canots ; les rapports du général Dundas et de l'amiral Hood observant le même silence, il devient évident que les Anglais se bornèrent à un *embargo*, dont l'efficacité, dans de pareilles circonstances, ne pouvait qu'être nulle.

L'abstention des Anglais fut, comme celle des Espagnols, causée par le manque d'embarcations[2]. Mais elle eut un autre motif, auquel nous avons vu plus haut Thaon de Revel faire une allusion discrète, et sur lequel nous essayerons de répandre quelque lumière.

Depuis longtemps les Anglais, considérant l'arsenal comme leur propriété exclusive, défendaient aux ouvriers d'y rester après les heures de travail, éloignaient les soldats français préposés à sa garde et reléguaient dans des postes avancés les Espagnols, pour éviter toute concurrence de leur part[3]. Ils purent ainsi réaliser tranquillement leur projet de charger leurs vaisseaux de mâts, d'agrès, de matériel naval : « On enleva, lit-on dans les *Mémoires* d'Elphinstone, de l'arsenal tous les approvisionnements qu'on put emporter. » Ajoutons qu'on les vendit, plus tard, publi-

---

[1] Lettre à Dundas, 21 décembre.
[2] *Summary account*.
[3] Vernes. Florindorf. Fonvielle.

quement à Londres, et que leur prix fut employé à la solde des officiers et des marins français qui, après le siège de Toulon, avaient conduit les vaisseaux de ce port en Angleterre [1].

Le chevalier de Fonvielle est donc exact quand il rapporte que, dans les derniers jours du siège, tous les vaisseaux de la flotte britannique allèrent, à tour de rôle, s'approvisionner dans les magasins de la Marine.

Ajoutons que les Napolitains n'avaient point attendu leur exemple pour se faire livrer, par le directeur du port Raccord, et pour envoyer dans leur pays le matériel qu'ils se prétendaient en droit de réclamer comme indemnité des dépenses par eux faites en faveur de l'amiral français Latouche-Tréville, dont l'escadre, désemparée par la tempête, avait été obligée de rentrer à Naples, après sa démonstration devant ce port, en décembre 1792 [2].

Seuls, les Espagnols et les Piémontais ne prirent aucune part au pillage.

---

[1] Etats de services du baron d'Imbert.
[2] Mariano d'Ayala, *Vie des plus célèbres Capitaines napolitains*.

XV

Retraite et embarquement des troupes coalisées. — Sir Sidney Smith. — Incendie de l'arsenal et des vaisseaux français par les Anglais et par les Espagnols. — Entrée de l'armée républicaine. — Faux bruits relatifs à la vente de Toulon aux Conventionnels. — Capture de bâtiments ennemis attirés dans le port. — Fêtes en l'honneur de la reprise de Toulon.

Il nous reste à examiner la manière dont les alliés effectuèrent leur retraite. Précaire était la situation : menacés d'un côté par les républicains, qui, d'heure en heure, serraient la ville de plus près ; de l'autre, par les jacobins, dont ils craignaient le soulèvement, les coalisés avaient encore à compter avec les éléments qui, déchaînés depuis quelques jours, pouvaient contrarier la sortie des vaisseaux et les rejeter sous le feu de l'ennemi. Or, le 18 au matin, ni le jour, ni l'heure de l'évacuation n'avaient encore été fixés, si ce n'est en principe[1]. A cinq heures, sir Gilbert Elliot vit arriver chez lui le général Dundas, qui le pria d'aller

---

[1] Par précaution, les Anglais avaient embarqué leur cavalerie le 17, à quatre heures de l'après-midi ; ils n'embarquèrent leurs malades, leurs blessés et leur artillerie de campagne que le 18 au matin. Les Espagnols firent de même.

avertir l'amiral Hood, embarqué depuis la veille, de la nécessité d'opérer la retraite le soir même.

Un conseil de guerre fut assemblé. Après quelques débats, on décida que le départ aurait lieu sous le fort Lamalgue et qu'au préalable les troupes seraient réunies « avec secret et promptitude » sous les murs de la ville ; que les Anglais prendraient la tête de la colonne ; que les Napolitains, les Sardes, les Espagnols marcheraient ensuite et encloueraient, au fur et à mesure de leurs progrès, les batteries des portes de la ville ; enfin que la sortie aurait lieu, à minuit, par la porte d'Italie.

Mais les événements allaient se précipiter : à trois heures, les alliés voient accourir les garnisons anglaises des forts Sainte-Catherine et d'Artigues, chassées par le feu du fort Faron. Une heure après, ces deux postes sont, à leur tour, occupés par les républicains, qui tirent à boulets sur la porte d'Italie. Impossible, désormais, de sortir de ce côté. On s'enquiert d'un nouveau chemin : le major anglais de la place, Wilkinson, signale une poterne donnant sur les fossés des remparts, par laquelle les troupes pourront, avec des précautions, passer inaperçues. Sa proposition adoptée, le départ est avancé de deux heures, c'est-à-dire fixé à dix heures au lieu de minuit. A la même heure doit commencer l'incendie.

Ces divers changements se firent sans que les Espagnols en eussent été avertis : l'amiral Langara ne les apprit qu'à huit heures du soir par le général Valdès[1].

---

[1] Rapports des amiraux Langara et Gravina.

Depuis sept heures et demie, les troupes étaient réunies sous les remparts[1]. Une circonstance fortuite, l'incendie, par un boulet rouge, d'une frégate mouillée près de l'arsenal, fit encore avancer l'opération d'une heure. Les troupes s'ébranlent à neuf heures, au bruit d'une fusillade dirigée contre le fort Sainte-Catherine, afin de dissimuler leur mouvement. Elles marchent en silence et dans un ordre relatif. A dix heures, elles sont formées en bataille sur une éminence située au-dessus du fort Saint-Louis, et prêtes à repousser l'ennemi, dont le nombre grossit sans cesse entre le fort Sainte-Catherine et la porte d'Italie[2].

Fonvielle et, d'après lui, plusieurs historiens du siège ont rapporté qu'arrivés à la poterne par laquelle ils devaient sortir, les Espagnols la trouvèrent fermée et barricadée, incident qu'ils attribuèrent à la perfidie anglaise. La chose est d'autant plus impossible que — Fonvielle l'ignorait sans doute — les Anglais étaient séparés des Espagnols par un corps de Napolitains et par les Piémontais. La vérité est qu'à peine en route pour le fort Lamalgue, le général Izquierdo rencontra les Napolitains qui, affolés, selon leur coutume, prétendirent avoir trouvé fermée une porte par laquelle il leur fallait passer. Le général s'apprêtait à la faire enfoncer, quand l'erreur fut découverte, et la retraite continua[3]. Le colonel Maturana, dont Fonvielle cite, à ce propos, le témoignage, ne parle, dans sa correspon-

---

[1] A la même heure s'embarqua l'amiral Gravina, qui, malgré sa blessure, ne voulut point partir avant d'avoir laissé ses derniers ordres au général Izquierdo, chargé de diriger la retraite. Le général Valdés présida à l'embarquement.
[2] *Journal* de Gravina.
[3] Rapport du brigadier Izquierdo.

dance que de la panique des Napolitains qui enclouèrent, comme ils l'avaient fait à l'Éguillette, l'artillerie de la porte d'Italie, destinée à protéger la retraite.

Commencé à onze heures, sous la direction du général Valdès et du capitaine Elphinstone, qui a cédé au major Kohler et à 200 hommes la garde du fort Lamalgue, l'embarquement se serait effectué méthodiquement, si l'on en croit le général Dundas, et l'armée anglaise n'aurait point eu à déplorer la perte d'un seul soldat. Son récit, confirmé par M. de Grasset, est contredit par MM. de Florindorf, Thaon de Revel et par un officier napolitain, d'après lesquels les alliés, déjà surchargés de butin et obligés, pour gagner les barques, de descendre une rampe escarpée et rocheuse, auraient eu — tant les haines du siège étaient encore vivaces — à subir les violences des matelots, qui les recevaient de la manière la plus brutale, jusqu'à frapper à coups de sabres ceux qui se trompaient de canots. L'officier napolitain [1] rapporte qu'aux cris de : *Sauve qui peut !* ses compatriotes se précipitèrent en foule du haut des remparts du fort Lamalgue et se noyèrent en cherchant à gagner à la nage les vaisseaux. De son côté, Dugommier donne des preuves, qu'on trouvera ci-dessous, de la « terreur panique des alliés ».

En somme, l'embarquement paraît s'être accompli, tout au moins en ce qui concerne les Napolitains et les Espagnols, dans un complet désarroi [2].

Le 19, à trois heures du matin, les troupes anglaises

---

[1] La lettre de cet officier, qui se nommait Luigi Spinelli, paraît avoir été écrite, sous sa dictée, par une personne attachée à son service.
[2] Le général Dundas au Ministre. Cf. Relation de M. de Grasset.

sont à bord ; à quatre, les vaisseaux appareillent par un temps sombre, qui fait craindre une tempête, et par un vent d'est qui les oblige à courir des bordées : « S'il était survenu un *libeccio*, écrit Bonaparte, ils auraient tous été pris[1]. » Tout au moins auraient-ils eu à essuyer le feu de l'artillerie républicaine. C'est ce qui arriva à la frégate *Conflagration*, qui, en radoub dans le port, ne put être remorquée à temps, et que l'amiral Hood fit brûler, au milieu de la rade, pour l'empêcher de tomber au pouvoir de l'ennemi[2]. *La Conflagration* était — hasard singulier. — le bâtiment qui avait arboré le pavillon parlementaire devant Toulon, le 23 août, et servi au transport des négociateurs de la trahison. En toute hâte s'effectua la sortie, car, entrés dans la ville à trois heures du matin, les républicains s'étaient avancés jusqu'au port et emparés de la Croix-des-Signaux, d'où ils avaient commencé la fusillade. Il fallait appareiller avant la mise en batterie de leurs canons. Aussi, l'embarquement terminé, les vaisseaux coupèrent-ils en toute hâte leurs amarres, au lieu de lever leurs ancres : les Français purent ainsi, les jours suivants, retirer un grand nombre de câbles du fond de la mer[3].

Les derniers à sortir de la ville, les Espagnols le furent aussi à quitter le port[4] : un de leurs navires appareillait encore entre sept et huit heures du matin. Quant aux Napolitains, ils partirent avant tout le monde,

---

[1] *Mémoires* de Napoléon. Cf. *Napoléon en exil*, par O'Méara.
[2] Hood à Stephens, 2 janvier 1794. — *Livre de bord* de l'amiral Hood.
[3] Rapport de l'amiral Langara. — M. de Saint-Albin rapporte qu'on repêcha 90 amarres.
[4] Rapports de l'amiral Gravina et du général Izquierdo.

dans la journée du 18, et leur amiral ne prit même pas la peine d'avertir ses collègues[1]. Leur embarquement s'effectua dans un désordre inexprimable : ils laissèrent derrière eux 780 hommes, que l'amiral Forteguerri fit chercher, le lendemain, par le brigantin *l'Épervier*, à bord des Espagnols et des Anglais, où ils s'étaient réfugiés. Ils purent constater, en arrivant à Naples, que leur perte totale, pendant le siège, s'était bornée à 138 morts et 245 disparus[2]. Mais ils avaient laissé à Toulon, dans leur hâte de fuir, 15 pièces de canons, leurs tentes, leurs chevaux, leurs bagages et leurs drapeaux. C'était un vrai désastre.

Les Piémontais, n'ayant point d'escadre, avaient pris place sur les flottes anglaise et napolitaine.

Avant de suivre les alliés dans leur retraite, nous devons donner quelques détails sur l'incendie de l'arsenal et sur son héros, le capitaine Sidney Smith, dont le nom allait puiser sa première célébrité dans cet événement.

Au moment de la capitulation de Toulon, Sidney Smith était en mission dans le Levant, où la nouvelle de l'entrée de la flotte anglaise dans un port de la République produisit sur lui l'effet « du son de la trompette sur le cheval de guerre[3] ». Accouru sur l'aviso *l'Hirondelle*, prise française qu'il avait achetée et équipée à ses frais, son premier soin en arrivant, au com-

---

[1] *Summary account*. — Correspondance d'Elliot. — *Mémoires* de Thaon de Revel.
[2] Rapport du brigadier Micheroux. — Pinelli évalue à 300 tués, à 50 prisonniers et à plus de 200 mille livres d'objets abandonnés, les pertes des Napolitains.
[3] *Mémoires* de Sidney Smith.

mencement de décembre, fut de proposer à lord Hood de créer, avec les ressources du port, une flottille de bâtiments légers, destinée à croiser sur la côte, proposition que l'amiral, partisan des fortes unités de combat, crut devoir décliner.

Avide de se signaler à tout prix, il sollicita et obtint, une fois l'évacuation résolue, la faveur d'être choisi pour brûler l'arsenal et les vaisseaux, besogne qui, au dire de ses collègues, rentrait admirablement dans ses aptitudes et qui lui a valu, depuis, de la part de Bonaparte, l'épithète de « capitaine de brûlot ». Smith s'acquitta de sa tâche avec l'ardeur que lui inspirait sa haine des Français.

Lord Hood mit à sa disposition 300 hommes, qui furent répartis sur trois canonnières commandées par les lieutenants Tupper, Middleton et Pater, sur le brûlot *Vulcain*, commandé par le capitaine Hare, et sur l'aviso *l'Hirondelle*. C'est le 18, à neuf heures du matin, qu'il vint, de la part de l'amiral anglais, solliciter le concours des Espagnols pour incendier la flotte française.

Docile aux instructions du duc d'Alcudia[1], Langara qui se préparait à envoyer ses canonnières battre le fort Malbousquet, changea immédiatement leur destination, les mit sous les ordres de trois de ses officiers, les lieutenants Francisco Riquelme, Pedro Cotiella et Francisco Truxillo, avec 260 hommes d'équipage, et leur adjoignit le brûlot *Saint-Louis-Gonzague*.

Sidney Smith, qui dirigeait les opérations, fit placer

---

[1] Il a déjà été parlé de ces *Instructions*, qui portent la date du 3 octobre. (Voir page 230.)

des mèches, des traînées de poudre et répandre des tonneaux de goudron dans les magasins de l'arsenal et dans les navires de la petite rade, qu'on rapprocha pour faciliter leur embrasement. Les Espagnols furent spécialement chargés de ceux de la grande et de la petite darse.

Ces préparatifs étaient à peine achevés quand, à neuf heures du soir, c'est-à-dire une heure plutôt qu'il n'avait été convenu, le hasard fit tomber, près de l'arsenal, un boulet rouge sur la frégate sarde *Saint-Victor*, qui prit feu. On crut à un signal, et les flammes s'élevèrent de toutes parts [1].

Vers minuit, deux frégates françaises, servant de poudrières et chargées chacune de 2.000 quintaux de poudre, l'*Iris* et le *Montréal*, que les Espagnols incendient, au lieu de les couler comme il a été convenu, sautent, et leurs débris détruisent, en retombant, une des canonnières anglaises. L'explosion fait trembler le sol jusqu'à La Ciotat. Bientôt flambent le *Thémistocle*, le *Héros* et d'autres vaisseaux ; le spectacle est à la fois grandiose et terrifiant : « Le tourbillon de flammes et de fumée qui sortait de l'arsenal, écrit Napoléon, ressemblait à l'éruption d'un volcan, et les 13 vaisseaux qui brûlaient dans la rade, à 13 magnifiques feux d'artifice. Le feu dessinait les mâts et la forme des vaisseaux ; il dura plusieurs heures et présentait un spectacle unique [2]. »

---

[1] Sidney Smith à lord Auckland, Toulon, 12 novembre. — Hood à Dundas, 20 décembre. — Le capitaine Cook à lord Auckland, 20 décembre. — *Mémoires de Bourrienne*. — Langara au duc d'Alcudia, 21 décembre — Lettre de Luigi Spinelli.
[2] Hood à Dundas, 20 décembre. — Brenton. — Gaudet au Ministre, La Ciotat, 18 décembre. — Mémoire de Placide Jullian. — *Mémoires de Napoléon et de Granet* ; celui-ci était couché quand, à minuit, un camarade

Les Anglais s'approchèrent du *Thémistocle*, vaisseau de 74 canons, qui servait de prison aux Toulonnais et dans lequel se trouvaient 260 détenus, qui se mirent aussitôt sur la défensive. La situation était d'autant plus inquiétante qu'à la lueur des flammes on apercevait, au loin, trois barques venant de la Seyne et montées par des républicains, qui semblaient manœuvrer pour se porter au secours. Sidney Smith crut prudent d'appeler les Espagnols. On parlementa. Quelques prisonniers acceptèrent l'offre de les transporter à terre ; d'autres, peu confiants dans les promesses britanniques, cherchèrent à fuir à la nage. Plusieurs se noyèrent. Ensuite on brûla le vaisseau. Il était trois heures du matin.

Smith se dirigea alors vers le bagne, qui renfermait 600 galériens, dont la plupart avaient brisé leurs chaînes. Frappé de leur attitude menaçante, il fit braquer sur eux les canons de *l'Hirondelle*, afin de les tenir en respect. Quelques-uns furent brûlés vifs. D'autres coururent se joindre aux ouvriers de l'arsenal, aux artilleurs de la Marine et aux Toulonnais, qui, après avoir arboré la cocarde tricolore, s'étaient emparés du passage conduisant de la grande darse à la petite. Deux fois les Espagnols s'y présentèrent ; deux fois ils furent repoussés. En désespoir de cause, ils jetèrent de loin quelques matières enflammées sur les bâtiments

l'avertit que « Toulon brûlait ». Il prit le mot d'ordre, qui était *Victoire*, et se dirigea vers une éminence, d'où il vit les vaisseaux dévorés par les flammes: « On pouvait en mesurer la hauteur, attendu que tout ce qui constituait les mâts était d'un feu clair et que toute la fumée qui s'en échappait était rouge de sang. A l'horizon on voyait, sur le ciel noir, toute l'escadre anglaise et espagnole, qui s'éloignait, marchant en bon ordre, ses fanaux allumés; elle avait l'aspect d'une longue procession. »

et regagnèrent la petite rade, d'où l'approche des trois barques républicaines les décida à se retirer : ils recueillirent, sur le rivage, du côté de la Grosse-Tour, quelques soldats attardés, et revinrent à l'escadre.

Pendant ce temps, les Français avançaient : on les voyait, à la lueur des flammes, descendre les coteaux environnants; on entendait leurs chants de victoire et leurs cris de vengeance. Quelques-uns ayant poussé jusqu'aux portes de la Boulangerie, Sidney Smith fit diriger contre eux des feux de mousqueterie pour les tenir à distance.

Puis, irrité de l'échec des Espagnols à la petite darse, il s'y porta en toute hâte. Il était trop tard : les républicains avaient amené sur le quai deux pièces de canon, qui repoussèrent ses gens. C'est à cette circonstance, à l'intervention des habitants, des forçats et des troupes de la Marine, enfin à l'explosion des deux brûlots *Vulcain* et *Saint-Louis-Gonzague*, qu'un certain nombre de navires, — la ville entière peut-être, — durent leur salut[1], et non, comme le crurent les Anglais, à une trahison des Espagnols, qu'ils accusèrent de connivence avec les Conventionnels. Napoléon n'a pas moins sévèrement jugé leur conduite : « La flotte eût été entièrement brûlée, a-t-il écrit, si les Espagnols avaient fait leur devoir. » Ce devoir, ils s'en étaient acquittés, et les Anglais ne pouvaient rien envier de leurs efforts pour détruire la flotte française, comme ils en avaient reçu l'ordre[2].

[1] Les flammes de la grande darse avaient communiqué le feu à quelques navires de la petite, et même à des maisons de la ville. Il fut éteint par les Toulonnais. (Rapport de Langara.)
[2] Rapport et *Mémoires* de Sidney Smith. — *Mémoire* de Placide Jullian. — Lettres de Galon-Boyer et de Brutus, agents du Conseil exécutif,

Sa besogne terminée, Sidney Smith revint à bord de *la Victory*, où un témoin [1] de ces lamentables événements le vit paraître, tout à coup, en costume de matelot, les habits en désordre, les cheveux hérissés « et avec la tournure d'un diable d'Opéra ». Smith rédigea, quelques jours après, un rapport qui brille moins par l'exactitude que par la satisfaction de la vengeance assouvie : loin d'avoir été complète, comme il le prétend, la destruction de l'arsenal fut, en grande partie, empêchée par les forçats et par les soldats de l'artillerie de Marine. C'est par eux que les magasins aux câbles, aux chanvres et aux grains furent sauvés [2]. La salle d'armes et le bâtiment aux goudrons étaient sur le point de sauter, quand un forçat éteignit avec ses mains la mèche qui allait enflammer les poudres. La Convention décréta sa mise en liberté immédiate et lui accorda une gratification de 600 livres. Elle fit d'ailleurs élargir tous ceux de ses camarades qui s'étaient bien conduits pendant l'incendie [3].

Neuf vaisseaux avaient été détruits : *la Triomphante*, de 80 canons ; *le Thémistocle*, *le Centaure*, *la Liberté*, *le Duguay-Trouin*, *le Héros*, *le Suffisant*, *le Tricolor*, *le Destin*, de 74, et le « ponton de carène » *le Content*. Trois frégates, *le Montréal*, *l'Iris* et *la Sultane* avaient subi le même sort [4]. Il restait aux Français quatre vaisseaux, outre *le Sans-Culotte*, de 110 canons, qui

— Rapports de Dugommier et de Langara. — Lettre des Représentants, 20 décembre. — O'Méara. — James.

[1] Gauthier de Bréry (*Mémoires*).

[2] Rapport de Dugommier.

[3] Voir *Moniteur*, séance du 27 décembre 1793, et décret du 3 janvier 1794.

[4] D'après une liste conservée dans les Archives de la préfecture maritime de Toulon.

était encore sur les chantiers, et que les Anglais avaient vainement essayé de faire sauter, plusieurs frégates et quelques bâtiments plus petits [1].

Ils emmenaient *le Commerce-de-Marseille*, de 118 canons et de 2.747 tonneaux, qui passait pour le plus beau vaisseau de l'Europe [2] ; *le Pompée* et *le Puissant*, de 74 canons chacun, et 11 frégates ou gabares.

En apprenant ce désastre, un des premiers soins du Comité de Salut public fut de prendre des mesures propres à le réparer sans délai. La garnison n'avait point attendu ses ordres pour se mettre à l'œuvre et déblayer l'arsenal ; de plus, une souscription publique avait été ouverte pour effacer jusqu'à la dernière trace du séjour des alliés. Le mois suivant, on commença à relever les coques des navires qui obstruaient l'entrée de la rade. A la fin de 1794, 109 bâtiments de petite dimension, tels que gabares, pontons, chaloupes, etc., avaient été renfloués. Les grands navires nécessitèrent des travaux plus longs : des plongeurs napolitains furent employés à scier leurs coques et n'achevèrent leur besogne que de longs mois après [3].

---

[1] Le rapport de Dugommier est inexact quand il porte à 14 vaisseaux, 7 frégates, 3 flûtes et 1 brick le nombre des navires conservés à la France. Il suffit de comparer le total des vaisseaux brûlés et emmenés par les Anglais avec celui des vaisseaux existant dans le port au moment de l'entrée des alliés (ce total était de 17) pour découvrir l'erreur. Les journaux allemands la rectifièrent en janvier 1794. (Voir la lettre de Rivalz à Deforgues, Bâle, 30 janvier. Papiers de Barthélemy.)

[2] James. Brenton.

[3] Le Ministre de la Marine au commandant des armes, 15 janvier, 20 février 1794. — État des bâtiments retirés de la mer, dressé par Cabarrus, sous-chef provisoire, novembre 1794. — *Commentaires de Napoléon*.

Si sérieuses que fussent ces pertes, elles n'étaient point irréparables, et certaines batailles navales avaient coûté plus cher à la France. Les Représentants pressèrent la construction des navires en chantier, et plusieurs furent bientôt en état de prendre la mer [1]. Averti par ses espions, l'amiral Hood en conçut des inquiétudes [2] : il soupçonnait les républicains de méditer un coup de main sur Livourne ou sur la Corse. Il ne se trompait point : l'amiral Martin étant sorti, au commencement de juin, avec 7 bâtiments pour jeter des troupes dans Calvi [3], l'amiral Hotham accourut avec des forces supérieures et tint l'escadre française cinq mois bloquée dans le golfe Jouan. Celle-ci n'était point encore en état de se mesurer avec la flotte britannique, mais, un an après, elle comptait 17 vaisseaux de ligne et 9 frégates [4].

Sidney Smith n'avait donc point porté, à la Marine française, le coup décisif dont il se vantait ; sa réputation n'en date pas moins de cette époque. Chargé, en récompense de son zèle, des dépêches de l'amiral Hood, il fut regardé, à Londres, comme l'auteur « du plus glorieux trait de cette campagne si mal conduite [5] ». On proclama que, sans lui, « rien n'eût été fait [6] », et sir

---

[1] Arrêté des Représentants, 11 mai 1794.
[2] Hood à Stephens, 29 mars, 6 avril. — Rapport du 24 janvier 1794 sur l'état du port de Toulon. Ce document, écrit en français, émane d'un agent secret au service des Anglais.
[3] Windham à Hood, 22 avril. — Hotham à Hood, 27 avril. — Drake à Hotham, Gênes, novembre 1794.
[4] Hood à Stephens, 15 juin. — Chiappe au président de la Convention, 7 juin 1795.
[5] *Mémoires* de Sidney Smith.
[6] Le capitaine Cook écrit à lord Auckland : « Pour lui rendre justice, j'ajouterai que rien n'aurait été fait s'il n'eût été là. » (Baie d'Hyères, 20 décembre.)

Gilbert Elliot écrivit la phrase suivante, où semble percer une pointe d'ironie : « Sir Sidney Smith a joué un grand rôle dans la catastrophe de ce drame ; nous n'aurions pu trouver un meilleur incendiaire. »

Tandis que les flottes alliées gagnaient le large, l'armée républicaine restait dans une inaction dont nous allons rechercher les causes. Il n'est point douteux que, sans la fuite de l'ennemi, Dugommier eût donné l'assaut. Il avait, dans ce but, fait fabriquer 4.000 échelles à Marseille[1]. Il écrit, le 18, aux Représentants : « Les ennemis ont évacué tous les postes extérieurs qui sont de notre côté. Cette retraite précipitée, fruit de la consternation qu'a produite la prise de l'Éguillette, me fait prendre le parti de poser, ce soir, des échelles sur les murs de Toulon, pour arrêter tout ce que la victoire nous donne[2]. »

Les coalisés occupent encore plusieurs forts ; mais Dugommier comprend que ni ces ouvrages, « ni vraisemblablement Toulon, » ne tiendront longtemps. Cependant, comme les alliés pourraient, avant leur départ, tenter « un grand effort sur un seul point », il charge le général Mouret, mieux placé que lui pour observer, de le tenir au courant de ce qui va se passer[3].

Bientôt les dernières redoutes sont évacuées, des rumeurs inaccoutumées s'élèvent de l'intérieur de la ville, des barques chargées de monde vont du rivage aux vaisseaux et en reviennent pour y retourner

---

[1] Registre de correspondance du général Dugua. — Lettres des Représentants, 19 et 20 décembre. — *Journal* de Vernes. D'après Vernes, la fabrication des échelles eût commencé dès le 5 novembre.

[2] Registre de correspondance du général Dugua.

[3] Registre du général Dugua.

encore. La fuite de l'ennemi est désormais évidente[1].

Cependant les alliés sont toujours dans Toulon, le fort Lamalgue fait bonne contenance et les vaisseaux offrent une ligne de défense formidable.

Dans ces conditions, le parti le plus sage paraît être d'attendre. D'ailleurs l'abandon des forts peut cacher un piège; il a paru suspect à toute l'armée : « Quelle a été la surprise générale, écrit Marescot le 19, en apprenant, hier au matin, que les alliés avaient abandonné, pendant la nuit, les forts Malbousquet, des Pommets, la redoute Saint-André, le grand et le petit Saint-Antoine et le camp Saint-Elme?! » Enfin le bruit court que certains quartiers ont été minés, de manière à produire une catastrophe au moment de l'entrée des républicains. Les explosions de *l'Iris* et du *Héros* et celle du fort Saint-Louis qui les a précédées[3] ne sont point faites pour dissiper les craintes. Sidney Smith atteste, en effet, qu'à partir de ce moment les chants de victoire des Républicains, entendus distinctement jusqu'alors, cessèrent brusquement[4]. Dugommier ne croyait point à l'existence de ces mines; cédant, toutefois, à l'appréhension générale, il chargea, le 19, à dix heures du soir, l'adjudant général Cervoni d'explorer les différents quartiers, avec 200 Allobroges. Impressionné par les explosions, l'incendie et les préparatifs

---

[1] « Le bruit qui se faisait entendre dans Toulon annonçait le désordre et le désespoir qui y régnaient. La petite rade était couverte de bâtiments légers, qui alloient et venoient avec rapidité et embarquoient à grande hâte Anglois, Espagnols, Napolitains, nobles, prêtres, conspirateurs, etc. Il est trop clair, d'après cela, que cette ville rebelle va ouvrir ses portes. » (*Livre d'ordre de Marescot*.)

[2] *Livre d'ordre* de Marescot.

[3] Boullement de Lachenaye. — Thaon de Revel.

[4] Cf. Dundas, *Summary account*.

d'embrasement qu'il avait pu découvrir, Cervoni engagea, sans doute, les Représentants à différer leur entrée, car un agent politique nommé Lefèvre, qui avait pénétré dans Toulon et en était sorti presque aussitôt, écrivit, le 19, à un de ses collègues : « Nous sommes sortis de Toulon pour quelque heure, attendu que Toulon est miné, crainte d'accident, jusqu'à ce que nos ingénieurs y passent leur revue ; 6.000 hommes sont prêts à y entrer [1]. »

L'inspection terminée, les troupes se mirent en marche à trois heures du matin et poussèrent directement jusqu'au port, ce qui explique la terreur des Napolitains et la hâte avec laquelle les vaisseaux alliés mirent à la voile [2]. Bien leur en prit, car plusieurs furent atteints par des projectiles ; une frégate montée par 400 hommes aurait même été coulée [3].

Avant son départ, Cervoni avait reçu, des Représentants, l'ordre de passer au fil de l'épée tous les habitants qu'il rencontrerait. Il n'en fit rien et s'en excusa, à son retour, sur ce que ces instructions ne

---

[1] J.-E. Michel. — *Commentaires* de Napoléon. — Lefèvre à Galon Boyer, 19 décembre. — Lettre des Représentants, 19 décembre 1793 et 5 janvier 1794.
C'était bien la crainte des mines qui, d'après la lettre adressée par Fréron à un de ses amis le 25 décembre, avait fait différer l'introduction des troupes.
Entré un peu avant elles, Fréron poussa jusqu'au quai avec le général Dugua et se mit à la recherche de sa sœur, M*** Lapoype, dont le sort l'inquiétait d'autant plus que Bonaparte lui avait dit avoir vu couler, la veille, quatre barques chargées de femmes et d'enfants. Elle avait heureusement pu gagner, à travers mille dangers, les avant-postes de son mari.
[2] Lettre de Saliceti, 19 décembre. — Lettre des Représentants, 23 décembre. — *Livre de bord* de l'amiral Hood. — *Journal* de Vernes.
[3] *Mémoires du duc de Bellune*. — *Papiers de Barthélemy*. — Lettre de Marseille, 21 décembre 1793.

lui avaient point été remises par écrit[1]. L'armée fut ensuite introduite avec lenteur et précaution et n'acheva d'occuper la ville qu'à midi[2].

Nommé, par Barras, commandant de la place, le général Garnier fit former les faisceaux sur la place du Champ de bataille et détacha à l'arsenal 500 hommes qui aidèrent les galériens et les canonniers de la Marine à éteindre le feu[3] : « L'aspect de la ville faisait pitié, écrit Granet. On ne voyait personne dans les rues. On n'apercevait que quelques vieilles femmes qui osaient à peine se montrer et qui criaient : *Vive la République!* Les soldats leur répondaient par les injures les plus grossières. » Le jeune artiste raconte qu'il pénétra dans une église pour s'y reposer : « Quel fut mon étonnement! La porte était fermée et, dans le vestibule, des cadavres étaient entassés dans la boue et l'ordure! » C'étaient, sans doute, les premières victimes de Barras et de Fréron.

Les Représentants rapportent qu'ils découvrirent, dans le parc aux vivres : « 400 bœufs, des moutons et des cochons, seules troupes que le Pape ait envoyées, avec quelques moines[4]... » Reproduite par le *Moniteur*, leur boutade fit dire que les Français « n'avaient trouvé que de vils troupeaux dans Toulon ». Propos dont le général Dugommier s'émut et qu'il crut devoir relever dans un *Mémoire*[5], où il rétablit les faits. Le

---

[1] J.-E. Michel.
[2] Riquier, chirurgien militaire, à Lalonde, Toulon, 19 décembre, 2 heures de l'après-midi
[3] *Journal* de Garnier. — Lettre des Représentants, 20 décembre.
[4] Les alliés avaient, en effet, reçu des approvisionnements des États pontificaux.
[5] Il est intitulé : *Mémoire pour redresser l'opinion publique que de fausses relations peuvent induire en erreur.*

succès avait, d'ailleurs, mis en verve les Représentants qui, au sujet de la conduite des forçats, écrivirent à Paris : « Les galériens, *qui sont les plus honnêtes gens de Toulon*, ont coupé les câbles et éteint le feu[1]... » Vingt ans plus tard, le Père Loriquet retourna le trait contre les Conventionnels : « Les républicains, dit-il dans son *Histoire de France*, reprirent Toulon et y trouvèrent autant d'alliés qu'il y avait de forçats... » Un ancien lieutenant de l'armée de Dugommier, Placide Jullian, écrivit au Ministre de la Guerre, pour rectifier l'insinuation du Père Loriquet, une lettre indignée dont il a été rendu compte ci-dessus.

Les vainqueurs trouvèrent encore du fourrage, des tentes, des équipages d'artillerie, 100 canons de gros calibre, une grande quantité de toile anglaise, des ancres, 30 jeux de voiles pour les vaisseaux et 18 pour les frégates, du bois pour la mâture, 40.000 charges de grains dans le magasin aux câbles, du chanvre dans la corderie, 200 chevaux espagnols *sellés et bridés*, attestant, non moins que les cadavres rejetés par la mer, la rapidité de la fuite. Quant au prétendu « trésor » dont Dugommier aurait remis la clef aux Représentants, il consistait, paraît-il, en une somme assez modique, presque tout entière en assignats, trouvée dans la caisse du payeur Chastelain[2].

Il était temps que l'armée pénétrât dans Toulon, car, réduite à la dernière extrémité par le manque de subsis-

---

[1] Lettre des Représentants, 20 décembre.
[2] Lettres des Représentants, 19 et 23 décembre. — Brutus au Ministre, s. d. — *Mémoire de Dugommier*. — Galon Boyer au Ministre, 24 décembre. — Lettre de Barras et de Fréron, 5 janvier 1794. — Lettres de Dugommier, 19 et 24 décembre.

tances, rongée par l'indiscipline[1], elle eût, quelques jours plus tard, été contrainte de lever le siège : « Je puis vous assurer, écrit Galon Boyer au Ministre des Affaires étrangères, que, si Toulon avait tenu quinze jours de plus, nous aurions été forcés d'en lever le camp[2]. » Ajoutons que, pendant cette quinzaine, les renforts autrichiens attendus par l'amiral Hood seraient très probablement arrivés[3].

Nous croyons avoir établi, par ce qui précède, l'absence de tout mystère dans les causes de l'évacuation. Elles parurent beaucoup moins naturelles non seulement aux Toulonnais, mais encore aux émigrés :

« Si vous avez des nouvelles de l'*inconcevable* événement de Toulon, mandez-les-moi », écrivit, le 16 janvier 1794, le comte de Vaudreuil à d'Antraigues. Le chevalier de Grasset, le chevalier de Revel, le baron d'Imbert, Fonvielle et d'autres encore ont parlé de cette évacuation et de ses « causes inavouables » en termes qui ne laissent aucun doute sur leurs soupçons. On a été chercher des preuves d'une entente anglo-

---

[1] Lettre de Dugommier, 3 décembre : « La moitié de cette armée est nulle... Ce n'est pas qu'en général on ne soit brave, mais il faut être conduit, il faut surtout être soutenu dans le danger par l'exemple, le ton des officiers, et malheureusement ils ne valent pas leurs subordonnés. Les trois quarts ne s'occupent que de leurs plaisirs et de la nouvelle existence dont ils jouissent. Je serai à même, un jour, de vous démontrer les abus et le désordre qui résultent d'une certaine organisation. »

[2] Lettre du 24 décembre 1793.

[3] Dundas à O'Hara, 20 décembre. — Morton Eden à Trevor, 16 décembre. — Le ministre Dundas envoya, le 28 décembre, au gouverneur de Toulon, une dépêche annonçant officiellement le départ des 5.000 Autrichiens qui devaient s'embarquer à Livourne sous les ordres du major général Colli.

jacobine jusque dans les discours prononcés à la Convention. On a, par exemple, trouvé singulier que Barère, parlant, le 3 janvier 1794, des incendiaires de l'arsenal, n'ait oublié de citer... que les Anglais ; que le même Barère ait prédit, dans son discours du 10 décembre, l'époque de la reprise de Toulon [1].

Un des rapports de l'espion du Comité de Salut public, dont il a été question ci-dessus, cite une prétendue lettre des Représentants près l'armée du Var, en date du 15 décembre, déclarant qu'avant le 20 la ville de Toulon « serait au pouvoir des patriotes, qu'il n'y en coûterait que 4 millions au lieu de 10 qu'on y avait destinés ». Enfin on a avancé qu'au moment de l'incendie un Représentant s'était écrié, devant Dugommier, en parlant des Anglais : « Ces gens-là n'ont ni foi, ni loi ; si nous avions prévu leur manière de tenir les accords, nous les aurions certainement empêchés de sortir [2]! »

Autant de légendes : affirmer que Toulon a été vendu aux Conventionnels, c'est dire que les Anglais n'ont pas craint de sacrifier inutilement plusieurs centaines des leurs dans les combats du 17 décembre ; que les trois commissaires du roi George ont désobéi aux ordres de leur gouvernement qui leur enjoignait de garder la ville jusqu'à la dernière extrémité (supposition inadmissible, puisque leur conduite reçut une

---

[1] Mémoires de Fonvielle. — J.-E. Michel. — « Le but des décrets proposés par Barère, Jeanbon Saint-André et Albitte, les 6, 9 septembre et 8 octobre 1793, écrit Puissant, fut de voiler, d'ensevelir le secret très connu alors de leur connivence avec les traîtres et les coalisés, et de toutes les mesures officielles par eux prises pour livrer Toulon. »

[2] Lauvergne.

pleine et entière approbation); enfin que le désarroi de l'évacuation fut une comédie. De pareilles hypothèses ne soutiennent point l'examen. Mais ce qui prouve le mieux leur fausseté, c'est l'entrée, malgré les croisières établies par les Anglais et les Espagnols[1], d'un certain nombre de navires de guerre et du commerce dans le port, où Dugommier avait eu soin de laisser flotter le drapeau blanc. Grâce à ce stratagème, 6 bâtiments chargés de vivres et 1 brick de 18 canons apportant des boulets et des munitions et monté par 105 hommes, furent capturés le 23 décembre. Le 25 janvier se firent prendre 8 autres navires richement chargés[2]. Le 31 décembre, la gabare française *la Moselle*, que les Anglais s'étaient appropriée, trompée, elle aussi, par le pavillon blanc, entra dans la petite rade : le capitaine Bennett et son équipage, composé de 80 hommes, furent faits prisonniers[3].

Une aventure qui finit de tout autre manière fut celle de la frégate anglaise *la Junon*, commandée par le capitaine Samuel Hood[4], et venant de Malte où elle avait été chercher des marins fournis par le Grand-Maître. Entrée en petite rade le 11 janvier à dix heures du soir, elle reçut la visite de deux offi-

---

[1] Rapport de l'amiral Langara. — A la date du 30 décembre, *la Victory* hisse son pavillon et l'appuie d'un coup de canon pour rappeler un navire anglais qui vient d'entrer dans le port.

[2] Registre du général Dugua. — Lettre de Dugommier, 24 décembre. — Lettres de Verdun et Lespine, 23 décembre ; de Galon Boyer et de Brutus, 4 décembre. — L'adjoint au ministre à Castellan, commandant des armes, 15 janvier. — Lettre de Barras et Ricord, 23 décembre.

[3] L'adjoint au ministre à Castellan, 15 janvier. — Lettre des Représentants, 5 janvier. — L'adjoint à Pomme, 13 janvier. — *Journal* de Vernes.

[4] Sir Samuel Hood (1762-1814), cousin de lord Hood, et vice-amiral en 1811.

ciers français de la batterie du cap Sepet, accompagnés de quelques canonniers, qui invitèrent son commandant à se rendre au Lazaret pour y accomplir sa quarantaine. Déjà mis en éveil par leurs réponses évasives sur l'emplacement de *la Victory*, celui-ci ne tarda point à remarquer la cocarde tricolore au chapeau de ses interlocuteurs : « Soyez tranquille, lui disent ceux-ci, les Anglais sont de braves gens, nous les traitons bien ; l'amiral anglais est sorti il y a quelque temps [1]. » Le capitaine ne perd point son sang-froid ; il ordonne à ses matelots de s'emparer des Français, qui tirent leurs sabres, mais sont aussitôt désarmés. Puis, mettant à profit une risée de vent, il fait couper les câbles et déployer les voiles. Un brick lui envoie, au passage, un boulet dont il n'est point atteint ; enfin, après quelques coups de canons échangés avec les forts, il gagne les îles d'Hyères sans autre dommage que des avaries insignifiantes [2].

De pareils faits sont incompatibles avec toute présomption de pacte entre républicains et coalisés.

Il est d'ailleurs facile de démontrer que les Anglais voulaient se maintenir dans Toulon : rappelons d'abord les rodomontades de l'amiral Hood, qui, dans l'enthousiasme du succès, tantôt s'engageait à « défendre la ville contre mille Carteaux », tantôt déclarait ne point craindre l'ennemi, quel que fût son nombre [3].

---

[1] En français dans le texte du Rapport du capitaine Hood. (Baie d'Hyères, 13 janvier 1794.)

[2] En apprenant cette aventure, le Ministre blâma « la précipitation inconsidérée des officiers ». — Brutus, agent du gouvernement au Ministre, Marseille, 17 janvier 1794. — Réponse de l'adjoint au Ministre à Brutus.

[3] Hood à Stephens, 1er et 27 septembre.

Si manifeste est son désir de défendre la ville, qu'il refuse d'obéir aux ordres de l'Amirauté lui prescrivant d'envoyer 300 hommes et 4 vaisseaux à Gibraltar, parce qu'il croit une pareille mesure compromettante pour la défense[1]. Le 17 décembre, il proteste contre l'évacuation, et montre une lettre reçue, la veille, de Londres, où le départ pour Toulon, de renforts antérieurement destinés à l'armée des Indes occidentales est annoncé : « Jamais, dit Elliot, on ne vit homme plus heureux que l'amiral à cette nouvelle ; il ne fit qu'un bond dans ma chambre, hors d'haleine, et ne dissimulant point sa joie. » Une pareille attitude n'est point celle d'un chef qui négocie avec l'ennemi[2].

De son côté, le Ministre de la Guerre emploie toute son éloquence à persuader aux généraux qu'ils sont en mesure de défendre la ville avec leurs propres forces : aux lettres désespérées des gouverneurs O'Hara et Dundas, qui n'ont point l'énergie de l'amiral, le Ministre répond par des promesses de renforts, par l'énumération des obstacles amoncelés sous les pas des républicains, par la réfutation des objections qu'on lui fait, et même par des reproches assez durs sur l'habitude trop répandue, dit-il, parmi les officiers, « de se plaindre et de dresser des listes des difficultés qu'ils ont à vaincre pour excuser leurs fautes[3] ».

Pris au dépourvu par l'événement de Toulon, ajoute Dundas, le gouvernement a fait tout son possible

---

[1] Hood à Stephens, 26 octobre. — Lord Mulgrave à l'amiral Hood, 26 octobre. — Tous deux déclarent cependant subordonner leur avis à celui du général O'Hara, qui doit arriver le lendemain.

[2] Elliot à lady Elliot, 20 décembre.

[3] H. Dundas à O'Hara, 20 décembre. (Lettre non officielle, qui fut reçue par David Dundas.)

pour réunir des secours, mais il faut leur donner le temps d'arriver : « Sa Majesté, écrit-il encore, compte que votre énergie surmontera les difficultés *et que vous ne rendrez qu'à la dernière extrémité* une ville dont la possession est si honorable et si utile[1]. »

Ces derniers mots prouvent, d'une manière définitive, le désir du gouvernement anglais de rester maître de Toulon.

Quant au général Dundas, son découragement ne l'empêchait point de se conformer à ses instructions : le 15 décembre, il chargeait encore lord Hervey d'acheter, à Livourne, des effets et des munitions qui furent décommandés le 24, c'est-à-dire après l'évacuation[2].

Cependant, comme, d'une part, il avait demandé à être relevé de ses fonctions de gouverneur ; que, de l'autre, les alliés attribuaient, non sans raison, leur mésintelligence et une part de leurs échecs au défaut d'unité dans le commandement[3], le Cabinet de Saint-James prit des dispositions pour envoyer à Toulon « un officier de très haut rang », sir Henry Clinton, et avec lui, sous ses ordres, le major Alured Clarke et les généraux Charles Stuart et Balfour. Sur ces entrefaites, la place fut évacuée. L'arrivée d'un nouveau chef n'eût sans doute rien guéri, mais les projets du ministère offrent une nouvelle preuve de son désir de conserver la ville[4].

Constatons donc que, loin d'avoir été la conséquence d'un marché, la réoccupation de Toulon par l'armée républicaine fut celle de la vaillance des troupes fran-

---

[1] Dundas à O'Hara, 20 décembre.
[2] Lord Hervey à Dundas, 4 janvier 1794.
[3] Thaon de Revel. — Florindorf. — Elliot à Lady Elliot, 1ᵉʳ décembre.
[4] Le ministre Dundas au général Dundas.

çaises et de l'habileté de leurs chefs. Il faut cependant reconnaître que, dans les dernières semaines surtout, les alliés avaient eu à lutter contre des obstacles à peu près insurmontables : il est évident que leur infériorité numérique, leur désaccord, la difficulté des correspondances, la gravité des derniers échecs, et en particulier de celui du 30 novembre, qui avait découragé le soldat et rendu toute sortie impossible, — un combat, même heureux, pouvant entraîner des pertes irréparables, — devaient fatalement les obliger à la retraite[1].

Aux approvisionnements près, dont la difficulté offrait de graves inconvénients, les républicains, dont les travaux d'approche étaient peu inquiétés, qui recevaient continuellement des renforts et dont les succès redoublaient l'énergie, se trouvaient dans une situation préférable à celle des coalisés.

Aussi le Cabinet britannique ne blâma-t-il point ses généraux, et Dundas, qui s'était efforcé de justifier ses actes, reçut-il du Ministre de la Guerre la réponse suivante : « Vous vous êtes donné inutilement beaucoup de mal pour vous excuser près de moi, car il n'y a pas une parcelle de votre conduite qui n'ait mérité et obtenu une parfaite approbation[2]. »

Le 22 octobre, la Convention avait décrété la confiscation et la vente des biens des rebelles toulonnais.

---

[1] Sidney Smith à lord Auckland, 12 décembre. — Correspondance d'Elliot, *passim*. — Le général Dundas insiste sur la rigueur de la température dans certains postes élevés comme le Faron, et sur le manque d'objets de campement. Les Napolitains seuls en étaient pourvus (*Summary account.*)

[2] Henry Dundas à David Dundas, 8 mars 1794, lettre non officielle (*private*).

Le 24 décembre, elle décréta que l'armée française avait bien mérité de la Patrie; que le nom de Toulon serait remplacé par celui de *Port de la montagne;* que ses maisons seraient rasées, à l'exception des bâtiments de l'État, enfin que la victoire des Sans-Culottes serait célébrée, dans toutes les communes de France, par une fête à laquelle l'Assemblée assisterait en corps à Paris, le 30 décembre [1].

Le peintre David fut chargé d'en régler les détails, et Joseph-Marie Chénier de composer une hymne, qui fut mise en musique par Gossec [2].

A Lyon, le citoyen Chépy, commissaire du gouvernement, prononça un discours qui fit quelque bruit [3]. Sorti des prisons de Toulon et fixé à Marseille, le représentant Beauvais se traîna, mourant, jusqu'à un autel de la Patrie, dressé sur une des places de la ville [4]. Aix illumina, et les dessins de Granet, représentant la prise de Toulon par les Sans-Culottes, et disposés en transparents sur la porte du District, devinrent l'objet de l'admiration générale [5]. Enfin, dans les ports, les vaisseaux furent pavoisés, le canon tonna, les couleurs des nations coalisées furent brûlées ou maculées de boue. Malheureusement les réjouissances ne revê-

---

[1] *Moniteur*, 25 décembre 1793. On y remarqua, notamment, 14 chars consacrés aux 14 armées de la République.

[2] Cette hymne renfermait le passage suivant :
Il sera partout abattu
Le rival insolent d'un peuple magnanime.
Le Français aux combats marche avec la vertu,
Et l'Anglais marche avec le crime!

[3] Lettre des Représentants, Grenoble, 24 décembre.

[4] *Moniteur*, 26 janvier 1794.

[5] C'est, nous le croyons du moins, un de ces dessins qui figure en tête de notre livre.

tirent point partout un caractère aussi pacifique, témoin cet infâme billet écrit de Lyon par Fouché à Collot d'Herbois : « Nous n'avons qu'une manière de célébrer la victoire ; nous envoyons, ce soir, 213 rebelles sous le feu de la foudre¹ ! »

¹ Fouché à Collot d'Herbois, membre du Comité de Salut public, s. d. — Le 13 décembre 1800, Toulon célébrait encore l'anniversaire de sa délivrance, dont le centenaire a été fêté en décembre 1893.

XVI

Massacres à Toulon. — Départ de Dugommier. — Attaques dirigées contre Barras et Fréron. — Les alliés aux Îles d'Hyères. — Gilbert Elliot et les réfugiés toulonnais. — Départ des coalisés. — Bâtiments français emmenés par les Anglais. — Les Toulonnais à l'Île d'Elbe, en Corse et en Italie. — Vaisseaux français incorporés à la flotte britannique. — Conflit entre le général Dundas et l'amiral Hood. — Suite du différend anglo-espagnol. — L'Espagne s'allie avec la France.

Bien que persuadés du départ « des meneurs, des vrais coupables[1] », les Représentants du peuple ne s'en montrèrent pas moins les dignes émules de Fouché ; les victimes vinrent, d'ailleurs, s'offrir spontanément à leurs coups : une foule composée d'habitants et de soldats de la Marine, dont la conduite n'avait rien laissé à désirer pendant l'incendie, se rendit à la porte de France par laquelle les troupes devaient entrer. Les malheureux marchaient précédés d'une musique militaire jouant des airs patriotiques ; ils portaient un drapeau

---

[1] Ils écrivaient au Comité de Salut public, le 5 janvier : « Tous les chefs, tous les meneurs, tous les Marseillais réfugiés ici sont partis et se sont embarqués sur trois de nos plus beaux vaisseaux, sous le commandement du trop perfide Trogoff. » — Cf. la lettre de Fréron à un ami, en date du 25 décembre.

et des lauriers : 200 furent immédiatement fusillés devant le mur de la Corderie[1].

Leur première vengeance assouvie, les représentants, désireux d'imprimer au châtiment une apparence légale, assemblent les habitants au Champ de Mars, où ils prennent leurs noms et leur donnent rendez-vous pour le lendemain à la même heure. Là se présentent des hommes coiffés du bonnet rouge et portant sur la poitrine une pancarte où se lisent les mots : PATRIOTE OPPRIMÉ. Ce sont des prisonniers du *Thémistocle*, qui, au gré de leur caprice ou de leurs rancunes, vont désigner les victimes. Enfermés depuis plusieurs mois, ils étaient assurément incapables de faire, avec équité, le choix qu'on leur demandait, mais le nom de *Patriotes opprimés*, qui plaisait à l'imagination républicaine, les rendait aptes à tout : on vit un haut fonctionnaire de la Marine, Pomme, former, pour l'administration du port, un conseil composé de « tous les officiers civils, militaires et de santé sortant des cachots de la ville et du vaisseau *le Thémistocle* », idée qui valut à son auteur non seulement l'approbation des Représentants, mais encore un avancement immédiat[2].

Le *Patriote opprimé* exerçait une véritable fonction : nous avons sous les yeux un certificat, en date du 21 juillet 1794, délivré à un employé des bureaux de la Marine, Silvestre Hugon, ancien détenu des rebelles, dont la souscription est ainsi libellée :

« *Nous, patriotes opprimés*, certifions, etc. Signé : Marquisan, Imbert, Félix-Anne Roubaud, Reynaud.

---

[1] *Journal* de Vernes. — Pons.
[2] Le chef d'administration Pomme aux Représentants, s. d. (Pomme était le frère du conventionnel dit Pomme l'Américain.)

Roubin, Brun et Danet. » Faisons observer que quatre de ceux-ci avaient, pendant les premiers mois de 1793, été membres du corps municipal de Toulon¹.

Les 260 prisonniers du *Thémistocle* reçurent, comme indemnité des mauvais traitements dont ils avaient souffert, 1.000 francs pour chaque mois de captivité.

Tels étaient les hommes appelés à prononcer sur le sort des infortunés habitants : leur choix fait, les condamnés sont placés à distance ; la fusillade éclate et couche à terre la plupart d'entre eux : « Que les blessés se relèvent, la République leur pardonne ! » s'écrie une voix. Quelques-uns ont le malheur d'obéir ; aussitôt une nouvelle décharge les renverse à jamais. Une scène pareille se serait produite à Lyon².

Napoléon prétend, dans ses *Mémoires*, que le nombre des suppliciés ne dépassa point 100 : erreur démontrée par les chiffres suivants, tirés de documents authentiques et qu'il faut considérer comme un *minimum* : 18 officiers de l'artillerie de Marine exécutés le 20 décembre ; 200 habitants le 22 ; 400, le 24³. Le 5 janvier 1794, on avait procédé à 800 exécutions ; c'est

---

¹ Un autre certificat du 7 janvier 1794, donné à Jean-André Ferrat, ancien membre de la société populaire de Toulon, est signé Abran, Thém^lle (sic), J. Escudier, Roux, Brun, Fournier, Monteil, Bernard, Joyel, Bedarride, Imbert p^r (sic), Fauque, J. Sénequier, Pellegrin, Villard, Mourmon, Deldau, Thémis** (sic), La Neuville, Fornier, Escudier père.

Comme on retrouve, dans ces deux listes, la plupart des noms des officiers municipaux en fonctions au commencement de 1793, on doit en conclure que ces officiers, emprisonnés, puis élargis après le 13 juillet, avaient été de nouveau incarcérés pendant le siège.

² Pons. — Gauthier de Brécy.

³ *Commentaires de Napoléon.* — Lettre des Représentants, 20 décembre. — Lettres de Verdun et Lespine, 23 décembre. — Lettres de Brutus et de Galon-Boyer.

Fréron lui-même qui le reconnaît[1] dans les lignes suivantes :

« Les fusillades sont ici à l'ordre du jour ; en voilà plus de 600 qui ne portent plus les armes contre la république : la mortalité est parmi les sujets de Louis XVII. Aujourd'hui tous les sergents, adjudants et soldats de la Marine y ont passé, avec la municipalité, qui s'était affublée de l'écharpe blanche pendant le règne du *marmot*[2] ; trois prêtres scélérats ont fermé le bal... Demain et les jours suivants, fusillades de 200, jusqu'à ce qu'il n'y ait plus de traîtres[3]. »

Pour être victimé, il suffisait d'avoir appartenu, à un titre quelconque, aux troupes de terre ou de mer[4].

Le 3 janvier, les *Patriotes opprimés* furent remplacés par une « Commission militaire » composée de « Sans-Culottes parisiens », c'est-à-dire de ces agents ministériels dont nous avons expliqué le rôle près des armées[5]. On les choisit sans doute parce que, sur le point de repartir pour Paris, ils pouvaient rendre des arrêts de mort sans craindre la vengeance des familles dans lesquelles ils portaient le deuil.

La moyenne de leurs condamnations fut de 8 à 10

---

[1] Lettre de Fréron, publiée dans ses *Mémoires*, en date du 16 nivôse an II. — Cf. lettre du même à un ami, 25 décembre.

[2] Louis XVII.

[3] Le texte de cette lettre, que nous extrayons d'un catalogue d'autographes, diffère sensiblement de celui que donnent les *Mémoires* de Fréron, où ses termes, surtout en ce qui concerne Louis XVII, ont été fort adoucis, comme il convenait à une édition de 1824.

[4] Lettre des Représentants, 23 décembre.

[5] Lettre des Représentants Ricord, Barras, Fréron, Saliceti, au Comité de Salut public, 5 janvier 1794. — Voici les noms de ces juges improvisés : Boula, président, Denloup, Blondi, Benant, Thiberges, Lespine et Gauffinet (*Laureryne*).

par jour[1]. Le Tribunal révolutionnaire, par lequel ils furent remplacés, fit guillotiner 15 femmes les 31 mars et 1ᵉʳ avril[2]. Il n'épargna point les vieillards[3]. Quant aux soldats et aux matelots échappés aux premiers massacres, tous ne furent point, comme on l'a dit, enfermés dans les casemates du fort Lamalgue[4]. Un ordre du Comité de Salut public fit embarquer, à titre de disgrâce, en qualité de simples canonniers, « ceux qui pouvaient s'évader, s'ils l'avaient voulu, lors de la trahison[5] ».

Impuissant à arrêter l'effusion du sang, Dugommier dut se contenter de prendre, pour le maintien de l'ordre, des dispositions qui, bien que « contrariées » par les Représentants, assurèrent la tranquillité de la ville où s'était manifesté un commencement de pillage. On réunit tout ce qui pouvait être considéré comme butin, et l'on nomma des commissaires qui furent chargés de procéder à la vente. Mais, l'opération demandant trop de temps, on la remplaça par une distribution de 100 livres à chaque soldat. Son devoir rempli, Dugom-

---

[1] Voici comment, selon Moïse Bayle, les Toulonnais étaient jugés : « La Commission, dit-il, composée de 6 membres, jugeait à 3, *sans accusateur public ni jurés*: elle faisait monter de la prison ceux qu'elle voulait envoyer à la mort. Après leur avoir demandé leur nom, leur profession et *quelle était leur fortune*, on les faisait descendre pour être placés dans une charrette qui se trouvait devant la porte du Palais de Justice. Les juges paraissaient ensuite sur le balcon, d'où ils prononçaient la sentence de mort. »

[2] *Moniteur*, 1794, n° 202.

[3] Dans sa *Réponse* à Fréron (an IV), Durand-Maillane parle d'un vieillard de quatre-vingt-quatorze ans, qui fut porté, dans sa chaise, à la guillotine; d'un mâteur de vaisseaux nommé Clerin, âgé de soixante-dix ans, qui subit le même sort, ainsi qu'une femme nouvellement accouchée.

[4] Lauvergne.

[5] Arrêté du Comité de Salut public (nivôse an II).

mier, écœuré du spectacle qu'il avait eu sous les yeux, demanda son rappel : « Lorsque je serai près de toi, écrivit-il au Ministre, je te ferai connaître tous les motifs qui m'y déterminent... Il est impossible qu'un général en chef, que l'on rend responsable du moindre incident, puisse en répondre avec justice, lorsqu'il est forcément dévié de ses mesures par une foule de circonstances auxquelles il est assujetti [1]. »

Dugommier annonçait en même temps à Dumerbion, général en chef de l'armée d'Italie, son intention de reprendre sa place à la Convention : « J'ai vu, dit-il, de près la tempête et les écueils. Il serait trop imprudent d'y rentrer après en être échappé. Le métier de général est, aujourd'hui, trop scabreux et subordonné à trop de circonstances qui le maîtrisent [2]. » Il avait certainement eu maille à partir avec les Représentants.

Sa requête ne fut point exaucée : le Comité de Salut public, qui appréciait trop ses services militaires pour s'en priver, l'envoya commander en chef l'armée des Pyrénées-Orientales (16 janvier).

Après la réaction thermidorienne, Fréron, violemment attaqué par ses collègues Durand-Maillane, Isnard, Moïse Bayle, au sujet des atrocités révélées par sa propre correspondance, contesta le chiffre des victimes qui, disait-il, n'avait point dépassé 150. Ne pouvant nier l'authenticité de ses lettres, il les prétendit exagérées à dessein, destinées à « éblouir » le Comité de Salut public et à l'empêcher d'envoyer Couthon renouveler, dans le Var, les scènes de Lyon.

La lettre suivante, adressée à un de ses amis, et,

---

[1] Dugommier au président de la Convention, 24 décembre 1793.
[2] Dugommier à Dumerbion, 25 décembre 1793.

par conséquent, non destinée à « éblouir » qui que ce soit, lui donne un éclatant démenti : « Nous avons déjà fait fusiller 400 scélérats, écrit-il. Les prisons sont pleines. Nous avons établi une commission militaire, qui les expédiera par centaines, etc.[1]. »

Par contre, Barras et lui se justifièrent des accusations de malversation dont ils avaient été l'objet et démontrèrent que, sur les 500.000 livres reçues à titre de fonds secrets, ils n'en avaient point dépensé plus de 480 ; que le reste était rentré dans les caisses de l'État[2].

Peu après, le député Ruamps revint à la charge dans les circonstances suivantes : un habitant du Var, au moment de mourir, avait juré qu'après le siège de Toulon Barras et Fréron l'avaient chargé de conduire au château de Fox-Amphoux, appartenant à Barras, une voiture pleine de malles et d'effets. L'accusation reposait sur une base assez fragile, et nul doute que le gouvernement, se souvenant de l'injustice des attaques dirigées contre Danton au sujet de sa mission en Belgique, ne fût passé outre, si les massacres de Toulon n'eussent imprimé à l'incident une gravité exceptionnelle en laissant supposer qu'ils avaient eu pour but de dépouiller les victimes. Aussi les trois Comités de Salut public, de Sûreté générale et de Législation procédèrent-ils à une enquête. Les inculpés ne nièrent ni leurs ordres de transport, ni les sommes considérables enfermées dans les voitures, mais, à l'exemple de Danton, rappelèrent que les Représentants du peuple ne pouvaient voyager sans équipages ; que les leurs

[1] Fréron à un ami, 25 décembre.
[2] Fréron à Moïse Bayle.

avaient contenu leurs effets personnels et les deniers nationaux dont ils étaient comptables ; que cet argent avait d'ailleurs été déposé, non au château de Fox-Amphoux, mais au District. Explication qui fut sans doute jugée suffisante, car l'affaire n'eut point de suite.

Rien n'est donc moins prouvé que ce surcroît d'infamie : quant aux massacres, ils pèsent non seulement sur la mémoire de Barras et de Fréron, mais encore sur celle de Ricord et de Saliceti ; leurs lettres des 19 décembre et 5 janvier ne laissent aucun doute sur la part que chacun d'eux prit à cette « vengeance républicaine ». Quant à Augustin Robespierre, il était parti le 20, pour Paris, afin de rendre compte à la Convention des circonstances de la reprise de Toulon, ce qu'il fit le 2 janvier suivant [1].

Les *Mémoires* de Barras glissent prudemment sur ces faits. Ils se bornent à répondre aux accusations de vandalisme en protestant que, contrairement aux désirs de leur entourage et même aux ordres du Comité de Salut public, Fréron et lui se bornèrent à faire abattre quelques maisons pour donner satisfaction aux démagogues [2]. Il n'en fut point tout à fait ainsi. Barras, en arrivant à Marseille, en septembre 1793, avait commencé par proposer au Club « un tocsin et tout ce qui s'ensuit », c'est-à-dire un massacre et un pillage général [3]. Quant à Fréron, il avait posé en principe que toute ville rebelle, s'appelât-elle Toulon, Mar-

---

[1] Voir sa lettre, publiée par Hamel dans son *Histoire de Robespierre*. Cf. *Moniteur*.

[2] Dans sa *Réponse à Moïse Bayle*, Fréron fait remarquer que la plupart de ses lettres portaient non seulement sa signature, mais encore celle de Barras.

[3] Gasparin à Granet, 4 septembre 1793.

seille ou Bordeaux, devait « disparaître de la surface du globe ». D'accord avec Barras, il avait détruit, à Marseille, 24 édifices, dont l'église Saint-Ferréol, et plusieurs autres monuments remarquables par leur architecture [1]. Arrêtés par les démarches des députés des Bouches-du-Rhône à Paris, ils avaient juré de se dédommager à Toulon et, le siège terminé, venaient de requérir un nombre invraisemblable de maçons pour raser la ville qu'ils avaient, un instant, songé à faire sauter au moyen de mines [2], lorsqu'un ordre du Comité, obtenu par les députés du Var, entrava de nouveau leurs projets. Quelques maisons seulement avaient déjà été sacrifiées. Ils se consolèrent en remplaçant, dans leur correspondance officielle, le nom de *Port de la Montagne* par ceux de *Ville conquise*, *Ville plate*, *Ville infâme*, *Sans Nom* [3], jusqu'au jour où une lettre du Comité leur rappela que le nom d'une cité ne pouvait être changé sans un décret de la Convention [4].

Le 19 au matin, la flotte anglo-espagnole, grossie de deux divisions de navires français battant pavillon

---

[1] Moïse Bayle, Isnard à Fréron. — Cf. Abeille, *Notes et Pièces*. — Ils firent raser les maisons des officiers de Marine qui avaient favorisé l'entrée des Anglais, entre autres celle du chevalier d'Amblard, commandant du *Tarleton*. On allait démolir celle de l'amiral Trogoff, quand on apprit qu'il n'en était que locataire.

[2] Fréron écrit, le 6 nivôse, une lettre d'où nous extrayons ce passage : « Cela va bien, ici; nous avons requis *douze mille maçons* des départements environnants pour démolir et raser la ville. » Cf. sa lettre du 25 décembre : « Avec une armée de 12.000 maçons, la besogne ira grand train, et Toulon doit être rasée en quinze jours. » Ainsi, point de doute possible sur la réalité de ses projets.

[3] Lettres des 24, 26, 28 décembre ; du 6 janvier 1794.

[4] Lettre du 23 janvier. — Pflieger demandait que, par assimilation à Lyon, dont Toulon avait partagé les crimes, cette ville fût appelée *Port affranchi* (27 décembre). Elle conserva celui de *Port de la Montagne*.

blanc et commandées par l'amiral Trogoff, alla jeter l'ancre aux îles d'Hyères, afin de mettre un peu d'ordre sur les vaisseaux, où 4 à 5.000 malades étaient entassés pêle-mêle [1], d'y répartir les troupes et les réfugiés toulonnais, d'établir des garnisons anglaises sur les bâtiments français, enfin d'avertir, par des signaux, les bâtiments qui, dans l'ignorance des événements, tenteraient de pénétrer dans le port [2]; on attendait précisément un convoi de Gibraltar.

Pendant le séjour aux îles d'Hyères, s'élevèrent des tempêtes dont l'une fit « dérader » un brick. Les Anglais sauvèrent son équipage et ses blessés, et le brûlèrent ensuite [3].

La flotte espagnole appareille le 21, mais le gros temps la ramène dans la baie, d'où elle ressort le 25 [4] pour se rendre à Mahon, où elle dépose un millier de fugitifs [5], et, de là, à Carthagène où les 2.000 qui restent deviennent l'objet de la sollicitude du gouvernement espagnol : le 29 janvier, le roi rend une ordonnance en vertu de laquelle les officiers sont, avec leurs grades, reçus dans l'armée ; les ecclésiastiques confiés aux soins de l'archevêque de Tolède ; les hommes valides admis à l'exercice de leurs professions ; les malades et les enfants envoyés dans les établissements d'assistance publique [6].

---

[1] *Moniteur* du 26 février. — *Morning chronicle.* (Lettre d'un capitaine napolitain.) — Galon-Boyer au Ministre, 24 décembre.

[2] *Livre de bord* de l'amiral Hood. — Elliot à lady Elliot, 2 janvier. — Lettre du major Mackensie. (*Summary account.*)

[3] Nous pensons qu'il s'agit du chebek *la Vipère*. Voir ci-dessous page 371 à la note.

[4] *Livre de bord* de l'amiral Hood.

[5] Lettre de Blanckley. (Mahon, 31 décembre.)

[6] *Real provision de los señores del Consejo, por la qual se prescriben las reglas que han de observarse en la distribucion, hospitalidad y tratamiento de los Franceses...* Madrid, Viuda de Marin, 1794.)

Accidentée fut, dans les premières semaines surtout, l'existence des Toulonnais à bord des vaisseaux britanniques : faisons d'abord justice de la légende d'après laquelle l'amiral Hood ne les aurait débarqués aux îles d'Hyères que pour les abandonner à la rage des Conventionnels [1]. Loin d'avoir eu cette cruauté, il recueillit les habitants de ces îles, qui s'étaient compromis pour la cause royaliste. Si blâmable qu'ait été leur conduite à Toulon, il faut reconnaître que les Anglais ne faillirent point ensuite à leurs devoirs envers ceux dont la ruine était, en partie, leur ouvrage. Sir Gilbert Elliot, chargé, en qualité de commissaire civil, de pourvoir à leurs besoins, annonçait ses intentions charitables dans une de ses lettres à lady Elliot : « Je suis devenu, lui écrit-il le lendemain de l'évacuation, le gardien de nombreuses veuves et d'une quantité d'orphelins qui n'ont plus guère d'ami que moi. Je commencerai par leur assurer un asile provisoire quelque part en Italie, et par pourvoir à leur entretien jusqu'à ce que le gouvernement décide ce qu'il peut faire de plus. Je m'efforcerai de l'amener à faire tout le bien que nous leur devons [2]. » Il tint parole, et le cabinet anglais approuva tous ses actes.

On a également dit qu'un violent désaccord s'était élevé, au dernier moment, entre les deux amiraux, au sujet de la garde des vaisseaux français. Langara aurait été, selon Fonvielle, jusqu'au branle-bas de combat, et sa colère ne se serait apaisée qu'en considération des suites d'un combat naval engagé dans

---

[1] Lauvergne.
[2] Elliot à lady Elliot, 20 décembre 1793.

de pareilles conditions. Rien, à notre connaissance, ne confirme cette assertion, dont il faut chercher l'origine dans la querelle précédemment survenue, à propos des vaisseaux, entre les deux chefs [1].

D'ailleurs tous les bâtiments français, y compris les navires marchands, battaient pavillon blanc [2]. Le service continuait à y être fait au nom du roi et d'après la discipline française, bien qu'ils fussent, depuis octobre, à la solde des Anglais [3]. Avant de les suivre dans leur retraite, nous achèverons ce qui concerne la flotte napolitaine : elle n'emmenait de Toulon qu'un seul bâtiment, la gabare *la Lamproie*, — « maigre trophée ! » observe mélancoliquement un historien napolitain [4], et qui compensait mal ses pertes matérielles. A la hauteur du cap Corse, elle rencontra une escadre amenant des renforts sous les ordres du général de Gambs et fit voile avec elle pour la Spezzia, où elle attendit la fin des tempêtes qui sévissaient sur la Méditerranée. Elle prit ensuite la direction de Gaëte et mouilla à Naples le 2 février 1794. Là débarquèrent ses 400 réfugiés français auxquels des subsides furent distribués et dont le roi admit à sa Cour les plus distingués par leur naissance, entre autres M. de Maudet, ancien gouverneur de la place de Toulon, et M. de Grasset, ancien commandant de la garde nationale.

Les Sardes, répartis, faute de bâtiments nationaux, à bord des vaisseaux anglais et napolitains, emmenaient

---

[1] Voir page 237.
[2] Interrogatoire d'un patron génois, Antibes, 2 pluviôse. — Lettre du comte de Grasse au baron de Malouet (1814).
[3] Le capitaine Pasquier au duc d'Harcourt. (Londres, 20 mars 1793.)
[4] Luigi Conforti, *Napoli dal 1789 al 1796*.

deux bâtiments français, *la Victoire*, de 32 canons, et *l'Alceste*, qui fut repris par *la Boudeuse* en 1794[1]. On les débarqua à Oneille et à la Spezzia. Les Espagnols ne s'approprièrent que la gabare *Petite-Aurore*[2].

Revenons maintenant aux îles d'Hyères, d'où nous voyons partir, le 6 janvier, la première division française, composée du *Pompée*, capitaine Poulain; du *Puissant*, capitaine Féraud; de *l'Aréthuse*, capitaine Cazotte. Le capitaine Elphinstone, auquel le commandement en était confié, avait ordre de toucher d'abord à Porto-Ferrajo, puis à Gibraltar où il lui était permis de débarquer ses passagers, s'il le jugeait convenable et d'où il devait, ensuite, regagner l'Angleterre en escortant un convoi.

Outre des Toulonnais, ces bâtiments transportaient une compagnie de chasseurs, un détachement du bataillon des Bouches-du-Rhône et 150 hommes du Royal-Louis. Les infortunés étaient dans un dénûment tel qu'Elphinstone craignit, pendant la traversée, des révoltes à bord; ce fut sans doute ce qui l'empêcha de les déposer à Gibraltar. Il remit immédiatement à la voile[3] et fut assez heureux pour jeter l'ancre sans accident, le 16 mai, dans la baie de Sainte-Hélène. Le même jour, il écrivit à l'Amirauté que tous ses passagers, — y compris les équipages et les troupes anglaises, —

---

[1] James.

[2] Aussi peut-on s'étonner de voir le député Vallée proposer, dans la séance du 1ᵉʳ août 1795, de réclamer à l'Espagne des vaisseaux et un matériel naval qu'elle n'avait, en réalité, jamais pris. (*Moniteur*, n° 319.)

[3] Le 19 février.

étaient perdus s'ils ne recevaient de prompts secours [1].

Nous ignorons les causes de cette détresse qui, aisée à comprendre dans le trajet des îles d'Hyères à Gibraltar, est beaucoup moins explicable à partir de cette dernière ville, où rien, sinon peut-être l'appréhension dont il vient d'être parlé, ne paraît avoir empêché Elphinstone de s'approvisionner.

Tout autre fut le sort de la seconde division, composée du *Commerce-de-Marseille* [2], sur lequel l'amiral Trogoff avait arboré son pavillon ; de *la Topaze*, capitaine de Grasse [3] ; de *la Perle*, lieutenant Vankempen ; de *la Poulette*, lieutenant Stuart ; enfin du *Tarleton*, lieutenant d'Amblard. La plupart de ces bâtiments se rendirent, avec la flotte anglaise, à Porto-Ferrajo, dans la seconde moitié de janvier.

Le 25 décembre, l'amiral Hood avait envoyé une frégate demander au grand-duc de Toscane l'autorisation de déposer, dans ses États, une partie des réfugiés. Sur les instances de lord Hervey, ambassadeur à Florence, ce prince consentit à en admettre quelques centaines à Oneille et à Livourne.

Les autres furent, avec son autorisation, donnée sous condition expresse qu'il n'aurait point à s'occuper de

---

[1] Elphinstone à Stephens, *Robust*, 10 mars.
Le *Puissant* était monté par 538 personnes, officiers, équipage, passagers (hommes, femmes et enfants compris).
Le *Pompée* avait 61 malades à bord et portait 324 personnes, y compris l'équipage.
L'*Aréthuse* avait 44 hommes d'équipage et 33 passagers.
(États de situation au 17 mars.)
[2] Vernes, au *Journal* duquel nous avons fait de nombreux emprunts, se trouvait à bord de ce vaisseau.
[3] M. de Grasse confia la direction de *la Topaze* au lieutenant d'Amblard de Lansmartres, tandis qu'il allait lui-même chercher sa famille en Espagne, où elle s'était réfugiée.

leur entretien, dirigés sur Porto-Ferrajo (île d'Elbe) avec les vaisseaux *Commerce-de-Marseille*[1], amiral Trogoff; *Britannia*, amiral Hotham; et *Windsor-Castle*, amiral Cosby : 2.000 Français purent être ainsi, grâce à la bonne volonté du gouverneur, logés, tant bien que mal, dans cette ville de 2.000 habitants, où les Anglais leur firent des distributions de vivres aussi larges et aussi régulières que les circonstances le permettaient. Leur reconnaissance se manifesta par une adresse aux amiraux et au gouvernement toscan[2].

Lord Hood, après avoir fait sauter les forts des îles d'Hyères, brûlé leurs magasins et emporté ce qui pouvait lui être utile, partit, le 25, avec 76 voiles, parmi lesquelles figurait le convoi arrivé de Gibraltar, mais ne jeta l'ancre à Porto-Ferrajo que le 29, après avoir essuyé une tempête qui avait dispersé ses vaisseaux[3].

Les derniers réfugiés amenés par lui furent « entassés » dans les maisons, où il ne resta bientôt point de place « pour un homme de plus ». Pour comble de malheur, des fièvres « épidémiques et bilieuses » se déclarent et font de nombreuses victimes, parmi lesquelles M. Hustin, major du Royal-Louis, et l'amiral Trogoff, qui succombe le 30 mars, et dont les funérailles se font avec un cérémonial imposant[4].

---

[1] Une lettre du major Mackensie, publiée dans le *Summary account*, déclare que, sans les soldats anglais du régiment Royal, préposés à la garde du *Commerce-de-Marseille*, les marins se fussent révoltés et eussent conduit ce vaisseau dans un port ennemi.

[2] Voir cette adresse dans le *Journal* de Vernes. On donnait à chacun un pain, une demi-livre de viande, une « chopine » de vin par jour. La distribution, commencée le matin, durait parfois jusqu'au soir.

[3] *Livre d'ordre* de Marescot. — Interrogatoire d'un patron génois, Antibes, 7 pluviôse. — *Gazette de Madrid*.

[4] Hood à Stephens, 22 février. — Elliot à lady Elliot. — Le *Journal* de Vernes donne d'intéressants détails sur l'enterrement de l'amiral Trogoff.

Le commandement de la division française fut, en attendant le retour de M. de Grasse, alors en Espagne où il avait été chercher sa famille, exercé par le capitaine Pasquier. Au mois d'août, l'amiral Cosby conduit ces vaisseaux à Gibraltar, puis à Spithead, où il arrive le 14 novembre 1794[1], sept jours avant l'amiral Hood, qui, sur sa demande, a été relevé de son service, pour cause de santé, et remplacé par l'amiral Hotham[2].

Dans l'intervalle, cette division avait fait la campagne de Corse, dont nous allons dire un mot.

Commencée dans les premiers jours d'avril, l'expédition avait un quadruple but : détourner l'attention du peuple anglais de l'insuccès de Toulon ; empêcher la France de se procurer, dans les forêts de l'île, des bois propres à la construction et à la réparation de ses vaisseaux ; donner un asile définitif aux réfugiés français ; faciliter le commerce de la Grande-Bretagne et assurer sa domination dans la Méditerranée[3].

On sait qu'au mois d'août l'amiral Hood avait reçu des propositions de Paoli. Désireux de contrôler ses assurances au sujet des sentiments du peuple corse, il avait jugé prudent de différer la réponse. Le 10 janvier 1794, sir Gilbert Elliot partit des îles d'Hyères avec les colonels Moore et Kochler et débarqua en Corse, où l'accueil des habitants ne lui permit plus de douter de la

---

[1] États de services de Pasquier et du comte de Grasse. — Cosby à Stephens, Gibraltar, 26 août 1794. — Certificat signé Howard. — Lettre du comte de Grasse à Malouet.

[2] Lord Hood, dont Nelson regardait la retraite comme une «calamité publique», ramenait, avec la *Victory*, la frégate française la *Sibylle*. (Voir *Livre de bord* de l'amiral Hood. — Cosby à Stephens, 26 août. — Hood à Stephens, 21 novembre. — Nelson à Gilbert Elliot.)

[3] Brenton.

sincérité de leurs vœux. Aussi tomba-t-on promptement d'accord. L'annexion fut décidée en principe. Restait à la faire sanctionner par une *Consulte*, qui se réunit le 10 juin à Corte et signa l'acte proclamant George III roi.

Après avoir quitté Paoli, Gilbert Elliot était passé en Toscane, afin de s'entendre avec le grand-duc au sujet des réfugiés français, auxquels l'autorisation de débarquer à Livourne n'avait point encore été donnée. En leur permettant de résider « quelques semaines » dans ses États[1], ce prince pouvait se flatter d'être un des souverains les plus généreux de l'Italie, car le roi des Deux-Siciles n'accepta que les 400 Toulonnais amenés par ses vaisseaux ; la République de Lucques n'en admit aucun, et le pape lui-même, par une politique plus fine que charitable, exigea une demande officielle, afin d'établir des relations diplomatiques entre la Grande-Bretagne et les États romains. Cette condition excédant ses pouvoirs, Elliot allait rompre les négociations, quand la Cour de Rome se décida à recevoir 300 de ces infortunés.

La cause de cet ostracisme général était, si l'on en croit Gilbert Elliot, la terreur qu'inspirait aux puissances de la Méditerranée tout ce qui portait un nom français. Il n'en reconnaissait pas moins que leur égoïsme « donnait une faible opinion de la postérité d'Adam[2] ».

Cependant ni ces obstacles, ni les difficultés que lui suscitèrent ceux pour lesquels il s'employait avec zèle et dont le malheur aigrissait le caractère au point

---

[1] Hervey à Elliot, 3 janvier et 21 février 1794.
[2] Correspondance de Gilbert Elliot.

de les porter au crime [1]. n'arrêtèrent sir Gilbert Elliot : au bout de six semaines, tous étaient pourvus d'un logement et recevaient une paye d'au moins un schelling par jour. Les émigrés de distinction et ceux qui s'étaient signalés par leurs services pendant ou depuis le siège de Toulon, reçurent des pensions plus importantes, dont on trouvera plus loin le détail.

Pendant ce temps, l'amiral Hood, parti de Porto-Ferrajo avec deux divisions navales, les 2 et 6 février, s'empare sans coup férir de Saint-Florent, dont la garnison s'est retirée à Bastia. Devant cette dernière ville, il se heurte à la pusillanimité du général Dundas, avec lequel il n'avait, d'ailleurs, jamais marché d'accord pendant le siège de Toulon[2]. Dundas déclare qu'il ne fera rien sans un renfort d'au moins 2.000 hommes. L'amiral, dont l'âge (soixante-quatorze ans) n'a point glacé l'ardeur, répond de prendre, avec ses seules forces, la place en trois semaines. De guerre lasse, Dundas abandonne le commandement au général Stuart, dont la timidité ne le cède en rien à la sienne. Déjà les Anglais commencent à désespérer, quand, épuisée par la faim, Bastia capitule. Ses défenseurs obtiennent, en raison de leur courageuse conduite, l'autorisation de retourner en France avec armes et bagages (20 mai 1794)[3].

Plusieurs vaisseaux de Toulon, parmi lesquels les frégates *la Perle* et *l'Impérieuse*, avaient pris part à

---

[1] La *Gazette de Madrid* rapporte que l'amiral Cosby, ayant surpris des réfugiés toulonnais occupés à mettre le feu à un de ses navires, fit pendre les uns et jeter les autres aux fers.

[2] Elliot écrit à lady Elliot, le 13 mars : « Hood et Dundas n'ont jamais été sur le pied de la cordialité. Leur différend est arrivé à la période aiguë depuis leur arrivée en Corse, et Dundas s'est retiré. Il a fait voile hier. »

[3] Elliot à lady Elliot, 13 mars 1794. — Hood à Stephens, 24 mai 1794.

la campagne[1]. La gabare *Prosélyte* fut brûlée au siège de Bastia. Quant au *Commerce-de-Marseille*, qui transportait dans l'île un nombre de Toulonnais considérable, son équipage fut atteint, à Saint-Florent, d'une maladie épidémique, qui l'empêcha de continuer sa route et lui fit perdre 400 hommes sur 1.100. Mais il fut employé au siège de Calvi, seule ville qui, en août, restât au pouvoir des troupes républicaines ; il y débarqua une partie du régiment du Royal-Louis et une compagnie d'artilleurs organisée par le capitaine Pasquier, compagnie qui reçut, en récompense de ses services, après la capitulation de Calvi le 5 août, un guidon blanc semé de fleurs de lis [2].

Cependant sir Gilbert Elliot s'occupait activement de mettre les Toulonnais en état de gagner leur vie, de manière à ne les point laisser indéfiniment à la charge du gouvernement anglais ; tel fut le succès de son organisation qu'en septembre il était arrivé à réaliser une économie de 20.000 livres sterling au profit de son gouvernement.

Nommé vice-roi de Corse à la fin de novembre, Gilbert Elliot commença par mettre en réquisition tous les habitants de seize à soixante ans, sans en excepter les

---

[1] Du 11 septembre au 23 octobre, l'amiral Hood avait fait armer et équiper à Toulon, pour le service de l'Angleterre, les navires suivants : frégates, *la Lutine* et *l'Aurore*; corvette, *la Belette*; gabares, *la Prosélyte*, *le Mulet*, *la Moselle* (rentrée par erreur à Toulon), *la Sincère*; le brick *l'Alerte*; le chebek *la Vipère* (perdu à Hyères) ; les canonnières *le Serpent* (coulé par les Français), *la Petite Victoire* (perdue en Corse), *le Jean-Bart*, *le Petit Boston*, *le Vigilant*, *la Sainte-Croix* (ces deux derniers ayant servi de pontons et coulés par les Français pendant le siège, ainsi que les batteries flottantes n°° 1, 2, 3). (*Record office.*)

[2] Pasquier au duc d'Harcourt, 20 mars 1795.

Toulonnais. Son but était non seulement de maintenir l'ordre à l'intérieur, mais encore d'organiser la défense contre l'ennemi du dehors. L'application de ces mesures par la municipalité de Bastia souleva les protestations les plus vives. Le malheur n'empêchait point les exilés de se souvenir qu'étant Français ils ne pouvaient prêter serment de fidélité au roi d'Angleterre et au gouvernement corse sans se rendre coupables du crime de lèse-patrie et sans exposer à des représailles leurs familles restées en France. Deux d'entre eux, MM. Amyot et Hardman, qui servaient de secrétaires à sir Gilbert Elliot, furent chargés de lui faire des représentations. Mais la municipalité avait pris les devants : elle organisa une réunion où les protestataires furent admis à exposer leurs plaintes. Pozzo di Borgo, président du Conseil d'État, déclara que nul ne perdrait ni sa nationalité, ni la faculté de quitter la Corse ; la formule du serment fut modifiée, et les réfugiés se déclarèrent satisfaits (10 décembre).

Sur ces entrefaites, le 9 thermidor rendit aux Toulonnais l'espérance de rentrer dans leurs foyers, espérance qui, pour beaucoup, ne tarda point à devenir une réalité, si bien que, dans le courant de l'année 1795, leur nombre ne dépassait point 1.200 en Corse, en Sardaigne et en Toscane[1]. Mais, avant de les suivre dans cette nouvelle phase de leur existence, il nous faut achever l'histoire des vaisseaux français emmenés de Toulon.

La seconde division entra à Portsmouth le 14 novembre 1794, battant pavillon blanc, comme elle l'avait

---

[1] Lettres d'Elliot. — *Journal* de Vernes.

fait pendant toute la campagne. Le 30 du même mois, les équipages furent invités à choisir entre l'armée navale anglaise et les corps français à la solde de l'Angleterre; les officiers cessèrent d'exercer leurs fonctions, mais continuèrent à recevoir leur solde; on les regardait comme restant au service du roi de France [1].

En 1814, au moment où la restauration de la monarchie rendait, après vingt années d'attente, à ceux qui s'étaient sacrifiés pour elle l'espoir d'une récompense, le baron de Malouet, ministre de la Marine, reçut la visite du comte de Grasse, venant lui apprendre que la plupart des bâtiments emmenés par les Anglais existaient encore, et lui rappeler que, d'après l'article 8 de la capitulation de Toulon, ils n'avaient jamais cessé d'appartenir au roi de France; que, si le gouvernement les réclamait, le Cabinet britannique ne pourrait les refuser; qu'ils représentaient 8 millions de francs environ, « à laquelle somme, ajoutait-il, on pourrait joindre celle non moins importante des effets du roi, fournis pour les besoins de l'escadre anglaise, tant en agrès que voiles, câbles, ancres, mâtures et bois, etc. [2], » allusion aux objets pris dans l'arsenal de Toulon.

Louis XVIII venait précisément de signer le traité du 30 mai, dont un article portait que les vaisseaux et arsenaux tombés au pouvoir des Alliés avant le 23 avril précédent, leur restaient acquis. Mais, cet article ne pouvant s'appliquer à la flotte de Toulon [3],

---

[1] Pasquier au duc d'Harcourt, Londres, 20 mars 1795.
[2] Lettre du comte de Grasse au baron de Malouet (1814).
[3] Dans une revue navale passée par le roi et la reine d'Angleterre à Portsmouth, en 1794, et où figurait *le Puissant*, ce vaisseau battait pavillon blanc, tandis que toutes les *prises* françaises avaient arboré le pavillon anglais. (Rivalz à Buchot, Bâle, 16 juillet 1794.)

demeurée propriété royale, Malouet transmit à son collègue des Affaires étrangères les renseignements apportés par M. de Grasse [1]. Nous n'avons point retrouvé la réponse de Talleyrand ; le Ministre de la Marine mourut d'ailleurs quelques semaines après, et, lors de la signature des traités de 1815, le roi ne jugea point à propos de raviver la question. Mais l'opinion des Princes sur ce sujet est consignée dans un certificat remis par le comte d'Artois à M. de Grasse ; il porte « que, la première destination des vaisseaux de cette escadre ayant été de les rendre au roi à son retour en France, leurs états-majors et leurs équipages ont toujours été considérés comme en état de service et payés comme tels par le gouvernement anglais, jusqu'au mois de mars 1815, comme étant à la disposition du Roi [2] ».

M. de Grasse ne s'était point trompé en avançant qu'il existait encore, en Angleterre, des vaisseaux français de Toulon. Mais, loin d'être, comme il le croyait, restés au service du roi de France, ces bâtiments avaient été incorporés à la flotte britannique : *la Perle* avait reçu le nom d'*Amethyst* ; *l'Aréthuse*, celui d'*Undaunted*, et *le Pompée*, détruit en 1817, avait été jusqu'à cette époque, dit l'historien Brenton, « un des ornements de la Marine anglaise ». *Le Puissant* paraît avoir subi le même sort. Quant au *Commerce-de-Marseille*, il fut, en 1795, mis hors d'usage par un ouragan [3].

En 1804, l'Angleterre conservait encore 4 vaisseaux,

---

[1] Malouet au prince de Bénévent, 13 juillet 1814.
[2] Certificat signé par le comte d'Artois et délivré au comte de Grasse, le 26 novembre 1818.
[3] Voir *l'Ami des Lois*, 7 décembre 1795.

3 frégates et 2 corvettes de Toulon [1]. A cette époque, s'éleva entre l'amiral Hood, d'une part, et le général Dundas de l'autre, une contestation dont ces bâtiments faisaient l'objet : la paix d'Amiens, en suspendant les hostilités qui duraient depuis 1793, avait permis à lord Hood d'introduire, devant l'autorité compétente, une réclamation en faveur des marins présents sur la flotte anglaise au moment de l'occupation de Toulon : « Cette ville, disait l'amiral, a été prise par la force des armes ; la preuve en est que plusieurs hommes ont été blessés par le feu de l'artillerie ennemie, pendant la manœuvre des vaisseaux pour débarquer l'infanterie de Marine, le 28 août [2]. La résistance et la fuite de l'amiral Saint-Julien achève de prouver qu'il s'est agi non d'une convention avec les Toulonnais, mais d'une opération militaire. En conséquence, les vaisseaux français employés, depuis, par l'Amirauté, doivent être estimés ainsi que leur contenu ; leur prix doit être versé aux équipages, et une récompense, dont le montant sera déterminé par le roi, doit leur être allouée pour l'incendie de 10 vaisseaux et 3 frégates, le jour de l'évacuation. »

Sa requête, favorablement accueillie par le conseil du roi, fut portée, en mars 1804, par M. Addington, chancelier de l'Échiquier, devant la Chambre des Communes, qui rendit un jugement conforme et ordonna qu'une somme de 265.336 livres sterling, à laquelle étaient évalués les vaisseaux et les frégates avec leurs canons et leur matériel, serait accordée au demandeur.

---

[1] *Summary account.*
[2] Sur ce fait, qui paraît controuvé, voir la note 2 de la page 132.

A cette nouvelle, le général Dundas crut devoir présenter un mémoire en faveur de l'armée de terre, qu'il avait commandée, mémoire dans lequel il s'efforça d'établir d'abord que, jusqu'au jour de l'évacuation, aucun des vaisseaux français n'était devenu propriété anglaise. Il rappela ensuite qu'une convention solennelle, intervenue entre les Toulonnais et l'amiral britannique, avait permis à ce dernier d'occuper la rade et les forts au nom du roi Louis XVII ; qu'une pareille négociation excluait toute idée de capture ; que, d'ailleurs, les vaisseaux français avaient continué à être sous les ordres de leurs propres officiers agissant comme alliés des puissances coalisées ; enfin que, trois mois après son entrée dans Toulon, lord Hood avait confirmé, au nom de Sa Majesté Britannique, ses précédentes déclarations aux Toulonnais. Or, ajoutait finement Dundas, « il est impossible de supposer que lord Hood n'ait point donné leur sens littéral aux mots qu'il sanctionnait ».

Il en concluait que, jusqu'au jour de l'évacuation, les vaisseaux français n'avaient point cessé d'appartenir au roi de France, mais qu'à partir de ce jour des soldats de l'armée de terre ayant été distribués à bord et préposés à leur garde, la troupe avait acquis sur eux un droit égal à celui de la marine.

Le 17 mai, lord Hood répondit qu'il reconnaissait les droits des soldats sur les vaisseaux brûlés, non sur les autres. Dundas répliqua à son tour, le 15 juin, en soutenant qu'il n'y avait point de distinction à faire[1].

Quelle qu'ait été l'issue de la querelle, on ne saurait trop admirer le sang-froid avec lequel ces officiers se

---

[1] *Summary account.*

disputaient la propriété de bâtiments qui, depuis le jour de leur entrée dans le port de Toulon jusqu'à leur désarmement en Angleterre, avaient porté le pavillon du roi de France, au nom duquel lord Hood avait déclaré les conserver.

Les Anglais se dédommageaient ainsi du renvoi des 4 vaisseaux français *l'Apollon*, *l'Orion*, *l'Entreprenant* et *le Patriote* dans les ports de l'Océan. Jamais, en effet, ils ne pardonnèrent cette faute à l'amiral, dont le devoir, disent encore aujourd'hui les historiens britanniques, eût été de les diriger sur les ports anglais, ou tout au moins sur Minorque[1], sans songer que le premier parti était incompatible avec la manière dont Toulon avait été occupé, et le second trop conforme aux vœux de son collègue Langara pour que l'amiral Hood y recourût.

La fin du siège ne marqua point celle de la querelle anglo-espagnole : dans le courant de février, une frégate anglaise canonna un paquebot espagnol à son entrée dans le port de Gênes. Plaintes énergiques du ministre d'Espagne à l'envoyé britannique; il demande compte de « cet acte d'hostilité » et en écrit à l'amiral Hood, qui argue d'une méprise, aucun officier anglais n'étant, dit-il, capable de commettre « un acte hostile ou irrespectueux, même en apparence, contre le pavillon de Sa Majesté catholique[2] ». L'excuse parut suffisante, sans doute, car les choses en restèrent là. Mais quand, deux mois après, lord Hood, ayant appris que

---

[1] Brenton.
[2] Drake à Hood, Livourne, 26 février 1794. — Hood à Drake, Saint-Florent, 5 mars 1794.

l'escadre de l'amiral Langara est mouillée à Livourne, lui fait demander à plusieurs reprises, au nom de la « cause commune », de détacher quelques bâtiments sur la côte d'Italie, afin de permettre à l'escadre anglaise de surveiller plus étroitement celle de l'amiral Martin, dans le golfe Jouan, Langara reste sourd à sa prière [1].

L'amiral Goodall n'est pas plus heureux quand, au mois d'août, il requiert de Langara, alors en croisière sur les côtes de Provence, le prêt de trois vaisseaux, afin de pouvoir envoyer trois des siens se rafraîchir à Livourne. Il invoque à son tour la « cause commune » et l'impossibilité où il s'est trouvé de faire réparer son escadre depuis sa sortie de Toulon. Langara lui répond, sur un ton bref, d'abord qu'il n'a point d'ordres de sa Cour; ensuite que les forces britanniques suffisent à la surveillance des côtes; enfin qu'il attendra les instructions de son gouvernement pour disposer de ses vaisseaux [2].

Obstination d'autant plus inquiétante [3] que l'amiral Hood voyait, tous les jours, son escadre s'affaiblir [4] et progresser les armements des Français ; il ne comptait plus, en octobre, que 13 bâtiments, et encore étaient-ils en mauvais état, tandis que 14 vaisseaux nouvellement tirés des chantiers étaient sur le point de quitter le port de Toulon. Aussi sir Gilbert Elliot commen-

---

[1] Hood à Stephens, 3 mai 1794.
[2] Goodall à Langara, 22 août 1794. — Langara à Goodall, 22 août. — Goodall à Langara, 23 août. — Langara à Goodall, 25 août.
   Les officiers espagnols étaient si montés contre les Anglais que le ministre Cacault écrivait (de Livourne?) à Buchot, en avril 1794 : « Tous les officiers espagnols annonçaient ici qu'ils ne marcheraient plus unis aux Anglais qu'ils abhorrent. Je crois que la flotte entière rentrera en Espagne. »
[4] Hood à Stephens, 29 mars et 6 avril 1794.

çait-il à trembler pour la Corse, à laquelle les rois des Deux-Siciles et d'Espagne, instruits par l'expérience, semblaient peu soucieux de fournir l'appui de leurs forces[1]. L'Espagne surtout songeait à se détacher d'une alliance plus nuisible qu'avantageuse à ses intérêts. Le 1ᵉʳ août 1795, elle conclut un traité de paix avec la France, et, le 18 décembre 1796, l'amiral Langara, de passage à Toulon avec son escadre, prononçait, comme allié de la République française, un discours dans lequel il formait des vœux pour « les heureux progrès de ses armes[2] ».

[1] Lettres d'Elliot. (Bastia, 16 octobre, 11 décembre.)
[2] Ce traité, conclu à Bâle, entre François Barthélemy et Domingo d'Yriarte, ministres de France et d'Espagne, le 22 juillet 1795, fut ratifié par la Convention le 1ᵉʳ août, et le 4 par le roi d'Espagne. (*Moniteur*, n° 98.)

XVII

Le 9 thermidor et les Toulonnais. — Inflexibilité du Premier Consul à leur égard. — Les Toulonnais sous la Restauration. — Le pavillon royal du *César*. — Grades et pensions accordés par Louis XVIII. — Pensions servies par l'Angleterre. — Procès de l'*Ermite en province*. — Appréciation de la conduite de Toulon en 1793.

Nous avons vu plus haut que, grâce à la réaction thermidorienne, un certain nombre de Toulonnais avaient pu rentrer en France en 1795 ; un revirement considérable s'était, en effet, produit dans les esprits ; les girondins, vilipendés jadis, étaient devenus les « victimes du 31 mai ». Rien d'instructif comme ces évolutions politiques.

Deux décrets rendus en leur faveur les 11 avril et 2 juin 1795, rapportant ceux qui les ont mis hors la loi, leur permettent de se faire rayer des listes d'émigrés et de rentrer sur le territoire français.

Aussitôt les demandes affluent, et un grand nombre d'exilés du Var et des Bouches-du-Rhône regagnent, les formalités accomplies, leurs demeures, qu'ils trouvent occupées par des acquéreurs de biens nationaux ; ceux-ci refusant de déloger, les uns recourent à la violence et aux menaces, les autres à l'autorité municipale, qui, en proie à l'embarras, s'adresse aux Représentants.

Les Représentants n'osent trancher une question aussi délicate, imprévue par la loi sur l'émigration. La situation se compliquant de jour en jour, Fréron l'expose à la tribune de la Convention dans la séance du 20 fructidor an III (6 septembre 1795). Conformément à ses conclusions, portant que les chefs du « complot royaliste [1] » par lesquels Toulon a été livré à l'étranger ne peuvent être assimilés aux fugitifs du 31 mai, l'Assemblée décide que les Toulonnais réfugiés à bord des vaisseaux ennemis au moment de l'évacuation ne jouiront point du bénéfice des décrets du 11 avril et du 10 juin; que les acquéreurs de domaines nationaux seront protégés contre les anciens propriétaires et que tous arrêtés pris par les Représentants contrairement à ces dispositions sont annulés.

Simple en apparence, l'application de ce décret devint impossible, dans la pratique, à cause du nombre d'exceptions qu'on se vit obligé de faire, le 2 vendémiaire an IV (24 septembre 1795), en faveur d'individus dont l'innocence paraissait incontestable, bien qu'ayant trouvé asile sur la flotte ennemie. Puis, le temps aidant, un nouvel adoucissement fut apporté

---

[1] Parmi ceux qui demandaient à rentrer se trouvaient, en effet, François Barrallier, ancien président de la Section n° 3, Maurie, Jean Macadré, Doudon, membres de la municipalité ; François Panon, secrétaire de la Section n° 7; Barret, secrétaire du Comité général ; Ferrand, membre de l'administration de district : Vidal, membre du département ; de More, Barrallier, Mélizan, membres du Comité général ; Panon père, qui avait contribué à l'arrestation de Baille et de Beauvais. (*Mémoires de Fréron.*)

aux rigueurs du décret de fructidor par celui du 4 messidor an IV (22 juin 1796), qui déchargea du séquestre établi sur leurs biens les habitants de Toulon, absents au moment de sa capitulation, pourvu qu'ils n'eussent été portés sur aucune liste d'émigrés.

Un an après, le 28 mai 1797, M. de Pastoret soutint éloquemment un projet de revision des décrets des 20 fructidor an III et 2 vendémiaire an IV. On nomma une Commission, dont firent partie Daunou, Mailhe, Pierret, Bénard-Lagrave, et dont le rapport, lu à la tribune par ce dernier, le 28 juin suivant, concluait à l'adoption d'une mesure générale d'indulgence. La question, soumise au Conseil des Anciens, souleva les discussions les plus vives : Tronçon-Ducoudray s'efforça de démontrer que la révolte de Toulon, étant une conséquence des journées des 31 mai et 2 juin, devait être régie par les mêmes lois. Il ajouta que les Toulonnais avaient été suffisamment punis, les uns par les exécutions postérieures au siège, les autres par la misère affreuse dans laquelle ils avaient vécu à l'étranger.

Son discours souleva des protestations : Clauzel soutint que les meneurs de Toulon n'avaient rien de commun avec les hommes du 31 mai ; qu'ils étaient des royalistes déguisés et qu'en leur accordant l'autorisation de rentrer dans leurs foyers on violerait les articles de la Constitution relatifs aux émigrés. Il ajouta qu'il ne s'opposait point à l'adoption de mesures de clémence, mais qu'il fallait en excepter au moins ceux qui avaient traité avec les Anglais, c'est-à-dire les membres du Comité général, du Comité de Surveillance, du Tribunal martial, et les capitaines des vaisseaux emmenés par l'ennemi.

Malgré l'incontestable équité de ces vues, le Conseil des Anciens repoussa non seulement le projet de la Commission, mais encore l'amendement de Clauzel. C'est ainsi que les Toulonnais, assimilés aux émigrés, furent contraints d'attendre la loi du 6 floréal an X (26 avril 1802) pour rentrer avec eux en France.

Tous ne profitèrent point de la permission ; beaucoup, étant établis à l'étranger, y gagnant leur vie, y touchant des pensions, ne songeaient plus à se rapatrier. Ils savaient, d'ailleurs, Bonaparte impitoyable aux complices de la défection de 1793 ; général, il n'avait cessé de leur interdire l'accès des territoires placés sous son commandement [1] ; premier consul, il leur refusa les pensions de retraite auxquelles ils prétendaient avoir droit : le baron d'Imbert, d'abord favorablement accueilli, en raison de son long séjour en Angleterre où l'on présume qu'il a pu voir de près bien des choses [2], est expulsé, son véritable rôle une fois connu.

Eyraud, l'ancien capitaine du *Destin*, sollicite vainement une retraite et reste, pendant tout l'Empire, sous la surveillance de la police.

Branzon père, l'ancien directeur des vivres à Toulon, est plus heureux ; il obtient la sienne en protestant qu'il lui a été impossible de quitter la ville au moment de

---

[1] Voir sa proclamation à l'armée d'Italie et aux citoyens de la 8ᵉ division militaire : «... Protégez les républicains et ne souffrez pas que des hommes (les émigrés) couverts de crimes, qui ont livré Toulon aux Anglais, qui nous ont obligés à un siège long et pénible, qui ont dans un seul jour, incendié 13 vaisseaux de guerre, rentrent et nous fassent la loi ! » (1797.)

[2] Le baron d'Imbert était arrivé, par ses intrigues, à capter la confiance du gouvernement anglais au point de se faire confier le relevé topographique des côtes anglaises. Il l'affirme, du moins, dans une lettre adressée au ministre de la Police, à Paris, le 8 août 1808.

l'entrée des alliés et en prouvant qu'il était à la retraite avant cette époque. Assurément le Ministre ne possédait point la liste complète des membres du Comité général dont Branzon avait fait partie. Honoré Giraud, son collègue au même Comité, mais dont le rôle était sans doute mieux connu, fut éconduit.

Même accueil à la requête Claude-Laurent de Burgues-Missiessy, ancien brigadier des armées navales, ancien membre du Comité général, qui, amnistié en 1802, demanda, l'année suivante, sa pension de retraite. Le Ministre fut d'avis de la lui accorder, mais « l'autorité supérieure », — c'est-à-dire Bonaparte, — intervint, et M. de Missiessy, dont la pension venait d'être liquidée, s'en vit priver par décret du 3 août 1803 : « Le gouvernement, écrivait à ce propos le Ministre au préfet maritime de Toulon, pense que celui qui fut membre du Comité général où fut conçue et consacrée l'idée de vendre et de livrer aux Anglais le port de Toulon[1], se trouve déchu d'une récompense nationale qu'il pouvait avoir méritée par des services précédents. »

Joseph de Missiessy, son frère, échoua pareillement, bien que sa pétition fût appuyée par Bruix et Cambacérès, quand il demanda, en 1803, sa rentrée dans la marine. Mais, en 1814, ayant présenté au roi une requête dans laquelle il rappelait « qu'il avait été assez heureux

[1] Le bruit courut longtemps, en effet, que les Alliés n'étaient entrés dans Toulon qu'au moyen d'un marché : « Le parlementaire anglais, dit le citoyen Sardou, proposa 2.000.000 de piastres fortes, en demandant pour garantie, de la part des Toulonnais, la remise au commandant anglais de tous les établissements appartenant à la République. » L'erreur provenait d'une confusion avec l'emprunt de 1 million de piastres hypothéqué sur Toulon et ses dépendances, pour lequel procuration avait été donnée, le 24 septembre, à MM. Pernéty et Caire.

pour décider, en grande partie, l'élan des Toulonnais », il fut nommé vice-amiral.

C'est alors que, mettant l'occasion à profit, un neveu de Joseph de Missiessy demanda au Ministre pourquoi Claude-Laurent, son père, avait été privé de sa pension sous le Consulat. Conformément aux pièces du dossier, Malouet lui répondit « qu'il avait signé le contrat de vente de Toulon ». Indignation du jeune homme : « Il est absolument faux, écrit-il au Ministre, que Toulon ait été vendu aux Anglais ; cette ville a eu le courage d'entreprendre, en 1793, ce que Paris et toute la France ont fait en 1814. Les Sections et le Comité général, en leur nom, n'ont fait qu'accepter l'assistance des puissances coalisées contre le gouvernement républicain, à condition que Louis XVII serait reconnu, et, c'est le drapeau blanc arboré, que la ville a été prise par les révolutionnaires [1]. » Il demande une enquête et l'annulation du décret de 1803. Malouet examine l'affaire et la soumet à la Commission de la Marine en y joignant la note suivante, qui ne manque point de piquant : « L'objet de l'examen et de l'avis à donner par la Commission est de savoir *si ce qui était un titre de démérite sous l'ancien régime ne devient pas, sous le gouvernement du Roi, un motif de réintégration.* Je n'ai pas encore d'opinion arrêtée sur ce point ; je demande celle de la Commission. » Elle

---

[1] Telle était, en effet, la théorie des royalistes ; en 1820, Gauthier de Brécy écrivit au *Moniteur* pour rectifier certains écrivains, qui « calomniaient » les Toulonnais. Il déclarait que les Anglais et les Espagnols n'avaient été appelés que pour être les défenseurs et les gardiens de la ville jusqu'à la restauration de la royauté ». Le baron d'Imbert a écrit dans le même sens : « Est-ce la faute des Toulonnais si la capitulation fut violée ? »

fut favorable au réclamant, et M. de Missiessy père se vit restituer la pension de 3.000 francs, qui lui avait été enlevée par le Premier Consul. En lui faisant part de cette nouvelle, Malouet lui écrivit : « Sa Majesté a reconnu que votre conduite, dans les événements qui se sont passés à Toulon, était celle d'un bon et zélé serviteur. » (21 septembre 1814.)

C'était réparer courtoisement sa bévue.

Pendant le court passage de Malouet au ministère, les demandes de pensions, places et distinctions honorifiques affluèrent ; malgré plus de vingt ans écoulés, nombreux étaient ceux qui, chargés de famille et en proie à une détresse dont leur fidélité à la monarchie était l'origine, sollicitaient des secours. Le 8 juillet 1814, les Toulonnais, ayant envoyé au Roi une députation chargée de lui lire une adresse, reçurent la réponse suivante : « Je sais à travers combien de dangers vous avez montré votre fidélité à mon neveu ; il n'a pas tenu à moi de les empêcher ou de les partager. Vous m'avez appelé dans vos murs ; je me suis mis en route pour me rendre à vos désirs ; mais, lorsque je suis entré en Italie, il n'était plus temps d'arriver jusqu'à vous. Vous pouvez compter sur ma protection particulière[1]. »

Il octroya à la ville de Toulon des armoiries d'azur à la croix d'or, au chef chargé de trois fleurs de lys d'or, l'écu accompagné de la devise : *Fidélité de 1793*. Faveur grande, sans doute, mais qui ne donnait point de quoi vivre à ceux qui avaient tout perdu. Il était, d'autre part, difficile de satisfaire tout le monde. D'où

---

[1] *Précis historique sur les événements de Toulon en 1793*, par le baron d'Imbert. — *Notes et pièces officielles*, etc., par J. Abeille.

des froissements et des contestations, dont nous citerons un exemple :

Avant la Révolution, le comte de Provence, de passage à Toulon, avait été reçu à bord du vaisseau *le César*, qui, pour la circonstance, avait arboré à son grand mât un superbe pavillon en soie blanche, orné de l'écusson de France et surmonté de la couronne royale. Il était encadré des Ordres du Roi et mesurait « 20 pieds de battant sur 12 de guidon ». Déposé à l'arsenal, il avait échappé, grâce aux garde-magasins, aux recherches des jacobins en 1792 et en 1793, et secrètement été embarqué sur *le Commerce-de-Marseille*, où le capitaine Pasquier l'avait soigneusement conservé depuis cette époque. Cet officier obtint, le 16 septembre 1814, la faveur de le remettre au Roi, en présence du duc d'Angoulême. Sa démarche eut le don d'irriter le comte de Grasse, qui, ayant, quelques mois auparavant, montré au prince, alors à Hartwell, un pavillon copié sur celui-ci, réclama vivement, qualifia d'« insubordination » la conduite du capitaine Pasquier, parce qu'il était moins ancien que lui, et demanda que le drapeau du *César* fût présenté par tous les officiers civils et militaires autrefois à Toulon.

Sa requête ne fut point exaucée ; mais, trois mois après, le comte de Grasse fut élevé au grade de chef de division, puis, en 1816, à celui de contre-amiral honoraire. Moins favorisé au point de vue pécuniaire, il ne reçut, — les ordonnances relatives à la Marine ne permettant point de lui accorder davantage, — que la pension de retraite de capitaine de vaisseau, c'est-à-dire 2.400 francs, au lieu des 6.000, dont il jouissait en Angleterre. Le capitaine Pasquier fut, à peu de chose près, traité de même. Cazotte, capitaine de *l'Aréthuse*, et Féraud, capitaine du *Puissant*, qui, eux aussi, touchaient 6.000 francs en Angleterre, obtinrent 2.400 francs en France, mais sans titre honorifique. Féraud avait, par ses services à Toulon, assurément mérité mieux [1].

La munificence royale paraît avoir été moins grande encore à l'égard des anciens membres du Comité général : Jean-François Fauchier, après avoir végété vingt ans à Livourne avec sa famille, revint en France et présenta une pétition qu'apostillèrent plusieurs députés du Var, Siméon entre autres. Le Ministre écrivit en marge cette note sommaire, destinée à la réponse : « Je regrette bien vivement de ne pouvoir faire rendre aux Toulonnais..., mais il est impossible [2]. » Siméon ne fut pas plus heureux à l'égard de Roux, surnommé *Roux-Louis XVII*, qui, le premier, avait sonné la cloche pour assembler les Sections, dans la nuit du 12 au 13 juillet; il venait d'obtenir, pour lui, le cordon de Saint-Michel, quand il apprit sa mort (1817) [3].

La distribution des grades et pensions, réglée par une ordonnance du 25 mai 1814, fut confiée à trois Commissions composées d'officiers généraux et d'officiers supérieurs d'administration. Annulés par un décret de l'Empereur, rendu à Lyon le 13 mars, leurs travaux reprirent le 11 août 1815, date de leur rétablissement par une nouvelle ordonnance royale.

---

[1] Poulain, capitaine du *Pompée*, était mort avant 1814. Le chevalier d'Amblard commandant le *Tarleton*, fut retraité, en 1814, comme capitaine de frégate, avec une pension de 1.079 francs.

[2] Joseph-François Fauchier aîné au comte de Pradel, Toulon, 13 décembre 1817. (Collection de M. Paul Arbaud.)

[3] Gauthier de Brécy. — Pons.

Nous avons dit comment sir Gilbert Elliot avait fait face aux premiers besoins des Toulonnais fugitifs; les principaux chefs du mouvement insurrectionnel jouirent de pensions beaucoup plus élevées dont la liste est conservée aux archives britanniques, sous le titre de *Prime accordée aux Toulonnais recommandés par les commissaires de Sa Majesté à Toulon*[1]. Un sentiment de convenance nous interdisant de citer les noms, nous nous bornerons à constater que 11 membres du Comité général y sont inscrits pour une pension annuelle de 50 livres sterling (1.250 francs). Un membre du Tribunal populaire et quelques autres personnages y figurent pour la même somme, ainsi que les principaux commandants de la Marine et de l'armée de terre. Un de ces derniers reçut 100 livres, soit 2.500 francs. Les mieux partagés furent les secrétaires de l'amiral Hood et du gouverneur anglais de Toulon, qui touchèrent 150 livres, ou 3.750 francs. Chaque pensionnaire fut, en outre, gratifié d'une somme de 100 livres une fois donnée [2].

Par exception, Gauthier de Brécy et le baron d'Imbert, passés en Angleterre pour y faire valoir leurs services, reçurent annuellement, le premier, 3.600 livres, et le second, — il le prétend du moins, — 12.000 livres;

---

[1] *Bounty for the Toulonese, recommended by his Majesty's commissionners for Toulon.*

[2] Trois personnes, dont une femme, reçurent aussi 50 livres de pension et 100 de gratification. Deux de ces libéralités sont ainsi motivées : « *Cases of compassion* »; une troisième, relative à un officier de Marine, porte : « Non employé sur les vaisseaux français, mais a rendu d'autres services. » Enfin une quatrième s'applique à un homme « dont les propriétés ont beaucoup souffert des travaux exécutés au fort Mulgrave ».

les fonctions spéciales qu'il paraît avoir exercées à Londres justifieraient cette faveur.

Par contre, nous voyons Fauchier, l'ancien membre du Comité général, réduit à vivre, lui, sa femme et ses trois enfants, avec 5 francs 8 sous par jour à Livourne ; et Hyacinthe Panon, ancien capitaine des guides à Toulon[1], obligé de se faire délivrer, en 1803, un certificat par lord Mulgrave pour obtenir le paiement d'une somme de 628 livres sterling, par lui déboursée, en 1793, au profit de l'armée anglaise[2]. La négligence du gouvernement britannique à leur égard n'a d'excuse que l'éloignement des villes où Fauchier et Panon avaient élu domicile.

Les éloges et les récompenses accordés, sous la Restauration, aux hommes qui avaient trempé dans la défection de Toulon ne furent point du goût de tout le monde ; des protestations qui s'élevèrent, les unes, comme celle de Placide Jullian, l'ancien lieutenant de l'armée de Dugommier, restèrent sans écho ; d'autres, comme celles de M. de Jouy dans son *Ermite en Province* (1820), eurent un grand retentissement.

La devise inscrite sous les armoiries données à la ville par Louis XVIII, avait inspiré à l'auteur de l'*Ermite* des réflexions ironiques, qu'il ne craignit point

---

[1] Les Anglais avaient, en effet, organisé un service de guides pour diriger les troupes dans la contrée qu'elles connaissaient mal. Panon joua, en cette qualité, un certain rôle, surtout dans la journée du 30 novembre.

[2] Voici le certificat de lord Mulgrave : « Hyacinthe Panon, pendant le temps de mon commandement à Toulon, a servi avec un zèle et une activité exemplaires, et il fut du nombre très restreint d'habitants dont je souhaitais d'être activement aidé. » — Lettre de Panon aux lords de la Trésorerie, à Londres, 16 mai 1803. (Archives de M. Paul Arbaud.)

de consigner dans cet ouvrage. On saisit difficilement, disait-il, la portée de ces mots : *Fidélité de 1793.* A qui les Toulonnais furent-ils fidèles ? A l'Angleterre ou à l'Espagne ? Pourquoi, dans ce cas, ne les avoir pas récompensés par des places de shériff à Londres, ou de corrégidor à Madrid ?

La municipalité de Toulon lui intenta un procès en diffamation. M. de Vatimesnil, ministère public, développa la thèse que le seul but des Toulonnais, en 1793, avait été de défendre la cause de Louis XVII et de rétablir la Constitution jurée par son père ; d'ailleurs, ajoutait-il, « quelle est la vérité historique ? Les Toulonnais ont fait avec l'amiral Hood le traité le plus honorable ; ils se seraient ensevelis sous les ruines de leurs murailles plutôt que de consentir à cesser de faire partie de la France... Si le traité qu'ils avaient conclu a été violé, peut-on leur en faire un crime ? » Telle était, à cette époque, dans les sphères officielles, la manière de juger la conduite des Toulonnais.

Dans sa réponse, M. Dupin, avocat de M. de Jouy, commença par examiner, avec sa finesse habituelle, la question de savoir si « l'action de livrer une place de guerre à l'ennemi pouvait être considérée comme une preuve de fidélité », car, disait-il, « il ne s'agit point ici de fidélité aux Bourbons ; la question est entre la France et l'étranger ». Après avoir ainsi posé la question, M. Dupin, tout en décochant au baron d'Imbert, « dont les inclinations chevaleresques sont connues, » quelques traits qui l'irritèrent profondément, démontra sans peine que, « s'il y a parfois des risques à courir contre les siens, il n'y a jamais de salut à attendre de l'étranger ». Il dégagea, avec plus d'habileté que d'exactitude, la responsabilité du Roi en déclarant que M. de Jouy avait raison, « même vis-à-vis de la légitimité qui n'avait pu approuver la trahison de Toulon », et ajouta, pour ne mécontenter personne, que, depuis cette triste époque, la ville n'avait cessé de donner « des preuves du patriotisme le plus pur[1] ».

Favorablement impressionné par ce discours, le jury acquitta M. de Jouy, au vif regret du gouvernement, qui, dit-on, trois jours auparavant, avait fait insérer, dans *le Drapeau blanc*[2], la prétendue lettre d'un Toulonnais attestant que, loin d'avoir été l'œuvre des seuls royalistes, la défection de Toulon avait été celle de tous les habitants. Nous avons fait, plus haut, justice de cette assertion.

Pour tout bon sujet de Louis XVIII, en effet, les Toulonnais avaient accompli un « acte héroïque[3] » et pouvaient revendiquer fièrement le titre de « premiers restaurateurs de la monarchie[4] ». C'est qu'en 1820 comme en 1793, l'idée de *Patrie* était inséparable de celle de *Royauté*. C'est qu'on raisonnait comme l'avaient fait les amiraux Trogoff et Chaussegros, qui, après une carrière honorable et dans laquelle ils avaient vingt fois risqué leur vie contre l'« Anglais », ne craignirent point de lui livrer, en 1793, un lambeau du sol national. Combien de royalistes auxquels, pour suivre leur

---

[1] *L'Ermite en Province*, t. III, p. 259. — *La Municipalité de Toulon et l'Ermite en Province*, procès, Paris, 1820.

[2] Numéro du 25 juillet.

[3] Le baron d'Imbert, *Colloque obligé*. Il ajoute que, si les Toulonnais ont été des criminels d'État, on en peut dire autant d'Henri IV, qui envoya Sully réclamer le secours d'Élisabeth, et de Washington, qui ouvrit ses ports aux vaisseaux français.

[4] Le comte de Grasse à Malouet (1814).

exemple, l'occasion seule fit défaut ! Pour ne citer que l'état-major de l'armée bloquée dans Landau, dont il ne dépendit point que les portes de cette ville ne fussent ouvertes à l'ennemi[1]. Les circonstances avaient changé la nature de ces hommes, dont les plus distingués ne rougissaient point, dans l'intérêt de la monarchie, d'accomplir parfois, des besognes dégradantes. On vit un marquis de Surville, âme chevaleresque, poète délicat, fabriquer de la fausse monnaie[2]; un ancien ministre de Louis XVI envoyer à un général anglais de Toulon l'infâme conseil de brûler les récoltes pour réduire les habitants[3]; un émigré, M. de Jarry, prôner dans un Mémoire au gouvernement anglais les avantages de la « ligne de la Somme[4] »; des prêtres, habitués à prêcher la concorde et la paix, s'élancer à la tête de bandes armées et allumer la guerre civile. Tous croyaient non seulement user d'un droit, mais encore accomplir un devoir, celui de contribuer, par tous les moyens possibles au rétablissement du trône.

Et, cependant, l'idée de Patrie ne date point, comme d'aucuns l'ont soutenu, de la Révolution. Elle est de tous les temps:

Dulce et decorum est pro patriâ mori,

[1] Voir les Souvenirs d'un officier royaliste, t. II, p. 236.
[2] Voir Vanderbourg et les Poésies de Clotilde de Surville, par Paul Cottin. (Bulletin du Bibliophile, année 1894.)
[3] Lettre de Calonne au général... (O'Hara?), datée 8 décembre 1793: « Il y a un moyen sûr de soumettre la Provence, c'est de la menacer, en cas de résistance, d'anéantir tous ses oliviers. Comme elle n'existe que par leur produit et qu'une fois détruits il faudrait plus de dix ans pour les régénérer, les habitants ne tiendraient pas à une pareille menace, ni au moindre commencement d'exécution... »
[4] Grenville à Auckland, 31 juillet 1793.

s'écriait Horace, et Voltaire a mis, dans la bouche de Tancrède, le beau vers que l'équipage du *Thémistocle* rappelait aux Toulonnais pour les arrêter sur la pente du crime[1].

Contemporains de Voltaire, les complices de la défection de Toulon n'ignoraient point la Patrie; mais ils ne la comprenaient point sans le Roi, qu'ils regardaient comme sa vivante incarnation. Doit-on leur accorder, comme on l'a fait aux soldats de l'armée de Condé, des circonstances atténuantes? La question est délicate, et nous laisserons au lecteur le soin de la résoudre en lui faisant observer, cependant, qu'autre chose est de combattre à visage découvert et autre chose de suivre les voies tortueuses de la trahison. Si quelque indulgence est permise, nous la réserverons plutôt aux Toulonnais qu'avait endoctrinés une poignée de contre-révolutionnaires et terrorisés une bande de forcenés.

L'Angleterre, de son côté, ne sortit point indemne d'une aventure qui la fit mieux connaître à l'Europe. Un de ceux qui profitèrent de la leçon fut le comte de Provence, qui, à l'époque où s'organisait l'agence royaliste Duverne-Dupresle, recommandait aux chefs de se borner, dans leurs correspondances avec la Grande-Bretagne, à des demandes de secours et de s'abstenir de tous renseignements « dont le résultat pourrait être de leur faciliter la prise de quelques-unes de nos places maritimes et, en général, de ceux qui n'auraient d'utilité que pour eux, *le Roi et son conseil n'ayant jamais cessé de penser que les services des Anglais sont des services*

---

[1] Voir page 119.

perfides qui n'ont pour but que l'entière ruine de la France [1] ».

A cet égard, le prince ne s'était jamais nourri d'illusions, comme on a pu en juger par ses instructions à MM. d'Albert et de Castellet [2].

[1] *Moniteur*, 1797, n° 353. (Affaire Duverne-Dupresle.) — De son côté, le comte d'Artois qualifia l'évacuation de « grand malheur ». (Le comte d'Artois à Vaudreuil, 10 janvier.)
[2] Voir page 245.

XVIII

Comment fut accueillie, à Londres, la nouvelle de la perte de Toulon. — Question à la Chambre des Communes. — Pourquoi les Anglais étaient venus à Toulon. — Lord Grenville et le duc d'Alcudia. — Anecdote sur lord Auckland. — L'Angleterre et les colonies françaises. — Conclusion.

En Angleterre, la nouvelle de la perte de Toulon provoqua un mécontentement d'autant plus vif que son occupation avait excité plus d'enthousiasme : Burke avait estimé celle-ci équivalente à « vingt victoires » et s'indignait de la « profonde stupidité » de ceux qu'elle ne transportait point[1]. Windham pensait de même : « Rien ne peut nous donner plus d'autorité dans les affaires de l'Europe[2]! » écrivait-il à Elliot. Celui-ci regardait comme une ample compensation des déceptions de Dunkerque, l'acquisition de nombreux vaisseaux de ligne et la déclaration probable du Midi en faveur du régime monarchique[3]. Le ministre Dundas y voyait un événement de première importance « pour faciliter toute autre opération et accélérer le succès final de la guerre[4] ».

[1] Burke à Elliot, septembre 1793.
[2] Windham à Elliot, 19 septembre.
[3] Elliot à lady Elliot, 14 septembre.
[4] Dundas au colonel Murray. Whitehall, 14 septembre.

Plus clairvoyants, d'autres hommes d'État faisaient leurs réserves : lord Sheffield eût préféré qu'on se contentât de bloquer les ports méridionaux et subordonnait son approbation à la question de savoir si lord Hood avait eu soin de disposer les bâtiments français dans la rade de manière à pouvoir les couler à la première alerte [1]. George Rose eût voulu qu'on les coulât sans plus attendre [2].

Le bruit de la reprise de Toulon par les républicains, qui avait commencé à circuler dans Londres, au début de janvier, ne trouva d'abord que des incrédules. Quand le doute fut impossible, les avis se partagèrent : les uns déplorèrent qu'au point de vue de l'honneur national on eût abandonné à la vengeance des Conventionnels un aussi grand nombre d'habitants et que le gouvernement se fût « abaissé au rang des traîtres [3] »; — qu'au point de vue matériel on eût retiré de la guerre un aussi mince profit, perdu autant de temps, gaspillé autant d'argent, jeté un pareil découragement dans l'âme des royalistes [4], dont les espérances étaient désormais ruinées dans le Midi de la France, comme elles paraissent l'être en Bretagne et en Vendée.

D'autres cherchaient à se consoler en songeant que l'évacuation allait restreindre les dépenses de la guerre, permettre à la flotte de détruire le commerce des « mécréants », c'est-à-dire des Français, enfin épargner aux alliés des opérations difficiles dans un pays stérile

---

[1] Sheffield à Auckland, 25 septembre, 25 octobre, 27 décembre. — Lord Laughborough à Auckland, 6 octobre.
[2] George Rose à Auckland, 22 septembre.
[3] *Morning Chronicle*. (Voir *le Moniteur* du 29 novembre 1793.)
[4] John Eden à Auckland, 3 janvier 1794. — Crawfurd à Auckland, 10 février 1794.

comme la Provence[1], où, en admettant l'arrivée des renforts autrichiens, le plan du Cabinet britannique était de commencer, au printemps, les opérations militaires[2]. Enfin Gilbert Elliot estimait que la situation de l'ennemi restait ce qu'elle était avant l'occupation, c'est-à-dire très précaire au point de vue des subsistances, et se félicitait du « coup mortel » porté à la Marine française[3].

Dans le discours du Trône du 21 janvier 1794, le Roi s'efforça, naturellement, de rassurer ses sujets en déclarant que « la possession temporaire du port de Toulon avait considérablement nui aux opérations des armées ennemies, et que l'incendie de l'arsenal et des vaisseaux avait porté un coup décisif à la puissance navale de la France ». Quatre jours auparavant, lord Auckland s'était amusé à écrire ce discours, dont les termes étaient aisés à prévoir[4].

La vérité était que l'immobilisation d'une de ses armées sous les murs de Toulon n'avait nullement empêché la France de défendre ses frontières, et que la tentative dirigée contre sa Marine avait, en partie, avorté. Par contre, l'expédition avait fait dépenser à l'Angleterre 400.000 livres sterling. Or la conquête des Îles-sous-le-Vent ayant coûté moins de la moitié de cette somme[5], un membre de la Chambre des Communes demanda des explications. Pitt répondit qu'on

---

[1] George Rose à lord Auckland, 2 et 31 janvier 1794.
[2] *Summary account*.
[3] Elliot à Dundas, 21 décembre.
[4] Lord Auckland à lord H. Spencer, 17 janvier 1794. — En témoignage de satisfaction, l'amiral Hood fut élevé à la dignité d'amiral du pavillon bleu. (Hood à Stephens, 21 mai 1794.)
[5] Elle avait coûté 191.000 livres sterling.

avait été obligé de ravitailler Toulon épuisé par la famine [1]. Or nous savons que les Toulonnais, loin de se nourrir aux dépens des alliés, les avaient défrayés jusqu'à la fin du siège. Il est donc à présumer que cet or avait pris une tout autre direction.

Ce qui précède va nous permettre de préciser la nature des projets caressés à Toulon par les Anglais. Ne voulaient-ils réellement faire de cette ville qu'une base d'opérations militaires dans les départements du Midi ? Leur intention était-elle de la restituer, à la paix, en échange d'autres avantages ? Ou si, comme les en soupçonnaient les Espagnols, ils projetaient d'en faire un nouveau Gibraltar à comprendre dans leur part du futur démembrement de la France ? Et, tout d'abord, ce projet de démembrement a-t-il réellement existé ?

La réponse ne saurait être douteuse : le prince de Cobourg a lui-même raconté sa stupéfaction au Congrès d'Anvers, le 8 avril 1793, quand, après avoir lu aux délégués de l'Angleterre, de la Hollande, de la Prusse et de l'Autriche, la proclamation par laquelle il s'engageait à ne point faire de conquêtes, à ne viser qu'au rétablissement de la monarchie, il entendit une explosion d'indignation saluer ces paroles et lord Auckland l'accuser de trahison : « J'avais cru, jusqu'à ce jour, écrit-il naïvement, que le vœu des Puissances coalisées était de rétablir en France la monarchie, l'ordre et la paix en Europe... Je trouvai que je m'étais trompé. Je vis que chacun ne pensait qu'à soi et qu'on avait beaucoup moins en vue l'intérêt général que des

---

[1] *Moniteur*, 20 avril 1795. (Séance de la Chambre des Communes, 10 avril.)

intérêts particuliers¹. » Il en fut quitte pour remplacer, le lendemain, cette proclamation par une autre.

Nous ne reviendrons point sur ce que nous avons dit, au début de ce livre, sur le projet connu sous le nom de la *Ligne de la Somme*². Rappelons seulement la brochure de William Playfair, parue à Londres en 1793, sous le titre de : *Réflexions sur l'état présent de la France ; nécessité politique de réduire son territoire pour la paix intérieure et pour la tranquillité de l'Europe*³ ; la carte de l'Europe, gravée à Londres, où la place de la France était laissée en blanc ; enfin la carte de France, où tous les ports du littoral, de Bordeaux à Dunkerque, étaient réservés à l'Angleterre⁴.

Lord Auckland parlait ouvertement d' « opérer un grand et solide démembrement⁵ », et Crawfurd disait que, si l'on ne pouvait rétablir la monarchie, il serait urgent de « confiner la France dans des limites telles qu'elle ne pût, désormais, troubler les autres nations⁶ ».

Le bruit courait que l'Angleterre songeait à placer le duc d'York sur le trône des Bourbons, et le siège de Dunkerque paraissait n'avoir été entrepris que dans ce but⁷. Les Représentants en mission prétendaient qu'après l'occupation de Valenciennes ce prince

---

¹ Voir Albert Sorel, *l'Europe et la Révolution*.

² Sur ce projet, voir la correspondance de Mercy avec Stahrenberg (1792-94) et ci-dessus, page 63.

³ Voir dans *la Révolution française* (1885), l'article de M. le comte de Contades sur ce sujet.

⁴ *Mémoires* de Barère.

⁵ Auckland à Grenville, 17 mai 1793.

⁶ Crawfurd à lady Auckland, 14 février 1794.

⁷ Voir ci-dessus, page 63.

avait rempli d'or les poches des soldats français[1], et l'on rapprochait de sa conduite celle de certains députés à la Convention, Carra entre autres, qui avait publiquement proposé de le nommer roi[2]; enfin les Toulonnais se rappelaient les efforts de la Grande-Bretagne pour empêcher le passage du comte de Provence dans leur ville et les déclarations ambiguës de sir Gilbert Elliot sur la forme de gouvernement à établir.

Ces soupçons étaient-ils fondés ? Nous ne le croyons point, car, s'il est constant qu'au début de 1793 le démembrement de la France fit partie des calculs de la diplomatie anglaise, il n'est pas moins certain qu'elle n'entendait point en tirer un profit direct. Toulon, comme Dunkerque, n'était destiné qu'à servir de base aux opérations militaires et de garantie d'indemnité ; lord Grenville en donnait l'assurance à l'Espagne, en déclarant que son projet était de « faire de Toulon le centre d'opérations qui pourraient s'étendre aussi loin que possible au sud de la France, où l'on était si disposé à favoriser la cause de la monarchie, mais qu'à la conclusion de la paix *ce port serait rendu à la couronne de France* et, dans l'intervalle, servirait, dans les mains de Sa Majesté, comme un moyen de poursuivre la guerre et comme une garantie d'indemnité pour elle et pour ses alliés[3] ». Et sir Gilbert Elliot, qui était bien placé pour savoir ce qu'on méditait au sujet de Dun-

---

[1] Harmand au Comité de Salut public, 23 octobre. — Collot d'Herbois et Isoré au même. (Beauvais, 19 août.) — Les représentants à la Convention, 28 août.

[2] Carra n'était point seul à penser de la sorte : Pétion déclare, dans ses *Mémoires*, qu' « un roi anglais aurait eu ses avantages ». — Le 6 mai 1792, l'abbé d'Anjou avait aussi demandé le trône de France pour un des fils du roi d'Angleterre.

[3] Grenville à Saint-Helens, 4 octobre 1793.

kerque, écrivait à lady Elliot : « On ne doit point faire d'autres conquêtes de ce côté, et l'on n'a point non plus l'intention de garder Dunkerque après la guerre [1]. »

Aucun doute n'est donc possible : l'occupation de Dunkerque, comme celle de Toulon, ne devait être que provisoire. La défaite d'Hondschoote ruina les projets formés sur la première ; à Toulon, au contraire, les événements avaient pris une tournure qui donnait l'espérance de réaliser, au Midi, ce qu'on n'avait pu faire au Nord, c'est-à-dire l'échange de cette ville contre certains avantages, dont lord Grenville ne cachait point la nature : « L'Angleterre, écrivait-il à lord Saint-Helens, obligée à des dépenses et à des risques de guerre par la moins provoquée des agressions, a un droit légitime de s'assurer d'une indemnité, si ses armes sont favorisées, et la probabilité que cette indemnité pourra, *du moins en partie, être trouvée dans les Indes Occidentales* (Antilles), *est si évidente qu'elle ne peut avoir échappé à l'attention de l'Espagne* [2]. »

Ses réflexions, soumises au duc d'Alcudia, provoquèrent, de la part de ce ministre, une réponse dans laquelle il se plaignit de voir l'Angleterre, en ses calculs politiques, oublier par trop l'Espagne : « Il est juste, dit-il, que l'Angleterre demande une indemnité pour les dépenses de la guerre que les Français ont eux-mêmes déclarée, et Sa Majesté y contribuera le plus possible, mais, en même temps, Sa Majesté réclame pour elle les mêmes droits qui lui appartiennent de la même manière,

---

[1] Elliot à lady Elliot, 10 septembre.
[2] Grenville à Saint-Helens, 9 août 1739.

pour les mêmes causes [1]. » L'Espagne n'était donc point aussi désintéressée que le Prince de la Paix le prétend dans ses *Mémoires*.

Lord Grenville ne conteste point le principe, mais son appréhension est de voir l'alliée de l'Angleterre lui disputer les Antilles; aussi écrit-il à lord Saint-Helens : « Votre Excellence essayera de diriger les regards de la Cour (de Madrid) vers des acquisitions sur sa propre frontière, comme étant préférables à des conquêtes lointaines, surtout dans les Indes Occidentales, où l'Espagne possède déjà un territoire qui dépasse l'étendue que les capitaux ou l'industrie de ses sujets leur permettront de cultiver. » Il faudrait aussi, ajoute le ministre anglais, l'empêcher de porter ses vues sur l'île de Corse [2].

Nous voilà loin du discours du 19 octobre, dans lequel le roi George affirmait qu'un des objets de la guerre était « d'assurer à la France la jouissance ininterrompue de tous les avantages qui peuvent contribuer au bonheur et à la prospérité d'une grande et puissante nation ». Plus franc s'était montré, au congrès d'Anvers, lord Auckland, quand il avait proclamé son indifférence pour le retour de l'ordre et pour celui de la monarchie, le dessein bien arrêté de l'Angleterre de faire des conquêtes, et surtout celui de trouver « ses convenances dans les colonies [3] ». Lord Grenville reconnaissait toutefois, non sans présomption, qu'on ne pouvait rien stipuler à cet égard « avant le succès définitif des puissances coalisées ».

[1] Le duc d'Alcudia à Saint-Helens, San-Lorenzo, 2 novembre 1793.
[2] Grenville à Saint-Helens, 9 août 1793.
[3] Voir Albert Sorel, *l'Europe et la Révolution*.

Succès qui devait se faire attendre, comme chacun sait. Mais ce qui résulte de ce qu'on vient de lire, c'est que, tout en renonçant à prendre une part *directe* au démembrement de la France, l'Angleterre ne cessait d'y pousser ses alliés, afin de pouvoir, de son côté, mettre la main sur les colonies françaises, dont l'acquisition l'intéressait davantage. L'anecdote suivante fournira une preuve de l'importance que ses hommes d'État attachaient à cette acquisition.

Un émigré dont il a déjà été parlé, et aux avis duquel le gouvernement britannique semble avoir attaché quelque valeur, M. de Jarry, lui présentait mémoires sur mémoires pour le ramener au « véritable objet de la guerre », qui était avant tout, disait-il, l'anéantissement de la Convention. Impressionné par ses arguments, lord Auckland en fait part à lord Grenville : pourquoi, lui dit-il, courir après des conquêtes lointaines quand les armées coalisées sont assez fortes pour imposer à la France les volontés de l'Europe ? Il suffit de réduire cette puissance sur le continent ; on obtiendra d'elle, ensuite, tout ce qu'on voudra [1] !

Un mois après, lord Auckland reçoit la nouvelle de succès militaires à Saint-Domingue : « Le lord chancelier et M. Pitt qui dînèrent ici hier, écrit-il, semblent considérer cette nouvelle comme de la plus haute importance. En vérité, l'importance serait incalculable si nous pouvions nous emparer de toute la partie française de l'île, dont le commerce, avant les derniers troubles, était évalué à 9 millions sterling par an [2]. » Ébloui par cette perspective, le diplomate anglais oublie ce

---

[1] Auckland à Grenville, 7 novembre 1793.
[2] Auckland à lord Henry (Spencer ?), 10 décembre 1793.

qu'il a écrit un mois plus tôt, songe qu'après tout la manière la plus sûre d'acquérir une île est de s'en emparer, et, sur-le-champ, le calcul des revenus de Saint-Domingue est fait.

La destruction des vaisseaux français de Toulon facilitait aux flottes britanniques leur tâche aux Antilles : la contre-révolution y avait, d'ailleurs, été de longue main préparée. Dès 1789, une nuée d'émissaires anglais s'abattait sur la Martinique, la Guadeloupe et Saint-Domingue, où ils étaient chargés d'attiser la discorde née de l'abolition de la traite des Noirs. A la fausse nouvelle de l'entrée des alliés à Paris, les royalistes, qui n'attendaient que le moment de jeter le masque, arborent le drapeau blanc. Chassés par Rochambeau, leur premier soin est de se réfugier chez les Anglais.

Constatons qu'aux Antilles les procédés britanniques sont les mêmes qu'à Toulon : à Saint-Domingue, les planteurs, ruinés par l'abolition de la traite font appel au roi d'Angleterre qui leur envoie des secours. Le 23 septembre 1793, le colonel Whitelock publie une proclamation dans laquelle il déclare que leur voix a été entendue, que le roi George est heureux de pouvoir, enfin, « suivre les mouvements de son cœur ». Il se présente ensuite devant le port de la Paix, où commande le général français Lavaux, auquel il offre cyniquement 50.000 écus tournois et un grade supérieur dans l'armée anglaise, s'il consent à remettre la place entre ses mains. La réponse est une provocation en duel [1].

---

[1] Réponse du général Lavaux : «... Vous avez essayé de me déshonorer aux yeux de mes camarades. Ceci est une offense de vous à moi pour laquelle vous me devez satisfaction. Je le demande au nom de l'honneur qui doit exister parmi toutes les nations. C'est pourquoi,

Le 4 février 1794, l'amiral Jervis, amenant le général Grey et ses troupes, arrive à la Martinique et lance à son tour une proclamation dans laquelle il offre la protection de l'Angleterre aux colonies françaises que la métropole a, dit-il, vouées à une « entière destruction ». Malgré l'héroïsme de Rochambeau, la Martinique est réduite en mars 1794; Sainte-Lucie, les Saintes, la Guadeloupe capitulent en avril. Les Français ne luttent plus que dans une partie de Saint-Domingue. Tabago a été pris l'année précédente, ainsi que Saint-Pierre et Miquelon. A la fin d'avril, toutes leurs possessions des iles Sous-le-Vent sont passées sous la domination de la Grande-Bretagne [1].

Pour mieux s'assurer la conservation de ces conquêtes, l'Angleterre avait, un instant, songé à Bordeaux ; mais, comme elle manquait de troupes, elle s'adressa à la Cour de Madrid, lui fit observer que, « les efforts tentés par l'Angleterre dans d'autres contrées » absorbant ses forces militaires, elle était incapable d'entreprendre quelque chose de ce côté [2], mais que, sans abandonner

---

avant toute action générale, je vous offre un combat singulier jusqu'à ce que l'un de nous tombe, vous laissant le choix des armes, à pied ou à cheval. » (19 fév. 1794.)

[1] *Annual register*. — Boyer-Peyreleau. *Les Antilles françaises*. Dans l'Inde, Pondichéry, Chandernagor, Karikal, Yanaon, Mahé étaient déjà en sa possession.

En 1796, poussée par l'opinion publique qui réclamait la paix, l'Angleterre offrit à la France de lui rendre ses colonies, tout en déclarant qu'elle garderait celles de la Hollande et de l'Espagne sur lesquelles elle venait de mettre la main. Des négociations s'ouvrirent à Lille : on y agita la question de la restitution des vaisseaux emmenés de Toulon par l'amiral Hood et d'une indemnité pour ceux qui avaient été brûlés. Mais les pourparlers furent brusquement rompus par le Directoire et la lutte recommença.

[2] Le duc d'York avait menacé de se retirer en apprenant que des renforts destinés à son armée allaient être envoyés aux Indes et à Toulon. (*Mémoires tirés des papiers d'un homme d'État*.)

la lutte dans le Roussillon, l'Espagne pourrait tourner ses regards vers Bordeaux, où les mécontents, « sans lesquels aucun plan de ce genre ne pouvait s'exécuter », étaient nombreux [1].

L'expérience de Toulon lui suffisant, le duc d'Alcudia répondit qu'il avait, lui aussi, distribué sur les frontières ses forces disponibles, qu'il reconnaissait, à la vérité, les avantages du plan, mais que l'Angleterre ferait bien de l'exécuter elle-même ou d'en charger « quelqu'un de ses alliés [2] ». Et bien lui en prit, car nul doute qu'en cas de succès l'Angleterre n'eût revendiqué, pour un de ses généraux, le commandement suprême des troupes dirigées sur Paris ; son attitude, à Toulon, vis-à-vis de l'Espagne, en offre une preuve irrécusable [3].

L'occupation du fort Mulgrave par les républicains anéantit ces beaux projets ; les alliés s'en vengèrent en brûlant une partie de la flotte et de l'arsenal : incendie jugé impolitique par l'historien anglais Brenton, parce qu'il donna, dit-il, aux Français disposés à la révolte une idée fâcheuse de la façon dont les Anglais s'acquittaient de leurs promesses.

Nous serons moins sévères que Brenton : la guerre a des nécessités dont il faut tenir compte. En quittant un port rempli de vaisseaux de guerre et de matériel naval, les alliés avaient le droit, — le devoir même, — de tout faire pour les empêcher de retomber au pouvoir de l'ennemi.

---

[1] Grenville à Saint-Helens, 4 octobre 1793 — Saint-Helens à Auckland, 7 août.
[2] Le duc d'Alcudia à lord Saint-Helens, 2 novembre 1793.
[3] Voir pages 235 et 253.

Aussi n'est-ce point de l'incendie que l'Histoire demandera compte aux Anglais. Ce qu'elle ne leur pardonnera point, c'est d'avoir violé les engagements d'un de leurs amiraux et traité en ville conquise celle qui s'était librement donnée à eux ; de l'avoir, par une injustifiable méfiance, privée de ses meilleurs défenseurs et du chef dont la seule présence l'eût rendue imprenable ; d'avoir, malgré leurs promesses, abandonné ses habitants à la vengeance des Sans-Culottes, afin de mieux piller l'arsenal ; enfin de s'être livrés, dans les ports neutres de la Méditerranée, à des actes indignes d'une nation civilisée.

Il demeure acquis, au surplus, qu'à Toulon, comme partout et toujours, elle poursuivait son plan d'étendre sa puissance maritime et commerciale aux dépens de celle de la France, — seule nation capable de lui tenir tête sur mer — par application des principes énoncés, dès le XVIe siècle, par François Bacon, principes que devront méditer les partisans d'une « entente cordiale » avec la Grande-Bretagne [1].

Mais ni ses attentats contre des navires sans défense, ni ses violations du droit des gens, ni sa conduite à Toulon ne lui profitèrent : Toulon lui échappait, et, après la campagne de 1793, la France se trouvait en

---

[1] « Il est certain, dit Bacon, que celui qui est le maître de la mer jouit d'une grande liberté et qu'il met à la guerre les bornes qu'il lui plaît ; au lieu que, sur terre, celui-là même qui est supérieur, a cependant quelquefois beaucoup de difficultés à surmonter pour en venir à une affaire décisive. La puissance navale de la Grande-Bretagne est aujourd'hui d'une extrême importance pour elle, non seulement parce que le plus grand nombre des États de l'Europe est environné par la mer, ou du moins qu'elle les touche de quelque côté, mais aussi parce que les trésors des Indes paraissent un accessoire de l'empire de la mer. » (François Bacon, *La Politique*, Chapitre intitulé : *De la véritable grandeur des royaumes et des États*.)

état de lui résister, sur mer comme sur le continent : « Nous n'avons réussi, écrivait, le 5 janvier 1794, lord Sheffield à lord Auckland, qu'à faire des soldats de tous les Français! » Ce résultat, auquel la Coalition était loin de s'attendre, lui apprit à compter avec un ennemi qu'elle avait d'abord méprisé au point de se partager d'avance ses dépouilles. Mais, en même temps, il fixa l'Angleterre sur la force morale et matérielle de sa rivale. Fidèle à sa politique d'abaisser toute puissance capable de lui disputer l'empire des mers, elle reprit immédiatement les armes pour ne les poser qu'après une lutte de vingt ans.

PIÈCES JUSTIFICATIVES

L'ENTRÉE DES ALLIÉS

L'amiral Hood à Philip Stephens,
premier secrétaire de l'Amirauté, à Londres

Victory, off the islands of Hyères, 25th of August 1793.

Sir,

Be pleased to acquaint the lords commissioners of the admiralty, that on the 23^d, commissioners from Marseilles came with full powers from the Sections of the Mouths of the Rhône, to treat for peace. They expected to be met by commissioners having clearly and explicitly declared their views to be in favour of monarchy. I sent on shore to Toulon and Marseilles the proclamation and preliminary declaration, I have now the honour to enclose copies of. The former was intented to make an impression on the minds of the populace who are the government of France.

The Toulon commissioners are no onw board and have offered to put the harbour and forts in my possession, but at present I have not troops sufficient to defend the works, and there is a strong division in the fleet. I am, however, about to anchor in the bay of Hyères, as the batteries upon these islands are secured. This will enable me to be at hand to assist the royalists. Had I 5 or 6000 good troops with me, the war would soon be at the end.

The day previous to the arrival of the commissioners from Marseilles, I had written to don Borja, who I had been told was off cape Crucse, acquainting him that want of water would oblige me to go into port the end of this month, and hoped to have the honor of seing him in a few days, to guard Toulon. But it seems don Langara commands the fleet of Spain in these seas, who has told me, in a letter I have, within this hour, received from him, that his instructions will not allow him to leave the service he is upon. I have, however, sent the frigate back to him, requesting, in the most pressing manner, that, in the present situation of things (which I have fully stated to him), he will be pleased to send the squadron of his fleet under the command of admiral Gravina to me, with as many troops he can spare.

I have also written to sir William Hamilton, asking the neapolitan ships and troops, and likewise to M. Trevor at Turin (under whose cover I send this to be forwarded) for the information of the king of Sardinia, as I have been informed a great party of the army that was in Savoy is now marching against Toulon.

L'amiral Langara à l'amiral Hood
(Traduction.)

Most excellent Lord,

I have received your Excellency's much esteemed letter with the intelligence therein mentioned and inclosing a copy of your proclamation. In consequence, I cannot resist taking the greatest interest in the common cause, and considering the effects that might result from my not taking advantage of so favorable an opportunity, I have determined to proceed immediately in view of your squadron, and, at the same time, I dispatched an express to the commander in Chief of the army in Rosellon, desiring that he would embark, in four ships which I left for that purpose, two or three thousand of the best troops to be employed as your Excellency wishes, in the operations you have pointed out.

May God preserve you a thousand years.

On board of *the Mexicano*, off the Coast of Rosellon the 26th of August 1793.

Most Excellent lord, I kiss your lordships hands. Your most obedient and faithful humble servant.

JUAN DE LANGARA Y HUARTE.

Lord Hood à Philip Stephens
(S. d.)

It is with very singular satisfaction that I have the honour to inform you that there is a most perfect and cordial good understanding subsisting between admiral Langara and me.

Yesterday, in great form, we exchanged visits: each left his ship at the same time and rowed along side that of the other, attended by their junior flags, and were saluted. On our return, we met, and civilities passed, when I went into don Langara boat and received him on board the *Victory*. From thence we went on shore together, first to Malgue, and next to the town, where we were received with all appearence of very joyful hearts. The keys were presented to me, when I announced to all the Sections that admiral Langara and I (standing close to each other), were only *one*; that we were actuated by the same principles, and came to give protection to the good and loyal people of the south of France; that it would be their own fault if they were not saved from impending misery and distress, as they had only to submit to the regulations we had made, and implicitly obey orders.

The rear admiral Goodall was presented as their governor, and rear admiral Gravina as commandant of the troops.

LES RENFORTS ANGLO-AUTRICHIENS

*Lord Grenville à sir Morton Eden,
ambassadeur d'Angleterre à Vienne*

Whitehall, 14 September 1793.

Sir,

You will have been informed, before you receive this messenger, of the very important event which took place at Toulon at the end of August. Mr Trevor acquaints me that he wrote on that occasion, to urge you again to push, in the strongest manner, on the court of Vienna the march of the troops in the Milanese or in the Tyrol, or such other assistance of land force as could be spared. I cannot but hope, that the infinite importance to the common cause of retaining the possession of Toulon will have been duly felt, and that, both on that account, and from a sense of the particular interest which His Majesty must feel in it, the request which you will certainly have renewed on this occasion, will have been complied with, at least in part.

But, as it is so probable that the French will feel themselves called upon to make, for some time to come, the recovery of that important city and port, the principal object of their exertions in that quarter, it is urgent to lose no time in directing our attention to it, and in taking measures to support the avantage we have gained, and which may, in its consequences, be decisive of the event of the war. For that purpose, measures are already taken for sending to the Mediterranean, with all possible expedition, a body of five thousand Hessians. And I am to desire that you will use every possible exertion to induce the court of Vienna to send thither, from the Milanese or Tyrol, some. immediate succour, even if it should not be more than the number above specified...

It is highly probable, supposing lord Hood able to maintain himself in Toulon, that this may lead to an earlier prospect of offensive operations in considerable force in the south of France. For this purpose also, the military cooperation of Austria will be necessary, but this, however, urgent in point of time, is less so, than the immediate succours to be given to enable us to maintain our present advantage.

The real obstacle which has presented a compliance with the requests hitherto made on this subject, has probably been the desire of Austria to annex to it the condition proposed by her, and strongly urged by count Slahremberg in his last conference with me, respecting the acquisition of the Novarese.

Without entering far into this subject at present, it is sufficient to remark that the realizing this object or not, is, in either way, a point not of importance enough to retard for a moment the execution of measures necessary for maintaining the allies in the possession of Toulon.

Lord Hood à Philip Stephens

Victory, 24 November.

Having reserved information from M. Trevor and M. Drake, His Majesty's ministers at Turin and Genoa, that 5,000 austrian troops would move from Milan to the coast of Italy, about the 10th or 12th of last month for Toulon, and requesting I would send ships to receive them with all the despatch possible, I immediately ordered the vice-admiral Cosby (with sufficient tonnage to bring them) to Vado bay, the only place they could be taken board at, without manifest risque at this season of the year.

After the vice-admiral's arrival, M. Drake made known to him that the troops must embark at Leghorn, having a number of horses and mules with them, for which forage could not be procured in the genoese teritories. He accordingly proceeded to Leghorn road, but I am exceedingly sorry to inform you that, by letters I last night received from M. Trevor of the 18th instant, there is not the shadow of hope left for our seeing a simpler soldier at Toulon from Milan. This is a woeful disappointment..

*Les Commissaires royaux Hood, Elliot et O'Hara
à sir Robert Boyd, gouverneur de Gibraltar*

Toulon, the 20th November 1793.

Sir,

His Majesty having been pleased to appoint us his commissioners at Toulon, with fullest powers in every thing that regards this place, and with special instructions to take every measure that we deem necessary, either for its defence, or for supplying it with the necessary troops, provisions, or stores: we find ourselves under the necessity of addressing your Excellency, on a subject of the utmost importance.

We have learnt to day, with the greatest concern, and to our extreme disappointment, that your Excellency has judged it proper to detain the troops which were ordered by His Majesty for the reinforcement of this garrison; we know so well Your Excellency's zeal for every branch of His Majestys service, that we are persuaded you could not have taken a resolution so full of inconvenience, and, we are sorry to add, of real danger to the defence of Toulon, if Your Excellency had been apprized of the pressing necessity we have for additional troops, and how fatal the smallest delay in obtaining reinforcements, may probably prove.

We have, therefore, thought it our duty to represent to your Excellency, in the strongest and clearest terms, that the preservation of this place, and the important objects connected with it, depend *entirely* on our receiving the most immediate, and the most considerable succours that can be sent.

We are, therefore, under the necessity of dispatching to your Excellency, our express and urgent requisition for all the troops which were ordered, together with the most earnest request, for every addition that it is possible for you to make. A reinforcement of fifteen hundred british troops, at the least, is absolutely indispensible, and every hour we are without them, may be decisive...

INSTRUCTIONS DU DUC D'ALCUDIA
A L'AMIRAL LANGARA

*Le duc d'Alcudia à lord Saint-Helens,
ambassadeur d'Angleterre à Madrid*

(Traduction.)

San-Lorenzo, 3^d October 1793.

As the case, tho' remote, may possibly occur in which the spanish and english squadrons may be obliged to abandon the anchorage of Toulon, from their being so much molested by bombs and red hot balls, as not to be able to remain there, His Majesty's pleasure, upon this point, has been signified to admiral Langara by the Minister of Marine on the 1st instant, leaving, however, to the prudent discretion of the admiral, to settle and resolve, in concert with lord Hood, whatever may, according to the existing circumstances, be found most advisable.

It is enjoined to him, therefore, to have all the french ships and frigates of war, which are fit for navigation, armed and brought into the road, in order to put to sea, when necessary; and, as they will not be exposed to any hostile attack, it will be sufficient to man them with a party of spanish and english sailors, according to the nation of which the commander may be. And whatever farther hands may be wanted for their navigation to be taken from the french sailors attached to the good cause, giving the command of such ships, as has been done in the case of the fortifications and land batteries, to officers of the two combined powers; and to these vessels may be added the division which our admiral has already been told that he might permit to be armed and put under the command rear admiral Trogoff.

That, if the unexpected event of abandoning the port should occur, admiral Langara shall sail, with all the french ships that can be put to sea, to the islands of Hieres, or whatever other place he may appoint in concert with lord Hood, as most convenient, carrying in themm all the artillery, ammunition, arms and stores which they can bring: leaving a manifest or protest to the government of Toulon, if the latter should not abandon the place, that all the ships of the french navy shall be kept and taken care of, to be delivered, at a proper opportunity, to their lawful sovereign, and making, if possible, a formal inventory of the whole, and that he shall give notice of the whole of what may have passed, and of the place whither he may have removed for His Majesty's information.

That the ships and other vessels which either from the bad state of their hulls, or for want of stores, cannot be armed for sea, shall be immediately placed in the different situations of defence belonging to the port, to serve as floating batteries; stationing those of the combined squadrons where they cannot be damaged; and, if it becomes necessary to abandon the harbour, that these vessels be sunk or set on fire, in order that the enemy may not make use of them, for which purpose preparations shall be made before hand.

That, however, it is His Majesty's pleasure that the admiral shall not embrace the party of abandoning the port, except in a case of extreme neccessity, in order not to leave the faithful Tolonese in the power of those who tyrannize over them; and that, in that case, the fortifications shall be destroyed and the artillery spiked, particulary in all the batteries that command the port. Finally, admiral Langara is charged to communicate all this to lord Hood, in order that they may proceed in concert in this buisiness which the two Monarchs have taken under their joint care and direction. And I have the kings order to tramsmit to your Excellency for your information.

INSTRUCTIONS DU GOUVERNEMENT ANGLAIS AUX COMMISSAIRES ROYAUX

Whitehall, 18th October 1793.

My Lord and Gentlemen,

The circumstances under which possession has recently been taken of the town, harbour and forts of Toulon, in His Majesty's name, and the prospect of the extensive and important consequences to which that event may lead in the southern part of France, have given occasion to the Commission, with the execution of which you are entrusted. From the terms of that Commission, you will perceive that your attention is to be directed to three leading objects, the first of which is, to provide such regulations, and to take such steps as may be immediately necessary within the district of

Toulon and its dependencies, now in the possession of His Majesty; the second (which is more extensive and important), is to adopt such measures as may be best calculated for inducing other parts of France to have recourse to His Majesty's protection, and to join in promoting the re-establishment of a regular government, which may put an end to the internal disorders in France, and open the way to a satisfactory termination of the war; the third, in case any provinces or districts should be occupied by His Majesty's arms, or place themselves under His protection, to provide, as far as circumstances will admit, for their internal administration, and the regulation of their civil concerns in the interval, till some regular and general system shall have been re-established, and a definitive pacification concluded...

In all these views, it appears to be expedient that, in entering upon the execution of your Commission, you should immediately publish, in His Majesty's name, a declaration addressed to the inhabitants of Toulon, according to the tenor of the paper herewith transmitted.

This declaration is intended to embrace all the points arising out of the papers exchanged between lord Hood and the inhabitants of Toulon, on which it appears necessary that His Majesty's pleasure should be made known.

The first article relates to the restoration of Toulon, which, according to the proposals made by the inhabitants, and to lord Hood's declarations, is to take place when peace is re-established in France. In the manner in which these proposals and declarations are worded, the conclusion of the peace, and consequently the period of the restoration of Toulon, is left dependent on the terms of peace, which may, hereafter, be agreed upon, when a negotiation can be set on foot for that purpose: but it has been thought material, in this article, to refer in general terms to the nature of the conditions which His Majesty will justly be entitled to expect for himself and his Allies, whenever that discussion can be brought forward.

The second article contains assurances in His Majesty's name, on the requests made in the articles of the proposals from Toulon. The measures to be taken for the protection of the inhabitants and the continuance of civil and military officers in their employments, are connected with points on which, in the course of these instructions, I shall more particularly convey to you His Majesty's sentiments. With respect to the necessary supplies for the relief and subsistance of the place, His Majesty's pleasure has been signified to lord Hood, and an order in Council, of which a copy is inclosed, has been passed, for removing the obstructions which would otherwise prevent the intercourse of His Majesty's subjects with that port.

On the subject of the third article, it is not necessary for me to enter into any minute detail. It is sufficient to inform you that, in addition to the force already at Toulon, His Majesty has taken measures for sending, with the utmost expedition, british troops from Ireland and Gibraltar, which, whith the troops already there, will amount, in the whole, to above three thousand infantry, and a regiment of cavalry ; that it is His Majesty's further intention to send, as speedily as possible, a considerable body of Hessian infantry, which it is hoped will not be less than five thousand, and His Majesty has directed his ministers abroad to second in the strongest manner the instances which have been already made for a re-inforcement of six thousand Neapolitans and for whatever sardinian force can be spared from other operations, as well as to prevail on the court of Vienna to send as speedily as possible a considerable corps of troops from the Emperor's italian dominions. By advices recently received, there is every reason to expect that reinforcements from all these quarters will shortly be collected at Toulon. Every exertion will be used for the purpose of assembling on the whole a force not only sufficient for the defence of Toulon, but fully equal to offensive operations...

Your powers should be so exercised as not to interfere with the authority of the military governor, in all matters of military detail: every measure necessary for the safety of the place must be left to his discretion, and must be liable to be enforced by his authority. As far as is consistent with this principle, due regulations ought to be framed for protecting as far as possible the persons of the inhabitants, and for providing for the ordinary course of justice, in civil concerns. The possibility of retaining the inhabitants in their civil and military employments must depend upon the dispositions which they manifest, and the circumstances of the place. The propriety of suffering any public meetings of the different Sections of Toulon, or of authorizing and recognizing the deliberations of any committee of safety or under whatever other denomination they may have existed, according to the form prevailing previous to the place being delivered up, must be governed by similar considerations. A power must be exercised wherever it is necessary of confining or sending away suspected persons. On all these points, it is impossible to form specific instructions : the commissioners will jointly exercise their discretion on the spot.

Under the second general head of these instructions, your line of conduct is, in a great measure, pointed out in the fourth article of the declaration...

The fundamental points to be attended to are these, that His Majesty's primary object is to endeavour as speedily as possible to terminate the war, on just, secure and honorable grounds; that, whatever may be the form of government in France, His Majesty will feel himself intitled to demand such terms, as may afford to himself and his allies reasonable indemnification for the past, and security for the future; that it appears every day more and more evident, that there is little prospect of a general pacification being concluded on such terms, till some regular government is established in France; that His Majesty is not disposed to prescribe any particular form, but that he is persuaded it is only on the foundation of hereditary monarchy (subject to such limitations as may be found adviseable) that a rational prospect at present exists of any regular government being re-established; that, under this conviction, if any part of the french nation manifests its disposition to deliver itself from the tyranny now exercised in France, and to concur in the restoration of a regular government on the foundation of hereditary monarchy, His Majesty is ready to enter into engagements to suspend all hostile proceedings against them, and no longer to consider them as parties to the war in which His Majesty is necessarily engaged against France, but on the contrary to afford them protection and assistance, as far as circumstances will admit, during the interval previous to the conclusion of a general pacification; that the precise form of limitation under which monarchy may be re-established must be reserved for future discussion and cannot form, at present, the subject of any positive engagement; that, whatever places or districts may be delivered into His Majesty's possession, in consequence of any engagement made on these principles, His Majesty will be ready to restore them when regular government shall be re-established, and a definitive treaty of peace shall have been conducted, unless, by the terms of such treaty, it shall be agreed that any such place or district shall, for the purpose of indemnification or security, be ceded to any of powers who are engaged in concert with His Majesty, in the present war...

No idea is entertained op pushing that principle to the extent of proposing any plan of partition or dismemberment applicable to the interior of France; but it can only relate to such possessions on the frontiers as shall appear on fair discussion to come within the real objects which are professed. As this consideration is naturally more applicable to Austria than to any other continental power, it does not appear that, in the south of France, this exception can be material with respect to any districts but such as may be contiguous to the frontiers, either of Spain or Sardinia, or possibly

Switzerland, in case the Cantons should be brought to take an active part in the war. It is impossible to detail this point more precisely till His Majesty has formed a more particular concert on the subject with the powers who are interested, but you will keep in view the general outline which I have stated in order, on the one hand, not to preclude such just arrangements as may be found necessary at the conclusion of the peace, and, on the other, not to create an alarm from the idea of extensive projects of aggrandizement and dismemberment, such as are not in His Majesty's contemplation. You will take proper measures that these principles which are to serve as the foundation of your conduct, should be as generally known as possible. For this purpose, you will cause the declaration which you are to publish at Toulon to be circulated as speedily as possible in the interior of France.

If there should appear a disposition, as there is at present great reason to expect, in the inhabitants of any places or districts in the southern provinces of France, to put themselves under His Majesty's protection, according to these principles you will consider yourselves authorized to enter into intercourse, and to form agreements with any description of persons, whose concurrence and assistance you may think useful for advancing the purposes of your Commission, you will be careful not to commit His Majesty by any engagement on the subject of the internal government of France, beyond the line which I have already stated. You will particularly be careful, on all occasions, in stating His Majesty's conviction, that the acknowledgment of an hereditary monarchy, and of Lewis the 17th, as lawful sovereign, affords the only probable ground for restoring regular government in France; to let it be understood that His Majesty considers the full benefit of that form of government to depend upon the adoption of the just limitations and regulations of which it is capable, in such manner as the circumstances of the country may appear to require.

On the other hand, you will avoid giving any assurance which could bind His Majesty to promote any fixed or specified articles of limitation in the present moment, as it seems material to hold out one general and fundamental principle, in which the greatest number of persons may be likely to concur, without entering into the different distinctions and degrees of opinion on subordinate or collateral points, on which there will materially exist, at least for a time, a great variety of sentiments.

On these grounds it is, that His Majesty is ready to extend his protection to all those who concur in the leading point of acknowledging hereditary monarchy in the person of Louis the 17th; and therefore, although His Majesty is far from meaning to pledge himself to any approbation of the articles of the Constitution of 1789, and is, on the contrary, persuaded that every part of the french nation which wishes for the re-establishment of monarchy will ultimately see the impossibility of retaining many parts of that Constitution, yet His Majesty has not felt this, as any reason for witholding his protection from the people of Toulon, under the circumstances in which it was sought for...

With respect to the third head of instructions, that of providing for the intermediate administration of such places and districts as may be occupied by His Majesty's arms, or put themselves under his protection, it is still more difficult at present to enter into any accurate detail...

From the nature of the case, all such places and districts must be considered, as for the time, in His Majesty's possession, and subject to his supreme authority, tho' under the engagement to restore them (with the reserve already mentioned) when a regular government shall be re-established, and a treaty of peace concluded. In the interval till that period arrives, and while such places remain in His Majesty's possession, it will be impossible to admit the exercise of any authority in the name of any of the french princes, either under the character of Regent, or any other, unless the course of events should lead to any new arrangement on that subject, previous to a general pacification. Any such arrangement must necessarily make the subject of future instructions, if the occasion should arise. In the mean time, the authority reserved by His Majesty must, from its own nature, be subject to no fixed limitations, and must, in a time of war, be enforced, wherever it is necessary, by the military power. But, in the exercise of this authority, it will be one of your most important duties, to confine yourselves within the bounds of necessity, to disturb as little as possible whatever may be the ordinary course of civil and municipal concerns, and to consult, as much as circumstances will admit, the advantage, the ease, and even the prejudices of those over whom your authority may extend.

It will certainly be desireable that ancient forms and institutions should be revived, even under this provisional government, whenever it can be done with anything like general concurrence...

The measures to be taken with respect to property which has been confiscated, and afterwards sold under the authority of the Convention, as well as that which may belong to persons who may continue in hostility to His Majesty; with respect to the circulation or suppression of assignats, and also with respect to the collection and application of any public revenues, are also points of so much delicacy, and may depend so much on local circumstances, that it is not thought right, at present, to make them the subject of positive instruction. But on a general view of the subject, the restoration of every species of property which has been confiscated during the troubles, seems naturally to form so fundamental an article in the re-establishment of order and lawful government, that it cannot be kept too constantly in view, and nothing but very pressing considerations of expediency should prevent its being carried into execution.

In addition to the points which I have already mentioned, it will become an important object of your attention, if any extensive districts should come into His Majesty's possession, to consider how far corps of troops can safely and usefully be formed from the inhabitants, and by what means their aid may be rendered most effectual in the prosecution of military operations...

L'ANGLETERRE ET LE COMTE DE PROVENCE

Lord Grenville à Francis Drake

Whitehall, 22^d October 1793.

Sir,

A report has been received, here, of a supposed intention of Monsieur to proceed immediately to Genoa, in order to embark for Toulon, to take upon him the functions of Regent of France. No communication has been made on his part to His Majesty, of this intention, nor has any application been made for the kings permission for him to repair to a place which is now occupied by his Majesty's forces. If Monsieur should be so ill advised as to adopt this measure, it is His Majesty's pleasure that you should, previous to his embarking for Toulon, wait upon him, and represent, in the most respectful, but, at the dame time, in forcible terms, the great difficulties to which His Royal Highness would subject the officers commanding in His Majesty's name at Toulon, by attempting to land there, without the previous consent and approbation of this court. You will state the doubts which naturally occur, whether, considering the terms on which Toulon was put under the king's protection, the residence of Monsieur in that port, and much more his assuming to exercise any function there, in a character not recognized by them, would be agreeable to the inhabitants of Toulon, or useful to the common cause. You are, if you find it ultimately necessary, to state distinctly that you know with certainty, that His Majesty's officers are not at liberty to take upon them to admit of Monsieur's landing at Toulon, without express directions to that effect. You will urge the inconvenience which would result, both personally to that prince, and also to the general interests, from any eclat taking place on this subject, and you will represent to him, that his applying for the previous consent of the powers. into whose hands Toulon has been delivered, would not only be a mark of respect due to them, but also a necessary preliminary to such explanations, as the occasion appears to require, before any decision can be finally taken on so delicate a point.

If you find that, notwithstanding what you shall have stated on this subject, Monsieur still persists in his intention, it is very necessary that you should take the speediest possible method of conveying this information to his Majesty's officers at Toulon that, they may be prepared to execute the orders which His Majesty has found himself under the necessity of giving to them; but you will use every endeavour in your power, by respectful and conciliatory representations, to prevent recourse being had to this extremity, and you will endeavour to persuade the ministers of the allied powers at Genoa, to support you in these representations.

Henry Dundas à sir Gilbert Elliot

Wimbledon, 28th December 1793.

(*Private.*)

My dear Sir,

... M. Pitt will, I think, feel less difficulty as to the immediate acknowledgment of the Regent, but he sees many inconveniences in admitting him to Toulon, which he thinks would at once supersede your authority there, and, at the same time, deprive us of all the advantages of holding such an important situation with a view either to peace or war. He is likewise strongly impressed both with the possibility and propriety of assembling a large force in the south of France, and maintaining a standard of royalty there, which it would be very difficult to do without the possession and authority over Toulon remaining with us.

I admit the force of all that reasoning, and I rather imagine the general voice of the Cabinet will lean that way. I own I have considerable difficulties, and the leaning of my mind is another way. My opinion leads me to think that we would act wiser in confining our military exertions to Flanders and the Coast, and from those two points to direct our operations to Paris. I am far from thinking it is not essential likewise to erect a standard of Royalty in the south, but then I conceive that such a standard might be erected and maintained by an assemblage of force acting under Monsieur as the avowed Regent.

I am aware that the whole of this theory rests upon the fact of whether there is such a disposition in the South, towards the Regent, as to make a forcible rising in his favour, and to enable him to hold his ground in the southern provinces. If that cannot be, to be sure it would be very losing game indeed to put Toulon and the South of France into his hands.

It sometimes occurs to me that a middle course might be followed, which is to leave the possession of Toulon distinctly with us under the terms specified in your declaration, but, at the same time, either at Marseilles or somewhere without the fortress of Toulon, to collect a powerful force with Monsieur, aided by one or two good generals at the head of it, to contend for the provinces in the south, and to maintain them against the Convention army. Under such an arrangement, a very moderate garrison would suffice for Toulon, and therefore we might add to the Regent's army all our auxiliary troops we have collected or can further collect in the south, and I should flatter myself that such a force, in conjunction with such french troops acting under french officers, as would rally themselves under the Regent, might furnish an irresistible force in the southern provinces, and we being in possession of Toulon and the Mediterranean, there never could be a danger of the want of provisions.

I throw out these ideas very loosely, I am in doing so merely thinking aloud, for I am well aware of the difficulties which attend the whole question. We are not without suspicion that the Toulonese coming forward as they have done in favour of the Regent, and bringing him to Toulon, may be in concert with and a part of the spanish intrigue.

It will be too ridiculous if, at the time I am writing this, you have been obliged to abandon Toulon. If that should prove to be the case, we shall have cause indeed to be dissatisfied with the Austrians, for witholding the promised aid, and still more with sir Robert Boyd's disobedience of our orders.

Lord Grenville aux Commissaires royaux à Toulon

Whitehall, 30ᵗʰ November 1793.

My Lord and Gentlemen,

... The measures which you will perceive have been taken for conveying to the comte de Provence His Majesty's sentiments in respect to his going to Toulon, will, His Majesty trusts, prevent his proceeding thither, but, if those communications which His Majesty has directed to be made should not produce the effect which could be wished, and he should find means of getting to Toulon, it will be the duty of your Excellencies to state to him distinctly His Majesty's determination upon this point.

The consideration which is due to the rank and situation of the comte, will naturally induce you to communicate this determination in terms of proper civility and respect; but, at the same time, your Excellencies will take care that such communication may also leave no doubt of a determination on your part to fulfill your instructions upon this point, and neither to acknowledge any authority he may attempt to exercice, under the character he wishes to represent, nor to admit him, under the present circumstances, to come within the town or forts of Toulon.

L'ANGLETERRE ET L'ESPAGNE

Lord Grenville à lord Saint-Helens

Whitehall, 9ᵗʰ August 1793.

(*Secret.*)

My Lord,

It is certainly very desireable to maintain, by communication and confidence, the favourable disposition which your Excellency states to prevail at present in the spanish government, towards this country. The great difficulty which stands in the way of such communication is the jealousy which may exist at Madrid, respecting the West Indies. His Majesty's ministers have had occasion publicly to avow the principle adopted by this government, that this country, forced into the expences and risques of war by the most unprovoked aggression, has a just claim to look for indemnification, if its arms are successful. And the probability that such indemnification will, at least in part, be found in the West Indies, is so obvious, that it cannot have escaped the attention of Spain. Still it is to be feared that direct discussions upon this point might lead to embarrassment and misunderstanding.

The best mode seems to be to begin by adverting to the principle itself, and stating yourself to be authorized to admit, in the fullest manner, its application on every ground of justice to the circumstances of Spain. If this is favourably received, as what your Excellency mentions in your last dispatch gives reason to expect, your Excellency may then try the ground of pointing the views of that court to acquisitions on its own frontier, as preferable to distant conquests, especially in the West Indies, where Spain is already possessed of territory far beyond what the capital or industry of its subjects will enable them to cultivate. It does not seem advisable, in the present moment, to enter into direct stipulations on this point, nor can it be thought reasonable or prudent to do so, till the successes of the confederate powers shall have brought questions of this nature necessarily more into discussion. But there is no difficulty in your Excellency's intimating on His Majesty's part, a disposition to concur in promoting and securing objects such as I have mentioned, if the success of the spanish arms in that quarter shall bring them forward at the time of negotiating for peace.

With respect to the questions relative to the interior of France, there is much less difficulty in stating clearly, and without reserve, the sentiments of this government on that important point. The bringing back from a state of anarchy the most considerable state on the continent of Europe, and the destroying the centre which had been formed there for propagating over all the rest of Europe principles subversive of all civil society, is unquestionably an object of the first importance; and it may be doubted whether, till this be accomplished, permanent security can ever be acquired by other powers.

But the present state of that country does not seem to be such as to hold out the probability of doing this by the interference of those powers applied for the purpose of establishing any particular form of government. Nor is there, as far as any judgment can be formed, such a disposition in the interior as would be necessary for the success of such a project. Under these circumstances, any declaration on the part of the allied powers in favour of a particular party or of a particular form of government in the interior, would tend only to unite all those who were opposed to that system, but could not be looked to as affording a reasonable prospect for the re-establishment of solid peace, and permanent security.

The acknowledgment of the authority claimed by Monsieur as Regent, is evidently a measure of the nature which I have described, and as such has been avoided here. The residence of the princes here has also been deemed objectionable, on the same grounds, in addition to that of the embarrassment which would arise from the total want of judgment of those whose advice they have hitherto followed. The king of Spain has hitherto pursued the same line in this respect, and I have reason to believe that the application of Monsieur to come into Spain has, in fact, been already declined, and that the application to this court for advice has no other motive than the wish to be able to alledge our advice in confirmation of their decision. There seems no objection to affording this support, if it is wished, especially as it may prevent any variations in the line already adopted, and which is here judged to be the most prudent.

On the whole therefore, the line to be adopted by your Excellency, in the present moment, is to bring forward and establish in the discussions between the two Courts the principle of indemnification as reciprocally applicable; to point the views of Spain in this respect as much as possible towards the frontier of France, in preference to the West Indies, or even to Corsica, to keep out of discussion our views in the West Indies, unless there should be a certainty that Spain may be brought to concur in them, which seems little probable; and to prevent the court of Madrid from committing itself with any description of Emigres, or any party in the interior...

Le duc d'Alcudia à lord Saint-Helens

(Traduction.)

San Lorenzo, 2 November 1793.

Sir,

I have laid before the king your Excellency's letter of the 24th ult[e], the translation inclosed in it of a dispatch from lord Grenville, and the project of a declaration which His Britannic Majesty thinks it advisable to issue in order to engage the French to unite in establishing a form of government under an hereditary monarchy, respecting the various modifications and limitations of which form of government His said Majesty avoids entering into any discussion...

With respect to the point of indemnification, it appears to the king to be just that England should demand it for the expences of the war which the French themselves have declared; and His Majesty will contribute, as far as he may be able, to it's being realized, at the same time that His Majesty claims the rights which, in like manner, belong to him, upon the self-same ground; being well assured that both sovereigns will cooperate, with mutual good faith, in forwarding the just views which each of them may propose to himself, on the point in question.

In the mean time, it would be highly advisable, as lord Grenville observes, to render Toulon the centre of the operations of the combined forces of the belligerant powers in France, in order to extend them from thence as opportunity may offer, in which we will certainly concur with all possible vigor, as has been effected hitherto, in all the southern part of that kingdom.

With respect to the idea concerning Bourdeaux, the king considers it as no less important than worthy of being carried into execution, and the circumstance only of his having all his forces employed on the frontier, and being unable to detach from them the force necessary for this enterprize, prevents his undertaking it. It occurs, however, to His Majesty that if England could destine for this purpose some of its own troops or those of one of its allies, the operations might be so combined that the attention of the French being engaged by the English on the side of Bourdeaux, and the Spaniards on our frontier, the enemy would be obliged to divide their forces on this side; and we should gain two considerable advantages, the one to effect an invasion with a probability of success, an the other that the well disposed French might avail themselves of that conjuncture to declare themselves...

The kings declaration is precisely analogeous to that of his Britannic Majesty, as your Excellency may be pleased to see by the inclosed copy, which I have the kings orders to communicate to you, at the same time that I transmit it to His Majesty's ambasdor at London, in order that he may present it to his Britannic Majesty; a step which I accelerate under the supposition that (as is mentioned by lord Grenville) circumstances may not have required the publication of that which the court of London intends to publish, the king my Master obtaining, by these means, the complete satisfaction which he has at heart, of carrying into effect what he has promised in his convention with His Britannic Majesty, namely the combining His measures with that Monarch for the occurrences of the present war and its results.

LE DIFFÉREND ANGLO-ESPAGNOL

L'amiral Langara à l'amiral Hood

(Traduction.)

On board the ship *Mexicano*, at Tolon, 23rd October 1793.

Most excellent Sir,

In consequence of the valour and skill with which rear admiral don Federico Gravina conducted the combined forces in the attack and recovery of the important post of La Malgue, in which he was so gloriously wounded, and of the good military conduct which he has shewn ever since our entrance into this port, the king has been pleased to promote him to the rank of lieutenant general of his fleet, and to confirm him in the general command of the allied forces in the possession of which he has been, by the agreement between your Excellency and me. And by the same royal order, major general don Raphael Valdès is to remain with the command of the spanish troops.

God preserve your Excellency many years.

L'amiral Hood à l'amiral Langara

Victory, Toulon road, 24th October 1793.

Sir,

I have been honoured with your Excellency's letter of last night, informing me that, on account of the valour and good conduct of admiral Gravina, His Catholic Majesty had promoted him to the rank of lieutenant general, and commander in chief of the combined forces at Toulon.

No one can more sincerely rejoice than myself at my much esteemed friend's promotion, but, His Sardinian and Sicilian Majesty having been graciously pleased to confide their respective troops entirely to my disposal, or to act under such british officer as I may judge fit to put them, I am very much at a loss to conceive upon what ground admiral Gravina can take upon him the title of commander in chief of the combined forces at Toulon; more especially as the town and its dependant forts were yielded up to the british troops alone, and taken possession of by me. I shall therefore feel it my duty to put the sardinian and sicilian troops, together with the british, under the command of major general O'Hara, the moment he arrives (who is now off the port), eventually subject to such orders as I may see fit to give.

At the same time, I entreat your Excellency will give me credit for the most sincere wish and inclination to cooperate with your Excellency, and every servant and subject of His Catholic Majesty, in the most cordial and friendly manner, for supporting the common cause in which our sovereigns are united, not only for the defence of Toulon and security to the persons and property of its inhabitants, but for restoring good order and a permanent government to the distracted kingdom of France, to which happy end the coalesced troops will, I hope and trust, ever act in perfect harmony together; nothing shall be wanting, on my part, to contribute to it; and I do most readily admit that, whenever the whole or a part of the combined forces go out upon any service, the sole and absolute command must be in in the senior officer present of whatever nation; but I cannot admit that admiral Gravina has authority over any other troops but the Spanish in garrison where undoubtedly governor Goodall commands, and must continue so to do, untill I have orders from my sovereign to withdraw him.

L'amiral Langara à l'amiral Hood

Traduction.

On board the ship *Mexicano* in the road of Toulon,
25th. October 1793.

Most Excellent Sir,

From the very day that I had the honour to combine with your Excellency the expedition of Toulon, we agreed upon the absolute equality of command to be held by the subalterns whom we should name for the defence and preservation of the place. On these principles, the constituted authorities and the general Committee acted from the time of our entrance into the port, reposing the military command in both admirals, and acknowledging with all solemnity, on the 2nd of september, rear admiral don Federico Gravina as commandant general of the troops, and rear admiral Goodall as governor of the town of Toulon, the keys of which they presented, at the same time, to your Excellency and to me, on our landing. Your Excellency knows that the formidable sea and land force with which I joined your Excellency, and which arrived so speedily, demanded that equality in right which was agreed upon, and consequently my reports to the king my master were conformable to that agreement. The royal order which I have had the honour to communicate to Your Excellency for confirming lieutenant general don Federico Gravina in the command of the combined forces at Toulon is a consequence of what was settled, the said 2nd day of september, in your Excellency's and my presence, and in that of all the chiefs and authorities at Toulon, to whom he was made known as such by rear admiral Parker. This need be no obstacle to the particular command of the english as well as of the neapolitan and sardinian troops devolving on major general O'Hara, or any other english general whom your Excellency may name, in the same manner as that of the Spanish has on major general don Raphael Valdes, nor does it prevent, in the case of any expedition, the command being given to the officer of highest rank or greater seniority, let him be of what nation he may.

Your Excellency has found me, and will always find me very much disposed to concur in every thing that can contribute to the good of the common cause, nor have I been backward hitherto in acting with good faith, and with that frankness and sincerity which it appeared to me that I ought to use with respect to your Excellency, and also from the present circumstances, under which I cannot depart from an equality in every thing relative to the enterprize, conformably to the alliance between our respective sovereigns. It is not in my power to vary from what was agreed upon and solemnly published on the said 2nd day of september, and I do not doubt but that, as hitherto there has been no doubt about the recognition of the authority of don Federico Gravina by the allied troops, nor of that of admiral Goodall by the Spanish, there neither will be any in future, but that we shall all unanimously and with the best harmony, apply ourselves to obtain the desired end.

God preserve your Excellency many years.

L'amiral Hood à l'amiral Langara

Victory, Toulon road, 25ᵗʰ October 1793.

Most excellent Admiral,

I have been honored with your Excellency's letter of yesterday's date, and, although my duty to my sovereign may occasion a difference of opinion between us upon points of public service, nothing can weaken the respect and esteem I am proud to entertain for your Excellency. I am not aware of any agreement whatever beyond that of most cordially cooperating for the support of the common cause in which our sovereigns are so cordially united.

The circumstances to which your Excellency alludes to have taken place on the 2ᵈ September, was four days after the honorable George Keith Elphinstone had, by my order, taken possession of the town and arsenal of Toulon, and the dependant forts, as governor. But, on his representing to me that it was totally impossible for one man to discharge the various complicated duties, I appointed rear admiral Goodall to be governor of Toulon, and re-appointed the honorable captain Elphinstone to be governor of La Malgue. My sole business on shore, on the 2ᵈ september (and I made no objection to your Excellency's proposal of going with me) was to introduce governor Goodall, and to express to the Committees then present that, if they meant to rely upon me for protection to their persons, and security to their property, they must submit to my giving it in that mode and manner I should judge best, and I farther added that, upon this point, your Excellency and I were perfectly of the same opinion. I am totally ignorant of any other agreement.

Indeed, some days after, your Excellency talked of a convention to be signed between us, which I objected to as totally unnecessary; but, at the same time, expressed the most perfect readiness to sanction, and not interfere in the catholic religion, or impede the priests in their functions, and that their places of worship should be respected, and their persons protected. This was one of the articles your Excellency proposed, to which I assented.

With respect to the keys of the town being presented, your Excellency has been misinformed; they were the keys only of their bureau and the places of the archives, the keys of the town being then in possession of governor Elphinstone.

Various reports have been daily made to me of encroachments for power by officers under your Excellency's command, which I refrained taking any notice of from an unwillingness to lay the foundation for any differenceb etween us, having always had, and shall still continue to have the most sincere desire of cooperating with your Excellency upon fair and equitable ground. But when your Excellency announced to me two such very extraordinary appointments, first that of don Valdès, and, two days after, that of admiral Gravina to be commander in chief of the coalesced forces at Toulon, my duty to my sovereign would not allow me to be longer silent. Had your Excellency though! yourself at liberty to have complied with the first request I had the honour to make for your assistance, we should then have been joint in taking possession of Toulon, but, your Excellency informing me in your letter of the 24th August, that your was tied down by your instructions to the coast of Roussillon, I was left to do the best I could by myself, and consequently took possession of Toulon, the arsenal, and forts without that aid I so strongly pressed for, and coveted from your Excellency.

Le marquis del Campo, ambassadeur d'Angleterre à Londres, à lord Grenville [1]

My Lord

... Il me serait difficile d'exprimer à V. E. quelle a été la surprise et l'étonnement de ma Cour en apprenant le différend dont il s'agit, et qu'un général de la sagesse et de la prudence reconnue de mylord Hood se soit persuadé, pour un moment, qu'il y pouroit avoir lieu à établir le moindre doute, moins encore une oposition, à laisser subsister le commandement général des troupes combinées sous M. de Gravina, qui s'en étoit acquitté jusqu'alors avec une conduite louée et applaudie des généraux, des officiers et de toute sorte de personnes...

[Ici, le marquis del Campo rétablit les circonstances, dénaturées par l'amiral Hood, de l'entrée de la flotte anglo-espagnole dans le port de Toulon.]

Ces faits incontestables étant posés, l'on doit trouver fort extraordinaire que l'amiral Hood ait proposé des doutes et ait fait oposition à regarder M. de Gravina comme commandant des troupes combinées, comme s'il fût question d'un arrangement tout nouveau,

---

[1] Le texte original en français.

d'une mesure purement arbitraire de la part des Espagnols, ou d'une chose irrégulière et inattendue.

Les raisons sur lesquelles le lord Hood veut appuyer sa prétension (toute nouvelle) sont encore bien propres à étonner les personnes impartiales : il allègue l'arrivée des troupes d'autres nations, lesquelles lui sont exclusivement confiées par leurs souverains respectifs.

Quand même l'interprétation que mylord se croit autorisé à donner aux intentions et aux sentiments des dits souverains sur la destination conditionnelle de leurs troupes fût exactement conforme, cela n'aboutirait, tout au plus, qu'à les mettre sous le pied des troupes angloises mêmes, lesquelles, indubitablement, ont toujours été sous le commandement immédiat de leurs propres officiers. Mais si M. de Gravina, depuis le premier moment, étoit nommé par les deux amiraux commandant général des troupes combinées, et comme tel il avoit agi en toute occasion, il sera difficile de comprendre quel rapport il y a entre l'arrivée de quelques nouveaux régiments pour servir à la cause commune et de vouloir tout subitement priver le général espagnol du commandement dont il s'acquitoit avec tant d'honneur et de gloire. Il avoit l'honneur de commander les troupes angloises ; croit-on que les piémontoises et les napolitaines s'y refuseroient à faire autant ? A-t-on pu s'imaginer que l'existance des Espagnols à Toulon soit celle des simples auxiliaires ?...

Je commence par rendre à mylord Hood, que j'ai l'honneur de connoître personnellement et que je respecte pour ses qualités supérieures, la justice de croire qu'après avoir considéré mûrement et avec calme l'affaire en question, sous tous ses rapports, il aura de lui-même laissé les choses sur le pied qu'exigent la justice et l'équité. Mais, en m'adressant à V. E., il m'est indispensable d'ajouter légèrement quelques réflexions.

La moindre mésintelligence, l'aparence même de manque d'accord entre nos deux nations seroit un coup mortel pour la cause commune et pour le grand objet que nos deux Souverains se sont proposés. L'Europe seroit étonnée. Les Alliés se trouveroient dans l'incertitude et l'indécision. Le Gouvernement françois en profiteroit: La partie loyale des François tomberoit dans un profond abatement. de sorte que tous nos plans, toutes nos entreprises manqueroient.

Le roi catholique d'un côté et S. M. Brittanique d'un autre, ont eu grand soin de faire voir à l'Europe entière, et à la nation françoise en particulier, quels sont leurs sentiments, leurs vues et leurs souhaits, au sujet des troubles qui agitent et détruisent le beau royaume de France. La justice et la magnanimité de leurs principes ont été reconnues jusqu'à présent. Quel malheur si, par des mésintelligences, des malentendus ou des marques extérieures de peu d'accord, l'on venoit à donner lieu à des inquiétudes, ou des soupçons sur la probabilité d'autres vues différentes! Nos deux souverains, animés de sentiments purs, nobles et généreux, n'oublieront rien, sans doute, pour éloigner un tel danger sur cet objet délicat.

Lord Grenville à lord Saint-Helens

Whitehall, Nov^{ber} 30th 1793.

My Lord,

Your Excellency's dispatch on the subject of the late transactions at Toulon, together with the correspondence which has taken place there on the same business, and a note from M. del Campo, relative to it, a copy of which I now inclose to your Excellency, have been under the serious consideration of His Majesty's confidential Servants.

With respect to the grounds on which the question turns between lord Hood and admiral Langara, it appears unquestionable:

1st That the surrender of Toulon was made to the king's officer only, the spanish admiral having expressly declined to concur in the original enterprize.

2dly That a joint military government to be exercised by the officers of two distinct nations in a place besieged by an army from without, and liable to daily insurrections from within, would inevitably endanger the possession of the place itself.

3dly That the military command being therefore of necessity to be vested in one power can belong only to that power to whom the surrender was actually made, but that even if there were any doubt in that respect, His Majesty's claim would be equally indisputable on the ground of the much greater force which has been collected at Toulon by His efforts and the much greater expence incurred by him for maintaining the possession of that place.

4^{thly} That the king has not even the right to transfer under the command of another power the troops of those sovereigns who have entrusted their forces to his officers and appointed them to be under his direction.

On all these grounds it is manifest that the commission given by His Majesty to general O'Hara to be governor of the town and garrison of Toulon, with the entire command of that place and it's dependencies, as usually vested in military governors, must of necessity be maintained, and that no person can be permitted to exercise military command over the combined troops serving there, except under his superior orders as governor.

Lord Hood's conduct during the time that the place continued under the provisional command of naval officers, assisted by such land officers only as acted under them and without direct authority from their sovereigns, was perfectly well judged, and conformable to his general instructions for maintaining concert and cordiality between the two nations; and there being then in the place no british military officer of rank equal to that of admiral Gravina, no difficulty could, in that state of things, arise from his taking, as senior officer, the command of the combined troops, while admiral Goodall and captain Elphinstone acted as governors, in His Majesty's name, of the place and of the adjoining fort.

It would certainly have been very much to be desired that any subsequent discussion of questions of command could have been avoided, and His Majesty's Servants had entertained a strong hope, from the temper and conciliating disposition of admiral Gravina, that the whole service might have been conducted by a tacit understanding between the commanders of the two nations, without invalidating or even calling in question the rights which his Majesty had acquired. This would still be to His Majesty the most satisfactory mode of arranging the present differences, and I cannot help hoping, from the expressions in admiral Langara's letter of the 25th October, that the principles on which the court of Madrid are inclined to act, are not, in fact, different from those adopted by His Majesty. It would be perfectly conformable to the expressions of that letter to establish, as His Majesty wishes and expects, first that the Commission of general O'Hara as governor of Toulon, and consequently as the person entrusted to exercise there the supreme military command, should continue to have its full force and effect; but, secondly, that in all other questions of command not interfering with the absolute control and direction enjoyed by every governor within his garrison and its dependencies, seniority of rank alone should be the criterion of command between the officers of different nations, as between those of the same service. The first of these is a point from which His Majesty cannot depart, and in which, in case of a difference of opinion, your Excellency must insist with firmness...

If it can be no otherwise arranged, the King would prefer the spanish troops being wholly withdrawn from Toulon, to their being left there under circumstances which might create misunderstanding and ill will between the respective services of two nations whom the King is always anxious to unite as much as possible.

TOULON EN NOVEMBRE 1793

Gilbert Elliot à Henry Dundas

Toulon, the 23ᵈ November 1793.

Sir,

... I am convinced that the Declaration will do much good, both at Toulon and elsewhere; it was peculiarly seasonable here, as I understand some pains had been taken to create suspicions of His Majesty's intentions with regard to the possession of the place, and I fear our allies the Spaniards are not quite free from the imputation of attempting that sort of misrepresentation. All such attempt must however now be defeated and it is with great pleasure that I observe, in the inhabitants of all ranks, what appears to me, a cordial confidence in His Majesty's known generosity and honor, and in the british character.

It is also with the highest satisfaction that, so far as it is possible to judge on a very short acquaintance with them, I perceive much less solicitude about the Constitution of 1789, than I expected, and I flatter myself with the hope of finding little opposition on that score, to any measures we may have to propose.

The white cockade is universal, *mon Roy* is in every mouth, and if any thing there appears to me rather an affectation of pure royalism than of adherence to any particular points of what is called the Constitution.

The few emigrants that have found their way here, have been well received, and even with some distinction.

A new corps raised in the town and in british pay, is called *le Royal-Louis*, and were not satisfied 'till they had commissions from Monsieur, as Regent.

It has been hinted to me, that the sections have deliberated lately on the propriety of inviting Monsieur to Toulon, and that they were inclined to that measure. I suspect in fact, that throughout France, wherever the people break from the Convention, they will be found to resort simply to the restoration of the king, and that the royal standard, wherever it is fairly set up, will draw to it all persons of whatever descriptions or parties, who are dissatisfied with the present state of things. They are, in fact, so terrified that they care not what refuge they come to, provided it be strong, and the more powerfull the protection is, the more it is likely to attract them.

I shall not act, however, on this principle, to any extent that may be hazardous, untill I have a more certain knowledge of the disposition which prevails here; but what I have already observed, has encouraged me to propose an experiment, which other considerations of a more urgent nature seem to call for.

You are not ignorant of the disappointment which has been sustain'd here, respecting reinforcements, and of the little probability there now is of considerable aid arriving soon; you are also apprized of the urgent occasion general O'Hara has for additional force.

There are, in this town, many thousands of young men consuming provisions, without any advantage to the common cause, although perfectly capable of service. A few of these have been formed into corps, and have already been found useful.

It is thought they would be more so, if their officers had more military experience; and it is conceived that it will be easy to obtain the services of a much greater number, than those already enlisted.

The expence of these corps must, it is true, be borne by England in the first instance; but if they prove useful, they will certainly be the cheapest troops His Majesty can employ at Toulon. The charge of raising them will be very inconsiderable, there will be no expence for transporting them from distant places, and there will be neither half pay nor subsidy.

On these accounts, general O'Hara and lord Hood have approved of my sending immediately for about twenty or thirty emigrant officers of known merit, who are now in Italy, and ready to embark on the first summons. These may raise a small body of troops in Toulon, with very little delay, and, with such officers, I have no doubt of their proving good soldiers.

This little experiment may also serve to feel the political pulse of the town, on the reception and employment of emigrant gentlemen. If this plan is found useful, and free from any considerable objections, it will be easy to adopt it in a greater extent, hereafter.

I am extremely sorry that the accounts which you will receive from general O'Hara, are so discouraging. Having no degree of military knowledge, my opinion can be of little value; but it seems due to general O'Hara, that I should say what appears to me the result of our present situation, as far as it may be judged of, without professional lights. I cannot help, therefore, confessing that the possession of this place seems to me precarious, and that every day is critical.

The quality of a great majority of the troops is such, that they cannot possibly be depended on; and yet, the most important posts must, of necessity, be entrusted, in a great measure, to them. No serious or regular attack has yet been made on any of the posts, and the enemy seems to reserve itself for a powerfull exertion, whenever they are prepared. That their numbers are encreasing, and their preparations of every kind advancing, we have every reason to be assured; and if our force should not encrease proportionably in much less time than at present seems possible, the event cannot be answered for.

General O'Hara thinks it his indispensable duty, to give you correct information, even when it is of a disagreable nature, but I can venture to assure you that nothing will be omitted by lord Hood, or him, or any person honour'd with His Majesty's confidence here, to struggle with every difficulty which may happen to attend the service.

A great part of our disappointments, I know, are not less unexpected to you, than to ourselves, and you had reason to imagine that the full number of Neapolitans, a material reinforcement from Gibraltar, and 5,000 austrian troops were already here; you could not possibly foresee that the whole body of spanish troops employed here, should be perhaps worse than useless. If none of these disappointments had happened, or, I may perhaps say, if they had not all happened, I conceive that our possession of Toulon might have been secured for a sufficient time, to have enabled you to realise the formidable force which I know is destined for this service, and which, I presume, is in a state of considerable forwardness.

In the mean while, nothing shall be neglected that can enable us to keep our footing, till the british troops from Gibraltar and Ireland, and the Hessians from Flanders, can arrive. I fear there is no prospect of the austrian troops promised us from the Milanese. With regard to the troops ordered from Gibraltar, we learnt, two days ago, that sir Robert Boyd had determined not to send them, on a supposition (founded, we are told, on an article in a newspaper) that they are not wanted...

In addition to the matter alluded to in that letter, I have to inform you that the court of Spain has thought proper to appoint a commission similar, as I understand, to that which we bear, and the civil minister M. *Ocariz*, is expected here every hour.

This constant *aping* of the british measures would be ridiculous, if it were not mischievous ; but it shall be our business, by temper and forbearance, as far as is consistent with our trust, to diminish evils, which these cross claims might be expected to produce.

This matter can be treated successfully and perhaps safely, only at Madrid, or London; but it is of real moment, for besides the present embarrassment in the service, a period may arrive, when these pretentions may produce very serious consequences. Our force, naval and military, at Toulon, is inferior to that of Spain, and if, in the case of some untoward event, we were to propose to remove or otherwise to dispose of the french ships, I am satisfied we should be opposed by the spanish forces.

I have been much engaged, since my arrival, in col'ecting information on the internal affairs of the town. I find all parties extremely ready to communicate what they know, and equally so to acquiesce in any measure I may propose.

Their finances are the most pressing object; these are within a few days of being totally exhausted, and it is not surprising that it should be so, since, besides their own civil and military establishment, they have furnished the combined forces with almost every articles of supply.

I flatter myself that considerable improvements may soon be made in these arrangements; but I must take the liberty of saying that the appointment of a commissary general for the British forces, will extremely facilitate the introduction of some order, both in the supply of the army, and in the finances of Toulon.

I am glad to find that the difficulties which were to be apprehended from the sudden stop in the circulation of *assignats*, are not likely to be immediately very pressing.

There is, in Toulon, a very large sum in assignats; not less than *twelve millions* of livres, but they are fortunately not in the hands of the lower class of people, who have, in general, silver, and who are in the way of earning enough for their subsistence.

The distress of those who possess assignats, will however be very great: as many who were in a confortable and respectable way of life, have their whole fortunes, or rather the whole wreck of their fortunes, in that discredited paper...

LES ANGLAIS A GÊNES

Note verbale du marquis de Spinola, ambassadeur de Gênes à Londres

La Sérénissime République de Gênes a vu avec une vive douleur violer son territoire et sa souveraineté par l'escadre combinée de L. L. MM le roi d'Angleterre et le roi d'Espagne. Elle espère avec d'autant plus de confiance obtenir une juste réparation, que sa conduite, bien loin de provoquer le mécontentement des Puissances alliées, a toujours mérité leur approbation...

Une rapide discussion des faits tels qu'ils ont été présentés par le ministre plénipotentiaire de S. M. Britannique M. Drake et par le contre-amiral M. Gell, suffit pour prouver qu'ils ont été induits en erreur par des rapports infidèles : 1° Le plus grave de ces faits est la saizie d'une tartane françoise, qui, dit-on, ne reconnoissoit point la prétendue Convention nationale de France et étoit sous la protection immédiate de S. M. Britannique. Les documens les plus authentiques prouvent que cette tartane étoit partie de Marseille, qu'elle est entrée dans le port de Gênes avec pavillon tricolor, que le capitaine a pris pratique; qu'ayant été mandé à bord de la frégate *la Modeste*, il s'y est rendu et a reconnu ainsi la juridiction qui appartient aux vaisseaux de guerre sur les navires marchands de la même nation. Il est également prouvé qu'on n'a trouvé, sur la tartane, d'autres papiers que des lettres pour les négocians génois Fravega et Ravina; que l'équipage est resté libre et que le capitaine n'a point été massacré. M. le ministre plénipotentiaire Drake, dans une des conférences qu'il a eues avec des membres nommés par le Sérénissime Gouvernement, a prétendu que la tartane ne pouvoit plus être considérée comme françoise, parce qu'à l'époque où elle est partie de Marseille, cette ville étoit sous la dépendance de l'Angleterre. On a observé à M. le ministre plénipotentiaire que ces faits n'étoient point connus à Gênes et qu'il ne pouvoient l'être, et que la conduite de la tartane a dû nécessairement la faire considérer comme françoise.

2° On reproche au Sérénissime Gouvernement d'avoir laissé « insulter le pavillon de S. M. Britannique », en souffrant que deux frégates françoises fissent « les dispositions pour suivre immédiatement la frégate angloise *l'Aigle*, capitaine Inglefield, qui se préparoit à sortir ». Ce reproche est dépourvu de tout fondement : le Sérénissime Gouvernement, jaloux de faire observer son édit de neutralité, exigea des capitaines françois leur parole d'honneur que, pendant l'espace de 24 heures, ils n'inquiéteroient aucun des bâtimens sortis du port ou qui seroient à sa vue. M. le consul d'Angleterre fut informé de cette précaution prise par le Sérénissime Gouvernement. Il usa de la même vigilance à l'égard d'une frégate sarde qui avoit mouillé dans le port de Gênes.

3° Ce n'est pas avec plus de fondement qu'on fait le même reproche au Sérénissime Gouvernement au sujet de la corvette angloise *la Rose :* « Elle fut, dit-on, immédiatement suivie, au sortir du port, par deux barques canonnières françoises, ce qui l'obligea à rentrer, et, étant ressortie trois jours après, elle aperçut les mêmes barques canonnières qui étoient cachées derrière un cap, dans le voisinage où elles guettoient le moment favorable pour l'attaquer. » Le Sérénissime Gouvernement, à son édit de neutralité, avoit exigé des capitaines des barques canonnières, avant leur départ, leur parole d'honneur sans restriction, et cette parole avoit toujours été observée avec la plus grande exactitude. Ces barques jettèrent l'ancre à Porto-Fino, où on leur donna des gardes de santé. Le Sérénissime Gouvernement ne pouvoit les priver de l'azile du port, parce que Porto-Fino se trouve à peu de distance de Gênes et derrière un cap.

4° Quant « aux outrages réitérés que les gens de l'équipage de *la Modeste* ont fait essuyer, dit-on, aux individus appartenans à la Marine de S. M. Britannique, ainsi qu'à divers autres », ces outrages n'ont jamais été prouvés, ou ils n'ont pas fait l'objet d'aucune réclamation. Dans les voies de fait qui eurent lieu, le 10 août, entre les sujets de S. M. Britannique et des François, les premiers furent défendus et protégés par les soldats de la République, quoi qu'ils eussent été évidemment les agresseurs. Bien loin d'avoir souffert qu'on insultât des individus de la marine angloise, le sérénissime Gouvernement leur a procuré toutes les facilités, tous les secours qu'on peut attendre d'une nation amie...

Ces faits, exposés avec exactitude, ne peuvent légitimer ni excuser la violation la plus manifeste de la souveraineté d'un état dont la neutralité a été si avantageuse aux puissances alliées. Il est impossible de regarder « comme des représailles aussi justes qu'indispensables » l'invasion du port de Gênes par une escadre de 14 vaisseaux de guerre, les hostilités qui ont ensanglanté ce port au moment de son entrée, la saisie des vaisseaux françois et leur prompt transport, les visites illégales des autres navires qui se trouvoient dans le port de Gênes, la saisie de *l'Impérieuse* dans le golfe de la Spezzia, sous le canon du fort Sainte-Marie, l'enlèvement de plusieurs effets appartenant à cette frégate déposés dans des magasins dont les clefs étoient entre les mains des commissaires de la République, etc.

Le Gouvernement, convaincu que la justice préside aux conseils de S. M. Britannique, espère obtenir une réparation pour les actes de violence qui l'ont si douloureusement affecté. M. le ministre plénipotentiaire Drake a reconnu la légitimité de ses réclamations et proposé de déclarer « que ni lui, ni l'amiral Hood, ni le contre-amiral Gell n'avoient eu l'intention de faire la moindre insulte à la République, mais qu'ils avoient seulement puni les coupables ». Se contenter d'une pareille déclaration, ce seroit reconnoître la vérité des griefs allégués contre la République, et dont on a prouvé la nullité. Le Sérénissime Gouvernement sollicite une réparation proportionnée à l'objet de ses plaintes. Il la réclame avec d'autant plus de confiance qu'il a toujours été jaloux de mériter la bienveillance de Sa Majesté Britannique.

Lord Grenville aux Commissaires royaux

Whitehall, 29th November 1793.

My Lord, and Sir,

... His Majesty's Servants are of opinion that the affair relative to the polacre *N.-D.-della-Guardia*, and the conduct of the french officers towards His Majesty's ship *l'Aigle* and towards *the Rose* cutter, according to the circumstances of those transactions, as they are respectively staded in M. Drake's correspondence, fully justify the orders given by lord Hood for seizing, in the harbour of Genoa, the french frigate *the Modeste*, and that M. Tilly appears, on that statement, to have been so far personally concerned in the first of those transactions, that his being allowed to remain at Genoa in the character of a public minister, is inconsistent with the respect due from that Republic to His Majesty.

If the requisition of lord Hood on this subject had been complied with, or should still be so, it would become matter of subsequent consideration what line should be adopted by His Majesty as to the further conduct of the government of Genoa, particularly with respect to its admitting any other person to act as commissioned in a public character, from a body of men not generally acknowledged by the other powers of Europe, as exercising any sovereign, or even lawful authority.

It was natural for His Majesty's officers to connect this consideration with the effect which it might produce on His Majesty's interests at Toulon, and particularly as to the supply of corn to the southern armies of the Convention. It is stated in all the correspondence which the king's Servants have received from those employed by His Majesty in that part of the world, that a constant supply of corn has been furnished from Genoa by the means of a frauduient commerce, and that the army of the Convention in Nice could not have maintained itself there, except through the means of that supply. A course of proceeding of this nature, and to this extent, is contrary to the acknowledged principles of the laws of Nations, which do not allow a neutral nation to supply one party in the war, with the means of carrying on hostilities against the other...

If the local circumstances of the genoese ports with respect to Nice are such as to make it almost impossible for the ships of the allies wholly to prevent this commerce, the government of Genoa is still more strongly bound to exert itself for that purpose, and the allies are justified in requiring that this shall be *bond fide* and effectually done.

Supposing therefore that due satisfaction had been given to His Majesty by the removal of M. Tilly, the genoese government must still be called upon to satisfy the just expectations of the combined powers with respect to stopping the supply of grain to France from the genoese ports ; and if, on fair examination, it shall appear that this commerce cannot be effectually prevented while a french agent is suffered to reside at Genoa, under the protection of a pretended public character, in order to direct and superintend transactions so injurious to the allies, they might in strictness have a right to require from the Republic that no such agent should be allowed to remain there, especially under any commission derived from an authority not recognized by the allies, or even by the other powers of Europe. It is however not probable that the settlement of the discussions between this country and the genoese government should turn solely upon this point.

The seizure of *the Modeste* frigate is considered as a justifiable and proper measure. You will observe that, in Mr. Spinola's *Note*, some of the facts are contested, and you will have the means of ascertaining these points in the neighbourhood of the place where the transactions happened, with more accuracy than can be done here.

Supposing, however, that no material variation appears in the leading facts of these transactions, the capture of that frigate must be persisted on as a just satisfaction taken by His Majesty's arms for the conduct of the officers and crew of that very ship in the port of Genoa, and if, as is possible, the Convention insist on the government of Genoa reclaiming that ship, and commence hostilities in consequence of a refusal, the territory of Genoa must, in that case, be defended by His Majesty's officers by sea and land, as far as is compatible with the other objects of the war.

The question respecting the departure of Tilly stands on the same grounds. If the account received here of those proceedings is accurate, he has been personally concerned in them, and cannot therefore be suffered to reside in Genoa under the cover of a pretended public character...

With respect to the question of not allowing any other minister from the Convention to be received at Genoa, it was, as I before observed, more doubtful how far His Majesty might think proper to enforce that demand under the circumstances which are now known here.

The residence of a minister from the Convention at Genoa is confessedly directed to the purpose of superintending a fraudulent commerce by which the king's enemies are supplied with stores and provisions from which alone they derive the means of defence and attack. The king has, as I have already stated, a clear right to require that the genoese government should effectually restrain this traffic, and if it can no otherwise be done, that right certainly extends to the demanding that they shall not tolerate, within the Republic, an avowed agent employed for the purpose of superintending and conducting it...

LE GÉNÉRAL O'HARA

Gilbert Elliot à Henry Dundas

Toulon. 1er December 1793.

(*Private.*)

MY DEAR SIR,

... By the unanimous testimony of those who either witness'd the action, or were acquainted with the plan, there never was an occasion on which the dispositions were made with greater ability and judgment, or executed, as long as the orders were complied with, in a more gallant and spirited manner by the troops. It is a real consolation to know that the courage of the British was conspicuous from the beginning of the action to the end, and that an excess in that good quality was the true and only cause of the miscarriage. It is much to be regretted that general O'Hara was, on every occasion, so prodigal of his person, but the misfortune which has befallen him, and the severe loss which the service sustains by his capture, cannot be ascribed even to this honourable fault; for he did not himself ascend the battery till it was possess'd by our troops, and there was reason to suppose the object of the day had been obtain'd. The reverse was so sudden and his presence must have appear'd so material towards restoring order and retreiving the error which had been committed by the troops, that it is not to be wonder'd at, if, with his spirit, he became exposed to personal hazard. His wound, tho' not dangerous or serious, had bled much, and added to the exertion he had before made, weaken'd him so much that he could not retire many paces with the troops, but insisted on being left by two soldiers who were conducting him, and whom he order'd to proceed and save themselves.

The french general Dugommier, who now commands the army opposed to us, has behaved handsomely on this occasion. His flag arrived at our out post, with information of general O'Hara's situation, and a permission to send surgeons, servants and baggage for his accommodation, before captain Moncrieff, the general's aide de camp, whose gallantry has been distinguish'd on every occasion, and on none more than yesterday, had arrived with a flag from general Dundas. He appears, by capitaine Moncrieff's report, to be treated with the respect and indulgence which is due to his rank, and the treatment of the other officers who were taken yesterday, is as good as the circumstances admit of. I am sorry to say that there seems no hope of captain Reeves's recovery. His wound was in the groin.

The effect of this miscarriage cannot be otherwise than prejudicial. Our force is 400 less than it was, altho the number of killed is not very considerable. Of this loss, at least half is british, which augments its value extremely. Our loss in officers is seriously distressing, in the present state of the british forces. Some discouragement must attend all defeats, both to our troops and our friends, while the spirit of the enemy is raised in a still higher proportion. The evil which called for this exertion still remains, and the inconvenience to be apprehended from it must encrease every day. Yet in the present state of our force, it seems agreed that any further attempts to attack the enemy cannot be made either with effect or prudence, and that we must trust to the defence of our present posts. It is true that if a material reinforcement of british should very soon be received from Gibraltar, our means would be improved and a sortie might be afforded; but it must be remembered that these sorties, when successful, do but gain a little time, and that it will require a greater addition to our force than we have any reason to expect, besides many preparations which require much time, to enable the army to act offensively from Toulon. It's situation is indeed peculiarly unfavourable even for defence, for instead of a garrison, it requires an army, und *several* of the points, which in a space of fifteen miles it is necessary to keep, are so material, that the loss of any one of them would be fatal. The difficulty arises in a great degree from the necessity of defending what is called the harbour, as well as the town; for if the harbour is not free, the town and army cannot be supplied, and the harbour is, in fact, an extensive bay, narrowing in several points, so as to be commanded from different posts, on each side of it. This circumstance alone gives you a country to defend, and the extent, as well as fatigue and inconvenience of the defence, is also extremely encreased by the range of high mountains behind the town, which must be kept. I am extremely mortified to dwell so much on the unfavourable side of our situation, but the opinions both of general O'Hara and of general Dundas seem so much made up on the point, and agree so entirely, that any confidence which my own zeal and sanguine wishes might lead me to entertain or express, would deserve very little attention...

TABLE DES MATIÈRES

	Pages.
Avant-propos.	VII

I

Le camp de Jalès. — L'insurrection du Midi : révolte d'Arles ; de Lyon ; de Bordeaux. — L'or anglais. — Révolte de Marseille. — Marseille et Toulon. — Campagne de l'armée départementale. — Sa défaite. — Entrée du général Carteaux à Marseille. ... 1

II

Les troubles à Toulon, de 1789 à 1793. — Les trois Corps administratifs. — Le procureur de la Commune Leclerc. — Les certificats de civisme. — Le club Saint-Jean. — Arrestation de soixante-treize officiers et notables. — La Marine et les Sociétés patriotiques. — Insubordination des équipages. — La noblesse dans la Marine et dans l'Armée................. 19

III

Ouverture des Sections à Toulon. — Formation d'un Comité général. — Sa politique. — Mesures administratives. — Exécutions capitales. — Cérémonies religieuses. — Les représentants Barras et Fréron à Pignans. — Préparatifs de combat. — Le général Brunet. — Menaces du Comité général. — Le club Saint-Jean et la flotte française. — Le Ministre de la Marine d'Albarade et l'amiral Trogoff. — Etat des subsistances et des finances à Toulon, en août 1793.....................

IV

La déclaration de guerre du 1ᵉʳ février 1793. — Ses effets en Angleterre. — Visites de bâtiments anglais dans les ports français de la Méditerranée. — La « ligne de la Somme » et l'expédition de Dunkerque. — Un mot du comte de Mercy........ 59

V

Départ de la flotte anglaise de Spithead. — De Gibraltar à Toulon. — Rencontre de la flotte espagnole. — Arrivée de l'amiral Hood devant Toulon. — Missions du capitaine Inglefield à Gênes et du lieutenant Edouard Cook à Toulon. — Echange de prisonniers. — Une lettre de John Trevor, ambassadeur d'Angleterre à Turin. — Affaire du vaisseau *l'Aigle*, à Gênes. — La frégate *Némésis* à Marseille. — Situation de cette ville. — Envoi de commissaires marseillais à Toulon et au commandant de la croisière ennemie. — Vigilance de Tilly, chargé d'affaires à Gênes. — Proclamations de l'amiral Hood à Marseille et à Toulon. — Acceptation de ses offres. — Surprise causée aux Anglais par cette acceptation. — Appel de l'amiral Hood à don Juan de Langara, commandant de la flotte espagnole. — Dernière proclamation aux Toulonnais............. 65

VI

Les chefs de la Marine à Toulon : les contre-amiraux de Trogoff-Kerlessy, Chambon de Saint-Julien et de Chaussegros. — Les ordonnateurs civils Vincent et Puissant. — Le baron Lebret d'Imbert. — Gauthier de Brécy, le chevalier de Fonvielle. — Anecdote sur le marquis de la Fare...................... 95

VII

Opposition des équipages de la flotte française à l'admission des Anglais. — Rôle de l'amiral de Saint-Julien. — Ses négociations avec le Comité général. — Préparatifs de combat. — Retraite des marins. — Entrée de la flotte anglo-espagnole (29 août). — Echange de visites entre les amiraux Hood et Langara. — Leur première descente à terre. — Arrivée à Paris des nouvelles de Toulon. — Décret de la Convention. — Combats d'Ollioules (31 août et 1ᵉʳ septembre.) 117

VIII

Service militaire de la place. — Etat des troupes françaises à Toulon. — Le Royal-Louis. — Les gouverneurs anglais et la municipalité. — Les Espagnols et les Toulonnais. — Mesures de surveillance. — Destruction des emblèmes républicains. — Les spectacles. — Les cocardes blanches. — Difficulté des approvisionnements. — Tentative d'emprunt à Gênes........ 145

IX

Traités conclus par la Grande-Bretagne avec les Puissances continentales. — Renforts envoyés par l'Espagne, la Sardaigne, les Deux-Siciles. — Attitude de l'Autriche, de la Russie, de la Suède, du Danemark et de la République helvétique. — Efforts des Anglais pour attirer Gênes et la Toscane dans la coalition. — Tilly et Branzon fils à Gênes. — Affaires des frégates *la Modeste* et *l'Impérieuse*. — Le ministre anglais Drake. — Incendie du *Scipion* à Livourne. — Attentats contre le droit des gens. — Mission du commodore Linzee à Villefranche, en Corse et à Tunis. — Anecdote sur le bey de Tunis.......... 161

X

Les renforts anglais. — Singularité de la conduite de sir Robert Boyd, gouverneur de Gibraltar. — Etat numérique et valeur des troupes assiégeantes et assiégées. — Défaut d'unité dans le commandement. — Renvoi, par les Anglais, de cinq bâtiments de guerre dans les ports de l'Océan.................... 191

XI

Arrivée de Bonaparte. — Son rôle pendant le siège. — Combats d'artillerie dans la petite rade. — Combats d'avant-postes sous les murs de la ville. — Bonaparte et Carteaux. — Le général Lapoype. — Assaut du Faron (1ᵉʳ octobre). — Attaque des batteries des Moulins (9 octobre). — Affaire des Arènes (14 octobre). — Combat du cap Brun (15 octobre)................ 207

Pages.

XII

Instructions du duc d'Alcudia à l'amiral Langara. — Mésintelligence des Espagnols et des Anglais. — Déclaration des commissaires du roi de la Grande-Bretagne aux Toulonnais. — Emotion causée par sa lecture. — L'Angleterre et les Princes. — Voyage du comte de Provence à Turin. — Ses instructions à MM. d'Albert et du Castellet. — Ses négociations avec l'Espagne. — Ordre de l'expulser s'il vient à Toulon. — L'Angleterre et les émigrés............................ 229

XIII

Combat du 7 novembre. — Carteaux remplacé par le général Doppet. — Affaire du 15 à Balaguier. — Arrivée du général Dugommier. — Renforts envoyés à l'armée républicaine. — Lettre apocryphe de Barras et de Fréron. — Combat du 29 novembre. — Capture du général anglais O'Hara. — Échange de parlementaires. — Bruits répandus à leur sujet. — O'Hara à Paris.. 265

XIV

Service d'espionnage organisé par les Conventionnels. — Mesures de précaution adoptées par le gouverneur anglais. — Rétablissement du Tribunal populaire. — Plans d'attaque de Bonaparte et de Dugommier. — Bonaparte et du Teil. — Le peintre François-Marius Granet. — Dénûment de l'armée républicaine. — Le « grand camp » de Balaguier. — Etat des forces assiégeantes et assiégées au commencement de décembre. — Prise du fort Mulgrave et du Faron (17 décembre). — Conseil de guerre à Toulon. — Evacuation des forts. — Nouvelles précautions du gouverneur anglais. — Scènes dramatiques sur le port. — Abandon des Toulonnais par leurs alliés. — Pillage de l'arsenal... 293

TABLE DES MATIÈRES

Pages.

XV

Retraite et embarquement des troupes coalisées. — Sir Sidney Smith. — Incendie de l'arsenal et des vaisseaux français par les Anglais et par les Espagnols. — Entrée de l'armée républicaine. — Faux bruits relatifs à la vente de Toulon aux Conventionnels. — Capture de bâtiments ennemis attirés dans le port. — Fêtes en l'honneur de la reprise de Toulon............... 325

XVI

Massacres à Toulon. — Départ de Dugommier. — Attaques dirigées contre Barras et Fréron. — Les alliés aux îles d'Hyères. — Gilbert Elliot et les réfugiés toulonnais. — Départ des coalisés. — Bâtiments français emmenés par les Anglais. — Les Toulonnais à l'île d'Elbe, en Corse et en Italie. — Vaisseaux français incorporés à la flotte britannique. — Conflit entre le général Dundas et l'amiral Hood. — Suite du différend anglo-espagnol. — L'Espagne s'allie avec la France............... 353

XVII

Le 9 thermidor et les Toulonnais. — Inflexibilité du Premier Consul à leur égard. — Les Toulonnais sous la Restauration. Le pavillon royal du *César*. — Grades et pensions accordés par Louis XVIII. — Pensions servies par l'Angleterre. — Procès de l'*Ermite en province*. — Appréciation de la conduite de Toulon en 1793... 381

XVIII

Comment fut accueillie, à Londres, la nouvelle de la perte de Toulon. — Question à la Chambre des Communes. — Pourquoi les Anglais étaient venus à Toulon. — Lord Grenville et le duc d'Alcudia. — Anecdote sur lord Auckland. — L'Angleterre et les colonies françaises. — Conclusion........................ 397

PIÈCES JUSTIFICATIVES 413

Tours, imprimerie Deslis Frères, rue Gambetta, 6.

www.ingramcontent.com/pod-product-compliance
Lightning Source LLC
Chambersburg PA
CBHW072127220426
43664CB00013B/2169